기적이 일어나는 **365 매일기도문**

기적이
일어나는
365
매일기도문

차병희 지음

다산글방

기도문을 펴내며

　필자가 담임목사로 처음으로 목회활동을 하면서 가장 어려웠던 것은 매일 새벽 기도를 집전하면서 매일 성의 있는 기도문을 작성하는 것이었고, 기도문 작성에 하루 일과 중에 많은 시간을 할애하였습니다.
　더욱이 성도들을 위해 성의 있는 기도문을 작성하여야 한다는 소신을 굽힐 수 없었기에 더욱 부담스럽기도 하였습니다. 돌이켜 보니 정작 기도시간보다는 기도문을 작성하는 데 시간을 많이 보낸 초기 목회시절이 생각이 납니다.
　물론 즉흥적으로 나오는 기도도 성도들에게 감흥을 주고, 하나님께 드리는 목회자의 마음이 담겨져 있는 매일 같은 내용의 기도도 좋은 반응을 보이는 경우도 있습니다. 하지만 때론 반복되는 기도내용은 성도들에게 성의가 없다는 생각과 똑같은 기도의 내용으로 간구하는 것이 왠지 목회자로서 자질을 의심하게 하여 자책을 하는 경우도 있었던 것이 사실입니다.
　하나님께 드리는 기도가 누구에게 보여주기 위한 기도는 분명 아닙니다. 그러나 목회자라는 위치에서 성도들에게 들려주는 기도로 감동 있는 기도문을 작성한다는 것은 그리 쉬운 일은 아니었습니다.

더군다나 어쩌다 하는 기도가 아닌 매일 하는 기도는 성도들에게 새로운 기도의 메시지를 전달하여야 하는 목회자로서 결코 성의 없는 기도를 할 수 없었기에 기도문 작성에 많은 시간을 보낸 시절이었습니다.

이러한 초기 목회의 경험을 살려 전도사와 성도 그리고 초임 목회자들에게 기도생활과 목회활동에 도움이 되고자 초임시절 1년간 작성한 기도문을 출간하기로 하였습니다.

기도는 언어로써 표현할 수밖에 없습니다. 그렇기에 기도는 기도문이 잘 되어 있어야 한다고 생각합니다. 전문 작가라면 몰라도 기도문을 작성한다는 것은 그리 쉬운 일이 아니기 때문입니다.

특히 대표기도를 즉흥적으로 하는 기도로는 함께 기도하는 다른 성도들에게 감동을 주지 못하는 경우도 있으며 자신만의 기도로 함께 기도하는 성도들에게 공감을 사지 못하는 경우가 있습니다.

또한 전도사와 목회자의 훌륭한 기도문은 목회활동에 도움이 되고 기도문을 작성하는 시간을 단축시켜 다른 목회활동을 할 수 있는 시간을 벌어준다고 생각하기에 나름의 사명감을 가지고 미약하나마 도움이 될까 하여 제가 처음 목회하는 과거 1년 동안에 하게 된 기도문을 정리하여 출간하게 되었습니다.

이 책 〈기적이 일어나는 365일 매일 기도문〉은 필자가 1년 365일을 매일매일 다른 주제와 기념일에 맞게 기도문으로 집필하였으며 상황별로 기도한 내용들입니다.

　이 책이 어떤 상황이든 어떤 시기이든 기도문을 작성하는 데 있어서 주요한 참고가 되길 바라는 바람으로 출간하게 되었으므로 성도들께도 신앙생활에 도움이 되길 바랍니다.

　필자는 지난날 365일 매일기도문대로 기도를 하면서 놀라운 하나님의 은혜의 기적을 체험하였으며 필자가 설립한 개척 교회에도 하나님의 엄청나고 놀라운 축복이 일어났습니다. 독자들께서도 365 매일기도문을 통하여 놀라운 기적이 일어날 것으로 믿으며, 하나님의 축복이 일어나시길 간절히 간구합니다.

　예수 그리스도의 이름으로 아멘.

2019년 3월 23일

양주에서 365 매일기도문을 집필하면서

차병희

차례

저자 서문	004
기도! 이렇게 해보자	008
01 대표기도 잘하는 법 _ 8	
02 기도는 이렇게 하는 게 좋습니다 _ 12	
03 기도문 작성할 때 꼭 체크해야 할 팁 _ 13	
1월 기도문	020
2월 기도문	084
3월 기도문	144
4월 기도문	208
5월 기도문	270
6월 기도문	334
7월 기도문	396
8월 기도문	460
9월 기도문	524
10월 기도문	586
11월 기도문	650
12월 기도문	712

기도! 이렇게 해보자

 대표기도 잘하는 법

교회를 다니는 성도들이 공통적으로 고민하는 문제 중 하나가 바로 예배시간에 또는 심방 모임에 있어서 대표기도를 어떻게 하면 잘할지에 대한 것이라 생각합니다.

또한 소모임의 공동체에서도 대표기도는 부담스러워 다른 성도들에게 미루는 경향이 있습니다.

더욱이 직책이 있는 장로나 권사 또는 집사의 직분을 수행하는 성도들은 모범을 보여야 한다는 생각에 혼자서는 잘하는 기도가 여러 성도들이 있는 자리에서는 그리 쉽게 되지 않게 되어 대표로 기도를 잘하는 다른 직분을 수행하는 성도들을 보면 부럽기만 할 것입니다.

이런 경우 여러 사람 앞에서 은혜가 되는 기도를 해야 하는 막중한 임무를 맡고 있는지라 부담감에 떨게 되고 기도 중 더듬거려 제대로 된 기도를 못하여 기도를 마친 후 후회하게 마련입니다.

이런 성도들에게 주일예배 대표기도문의 예문과 평소에 소모임 공동체에서 대표기도를 자신 있게 할 수 있는 법에 대하여 설명해 보겠습니다.

1. 평소 기도할 때 발성 기도를 하여야 합니다.

주일예배 대표기도문은 성도들에게 하는 것이 아니라 성도를 대표하여 하나님께 드리는 것입니다. 그러나 사람들 앞에 서서 기도를 하는 것에 대한 부담감으로 자칫 잘못하다가는 하나님께 드리는 기도가 아니라 성도들에게 보이는 기도를 하게 되는 경우가 있습니다. 이런 부담은 기도 중 말을 더듬거리고 실수한 것에 대하여 신경을 쓰게 되어 더 큰 실수를 하는 경우가 있습니다. 우선 기도문을 작성하기 전에 충분한 발성 기도를 하여야 합니다. 이때 속으로 하는 기도는 연습이 되지 않습니다. 발성을 하는 기도를 하여야 합니다. 그러기 위해서는 다른 기도예문을 발성하여 기도하는 연습을 하여야 합니다.

2. 다른 성도들의 기도문을 참고하여야 합니다.

기도문을 작성하는 것에 조그마한 틀이 존재하기는 하지만 제약을 받을 필요는 없습니다.

예를 들어 기도를 하는 순서로는 하나님아버지부터 시작하여 감사기도 내용, 회개기도 내용, 간구기도 내용 순으로 작성하고 마지막으로 우리 주 예수 그리그도의 이름으로 기도드립니다. 아멘.

이러한 기도 순서가 보편적이기는 하지만 크게 제약을 받지 않는 범위에서 자신의 염원을 담아 처음과 끝만 잘 마무리하면 됩니다.

보통 주일예배대표기도를 하는 사람들을 가끔 보면 미리 집에서 작성해오지 않고 즉흥적으로 강단 앞에 서서 대표기도를 하는 분들이 계십니다. 이런 분들은 했던 기도의 내용을 반복하는 경우가 많습니다. 물론 반복기도가 나쁜 것은 아닙니다. 그러나 같은 내용이 반복됨으로써 성의가 없고 대표기도가 아닌 자신만의 기도가 될 수 있음을 알아야 합니다.

아무래도 많은 사람들 앞에서 하는 것이다 보니 전문 강사가 아닌 이상 긴장을 안 할 수가 없습니다. 긴장을 하면 안 하던 실수를 하면서 더듬거리는 기도를 하게 됩니다. 이는 성도들에게 은혜가 되지 않을 뿐더러 하나님께도 성의 없는 기도가 될 수도 있습니다.

사랑하는 사람에게 프러포즈를 하기 위해 며칠을 연습하는 것처럼 미리 집에서 주일예배기도문을 작성해서 성도들 앞에 기도드리는 것이 좋습니다.

기도문을 보면서 하는 것은 부끄러운 게 아닙니다. 미리 준비하지 못해서 실수하고 버벅거리는 것이 더 부끄러운 일입니다.

3. 대표기도문을 작성하여 발성 기도를 하여야 합니다.

기도문 작성을 마쳤다면 집에서 미리 연습 삼아 읽어보는 것이 좋습니다. 본인이 작성한 기도문이라고 생각해서 주일예배기도시간에 잘 읽어 지겠지 라고 생각한다면 착각입니다.

미리 기도문을 가지고 숨 쉬는 타이밍이나 말의 속도, 발음에 유의하면서 몇 번은 연습하고 주일예배기도시간에 앞에 나가 기도를 드리는 것이 자연스럽고 은혜가 되는 기도문이 될 수가 있습니다. 대표기도문을 혼자서 자신의 영감으로 작성하는 것도 좋지만 많은 대표기도 예문을 참조하는 것도 좋은 방법입니다. 대표기도 예문을 참조한다고 해서 틀린 기도라 할 수 없습니다. 왜냐면 다른 대표기도문도 나름 심혈을 기울여 간절한 마음을 담아 작성한 것이기 때문입니다. 좋은 대표기도 예문은 교우들이 듣기에도 좋고 본인 또한 감동이 있기에 참조한 것이므로 모방하였다고 하여도 결코 잘못된 것은 아닙니다.

그러나 아무리 잘 작성된 대표기도문이라도 발성으로 연습하지 않으면 실수를 하게 되어 있습니다. 대다수 성도들이 사도신경이나 주기도문을 보고 기도를 하지 않듯이 반복되는 발성기도는 기도에 자신감을 갖게 되고 발음도 정확하여 실수를 하지 않게 됩니다.

소모임 공동체에서의 대표기도를 자주 하다보면 주일 예배의 대표기도도 자신감이 붙어 잘하게 됩니다. 그러므로 소모임의 모임에서도 대표기도를 하는 용기가 필요합니다. 기도는 하나님과 영적 만남입니다. 이런 기회를 자주 갖는 것은 축복입니다.

 ## 기도는 이렇게 하는 게 좋습니다

　기도는 하나님과의 교제이며 대화입니다. 우리는 기도를 하면서 하나님의 뜻을 기다리는 겸손과 인내를 배우게 됩니다. 하나님의 뜻을 기다리기를 배운 만큼 우리는 기도의 능력을 경험하게 됩니다. 이러한 겸손한 마음으로 그분을 기다리며 하나님의 계획에 순종할 때 비로소 실로 우리 삶에서 일하시는 하나님을 만나게 될 것입니다.

　예수 그리스도의 이름으로 하는 우리의 기도에는 능력이 있습니다. 말씀 속에서 단단한 믿음을 가지고 기도의 능력을 체험하시기 바랍니다. 기도는 우리의 삶을 바꿀 것입니다.

　하나님과의 교제를 위하여 우리에게 쉬지 말고 기도하라고 성경에서는 말씀하십니다. 지금까지 막연하게 '기도'라는 이름으로 우리가 해왔던 전반적인 모습들을 검토하고, 반성하고, 새로운 방향 전환을 통하여 우리 삶 자체가 기도가 되도록 하기 위한 작은 길을 내려고 만들어졌습니다. 그러나 중요한 것은 우리 각자가 생활해 온 환경과 삶의 모습들이 천차만별이었기에, 지금 시작하고자 하는 하나님과의 교제에 있어 우리가 하나님께 기대하고 요구하는 모습도 각각 차이가 존재한다는 분명한 사실입니다.

하나님의 인도하심은 사람에 따라 그 사람이 이해할 수 있는 모습으로 다가가는 것은 사실입니다. 중요한 것은 우리들이 하나님과의 교제를 통해서 이루고자 하시는 모습이 있다는 것입니다. 그 최종 모습은 누구에게나 동일하다는 것입니다.

하나님께서 각자에게 맞춰 다가오신다고 해서 하나님을 자기 보기에 좋을 대로, 내 마음이 끌리는 대로, 내게 맞추어서 조정하려는 의도로는 하나님을 느낄 수도 없고, 알 수도 없으며, 그럴 자격도 없습니다. 그렇기에 이제 하나님과의 교제를 새롭게 시작하고자 하는 이 자리에서 과연 하나님께서 우리를 어디로 인도하기를 원하시는가. 그리고 하나님께서 우리에게 음성을 들려주시는 의도는 무엇인가를 분명히 아는 것이 반드시 선행되어야 할 것입니다.

03 기도문 작성할 때 꼭 체크해야 할 팁

성도 분들이 기도할 때 흔히 사용하는 기도문들이지만 잘못 표현하고 있는 것들에 대하여 살펴보도록 하겠습니다.

1. 하나님 또는 주님의 칭호에 대하여

우리가 기도할 때 하나님이나 주님을 흔히 "당신"이라고 칭하는 경우가 많습니다. 당신이란 말은 부부간이나, 또는 2인칭 관계에서 좀 더 높임말로 쓰이는 용어이며, 친구나 동등한 관계에서 삼인칭 극존칭으로 사용하기도 합니다. 그러나 할아버지나 아버지를 직접 대놓고 말할 때 당신이라고 호칭한다면 너무나 불쾌한 일일 것입니다. 하물며 하나님께 대하여 당신이라고 한다면 어색한 말이 됩니다.

예) 하나님 당신의 발 앞에 엎드리오니
  ⇒ 이 경우는 당신이라는 말이 불필요한 말입니다. "하나님의 발 앞에 엎드리오니……"라고 하면 될 것입니다.

예) 오늘도 당신 앞에 나왔사오니…….
  ⇒ "오늘도 하나님 앞에……"로 고치는 것이 옳을 것입니다.

2. 예수님에 대하여

기도할 때 "주여"라고 하는 것보다는 "주님"이라고 하는 것이 더욱 겸손하고 옳은 표현입니다. 성경에서는 주님을 '예수', '그리스도', '예수 그리스도', '그리스도 예수', '우리 주 예수 그리스도' 등으로 표현합니다. 여기에서 '예수'는 주님의 본명이며 '그리스도'는 '기름부음을 받은 이' 즉, '구세주'라는 직책을 일컫는 이름입니다. 그러므로 그냥 '예수님'이라고 하기보다는 '우리 주 예수 그리스도'라고 하는 것이 가장 확실한 표현입니다.

3. 목사의 칭호에 대하여

다음으로 가장 어렵게 생각하는 말이 목사의 칭호입니다. 목사를 대신하여 칭하는 용어로서는 '주의 종', '사자 목사님', '당회장님', '주의 사자', '종님' 등이 흔히 쓰입니다.

목사는 교회를 섬기는 하나님의 종입니다. 그러나 인간으로서의 성도들의 종은 아닙니다. 기도할 때 목사를 "하나님의 종께서……"라고 하는 것은 옳지 않은 말입니다. 종을 높임말로 하는 법은 없습니다. 특히 "종님"이라고 하는 것은 우스운 표현입니다.

그리고 하나님의 보냄을 받은 "사자"는 옳은 말입니다. 그러나 이렇게 표현할 때도 "주의 사자"가 아니라 "주님께서 우리를 위해서 보내신 목사님"으로 표현하는 것이 좋습니다. 마지막으로 "당회장"이란 표현도 온당치 않습니다. 왜냐하면 당회장이란 당회의 장이기에 당회원들이 당회의 회장에게 부르는 호칭이기 때문입니다. 일반 성도들이 목사를 당회장이라고 칭하는 것은, 일반적으로 구멍가게 주인도 사장님이고, 큰 회사의 사장도 사장님이라고 하는 것과 같은 의미가 됩니다. 당회장이란 용어보다는 "담임 목사님"으로 호칭하는 것이 옳은 표현입니다.

4. '나' 또는 '우리'를 칭할 때

기도할 때 어떤 이는 '내가' 또는 '나로 하여금' 등과 같이 자신을 '나'로 칭하는 경우가 있습니다. 그리고 '나'의 복수형인 '우리'라는 말도 흔히 사용을 합니다. 우리가 어른들 앞에서 자기를 가리킬 때는 '내가'가 아니라 '제가'라고 합니다. 그리고 '우리가'가 아니라 '저희들이'라고 표현합니다. 이것은 윗사람에 대하여 자신을 낮추는 말입니다. 주님께서 가르쳐 주신 기도에서 "우리에게 일용할 양식을 주옵시고"라고 하였다 하더라도, 우리는 높으신 하나님 앞에서 "저희"라고 칭함이 옳을 것입니다. 따라서 "내가 주님께 나왔사오니"는 "제가 주님께 나왔사오니"로 하는 것이 옳습니다.

5. 교회의 호칭에 대하여

우리가 기도할 때 교회를 "예배당", "제단", "예배처소", "성소", "성전" 등으로 부르기도 하는데, 교회는 그리스도의 부름을 받은 성도들이 함께 모여서 이루어진 그리스도의 몸을 가리키는 것입니다. 그래서 눈에 보이는 교회와 보이지 않는 교회로 분류해서 생각할 수 있는데, 눈으로 보이는 교회는 '성도들이 모이는 곳'이며, 보이지 않는 교회는 '그리스도의 공동체'를 의미하는 것입니다.

교회는 모여서 기도하고, 예배하며, 교제를 나누며, 복음을 전하는 역할을 합니다. 따라서 어떤 한 기능만을 의미하는 "예배당", "제단",

"예배 처소", "성소", "성전" 등의 용어를 사용하기보다는 보편적인 의미로서의 "교회"라는 용어를 사용하는 것이 좋을 것입니다.

6. 성도들의 호칭에 대하여

하나님께 드리는 기도에서 회중을 가리켜 '우리 목사님들'이나 '우리 성도님들'이라고 존대해선 안 됩니다. 왜냐하면, 하나님과 비교해서 님이 될 있는 대상은 없기 때문입니다. 기도할 때 하나님 이외에는 단순히 '저희들'이나 '교회의 권속들' 등으로 바꾸어야 합니다.

7. 하나님의 복을 주심에 대하여

우리들이 기도할 때 흔히 하나님의 복을 비는 기도를 합니다. 이때 우리는 "축복(祝福)"이라는 용어를 자주 사용하는데, 축복이란 의미는 글자 그대로 "복을 빈다"는 의미입니다. 그렇다면 누가 누구에게 복을 비는 것인가요? 예를 들어 "하나님, 이 어렵고 불쌍한 사람들에게 축복하여 주소서" 라고 했다면, 하나님이 다른 누구에게 그들을 위하여 복을 빌어달라는 의미가 됩니다. 이럴 경우에는 "하나님께서 그들에게 복을 내려주소서"가 옳은 표현입니다.

그러나 "주님께서 복 빌어 주소서"라는 표현은 합당합니다. 왜냐하면 복은 아버지 하나님께서 내리시는 것이기에, 예수님도 성자로서, 아버지 하나님께 우리를 대신하여 복을 빌어줄 수 있기 때문입니다.

마태복음 26장26절 "저희가 먹을 때에 예수께서 떡을 가지사 축복하시고 떼어 제자들을 주시며 가라사대 받아먹으라 이것이 내 몸이니라"고 하셨으며, 또한 마가복음 10장16절에 "그 어린아이들을 안고 저희 위에 안수하시고 축복하시니라"고 하셨는데, 여기에서 보는 바와 같이 예수님께서도 하나님께 복을 빈 것을 알 수 있습니다.

8. '대표기도자'

우리는 흔히 주일 예배 때 기도하는 이를, 대표 기도자라고 합니다. 이것은 회중을 대표해서 하나님께 기도를 드리는 자를 의미합니다. 그러나 문자적으로 대표기도라고 할 때는 주님께서 가르쳐 주신 기도 외에는 대표적인 기도가 없습니다. 그리고 대표로서 기도한다고 하면, 그 외의 사람은 무엇을 하는가? 대표자가 기도를 하는 순간에 다른 이는 그 기도를 듣는 것이 아니라 함께 기도하는 것입니다. 그러므로 "대표기도자"는 "기도를 인도하는 이"가 옳은 표현입니다.

9. '대예배'에 대하여

흔히 주일 오전에 어른들이 드리는 예배를 '대(大)예배'라고 합니다. 그렇다고 해서 어린이들이 드리는 예배를 '소(小)예배'라고 하지는 않습니다. 예배에 등급이나 규격이 있을 수도 없으며, 큰 예배, 작은 예배가 있을 수 없습니다. '대예배'는 '주일 오전예배'나 '주일 낮 예배', 또는 '장년부 예배'로 부르는 것이 합당하며, 시간별로 1부, 2부 예배로 구분할 수는 있습니다.

10. "지금은 시작하는 시간이오니"

주로 기도 순서는 예배가 한참 지난 후에 들어있습니다. 그런데 기도하는 이는 예배의 중반인데도 불구하고 "지금은 예배 시작시간이오니, 마치는 시간까지……"라고 기도합니다. 이럴 경우에는 그냥 "오늘 우리의 예배를 처음부터 끝까지……"라고 하는 것이 좋습니다.

11. 안식일과 주일

요즘 교회에서는 '안식일'과 '주일'이라는 용어를 자주 혼용하고 있습니다. 초대교회 초창기까지는 십계명에 따라 토요일을 안식일로 거룩하게 지켰습니다. 지금도 유대교에서는 토요일에 예배하고 일요일에는 일을 합니다. 그러나 예수님께서 안식 후 첫날에 부활하시면서 일요일을 '주일'로 정하고 예배하는 새로운 전통이 만들어졌습니다. 주일은 주님의 날로서의 의미를 가집니다. 그러나 그리스도인은 옛날 안식일에 그랬던 것처럼 주님의 날도 거룩하게 지켜야 합니다. 따라서 '일요일'이나 '안식일'이라는 표현보다는 '주일'이라는 표현이 옳습니다.

기적이
일어나는
365
매일기도문

1월
기도문

기도하지 않고 성공했다면
그것은 잠깐의 행운이지만
기도하여 성공했다면
영원히 실패하지 않는 성공이다.

전능하신 하나님 아버지! 새해 첫날을 맞이하여 기도드립니다. 말씀 한 마디로 천지를 창조하시고 하늘의 해와 달과 온 우주를 주관하시는 하나님의 놀라우신 권능과 은총을 생각할 때 진심으로 감사를 드립니다.

지난 한 해 동안 저희들이 입술로나 맘으로 알게 모르게 지은 많은 죄를 용서하여 주심을 감사드리며, 또한 지금까지 지내온 것이 오직 주님 은혜임을 깨달아 더욱더 감사하옵고, 또한 뒤돌아보니 국내외적으로 그 어느것 하나라도 하나님의 은총 아닌 것이 없음을 깨달아 오직 경배와 찬양을 전능하신 하나님께 드립니다.

지나간 한 해 동안 수없이 많은 어려움들 중에서도 순간순간 주님의 보호하심 가운데 한 해를 보내고 이렇게 새해 신년 첫 날 기도를 은혜 가운데 드리게 됨을 생각할 때에 얼마나 감사한지 진심으로 오직 감격과 감사의 찬양을 드리며 주님께 영광 돌릴 뿐입니다. 이런 좋은 환경 속에서도 뒤돌아보니 늘 주님 위해 최선을 다해 봉사하고 서로 섬김의 삶을 산다 하였지만 그렇게 살지 못한 것을 깨달아 회개하오니 용서하여 주시고 이제부터는 진정으로 믿음의 아름다운 행실과 성령의 열매로 주님을 기쁘시게 하는 성도의 삶을 살도록 붙들어 주시길 간구드립니다.

권능이 크신 하나님 아버지!

무엇보다도 이 새로운 한 해는 새로운 용기와 희망을 가지고, 믿음과 순종의 자세로 승리할 수 있도록 성령님께서 역사하여 주시길 간구합니다.

지금까지도 하루하루 건강으로 생명을 부지하며 살아오게 된 것 모두 다 주님의 은혜인 줄 아오니 앞으로 더욱더 감사로 살아갈 수 있도록 함께하여 주옵소서. 특별히 국내외적으로 경제가 안정되게 하여 주시옵고, 어려운 시대의 위기 속에서 산출된 연약한 독거노인들과 흔들리는 가정의 해체로 아픔을 당하고 있는 결손아동들에게 긍휼을 베푸소서.

또한 이 어려운 정치적 혼동의 시기에 나라의 모든 위정자들을 주님께서 굳건히 붙들어 주옵시고, 특별히 시대적 지역정책과 어려운 교육정책 문제들도 국내외 모든 전문인들이 한마음으로 지혜와 능력을 발휘하여 시원스레 극복케 하여 주옵소서. 무엇보다도 하나님의 지혜로 온 세계가 다 함께 경제를 누리며 잘 살 수 있도록 함께하여 주시옵소서.

하나님의 나라와 권세와 영광이 영원히 하나님 아버지께 있사오며, 예수 그리스도의 이름으로 기도드리옵나이다. 아멘.

생명의 원천이신 하나님 아버지! 생명의 말씀 한 마디로 온 우주와 천지만물을 창조하시고 섭리하시며 저희의 생사화복을 주관하시는 거룩하신 하나님 아버지! 이렇게 축복의 새해를 저희들에게 허락하시고 이 거룩한 오늘 기도를 드리는 축복을 주셨사오니 진심으로 감사와 찬양을 드립니다.

인간의 생명과 호흡을 주장하시는 아버지 하나님, 아버지의 선하신 뜻대로 저희들을 주님의 백성 삼으시고 그리스도의 십자가 보혈로 구속하여 주심을 감사드립니다. 저희들의 생명을 보존하시고 건강을 지켜 주심으로 강건한 삶을 살게 해주시니 감사드립니다.

후손이 없는 가정을 위해 기도드립니다. 가정은 하나님의 택함을 받은 가정이온데 후사가 없으므로 하나님께 간절한 마음으로 사모하며 기도합니다. 전능하신 하나님! 이런 가정을 긍휼히 여기사 은혜를 베풀어 주옵소서. 자식은 여호와의 주신 기업이요, 태의 열매는 그의 상급이라고 말씀하신 하나님. 인간의 힘으로는 어찌할 수 없는 일인 것을 고백합니다. 사라의 태를 여신 하나님의 능력이 임하시어 기쁜 소식이 들리게 하옵소서.

"회개하라 천국이 가까웠느니라"고 복음을 전파해 주시던 주님의 뜻처럼 하나님의 나라가 저희 심령과 가정과 교회와 저희 나라에 이루어지기를 기도하오니, 저희의 심령과 가정과 교회와 저희 나라에 의와 평강과 희락이 항상 샘솟게 하시고 저희 삶 속에 하나님의 섬세한 간섭하심과 성령의 온전한 통치를 받으며 살게 하시기를 간절히 원하옵니다.

일용할 양식을 내려주시는 하나님 아버지!

주님의 은혜로 성가정을 이루어 가족들이 함께 식사를 할 수 있는 은혜를 내려주시니 감사합니다. 저희의 손으로 수고한 대로 먹을 수 있는 축복을 더하여 주심에 감사합니다. 주님의 손길 위에 주님의 축복이 함께 하옵시고 먹는 이들은 영육으로 더욱 강건케 하여 주시옵소서.

또한 일용할 양식이 부족한 불우한 사람들에게 넉넉한 양식을 주시고, 주님의 양식을 먹는 모든 인류가 주님의 뜻대로 살아서 주님의 뜻을 온전히 이루게 하옵소서.

하나님의 나라와 권세와 영광이 영원히 하나님 아버지께 있사오며, 예수 그리스도의 이름으로 기도드리옵나이다. 아멘.

영광과 존귀와 경배를 받으시기에 합당하신 하나님 아버지! 이 시간도 영광과 경배를 받으시옵소서.

지난 한 주간 동안도 죄악 속에 빠져 있던 저희 영혼들에게 가없는 사랑과 한량없는 은혜를 주시어 이 시간까지 생명을 연장시켜 주심을 생각할 때에 진심으로 감사를 드립니다.

오늘도 거룩한 주님의 날을 맞아 이렇듯 좋은 주일을 허락하시고 주님께 엎드려 경배와 찬양을 드릴 수 있는 건강의 은혜 주심에 감사드립니다. 그러나 특별히 주님의 자녀인 저희는 주님의 말씀과 성령의 향기로 세상을 살며 빛과 소금의 역할을 해야 하건만 주님의 사랑을 잊은 채 정욕과 물욕에 빠져 세상과 타협하며 한 주간을 지내왔음을 고백하고 회개하오니, 아버지여, 이 시간 십자가 보혈로 저희 죄를 사하여 주시고 어리석음과 하나님의 자녀로서 옳지 못한 언행심사를 행한 것을 용서하여 주시며 이 시간 기도를 통하여 저희의 심령이 회복되는 귀한 시간이 될 수 있도록 도와주옵소서.

하나님 아버지!

지금 이 시간도 병마와 싸우며 고통 속에 있는 환우들을 만병의 의 사이신 아버지께서 그들을 위로하시고 친히 고치시사 속히 자리에서 일어나 건강한 삶으로 회복되는 지체들이 되게하여 주옵소서.

    사랑의 하나님 아버지!

    이제 주님의 뜻하신 가운데 믿음의 올바른 위정자를 세우시고 기도하는 많은 성도들의 기대감 속에 믿음의 나라가 들어서게 하여 주시옵고, 하나님께서 솔로몬에게 주신 지혜보다 갑절의 지혜를 위정자에게 주시고 기도로써 나라를 이끄는 겸손한 국가의 위정자가 되도록 인도하옵소서.

    또한 그리스도의 복음을 배척하는 나라의 지하교회에서 목숨을 걸고 신앙을 사수하는 형제들을 통하여 배교가 무너지며 자유를 찾을 수 있도록 주님께서 성령으로 역사하여 주옵소서.

    무엇보다 올해 저희 교회 안의 성도들은 갑절의 축복으로 주님의 축복을 받아 나누는 한 해가 될 수 있도록 은혜를 주옵소서.

    전능하신 하나님 아버지!

    이 모든 말씀 저희의 죄를 대속하신 예수 그리스도의 이름으로 기도드리옵나이다. 아멘.

은혜로우신 하나님. 저희의 기도를 기뻐하시며, 저희들의 찬미를 받으시기 원하시는 하나님, 찬양과 경배를 드립니다. 하나님께 올리는 기도를 귀하게 생각하여 사랑하는 성도들이 아버지께 영광을 돌립니다. 오늘 드리는 기도를 기쁘게 받으옵소서.

한 해를 회개와 결단으로 새롭게 시작하기를 원하는 심령으로 이 시간 주님 앞에 나왔습니다. 저희들을 긍휼히 여기사 올해의 회개를 다시 반복하지 않는 은혜를 주옵소서. 마음과 정성과 힘을 다하여 주 하나님을 사랑하게 하시고, 충성스러운 종이 되어 잘했다 칭찬 받게 하여 주옵소서.

한 해 동안 등졌던 인간관계도 사랑으로 회복하게 하시고, 주님의 용서와 같이 저희들도 용서하게 하여 주옵소서. 죄악을 끊게 하시고, 하나님을 신뢰하고 의뢰함으로 복된 삶을 살아갈 수 있도록 은혜를 주옵소서.

하나님이 허락하시는 시간들을 세상의 죄악 가운데 허비하지 않게 하시고, 지혜로운 자들이 되어 세월을 아끼게 하여 주옵소서. 새해에는 더욱 주님께 나아가는 한 해가 되게 하시고 기도에 더욱 힘쓰며 말씀을 더욱 마음속에 새기며 부지런히 순종하는 저희들이 되게 하여 주옵소서.

마음을 새롭게 함으로 변화를 받아 하나님의 선하시고, 기뻐하시고, 온전하신 뜻이 무엇인지를 분별하며 하나님의 빛 된 자녀로 거룩한 삶을 살게 하여 주옵소서. 믿는 자들에게나 믿지 않는 자들에게나 본이 되어 저희로 인하여 주님의 복음이 전파되게 하여 주옵소서.

새해에는 성도의 가정 가정마다 함께 하시기를 원합니다. 심히 어렵고 힘들어 연약하여져서 넘어지고 흔들리기 쉬우니, 주님의 능력의 오른손으로 강하게 붙들어 주셔서 강하고 든든하게 서 가는 복된 가정들이 되게 하시고, 감사가 넘치며 날마다 성장하는 성도와 가정들이 되게 하여 주옵소서.

또한 새해를 맞이하여 다짐하는 이 다짐들이 주님 안에서 일 년 내내 변하지 않게 하시고 저희의 계획이 주님의 계획과 일치되어 주님이 허락하신 복된 열매를 많이 맺을 수 있게 하옵소서.

예수 그리스도의 이름으로 기도드리옵나이다. 아멘.

영광을 받으시기에 합당하신 아버지 하나님께 찬양을 드립니다. 새로운 한 해를 허락하신 하나님께 감사와 찬송과 존귀와 영광을 돌립니다.

찬양과 기도로 한 해를 시작하오니 새롭게 하시고, 형통케 하시며 승리하는 한 해가 되도록 저희들을 축복하여 주옵소서. 허물 많은 저희들을 구원하시고, 오늘 주님 앞에 나와 찬양하게 하시며, 주님과 함께 시작하게 하시니 감사합니다. 올 한 해도 저희의 기도에 승리하게 하시고, 말씀에 순종하게 하시며, 기도에 응답받는 복된 은혜를 주옵소서.

이웃을 용서하게 하시고, 저희의 심령으로 새롭게 되어 주와 같이 동행하는 승리를 주옵소서. 허물로 인한 회개기도보다는 승리에 대한 감사의 기도가 넘치는 복된 한 해가 되게 하옵소서. 은혜를 사모하게 하시고, 사명에 충성하게 하시며, 감사로 열매 맺는 축복을 허락하여 주옵소서.

이 나라를 축복하시어 복지국가가 되게 하시며, 정의사회가 구현되게 하시고, 하나님을 경외하여 회개하고 돌아오는 복음의 역사가 있게 하옵소서. 세계 교회를 기억하시고, 모든 인류의 세계를 품고 기도할 때 다시금 모든 나라에 복음의 불길이 타오르게 하옵소서. 모든 교회가 살아남으로 이웃이 살게 하시고, 죽어가는 수많은 영혼들을 주님 앞으로 인도하는 구원의 방주가 되게 하옵소서.

부활이요 생명이 되시는 하나님 아버지!

지금 이 시간 믿음의 달음질을 다하고 이제는 하나님의 부르심과 상을 기다리는 사랑하는 임종을 맞이하는 성도를 위하여 기도드립니다.

주님께서 정해 주신 연륜이 다하게 될 때 아무 원망 없이 주님 앞에 바로 설 수 있도록 반석이 되어 주옵소서. 거룩하신 하나님 아버지! 나를 따르려거든 자기 십자가를 지고 따르라고 할지라도 임종을 맞이하는 성도에겐 끝까지 찬송을 잊어버리지 않은 채 주님을 따르게 하옵소서.

모든 교회에 부흥의 불길을 주옵소서. 이 일을 위하여 성도들이 새로운 직분을 나누어 받았사오니 충성을 다하여 주님께 영광돌리는 한 해가 되게 하옵소서. 모든 교회 성도들을 축복하시어, 직장을 잃은 자들에게는 직업을 주옵소서. 가난한 성도들에게는 물질의 복을 열어 주옵소서. 질병이 있어 고통받는 성도들이 치료의 하나님을 만나게 하옵소서. 소원이 있어 지금껏 부르짖어 기도한 성도들에게 응답받는 한 해가 되게 하옵소서.

매일 새 힘을 주시는 예수 그리스도의 이름으로 기도드리옵나이다. 아멘.

평화의 왕이신 주님! 하나님의 크신 사랑과 한량없으신 은혜에 감사하며 주님 앞에 나아와 하나님의 성호를 부르며 찬양하며 경배드리옵니다. 올 한 해 동안 아무 사고 없이 지낼 수 있도록 보호하여 주시옵고, 오늘은 새롭게 저희들의 심령을 변화시켜 새로운 각오와 결심으로 새해와 더불어 새 심령을 주시니 감사하옵고 감사하나이다.

전능하신 하나님!

저희들이 지나간 한 해를 회고해 볼 때 주님께서 허락하신 귀한 시간과 지혜와 정력과 여러 가지 은사들을 주님을 위해 사용하지 못했나이다. 또한 주님의 가르침과 은혜도 망각하고 안일함과 나태함으로 세월을 허송했고 저희들의 욕망만을 위해 살아왔음을 고백하오니, 주님! 저희들의 어리석음을 용서하여 주시옵소서.

그리고 금년 한 해도 주님의 날개 아래 보호하심 가운데서 새로운 시간들을 의미있게 살며 하나님께서 저희 각 사람에게 믿음의 분량대로 나누어 주신 사명을 잘 감당하여 날로 새로워지며 승리하는 삶을 살도록 저희들을 바르게 인도하여 주시옵소서.

교회의 몸이 되시는 주님!

올해도 모든 교회가 여호와 하나님을 경외하고 의지하며 주님의 맡겨 주신 사명을 더욱 잘 감당하게 하여 주시옵소서. 그리하여 모든 교회가 주님을 섬기고 따르기 위해 세운 여러 가지 목표와 계획들을 달성할 수 있도록 성령으로 이끌어주시옵소서. 부패하며 혼탁한 사회에서도 소금과 빛의 역할을 다하여 그리스도의 향기를 풍기는 참된 성도가 되게 도와주시옵소서.

주님! 올해도 저희들의 육신의 건강을 지켜주시고 가정을 축복하여 주시며 경영하는 일이나 직장에도 축복하여 주시고 주님이 내려주시는 은혜를 충만히 받게 하여 주시옵소서.

예수 그리스도의 이름으로 기도드리옵나이다. 아멘.

마틴 루터(M. Luther)는 "나는 할 일이 너무 많아서 하루에 세 시간 기도하지 않고는 일해 나갈 수 없다"고 말했습니다. 어떤 사람은 너무 바빠서 기도를 못한다고 합니다. 일이 많아서 기도할 시간이 없다고 합니다. 바쁘면 바쁠수록, 일이 많으면 많을수록 꼭 해야 되는 것이 기도라고 생각합니다. 일 중에서 제일 중요하고 큰 일은 기도입니다. 예수님께서는 바쁜 일과 속에서도 시간을 내어 한적한 곳에 가셔서 기도하셨습니다.

전지전능하신 하나님 아버지! 오늘도 감사와 영광과 찬송을 세세무궁토록 받으시옵소서. 주님의 은혜에 감격하여 감사기도의 자리에 나왔사오니 은혜로 충만해지는 시간이 되게 하여 주옵소서.

연약함에도 세상에 미혹되지 아니하고 주님을 사모하여 주님의 전으로 나왔사오니, 저희의 발걸음이 복되게 하옵소서. 저희가 세상에서 주님의 군사로 승리하게 하심을 감사합니다. 주님의 광대하심과 주님의 크신 사랑과 은혜에 영광과 찬송을 올려드리오니 홀로 영광 받아 주옵소서.

사랑의 하나님 아버지! 전도사를 위하여 기도드립니다. 이 시간도 사랑하는 주님의 양떼들을 위하여 수고하며 말씀을 준비하는 귀한 주님의 종들을 위하여 기도드리오니, 말씀을 선포할 때마다 영역을 일곱 배나 더하시고 사랑과 은혜로 더욱 충만케 하옵소서.

날이 갈수록 메마르고 강퍅해져 냉랭한 저희들의 영혼 속에 권능과 능력의 말씀 선포로 굳게 닫힌 마음의 빗장을 열어 이른 비와 늦은 비의 은혜를 충만케 하여 주시고, 무엇보다도 특별히 원하옵기는 기름부어 세우신 주님의 귀한 전도사의 가정의 평안과 건강으로 함께하여 주옵시며 잃어버린 한 마리의 양을 위하여서도 참고 견디는 넉넉한 마음의 여유로 성령의 열매가 충만한 목회 여정이 되게 하시옵소서.

사랑과 은혜가 풍성하신 하나님 아버지!

한 생애를 오직 복음 전파를 위하여 희생과 봉사를 아끼지 않으시는 전도사들의 귀한 삶 속에 분명코 주님의 넘치는 위로와 축복이 함께하시는 줄 믿사오니 이 땅 위에서도 윤택한 삶의 축복으로 영광 받아주시옵소서.

상한 갈대를 꺾지 않으시고 꺼져가는 등불도 끄지 아니하시는 아버지 하나님! 오늘도 상하고 주린 영혼들의 아픔을 치유하기 위해 말씀을 선포하시는 귀하신 전도사들의 가정과 교회 위에 놀라우신 주님의 사랑과 평안으로 충만하게 채워주소서.

주님의 나라를 사모하며 주님의 일에 봉사하는 손길이 있습니다. 주님께서 새로운 힘과 능력을 허락하심으로 봉사할 때마다 아름다운 봉사의 열매들이 맺히도록 은혜 더하여 주옵소서.

승리하는 기도로 인도하여 주실 줄로 믿사오며, 예수 그리스도의 이름으로 기도드리옵나이다. 아멘.

우주 만물을 창조하시고 좋아하시고 기뻐하신 하나님 아버지! 오늘도 저희가 찬송과 영광과 존귀를 올려드립니다. 저희의 입술을 주장하사 마땅히 하나님께 구해야 할 것을 구할 수 있도록 은혜를 더하여 주옵소서.

죄로 말미암아 죽을 수밖에 없던 저희에게 오늘도 구속의 은혜를 베풀어 주심을 감사합니다. 주님 안에서 저희의 삶이 주님의 자녀로 새롭게 거듭나는 그래서 주님께 더욱 필요한 존재가 되기를 원합니다. 저희를 광야에 버려두지 마시고 주님의 각별한 은혜로 보호받기를 원하여 오늘도 주님 앞에 성회로 모였사오니 구름기둥과 불기둥의 인도하심이 저희와 함께 하시기를 기도드립니다.

주님의 사랑을 확인함으로 더욱 큰 사랑으로 이웃을 사랑하게 하시고, 성도의 사랑을 나누게 하시며, 저희가 주님 앞에 사랑받기에 합당하게 하시고, 저희가 세상에서 승리하게 하시고, 저희의 마음에 평안을 주옵소서. 저희의 무지한 인생을 주님께서 천사가 흠모하는 귀한 인생으로 바꾸어 주심을 감사드립니다.

저희의 마음을 열매 맺는 옥토의 마음이 되게 하심으로 말씀을 들을 때에 회개의 역사가 저희 가운데 임하시며, 말씀을 받을 때에 기뻐 감격하게 하여 주옵소서. 돌 같은 심령을 녹여주심으로 순종이 기쁨으로 회개에 합당한 열매를 맺는 귀한 시간이 되게 하여 주옵소서.

거룩하시고 자비로우신 하나님 아버지!

성도들의 모범이 되는 장로를 위해 기도드립니다. 주님의 피로 세운 교회를 위해 장로의 귀한 사명을 맡겨 주심을 감사드립니다. 맡은 자의 구할 것은 충성이라고 했사오니 충성할 수 있는 신실한 종 되게 하옵시며 오직 주님의 영광만을 위해 일할 수 있는 모범된 종이 되게 하옵소서.

사랑하는 주님!

저희로 하여금 저희 자신만을 위한 삶이 되지 말게 하시고 저희를 위해 십자가 지신 주님만을 위하여 살아가게 하옵소서.

무엇보다 장로로서 참된 사랑을 실천하게 하옵소서. 말만 앞세우고 허세만 부리는 장로가 아닌, 책망할 것이 없고 가르치기를 잘하며 자신의 말과 행실이 깨끗한 종이 되게 하여 주옵소서.

예수 그리스도의 이름으로 기도드리옵나이다. 아멘.

온 세상의 살아있는 모든 만물의 하나님이 되셔서 오늘도 역사하시는 풍성하신 하나님! 오늘도 저희를 거룩한 감사기도로 불러주신 은혜에 감사합니다. 오늘도 주님을 믿는 자를 자녀로 삼으시고 아버지가 되어주신 하나님. 여기에 임재하셔서 저희에게 복을 허락해 주옵소서.

이 시간도 성령님이 저희 가운데 역사하셔서 저희에게 날마다 새로운 성령의 열매가 맺히게 하여 주옵소서. 거룩한 하나님의 성호를 찬양하게 하시고, 저희를 거룩하게 구별하여 주님의 백성으로 삼아 주시니 감사합니다.

저희의 감사기도를 기쁘게 받으시기를 원하오니 주님 저희에게 성령 충만함으로 허락하여 주옵소서. 그리하여 진정한 참 회개를 하게 하옵소서. 저희가 사는 동안에 주님의 뜻에 순종하지 못했음을 고백합니다. 저희의 연약함으로 인하여 주님의 이름을 가렸습니다. 무엇보다도 주님의 피 흘리심으로 저희를 죄에서 구원하셨건만 아직도 세상의 인연으로 인하여 이곳에 있지 아니하는 많은 심령들을 위하여 한 번도 주님의 말씀에 권면도 못한 심령들의 죄를 사하여 주옵소서.

저희는 주님의 희생을 모르고 살 수는 없습니다. 저희는 저희의 이웃을 외면하고 살 수는 없습니다. 주님 저희에게 더욱더 큰 믿음으로 그들에게 구원의 구세주가 되시는 예수 그리스도를 증거할 수 있도록 저희에게 은혜 더하여 주시옵소서. 오늘 이 시간 감사기도를 통하여 하나님의 나라와 정의를 위하여 쓰임 받는 결단의 사람들이 되도록 인도하여 주옵소서. 저희가 어디에 있든지 저희를 도우시는 하나님으로 인해 저희의 연약한 믿음이 담대해지고, 저희의 부족한 언행이 온전해지기를 원합니다.

구원하시는 능력으로 도우시는 하나님 아버지! 교회의 집사를 위해 기도드립니다. 죽을 죄인들을 대속하시려고 이 땅 위에 오시어 지옥에서 천국으로 인도해 주신 주님, 감사드립니다.

인류를 구속 사업을 완성하시고 다시 하나님 우편으로 승천하시면서 유언하신 말씀인 땅 끝까지 이르러 내 증인이 되라고 하신대로 저희들도 주님의 복음을 증거하는 증인되게 해 주시기를 바라옵니다.

오늘도 저희를 도우시는 예수 그리스도의 이름으로 기도드리옵나이다. 아멘.

사랑과 은혜가 풍성하신 하나님 아버지 축복과 사랑을 감사합니다. 오늘도 하나님께서 영광과 찬송과 저희의 감사기도를 받아주옵소서. 저희의 마음을 다하여 갈급한 심령으로 모였사오니 저희에게 은혜를 베푸셔서 충만한 은혜의 시간이 되게 하여 주옵소서.

저희의 주인이 되시는 전능하신 하나님 아버지! 마음과 영이 하나 되어 주님 앞에 드리는 기도시간이 되게 하옵소서. 성도들 모두가 회개하며 진정으로 드려지는 기도가 되게 하여 주옵소서. 저희의 부족함을 아시면서도 주님을 간절히 찾는 자를 거절치 않으시는 주님의 사랑을 생각하며, 오늘도 꿀보다 더 달콤한 주님의 말씀을 사모하게 하옵소서.

믿음의 식구를 위해 사역하는 구역장을 위해 기도드립니다.

복잡한 인생 속에서도 믿음을 붙들고 살 수 있게 하시며 더욱더 믿음의 직분에 죽도록 충성하는 가운데 하나님의 뜻을 이룰 수 있게 되기를 원합니다.

구역장에게 주어진 시간과 환경 속에서 모든 일들을 열심히 하도록 강건함을 허락하여 주옵소서. 얼마만큼의 달란트를 받았는가 신경 쓰기보다는 단 한 달란트를 받았다 하더라도 열심히 애쓰는 주님의 일꾼이 될 수 있도록 힘을 주옵소서.

　이 모든 일을 위하여 성령의 도우심이 필요합니다. 건강한 두 다리로 집집마다 찾아다닐 수 있도록 뼈마디에 힘을 허락하여 주옵시고, 가고 오는 교통에 편의를 허락하여 주옵시되 구역장들의 입술에 위로의 말씀을 주옵시고, 평강의 기도에 힘을 허락하여 주옵소서. 그러나 무엇보다도 구역장 자신이 먼저 구원의 감격을 잃지 않게 하여 주옵소서. 날이면 날마다 자신을 쳐서 복종시키며 순교의 삶을 살게 해 주셔서 믿음의 어머니의 모습을 갖게 해 주옵소서.

　하나님! 구역의 성도들이 모든 일을 다툼과 허영 속에서 살지 않게 도와주옵소서. 오직 성령의 띠로 하나 되게 도와주시고 서로를 사랑하며 위로하며 인내하는 믿음의 식구들이 되게 해 주옵소서. 아름다운 구역 선교자가 되어지도록 성령님의 권능을 주시옵소서. 착하고 신실된 작은 종이 되게 하옵소서.

　저희의 기도를 받아주시는 예수 그리스도의 이름으로 기도드리옵나이다. 아멘.

은혜와 자비가 풍성하신 하나님 아버지! 주님의 교회를 위하여 권사로서의 귀한 직책의 사명 맡겨 주신 권사를 위해 기도합니다.

주님께서 하나님의 비밀을 맡은 자로 여길 만하여 세워주셨사오니, 믿음이 연약한 자와 병든 자와 굶주리고 헐벗은 고아와 과부들을 돌아보며 권위할 수 있는 종 되게 하옵소서.

무엇보다 착한 종이 되게 하시고 성령과 믿음이 충만한 자가 되게 하시며 말씀을 잘 가르치는 자가 되게 하여 주옵소서. 항상 쉬지 않고 기도하는 권사가 되게 하시고 형제를 사랑하며 서로 우애하고 존경하기를 서로 먼저하며 부지런하여 게으르지 말고 열심을 품어주는 섬기는 종이 되게 하옵소서.

주님의 교회를 위해 맡겨진 사명에 충성을 다하는 선한 청지기가 되게 하여 주옵소서. 목회자와 장로를 잘 보필하여 은혜로운 교회, 생동하는 교회, 사랑이 넘치는 교회를 이룩해가는 데 앞장서는 종이 되게 하옵소서.

맡겨진 달란트를 잘 활용해서 두 달란트, 다섯 달란트 받은 종이 많은 이익을 남긴 것같이 저희도 더욱 많은 이익을 남겨 착하고 진실한 종이라고 칭찬받을 수 있는 권사가 되게 하여 주옵소서.

"누구든지 하늘에 계신 아버지의 뜻대로 하는 자가 내 형제요 자매요 어머니이니라 하시더라(마태복음 12장 50절)"는 말씀처럼 자비하신 하나님, 아버지의 영광을 찬양하오며 사모하나이다. 신앙생활을 한다고 하면서 긍휼과 자비의 마음이 없이 형식적인 신앙인의 노릇만 해온 죄를 용서하여 주옵소서.

금지사항에만 민감하여 소극적인 신앙인이 되지 말고, 보다 열정적인 자세로 하나님의 일을 위해 매진할 수 있는 적극적인 신앙인이 되게 하옵소서.

한 영혼의 아픔을 깊이 이해하시는 하나님, 저희에게 예수 그리스도와 같이 겸손하며, 인자함으로 연약한 영혼들을 돌보고자 하는 마음을 주옵소서. 주님께서 주신 말씀을 정죄나 심판의 방편으로 오용치 말고 주님의 사랑과 은혜, 긍휼과 자비를 선포하는 도구로 선용케 하옵소서. 그리고 저희 자신의 편견과 그릇된 가치관을 배제시키고 항상 주님께서 무엇을 말씀하시고자 하셨는가를 분별하려고 노력하게 하옵소서.

주님, 이 땅에 사는 모든 사람들이 하나님 뜻대로 행하는 성도가 되어 예수 그리스도 안에서 한 형제, 한 성도로 살게 하옵소서.

예수 그리스도의 이름으로 기도드리옵나이다. 아멘.

사랑과 은혜가 풍성하시며 언제나 저희들에게 복 주시기를 원하시는 거룩하신 하나님 아버지. 주님의 은혜에 감사드립니다.

이 세상에 많은 사람들 가운데 육신적으로 헐벗고 굶주린 자들이 있습니다. 그들을 불쌍히 여기시고 긍휼히 여겨 주옵소서. 그리고 저희가 그들을 위해 해야 할 일을 구체적으로 깨닫게 하옵소서. 먼저 그들을 위하여 눈물로 기도하게 하시고, 저희가 할 수 있는 작은 일부터 사랑을 행동으로 옮기며, 그들에게 예수 그리스도의 이름으로 선행을 베풀게 하옵소서.

그리고 부모 잃고 아픈 가슴을 가지고 살아가는 어린 소년소녀 가장들에게 힘을 주시옵소서. 먼저 예수 그리스도를 영접하게 하시고 주님에게 향하는 마음을 가질 수 있도록 도와주시옵소서. 모든 생활이 궁핍한 중에 있사오니 주님께서 그들을 늘 지켜 주시고 넉넉하게 채워 주시기를 원합니다.

또한 저희들에게는 깨달을 수 있는 영을 주셔서 그들을 위하여 무슨 일부터 도와야 하는지 생각할 수 있는 지혜를 허락하여 주시옵소서. 하나님 저희는 부족하고 연약합니다. 주님이 도와주시지 아니하시면 이 모든 일을 감당할 수 없사오니, 주님이 동행하여 주시고 이루어 나갈 수 있는 은혜를 내려 주시옵소서.

복음이신 주님. "좋은 땅에 뿌려졌다는 것은 말씀을 듣고 깨달은 자니 결실하여 어떤 것은 백 배, 어떤 것은 육십 배, 어떤 것은 삼십 배가 되느니라 하시더라(마태복음 13장 23절)" 하셨습니다.

메시아를 영접하는 은혜를 누리며 살게 하신 아버지 하나님, 하나님의 주권과 통치를 찬양하며 감사하나이다. 저희에게 복음을 주셨사오니, 하나님 나라의 비밀을 깨달을 수 있게 하옵소서. 말씀을 듣고 깨달아 결실하는 자가 되길 원합니다. 세상에 대한 욕심과 염려를 매일 말씀으로 이기며 해결해 나갈 수 있는 힘을 주옵소서.

살아계신 주님, 복음 역사가 사람 보기에는 비록 작고 미미한 것 같을지라도 그 속에는 생명이 있어 결국 성장하여 세계에 영향을 미치게 됨을 믿습니다. 말씀을 듣고 깨달아 수백 배의 결실을 가져오게 하옵소서.

예수 그리스도의 이름으로 기도드리옵나이다. 아멘.

13일

빛이신 주님, 저희를 세상에 빛으로 세워주셨음을 감사드립니다. 자신을 숨기거나 감추는 헛된 일을 하지 않게 하시고 자신의 위치를 바로 알아 어둠의 바다 위에 있는 등대로서 주변을 환하게 밝히는 삶을 살게 하옵소서.

전능하신 하나님. 선교사를 위해 기도드립니다.

열매를 주시는 하나님. "좋은 땅에 뿌리웠다는 것은 곧 말씀을 듣고 받아 삼십 배 육십 배와 백 배의 결실을 하는 자니라(마가복음 4장 20절)" 말씀하셨습니다. 능력과 권세로 만사를 주관하고 계시는 하나님 아버지, 오늘도 먼저 주님의 말씀을 듣기를 원합니다. 저희가 주님의 말씀을 듣고, 마음에 새기며 그대로 실천에 옮길 수 있는 힘을 주옵소서. 받은 말씀으로 인해 환난이나 핍박이 올지라도 끝까지 인내하며 말씀을 붙잡고 소망 중에 살게 하옵소서. 유혹과 욕심 편에 서지 말게 하시고 언제나 말씀의 편에 굳게 섬김으로 승리하게 하옵소서.

선교사역을 주관하시는 하나님! 이 땅 위에 흩어져 주님 나라의 확장을 위해 헌신하시는 많은 선교사들을 위해서 기도드립니다. 오늘 저희들이 일일이 선교 현장에는 동참하지 못한다 할지라도 눈물의 기도와 물질로 그분들과 동역하게 하시며, 주님의 나라가 이 땅에 이루어지기까지 이 같은 관심과 열정이 식어지지 않게 하옵소서. 가까운 이웃에게도 주님의 사랑을 증거할 수 있는 저희들이 되게 하여 주옵소서.

은혜의 하나님! 오늘도 주님의 말씀을 선포하시는 선교사의 성령의 능력으로 붙들어 주시고, 저희들이 주님의 말씀에 새롭게 다짐하는 시간이 되게 하여 주옵소서.

하늘에 계신 하나님, 하나님의 나라는 지금도 계속 확장되고 있음을 믿습니다. 저희가 사는 동안 하나님의 나라에 참여함으로 풍성한 은혜를 받을 수 있기를 원하오니 이 풍진 세상을 사는 동안 늘 함께 하옵소서. 저희의 마음속에 하나님의 나라를 건설할 수 있게 하옵소서.

이 세상은 모두 주님의 나라이며 주님이 손이 안 닿는 곳이 없음을 모두가 믿사옵니다. 주님의 한없는 사랑의 빛이 온 세상에 널리 퍼져 주님을 따르는 모든 이들에게 광명된 삶을 살 수 있도록 자비를 베풀어 주옵소서.

예수 그리스도의 이름으로 기도드리옵나이다. 아멘.

자비로우신 하나님. 고아와 과부와 가난한 자들의 벗이 되시는 하나님 아버지, 이 시간 하나님의 자비와 긍휼을 구하며 기도합니다.

이 땅에는 불편한 몸을 갖고 힘들게 살아가는 사람들이 많이 있습니다. 먼저 선천적인 불편함을 갖고 사는 사람들의 마음을 위로해 주시옵소서. 그들의 불편함 때문에 일어날 수 있는 원망이 사라지게 하옵소서. 그리고 지체부자유자 중에 80% 정도가 후천적인 사람들이라고 합니다. 저희도 뜻하지 않은 일들을 통해 그런 어려움을 겪을 수도 있다는 사실을 생각하며 조금이나마 그들의 아픔을 저희의 아픔으로 받아들이게 하옵소서. 그들에게 하나님의 사랑을 전하기 원합니다.

그리고 부모 없는 슬픔을 누르고 살아가는 어린 고아들과 그들을 돌보는 고아원을 위해 기도합니다. 먼저 어린 마음들을 위로하여 주시고, 그들에게 담대함을 주셔서 자신의 인생을 힘 있게 개척해 나가게 하옵소서.

또한 연로하신 분들을 돌보는 양로원을 위해 기도합니다. 맡은 자들이 사랑으로 섬기며 성실하게 자신의 사명을 감당하게 하옵소서.

주님을 믿는 모든 성도들에게 이 시간 성령 하나님께서 역사하셔서 그리스도의 사랑을 깨닫게 하시며, 저희도 그 사랑 본받아 선한 삶을 살게 하옵소서. 소외된 자들의 참된 이웃이 되게 하옵소서.

저희와 동행하시는 주님. "믿고 세례를 받는 사람은 구원을 얻을 것이요. 믿지 않는 사람은 정죄를 받으리라(마가복음 16장 16절)" 하셨습니다.

죽음을 정복하시고 부활하신 주님, 인류의 가장 큰 불행과 적인 사망을 이기심을 감사드립니다. 주님의 부활은 모든 성도의 첫 열매인 것을 믿습니다. 장차 새 몸으로 부활하게 될 때까지 주님께서는 늘 저희와 함께하심을 믿습니다.

저희의 삶 속에서 주님께서는 분명히 함께해 주시겠다고 하셨는데도 때론 영안이 어두워서 주님의 존재를 깨닫지 못 하고 실의와 좌절에 빠져서 점점 세상의 절망으로 빠져 가는 일이 많사오니 저희를 불쌍히 여겨 주옵소서. 이후로 믿음의 눈을 떠서 저희와 함께 동행하시는 주님을 바라보게 하옵소서.

예수 그리스도의 이름으로 기도드리옵나이다. 아멘.

사랑의 하나님 감사합니다. 그리 길지 않은 기간을 통해 저희 교회를 부흥케 하시고, 교회로 인해 국가의 발전을 이루게 하심을 감사합니다. 또한 국력의 신장으로 인해 기업들과 많은 인재들을 해외로 배출케 하심도 감사드립니다.

우선 학업과 미래의 꿈을 이루기 위해 해외에서 공부하는 유학생들을 위해 기도합니다. 그들의 최종 목적이 학업이 아니라 그 수단들을 통해 하나님께 영광을 돌리는 것임을 기억케 하옵소서. 함께 공부하는 타국가 학생들에게 저희 유학생들을 통해 그리스도를 영접하는 기회를 날마다 허락하여 주시기를 원하옵니다.

공부하는 데 있어서 지혜를 주셔서 머리가 될지언정 꼬리가 되지 않게 하시고, 강건한 체력을 허락하사 원하는 기간 내에 학업을 마칠 수 있도록 인도하여 주시기를 기도합니다.

또한 회사의 필요에 의해 해외에서 근무하는 지체들을 위해 기도합니다. 현지의 기업 환경이나 비즈니스 문화의 차이로 인해 어려움을 겪지 않게 하여 주옵소서. 날마다 말씀을 통해 지혜를 얻게 하사, 현지에서도 인정받는 자들로 세워주시길 기도합니다. 이들이 다시 저희 나라에 돌아와서도 회사에서 없어서는 안 될 자들로 존귀케 하옵소서.

또한 이들을 보내고 노심초사하는 고국의 가족들에게도 평안을 허락하옵소서. 그래서 걱정보다는 기도로 그들을 중보하게 하옵소서.

저희의 길에 빛 되신 주님. "네 온 몸이 밝아 조금도 어두운 데가 없으면 등불의 빛이 너를 비출 때와 같이 온전히 밝으리라 하시니라(누가복음 11장 36절)" 하셨습니다.

저희의 기도를 들으시는 주님, 자기 것만 구하는 이기주의 신앙으로 흐르기 쉬운 저희에게 하나님의 영광과, 나라를 위하고 이웃을 위해 먼저 구할 수 있는 참된 기도를 드리게 하옵소서. 저희가 참된 기도를 하기 위해서 먼저 남을 용서하는 관용을 갖게 하옵소서.

이 은혜로운 자리에 육신의 일에 얽매여서 참석하지 못하는 성도들이 있습니다. 하나님을 재물과 겸하여 섬길 수 없음을 깨달아 하나님께 영광을 돌리며 사는 복된 삶으로 이끌어 주옵소서.

이 시간 성령을 통하여 주님의 권세 있는 말씀을 선포케 하시고, 주님의 은혜를 사모하는 저희 모두가 주님의 임재하심을 체험하는 놀라운 시간이 되게 하여 주옵소서.

예수 그리스도의 이름으로 기도드리옵나이다. 아멘.

은혜와 사랑의 하나님. 하나님의 형상으로 저희를 창조해 주셔서 감사드립니다. 또한 모든 인류의 소망이 되시는 주님께서 부족한 저희들에게 각각의 능력과 달란트대로 해야 할 일을 주셨음을 감사드립니다.

저희들로서는 할 수 없는 일들이 능력의 주님 안에서는 가능할 수 있음을 믿고 고백합니다. 저희가 최선을 다하여 감당하도록 붙들어 주옵소서.

땅끝까지 이르러 내 증인이 되라고 하신 주님의 말씀을 듣고 저희와 다른 기후와 음식, 토양에서 어려운 환경을 극복하며 주님의 일을 하고 있는 선교사들을 위해 이 시간 기도합니다. 그들에게 더욱더 영육간에 강건한 힘을 더하여 주시고 그들의 가정을 축복하여 주시고, 함께하여 주시옵소서. 각각 그 나라의 방언에 익숙해져 그들과 대화하며 그들을 이해하는 데 언어의 장벽이 없게 도와주시옵소서.

주님의 말씀을 전파할 때 주님의 능력과 기사로서 오지의 많은 사람들이 주님의 살아 계심을 느끼고 주님을 믿게 하옵소서. 더욱이 이런 일들을 위해 물질적으로 어려움이 없도록 돕는 손길이 끊이지 않게 하시고, 돕는 손길들 위에 복 내려 주옵소서.

선교사들의 어려움을 아시는 능력의 주님, 오지에서의 모든 애로사항을 타개하여 주시고, 복음전파의 능력을 주시고 영적인 지혜와 권세를 충만히 부어 주셔서 각각의 임지에서 맡기어진 사명을 부족함 없이 잘 감당하게 도와주옵소서.

새 생명을 허락하신 주님. "예수께서 큰 소리로 불러 이르시되 아버지여 네 영혼을 아버지 손에 부탁하나이다 하고 이 말씀을 하신 후 숨지시니라(누가복음 23장 46절)"라고 말씀하셨습니다.

저희의 허물과 죄를 담당하신 주님, 예수 그리스도의 고난과 죽으심의 씨는 온 인류를 대신한 죄의 형벌로서 구속의 완성을 의미하는 줄 믿습니다. 저희의 생각을 버리고 주님을 만나며 손해를 보더라도 진리를 말하고 순수성을 지켜갈 수 있게 하옵소서. 이 나라에 자기를 위해 남을 모함하는 백성이 없게 하옵소서.

새 생명을 허락하신 주님, 저희의 삶은 그리스도와 함께 고난을 받을지언정 세상의 죄악과 불의에 빠져 타협하지 않기를 원합니다. 언제나 늠름하고 기상 있게 이 악한 세대를 거슬러 어두움을 비추는 빛의 사명을 다하기를 원하옵니다.

예수 그리스도의 이름으로 기도드리옵나이다. 아멘.

하나님의 은혜를 찬양합니다. 주님이 주시는 힘으로 살다가 감사기도로 함께 모이게 하심을 감사합니다. 오늘도 저희들의 기도를 기쁘게 받아 주시옵소서. 한없는 기쁨의 시간이 되게 하여 주옵소서.

이번에 교회에서 주체하는 수련회를 위하여 기도드립니다. 기획에서 집행까지의 모든 과정을 주님께 맡깁니다. 오고가는 행로에 주님의 천사로 하여금 돕게 하셔서 안전하게 하시고, 은혜 중에 행사가 진행될 수 있도록 인도하여 주옵소서. 많은 성도들이 교제의 계기로 삼게 하시고, 인간관계의 형통함을 주셔서 서로 용납하며 이해하게 하시고, 그리스도의 사랑으로 용서의 훈련을 감당하는 수련회가 되게 하옵소서.

특별히 믿음과 말씀과 성령으로 충만케 하셔서 육이 죽고 영이 사는 소망의 시간들이 되게 하여 주옵소서. 회개의 운동이 일어나게 하시며, 결단의 은혜가 있게 하여 주옵소서. 이 일을 위하여 모든 성도들이 협력하게 하시고, 주님의 사역에 동참할 수 있도록 시간들을 허락하여 주옵소서. 이번 행사로 인하여 더욱 연합하게 하심으로 구제하고 선교하며, 전도하는 일에 더욱 뜨거워지게 하옵소서.

부활이요 생명이신 주님. "무릇 살아서 나를 믿는 자는 영원히 죽지 아니하리니 이것을 네가 믿느냐(요한복음 11장 26절)"라고 말씀하셨습니다.

부활이요 생명이신 주님, 주님 안에서 부활의 소망과 새 생명을 얻어 살게 하심을 감사드립니다. 믿음으로 사는 자의 삶은 항상 밝고 희망찬 나날인 것을 믿습니다. 저희 속에 소심하고 두려워하는 요소들을 모두 제하시고 생명의 빛으로 충만케 하여 주옵소서. 하나님의 영광을 찬양케 하시고 주님의 뜻을 따르기 위해 늘 순종케 하옵소서.

능력의 하나님, 주님께서는 언제나 일하시고 계시오니 주님과 함께 저희도 늘 주님의 일을 하는 생을 갖기를 원합니다. 저희에게 주어진 시간을 낭비하지 않게 하시고 일할 수 있는 기회를 놓치지 않게 하여 주옵소서. 저희가 무슨 일을 어떻게 할지 주님께서 늘 가르쳐 주옵소서. 잘 감당할 수 있도록 힘을 주옵소서.

살아계신 주님, 저희의 삶 속에서 살아계신 하나님을 섬기는 것보다 더 소중한 일이 없습니다. 저희가 주님의 일을 할 때 어느 한 순간도 저희의 사욕을 채우기 위해 일하지 말게 하시고, 하나님의 말씀을 악용하는 일이 없게 하여 주옵소서. 급하고 어려운 일이 있어도 주님의 뜻을 기다리며 살게 하옵소서.

예수 그리스도의 이름으로 기도드리옵나이다. 아멘.

18일

만물을 창조하신 하나님 아버지! 말씀으로 천지를 창조하시고 오늘도 살아 계셔서 영원토록 존귀와 영광을 받으실 아버지 하나님께 찬송과 경배를 드립니다. 저희들에게 건강과 생명을 주셔서 오늘 거룩한 감사기도로 영광 돌리게 하시고 오늘 이렇게 기쁨으로 찬양드리며 주님께 감사기도를 드리게 됨을 감사드립니다.

죄 가운데 죽었던 저희들에게 십자가 보혈을 통하여서 영원한 생명 주시고 또한 영원토록 찬양드리게 하심을 감사드립니다. 죄와 허물로 영원히 죽었던 저희들을 십자가 위에서 피 흘리시고 구원해 주신 그 은혜를 생각하면 저희들 주님 앞에 감사와 찬양을 드리지 않을 수 없습니다.

사랑이 많으신 아버지 하나님! 모든 교회에 주일학교를 세워주시고 여러 교사들을 허락해 주셔서 감사합니다. 이 모든 것이 하나님의 은혜요 또한 하나님의 계획임을 알게 하옵소서. 먼저 모든 주일학교 기관들이 하나님의 은혜 가운데 부흥 성장하는 기관들이 되기를 기도합니다. 한 기관도 세상 닮아가지 않도록 도와주시고 말씀 중심, 복음 중심으로 성장하게 해 주옵소서.

멀티미디어 시대에 상대적으로 주일학교 시설이 위축되는 경향이 있지만, 저희는 과학적인 인간의 수단보다 하나님의 능력을 믿습니다. 세상을 좇아가기 위해 발버둥치는 주일학교가 아니라 말씀대로 가르치는 주일학교, 주님을 따라가는 주일학교가 되게 하옵소서.

또한 교사들에게 신령한 눈을 뜨게 하셔서 세상의 학문을 가르침이 아니라 하나님의 진리의 말씀을 선포하는 선지자적인 사명감을 갖게 하옵소서. 올바르게 심겨진 말씀의 씨앗이 사람을 변화시키고 하나님 나라의 일꾼을 만든다는 비전을 갖게 하소서.

눈물로 씨를 뿌리는 자는 기쁨으로 그 단을 거둔다고 하셨사오니, 눈물로 기도하는 교사가 되게 하시고, 정성으로 말씀의 씨앗을 심는 교사의 직분을 잘 감당하게 하옵소서.

그동안도 말씀대로 살기에 힘썼지만 연약한 인간이기에 또 넘어지고 쓰러지고 죄를 지은 모습으로 아버지 앞에 와서 회개하오니 용서하여 주시옵소서.

아버지께서는 의인을 부르러 온 것이 아니라 죄인을 불러 회개시키러 왔노라고 말씀하셨습니다. 그 말씀을 의지하여 이 시간 부족한 죄인들이 기도하오니 저희의 죄를 깨끗하게 씻어 주시고 정결한 마음으로 정성을 다하여 감사기도드릴 수 있도록 성령 하나님께서 역사하여 주시옵소서. 성령 안에서 새 힘을 주시옵소서.

예수 그리스도의 이름으로 기도드리옵나이다. 아멘.

살아 계신 능력의 하나님 아버지! 그동안도 주님 은혜로 지켜 보호하심 가운데, 오늘도 이렇게 건강한 모습으로 감사기도에 저희들 모이게 하여 주심을 감사드립니다. 죄인 중의 죄수인 저희들을 불러 주시고 또한 예수 그리스도의 보혈로 깨끗하게 씻어 주시고, 믿음으로 의인이라 칭하여 주심을 감사드립니다.

지난날도 뒤돌아보니 저희들이 지금껏 축복 가운데 살아왔음이 오직 주님의 은혜임을 깨달아 더욱더 감사의 찬미와 영광을 주님께 돌려 드립니다. 저희들이 살다가 때로는 삶에 시달리고 세상일에 빠져서 주님을 저버린 자처럼 살 때도 있었음을 고백하오니, 용서하여 주옵시고 앞으로는 믿음으로 승리하는 삶이 되도록 저희들의 마음 문을 날마다 성령님께서 조명하여 주시옵소서.

또한 세상 죄를 이기려는 싸움에서 승리하게 하옵소서. 이미 십자가의 능력으로 승리한 저희들이 다시 약한 자가 되어 넘어질까 심히 두렵사오나 능력의 주님께서 저희들의 상처 입은 심령을 주님께서 십자가를 지시고 피 흘리신 손으로 치유하여 주사 더욱 강하게 역사하여 주실 줄 믿습니다.

사랑하는 주님!

아직도 저희들의 심령에 교만과 사욕이 많이 남아 있사오니 날마다 성령으로 깨우치고 회개하는 삶이 되도록 붙들어주시옵소서. 그리하여 정녕 이제 능력 있는 믿음의 사람으로 거듭나게 하옵소서. 지난날의 그 모든 죄의 소멸함을 받게 하옵소서. 그리하여 저희들의 가정과 거룩한 공동체가 십자가의 평안과 보혈의 능력이 승리하는 믿음의 장소가 되게 하여 주옵소서.

특별히 주님께서 피 흘려 세우신 성스러운 교회들이 아직도 거듭나지 못한 자들처럼 미약한 인간의 냄새 나는 교회가 되지 않도록 성령께서 강하게 주관하사 은혜롭게 하여 주옵소서. 십자가에서 피 흘리신 주님의 현존하는 몸 된 교회로서 세상에서 빛이 되게 하시고 소금이 되게 하여 주옵소서.

크신 능력의 하나님 아버지! 오늘도 힘없는 자에게는 힘이 되어 주시고, 좌절한 자들에게는 큰 희망을 주옵소서. 가진 것 없는 자에게는 나누어 주는 자가 되게 하시고, 천하고 눌린 자를 높이는 자가 되게 하옵소서. 정녕 이 모든 일이 주님께서 크게 기뻐하시는 일이었나이다.

세상의 온 교회가 평안 가운데 든든히 서 가게 하여 주실 줄 믿고 감사함으로 예수 그리스도의 이름 받들어 기도드리옵나이다. 아멘.

할렐루야! 사랑과 은혜가 충만하신 하나님 아버지! 은혜에 감사합니다. 하나님께서 바로 지금 이 시간 저희를 위하여 여기에 계심을 믿사오며, 저희를 위하여 어제도 계셨고 오늘도 그리고 영원히 여기에 계심을 믿고 감사드립니다.

오늘을 맞이하여 지나온 날들을 되돌아 볼 때에 여전히 이곳에 저희와 함께 하시는 사랑의 하나님이 말없이 동행하시며 저희를 지켜주시고 계셨음을 고백하나이다. 저희의 마음에 죄의 더러운 습관을 버리도록 인도하시고 더불어 새롭게 하시는 성령님께서 저희를 온전히 다스릴 수 있도록 저희의 심령을 주장하여 주옵소서.

하나님 아버지 감사합니다. 저희들을 사랑하셔서 영원한 복음 주시고자 이곳에 저희 교회를 세우셨으며, 불신자들을 구원하기 위하여 저희들로 증인을 세우셨으니, 저희 교회를 구원의 방주로 부족함 없이 하여 주옵소서.

저희 교회 모든 교육 기관의 발전을 위하여 계획하며 기도하는 모든 교역자들에게 주님의 은혜와 말씀과 기도의 능력이 충만케 하여 주시옵소서. 각 교육기관마다 금년에 계획한 교육 목표와 전도의 목표를 넘치게 감당할 수 있도록 은총 베풀어 주시고, 온 성도가 하나가 되어서 마지막 때에 어린이나 청소년이나 장년이나 노년이나 모두 말씀으로 무장하여 익은 곡식 거두어들이는 추수꾼들이 되게 하옵소서.

저희 주위에는 어린아이로부터 노년에 이르기까지 하나님을 모르고 믿지 않는 이들이 너무 많습니다. 저희 성도들이 말씀 교육으로 무장하여 저들을 구원하는 영혼 구조대가 되게 하옵소서.

저희를 눈동자처럼 날마다 보호하시는 하나님의 역사에 감사하오며, 저희의 삶이 오직 하나님의 영광을 위한 삶이 되도록 성령님의 도우심과 축복이 함께 하옵소서.

오직 하나님의 복된 자녀로서 예수 그리스도를 믿지 않는 이웃에게 전도할 수 있는 성도가 되게 하시고, 하나님이 저희를 친히 죄에서 해방시키신 주님의 사랑을 온 누리에 전하도록 저희에게 전도의 일을 허락하시며, 그것을 감당할 수 있도록 새 힘을 허락하여 주옵소서.

저희를 인도하시는 주님의 길이 진리와 생명의 길임을 고백하고 확신하오니 주님 저희에게 주신 사명을 잘 감당할 수 있도록 새롭게 성장하고 승리하는 삶으로 인도하여 주옵소서. 이 나라와 인류를 위하여 주님의 복음 전하는 증인이 될 수 있도록 저희에게 축복을 내려주옵소서.

지금도 살아 계셔서 역사하시는 예수 그리스도의 이름으로 기도드리옵나이다. 아멘.

말세에 경종을 주시는 주님. "너희는 스스로 조심하라 그렇지 않으면 방탕함과 술 취함과 생활의 염려로 마음이 둔하여지고 뜻밖에 그날이 덫과 같이 너희에게 임하리라(누가복음 21장 34절)" 말씀하셨습니다.

중심을 보시는 주님. 저희가 바리새인과 같은 형식주의자가 되지 않기를 기도드립니다. 진심으로 기도하며 말씀 공부하고 헌금하게 하옵소서. 이 모든 일에 믿음과 정성이 겸비되어 주님을 기쁘시게 해드릴 수 있는 사람이 되게 하옵소서. 늘 주님 앞에 선 자세로 경건하고 의롭기를 원합니다.

사랑과 은혜의 주님! 주님을 찬양하게 하시니 감사합니다. 이 시간 성령을 보내셔서 주님이 기뻐 받으시는 향기로운 기도가 되도록 인도하여 주옵소서. 주님의 은혜와 사랑으로 저희 심령이 풍성해지고 충만케 하여 주옵소서. 세상적인 걱정이나 두려움은 모두 사라지게 하시고, 하나와 같이 기도에 취할 수 있는 복된 시간이 되게 하여 주옵소서.

사랑이 풍성하신 하나님! 오늘도 저희들의 모습은 세상의 욕심과 생각을 그대로 가지고 나왔음을 발견합니다. 주님의 희생으로 용서받고 살아온 저희들이 다시 한 번 주님께 죄를 자백하며 회개하오니, 진노를 거두시고 불쌍히 여기사 용서하여 주옵소서.

거룩하신 하나님! 이제는 저희 교회도 복음을 수출하고 선교하는 교회가 되었지만, 아직도 많은 나라에서 주님께 기도를 드리고 싶어도 자유롭게 기도를 드리지 못하고 하나님의 성호를 마음껏 찬양할 수 있는 자유도 없는 나라가 많이 있습니다. 지하교회에서 기도하는 그들이 십자가를 가슴에 끌어안고 당당하게 큰소리로 주님께 울부짖으며 기도할 수 있는 교회가 되게 하여 주옵소서.

말세에 경종을 주시는 주님, 이 시대의 종교적 타락과 윤리적 타락이 바로 말세의 징조인 것을 믿습니다. 무엇보다 교회에 대한 핍박은 외부적인 것보다 오히려 내부적인 부패가 더 크옵니다. 이러한 때, 저희가 참고 견디며 인내하여 하나님 나라의 백성으로서 그 나라의 영광을 위해 존재하는 거룩한 백성이 되게 하옵소서.

역사의 징조를 통해 계시하시는 주님, 저희가 이 세상에 마음을 빼앗기지 않고 언제나 말씀 중심, 기도 중심, 교회 중심의 삶을 통하여 땅 끝까지 복음 전하는 세계 선교의 사명을 위해 최선을 다 할 수 있게 하옵소서. 언제나 하나님 나라의 영광을 바라보며 살아가게 하옵소서.

예수 그리스도의 이름으로 기도드리옵나이다. 아멘.

저희들을 죄악의 세상 가운에 내버려두지 않으시고 또 다시 하나님께로 불러주신 섭리와 사랑에 감사합니다.

하나님의 성호를 찬양할 수 있는 귀한 성도의 직분을 허락하신 은혜에 감사합니다. 주님의 자녀로 삼으사 저희로 하나님을 아버지라 부르게 하신 은혜에 감사합니다.

저희의 삶에 기쁨과 사랑이 넘쳐나게 도와주옵소서. 주님만을 바라보게 하시고 저희에게 하나님이 지으신 이 산과 들이 푸르름을 더해가는 것처럼 저희의 삶에도 희망과 사랑이 넘치게 도와주옵소서. 때때로 저희가 주님의 섭리와 계획에 순종하지 못하고, 육신이 약하여 저희의 영이 원하는 대로 실천하지 못했으며, 의지가 약하여 선한 일을 이루지 못하였음을 용서하여 주옵소서.

교회의 몸이 되시는 주님! 모든 교회를 위해서 기도드립니다. 하나님의 자녀로 이루어진 교회가 세상에서 방황하면서 인생의 무거운 짐을 지고 고통하는 심령들에게 주님이 약속하신 신령하고 기름진 복을 나눠줄 수 있게 하시고, 안식과 평안을 심어줄 수 있는 교회가 되게 하여 주옵소서. 주님의 몸 된 교회가 솔선하여 허물이 있는 곳을 치유하고 모자란 곳을 채우며, 분열된 곳을 하나 되게 하는 데 최선을 다하게 하시고, 주님의 영광을 높이 드러낼 수 있는 교회가 되게 하여 주옵소서.

사랑이 많으신 하나님 아버지, 결혼하는 자녀들을 위해 기도합니다. 하나님께서는 지금도 살아계셔서 저희들을 인도하시고 함께해 주심을 감사를 드립니다. 하나님 아버지, 오늘 이 좋은 날에 하나님의 은혜로 둘이 하나 되는 축복된 결혼을 올리는 자녀들에게 복을 내려 주시옵소서. 이제 새롭게 출발하려는 신혼부부 두 사람의 심령을 성령으로 채우시고 하나님과 사람들에게 사랑받는 아름다운 가정을 이루어 가게 하옵소서. 이제 둘이 마음을 합하여 주님의 일에 열심을 더하게 하사 가르치고 봉사하고 섬기기에 충성을 다하게 하옵소서. 성도의 아름다운 가정으로 본이 되게 하옵소서. 또한 사회적으로도 직장에서 인정받고 꼭 필요한 인물들이 되게 하옵소서. 양가 부모님께도 효도를 다하며 형제간에 우애로 다져지게 하옵소서.

또한 주님께서 세우신 기관들마다 하나님의 섭리에 순종하여 선하신 계획을 이루게 하시고, 특별히 기관을 감당하는 기관장들 위에 하나님의 사랑과 은혜가 늘 충만하게 역사하여 주옵소서. 저희 교회가 자신을 희생하신 주님의 사랑을 본받아, 하나님의 영광을 나타내기에 최선을 다할 수 있는 복된 교회가 되게 하여 주옵소서.

주님이 기뻐 받으시는 향기로운 기도를 드릴 수 있도록 인도하여 주시고, 이 시대를 향한 주님의 음성을 저희가 알 수 있도록 지혜를 더하여 주옵소서.

예수 그리스도의 이름으로 기도드리옵나이다. 아멘.

고마우신 하나님! 이 땅에 평화를 주시고 이 귀한 결실의 한 주를 저희에게 허락하심을 감사합니다. 찬송과 영광을 주님께 드리며 귀한 기도를 드리게 해주신 것도 감사합니다.

온갖 열매를 맺는 이 계절에서 저희에게도 삶의 열매가 있게 하시고 믿는 자의 사명을 잘 감당하도록 축복하여 주옵소서. 주님의 자녀다운 인격을 갖게 하시고, 마귀의 유혹에 빠지지 않도록 하여 주옵소서. 세속의 시험에 들지 않도록 저희를 보호하여 주옵소서.

사랑의 하나님! 이 교회의 문턱을 밟는 자들마다 마음이 뜨거워지게 하시고, 주님의 사랑으로 충만하게 하시며, 말씀으로 풍성해지는 주님의 백성들이 되게 하여 주옵소서. 주님의 몸 된 교회는 예수 그리스도를 주님으로 고백하는 성도들이 모이는 교회이며, 이 교회가 세상 안에 있으나 세상에 속하지 아니한 교회가 되게 하시고, 성령이 주장하시는 위로의 공동체가 되게 하여 주옵소서. 모든 성도가 교제하며 떡을 떼며 함께 기도하는 교회가 되게 하여 주옵소서.

인간의 생사화복을 주관하시는 하나님 아버지, 결혼의 귀하고 복된 날을 허락하시니 진실로 감사와 찬송을 올립니다. 가나의 혼인 잔치에 오셔서 기적을 베풀어 주신 주님, 결혼을 하는 신랑과 신부에게 복을 내려 주옵소서. 결혼을 허락하신 하나님, 결혼한 이들에게 복된 출발이 되게 하시고 점점 더 행복하고 좋아지는 가정을 이루게 하셔서 인생의 동반자로 살아가는 동안에 하늘 문을 여시고 은혜와 복을 충만히 내려 주시기를 원합니다.

은혜의 하나님! 이 사회가 어려워질수록 서야 할 자리를 잃고 있는 사람들이 많습니다. 인간의 능력에는 한계가 있음을 깨닫게 하시고 주님의 은혜에 의지해서 살 수밖에 없음을 절감하게 하옵소서. 생활이 어렵고 고달프다고 해서 생을 달리 하는 사람들이 없게 하시고, 이제껏 주님을 모르고 살았다면 주님 앞으로 돌아오는 역사가 있게 하여 주옵소서.

복 주시는 하나님! 이 시간 가정마다 선포되는 주님의 말씀으로 큰 은혜를 받게 하시고, 소망의 빛으로 충만케 하셔서 더욱 힘 있는 믿음으로 살아갈 수 있는 성도들이 되게 하옵소서.

기도의 시종을 주님께 맡기오며, 예수 그리스도의 이름으로 기도드리옵나이다. 아멘.

거룩하신 주님! 이 시간 주님의 고난을 생각하며 감사를 드립니다. 주님의 고난과 죽음으로써 저희가 구원을 받고, 믿음으로 주님 앞에 기도드릴 수 있는 특권을 주심을 감사합니다. 주님의 영이 지금도 저희 속에서 강하게 역사하사 어리석은 것을 지혜롭게, 약한 것을 강하게, 맥빠진 상태에서 의욕과 용기를 얻게 하여 주심을 믿습니다.

저희의 낙심함을 용서하시고, 기도로 승리하신 주님을 생각하게 하심으로 기도하게 하여 주옵소서. 구습을 좇는 옛 사람을 버리고 새 사람의 거룩한 옷을 입혀 주옵소서. 이전의 것은 지나가게 하시고 새 것을 보게 하여 주옵소서. 그리하여 십자가의 신앙을 가진 자로 새롭게 살아갈 수 있도록 축복하여 주옵소서.

주님 원하옵기는, 저희 모두가 주님의 사랑을 본받아 실천할 수 있는 사랑의 본이 되게 하여 주옵소서. 말씀과 진리로 날마다 바르게 성장하게 하시며, 주님이 분부하신 전도와 선교에 힘을 다하여 실천할 수 있는 저희들이 되게 하여 주옵소서. 또한 믿음의 일이라면 주저하지 않고 할 수 있게 성령의 능력을 입혀주시고, 사랑의 수고와 봉사에 몸을 드려 실행하며, 인내로써 소망을 이루어 가는 거룩한 자녀가 되게 하옵소서.

교회의 몸이신 주님! 주님의 몸 된 교회를 위하여 충성을 다하는 성도들을 기억하시고, 성도들의 수고를 통하여 온 교회가 성령으로 충만해지고, 주님의 크신 영광이 드러나게 하여 주옵소서. 믿음의 아름다운 열매가 알알이 맺혀지는 기쁨의 역사가 있게 하옵소서.

권세와 능력이 무한하신 주님, 살아계신 하나님께서 크신 능력으로 저희를 지켜주시고 계심을 감사드립니다. 저희가 참 믿음을 가진다면 말할 수 없는 큰 능력이 나타날 수 있을 것을 믿습니다. 저희가 겨자씨만한 믿음일지라도 바른 믿음을 가질 수 있게 하옵소서. 저희가 그 능력으로 주님께 봉사하되 대가를 기대하지 않게 하시고 저희의 몫을 주장하는 어리석음을 범치 않게 하옵소서.

특별히 주님의 교회가 분열이 가득한 이 사회를 성령의 하나 되게 하시는 역사로 치료할 수 있게 하옵소서. 미움과 다툼이 쉼 없이 일어나는 곳에서 주님의 사랑을 심어줌으로써 한마음 한뜻으로 주님께 드리는 기도가 화합을 이룰 수 있는 역할을 감당하는 교회가 되게 하여 주옵소서.

예수 그리스도의 이름으로 기도드리옵나이다. 아멘.

25일

사랑의 하나님 아버지! 기름부어 세우신 주님의 귀한 종 엘리야에게 까마귀를 보내어 위로하시고 떡과 고기를 먹이셨듯이, 오늘날에도 어려운 환경과 역경에 처하여 좌절과 낙망 중에서 죽기를 구하며 쓸쓸한 로뎀나무 아래에 주저앉은 많은 주님의 종들을 도와주시옵시고 다시금 새 힘을 얻어 주님의 교회가 부흥되게 하시고 하나님의 역사가 계속적으로 일어나는 축복의 교회, 초대교회처럼 뜨거운 사명감이 타오르는 순교적 믿음의 교회가 되게 하여 주시옵소서.

거룩하신 하나님을 찬양합니다. 오늘도 주님의 택한 백성들이 주님의 전에 모여 주님을 찬양할 수 있도록 하신 은혜에 감사합니다. 이 세상의 고통스러운 현실을 생각하면 절망이지만 저희들을 붙들고 계시는 주님의 사랑을 생각할 때 샘솟는 기쁨에 감사합니다. 말할 수 없는 평안의 기쁨을 맛보게 하여 주옵소서.

의로우신 하나님! 저희의 불의함을 용서하여 주시고, 큰 믿음을 더하여 주옵소서. 이 시간 저희를 새롭게 하여 주사, 마음도 새롭게 하시고 저희의 삶 또한 날마다 새롭게 하여 주옵소서.

거룩하신 하나님! 이 험한 세상에서 세상의 사람들에게 복음을 전할 때 강건한 믿음을 주사 낙심하지 않게 하시며, 어려운 일을 당할 때마다 주님의 십자가를 더 굳세게 붙잡아 조금도 흔들림이 없게 하여 주옵소서. 슬픔과 고통 중에 있는 심령들에게 위로와 평안을 허락하사 더욱더 주님을 사모할 수 있도록 인도하여 주옵소서.

주님의 교회를 위하여 달음질하던 발걸음이 뒤처지지 않게 하시고, 어쩔 수 없음을 핑계 삼는 식어가는 열정들이 되지 않게 하여 주옵소서. 이 세상에서 강함과 용기를 잃지 않게 하셔서, 늘 주님을 신뢰하는 복된 삶을 살게 하여 주옵소서.

말씀을 사모하여 피곤한 몸을 이끌고 주님의 전으로 달려 나온 저희들에게 이 시간도 복된 말씀으로 저희 심령을 가득 채우셔서, 주님의 말씀을 먹고사는 것이 인생의 최대 행복이 되게 하여 주옵소서.

기도의 시종을 주님께 맡깁니다. 비록 이 자리에 참석한 심령은 적을지라도 주님께서 저희가 드리는 기도를 향기롭게 받아주실 줄로 믿사옵고, 더욱더 발전하는 교회가 되도록 저희에게 전도의 능력을 키워 주시오며 주님의 사랑을 듬뿍 받는 성도들이 많이 모여 찬양하게 하여 주시옵소서.

거룩하신 예수 그리스도의 이름으로 기도드리옵나이다. 아멘.

믿음을 주시는 하나님! 추위를 참고 이기어 비로소 약속의 절기를 얻게 하심을 감사드립니다. 인내의 결실이 이처럼 달고 보람된 것임을 깨닫게 하시고, 무엇보다도 신실한 믿음으로 하나님께 나아가도록 하옵소서.

저희들의 작은 신음의 기도를 잊지 않으시고 들으시는 하나님 아버지! "환난 날에 나를 부르라. 내가 너를 건지리라(시편 50편 15절)"고 하신 대로 하나님이 사랑하시는 성도를 고통으로부터 구하여 주시고 새로운 건강으로 회복시켜 주신 은혜를 무한 감사드립니다.

생명을 창조하신 이도 하나님이시며 오늘까지 살게 하신 이도 하나님이시요 앞날을 섭리하실 이도 하나님이시오니, 병마와 싸워 담대한 믿음으로 승리한 성도에게 함께하셔서 더욱 감사한 마음으로 충실히 주님을 봉사하며 거룩한 몸 된 교회에 헌신하도록 더욱 새 힘과 능력을 허락하시고 가정과 사업을 위하여 활동하는 데 부족함 없게 하시며 더욱 풍성한 열매를 맺는 생활이 되게 하옵소서.

이제 남은 생애 동안은 병마에서 승리한 성도에게 병마가 없게 하시고 성도의 가정을 지켜주셔서 더욱 하나님 아버지께 영광 돌리며 주님의 말씀에 순종하며 축복과 은혜가 넘치는 가정이 되게 하옵소서.

회복하기까지 치료와 간호에 힘쓰며 염려한 모든 사람들에게 주님의 위로와 사랑이 항상 넘치게 하시고 축복해 주시옵소서. 만병의 의사이신 예수 그리스도의 은총에 감사기도 드립니다.

이 시간 육신의 고통을 가지고 나아온 심령들이 있사오니 주님의 치료하시는 광선으로 치료하여 주시고, 마음의 상처를 가지고 나아온 심령들을 주님의 사랑으로 어루만져 주옵소서.

소망을 주시는 주님! 이 어려운 시대에 교회의 교육이 더욱 중요함을 깨닫습니다. 하나님의 뜻을 찾고 구현하며 행하는 교회 교육이 되게 하시고, 어린이와 청소년과 청년의 삶을 변화시키는 교육이 되게 하여 주옵소서. 교회의 교육이 올바른 목표와 방향으로 향해 갈 수 있도록 좋은 지도자들을 세워주시고 그들을 통하여 이 땅에 온전한 사상과 세계관에 입각한 인물들이 꾸준히 늘어가게 하여 주옵소서.

주님! 이 시간도 주님의 손을 대신하여 저희의 따뜻한 손길을 기다리며 뜨거운 사랑을 원하고 있는 심령들이 있습니다. 그들의 기다림을 외면하지 않는 저희들이 되게 하시고, 그들의 고통과 외로움에 힘써 동참할 수 있는 저희에게 사랑을 능력을 주옵소서.

승리하는 기도로 인도하실 줄 믿사오며, 예수 그리스도의 이름으로 기도드리옵나이다. 아멘.

많고 많은 사람들 중에 저희들을 구속해 주시고 하나님 자녀로 삼아 주시고 하늘나라의 소망을 주심을 감사드립니다.

그러나 자녀답게 살지 못함을 용서하여 주시옵소서. 잘못된 저희의 언행을 반성하게 하시고, 그리스도인으로서의 새로운 언행으로 많은 사람들에게 덕을 세우는 생활이 되게 하여 주시옵소서.

이 시대를 바라볼 때 저희들은 마땅히 깨어 기도할 때이므로 나라와 국가, 교회와 가정을 위한 기도의 운동이 날마다 일어나게 하시고, 기도에 응답 많이 받는 교회로 소문나게 하여 주시옵소서.

영원하신 아버지 하나님!

큰 뜻을 품고 사업을 경영하던 형제가 경제의 어려움 속에서 많은 불황을 겪어오던 중 실패의 쓴 잔을 마실 수밖에 없는 슬픔에 빠지게 된 성도를 위해 기도드립니다. 모든 것을 가지신 부요하신 주님! 성도가 어려운 난국을 헤쳐나가도록 지혜를 더하여 주시옵소서. 적지 않은 물질의 손해를 보았으되 결코 하나님을 향하여 원망하지 않게 하시고 믿음의 손해를 보는 일이 없도록 강한 오른손으로 붙들어 주옵소서.

자비하신 하나님 아버지! 사랑하는 성도에게 보다 더 큰 은총을 베푸시고자 하시는 높은 뜻이 계신 줄 믿게 하옵소서. 실패의 원인이 어디에 있는가를 알게 하셔서 재기할 수 있는 용기와 능력을 주옵소서. 자비하신 아버지 하나님. 사랑하는 자식에게 채찍을 가하는 것처럼 형제를 하나님의 사랑하심으로 어려운 징계를 받는 줄 알고 겸허하게 받아들일 수 있게 하옵소서. 징계가 고통스러운 일이지만 저희에게 유익을 위한 채찍으로 알고 저희가 참을 수 있게 하옵소서.

거룩하신 하나님 아버지!

사랑하는 성도의 실패가 계획을 세움에 잘못 때문이라면 수학적인 지식을 더하소서. 경험 부족에서 이런 고통이 온 것이라면 한 번의 실패가 도약의 디딤돌이 되게 하옵소서. 욥이 실망할 수밖에 없는 환난을 당했으나 하나님의 능력을 바라보고 재기한 것처럼 어려움에 처한 성도도 전능하신 하나님께 힘입어 다시 일어나 주님의 영광을 나타내는 사업이 되게 하옵소서. 성도에게 욥 같은 믿음과 용기와 지혜를 더하여 주옵소서. 또한 세우신 전도자의 능력을 장중에 붙들어 주시고 건강 주셔서 성령 충만, 말씀 충만하게 해주셔서 양떼들을 먹이기에 부족함이 없게 하시고, 수고하시는 선교사들과 전도사들도 능력으로 붙들어 주셔서 은혜 가운데 거하게 하시고, 그 가정들 위에도 주님의 평강이 넘치게 하여 주시옵소서.

예수 그리스도의 이름으로 감사하며 기도드리옵나이다. 아멘.

사랑의 하나님 감사합니다. 이 시간 주님 앞에 전도 목표 달성을 위해 기도하옵니다. 저희가 세상에서 살면서 지은 죄가 많사오니 먼저 용서하여 주시고, 특히 믿지 않는 사람들 앞에서 하나님의 자녀답지 못했던 언행과 행실을 용서하여 주옵소서.

그리스도를 믿음으로써 구원을 얻은 저희들이 자신의 체험적인 신앙과 확신을 가지고 열심히 전도할 수 있도록 하여 주시고, 한 생명을 얻으면 천하보다 더 귀한 것을 얻었다고 하셨사오니, 멸망의 길로 가고 있는 불쌍한 형제와 이웃들을 생명의 길로 인도하는 데 부족함이 없도록 하여 주옵소서. 땅 끝까지 이르러 내 증인이 되라 하신 주님의 명령을 받아 빛과 소금의 역할을 다하는 저희들이 되게 하옵소서. 복음을 전파할 때에 많은 열매 맺게 하여 주옵소서.

저희들이 주님께서 도와주실 줄 믿고 전도의 목표를 정하였사오니, 이루어질 수 있도록 노력하며, 주님이 함께하여 주심을 믿사옵니다. 주님이 주신 사랑의 사랑과 평화가 온누리에 퍼져 나갈 수 있는 강건한 힘을 저희에게 주옵소서. 주님의 말씀을 전도함에 있어서 주님의 말씀에 시기하는 방해꾼들로 인한 어떤 어려움도 슬기롭게 헤쳐 나갈 수 있는 지혜를 주시어 승리하는 기쁨을 주시옵소서. 이 세상에 주님의 말씀보다 더 귀한 복음이 없음을 그들이 깨달아 주님의 말씀을 통해 축복된 신앙인이 되게 역사하여 주옵소서.

사랑의 아버지 하나님!

이 시간도 극한 고통과 어려움 가운데 처하여 눈물로 부르짖는 모든 기업인들과 실직자들의 애타는 기도에 속히 응답하여 주시며 어려운 경제로 인하여 방황하는 이 나라 이 인류의 깊은 상처가 속히 회복되고 다시는 이 땅에 어려운 경제 난국의 고통이 없이 오직 전능하신 여호와 하나님께만 영광 돌리며 세계만방으로 복음을 증거하며 살아가는 행복한 주님의 백성들이 되게 하여 주시옵소서.

저희들이 모든 것을 주님께 순종하는 삶이 최선의 삶이며 지상낙원의 삶임을 알게 해주신 주님 감사합니다.

이 모든 말씀 예수 그리스도의 이름으로 기도드리옵나이다. 아멘.

저희의 아버지가 되셔서 저희의 모든 삶을 주도하시고, 간구할 때마다 거절치 않으시며 허락하시는 응답의 하나님 감사합니다. 이 시간 저희들의 기도와 찬양 중에 함께 하시며, 말씀 의지하여 기도하오니 응답하여 주옵소서.

은혜의 하나님! 주님께서 쓰시는 사람은 주님과 많이 대면하는 기도의 사람임을 생각할 때, 저희들이 이 시간 주님께 드리는 기도가 주님의 보좌를 움직이는 기도가 되게 하시고, 기도에 깊이 빠져들수록 저희에게 향하신 주님의 뜻이 무엇인지를 깨닫는 시간이 되게 하여 주옵소서.

더 많은 기도와 더 깊은 기도를 드리기 위하여 몸을 깨뜨릴 수 있는 저희들이 되게 하시고, 기도를 통해서 주님의 무한한 능력과 신비를 체험할 수 있는 저희들이 되게 하여 주옵소서.

"내 집은 만인이 기도하는 집"이라 하셨사오니, 기도가 차고 넘치는 교회가 되게 하시고, 기도의 능력과 응답이 강하게 나타나는 교회가 되게 하여 주옵소서.

이 시간 주님께 기도하면서, 행여 경박한 기도로 주님의 마음을 아프게 하는 일이 없도록 저희의 중심과 입술을 성령의 능력으로 붙들어 주시기를 원합니다. 주님의 몸 된 교회를 위하여 세움을 받은 직분자들도 기도의 종이 되게 하심으로, 불꽃처럼 살 수 있는 종들이 되게 하여 주옵소서.

기도를 드리는 저희들을 성령으로 확고하게 붙잡으시고, 주님의 오묘하신 말씀이 증거될 수 있도록 저희들의 입술을 지켜 주옵소서. 예배를 위하여 봉사하는 손길들에게 복을 내려 주시고, 하나님의 전에서 큰 상급을 받을 수 있도록 은혜로 더하여 주옵소서.

또한 부족한 저희들에게 천국복음 전달자가 되게 하심을 감사드립니다. 어둠에 처한 백성들에게 복음을 주셨사오니 이제부터 저희들이 복음의 빚을 갚을 수 있도록 말씀으로 충만케 하여 주셔서 이 놀라운 지상 명령을 기쁨으로 순종하게 하여 주시옵소서.

저희를 죄에서 구원하신 주 예수 그리스도의 이름으로 기도드리옵나이다. 아멘.

진리의 길을 보여 주시는 하나님! 주님의 영원하신 나라를 기대하며 기도드리게 하신 은혜에 감사합니다. 이 시간 저희의 모든 삶을 전폭적으로 드리며, 그 은혜에 감사하는 시간이 되게 하여 주옵소서.

먼저 저희의 죄를 고백합니다. 예수 그리스도의 고난을 망각하고 저희에게 맡겨진 십자가를 외면한 채 인간의 욕망과 헛된 목적을 위하여 살아온 죄를 용서하여 주옵소서. 저희 속의 거짓된 마음들을 성령의 능력으로 변화시켜 주옵소서. 주님의 은혜 안에 살면서도 늘 교만한 습성을 버리지 못하는 저희들을 긍휼히 여기사 용서하여 주시기를 원합니다.

인간의 몸을 입으시고 이 땅에 오셔서 십자가에 달려 죽으시기까지 하나님의 영광을 나타내고자 하셨던 주님처럼, 저희들도 주님의 영광을 위하여 겸손의 삶을 실천할 수 있는 주님의 사람이 되게 하여 주옵소서. 약한 자를 보면, 제자들의 발을 씻기셨던 주님처럼 진정으로 섬길 수 있는 마음을 주시고, 슬픔과 괴로움 속에서 한숨짓는 자들을 보면서 정성을 다해 주님의 위로를 심어줄 수 있는 저희들이 되게 주옵

소서.

　주님의 몸 된 교회를 이곳에 세우셔서 죄 중에 헤매던 영혼들을 참 생명의 길로 인도할 수 있는 등대가 되게 하여 주심을 감사드립니다. 교회가 생명을 구원하는 등대임을 잊지 않게 하시고, 죄악에 빠진 영혼들을 살리기 위해서 늘 기도하고 전도하는 교회가 되게 하여 주심을 감사드립니다. 교회에 발을 들여놓는 자마다 낙심과 좌절이 변하여 새로운 희망을 얻게 하시고, 병든 심령들이 치료받는 주님의 능력이 나타나는 교회가 되게 하옵소서.

　교회를 위하여 주님께서 친히 인도하신 전도자를 늘 성령으로 붙들어 주시고, 교회를 섬기며 양들을 보살피기에 부족함이 없도록 능력으로 채워 주옵소서.

　기도의 시종을 주님께서 인도하여 주옵시고, 저희 성도들이 주님의 말씀을 받을 때마다 성령의 뜨거운 역사가 있게 하여 주옵소서.

　예수 그리스도의 이름으로 기도드리옵나이다. 아멘.

평화와 사랑의 왕이신 주님! 주님께서 온 인류에게 평화를 주시기 위해 이천 년 전 예루살렘에 입성하시며 찬송과 영광을 받으시던 그 주님을 오늘 저희가 여기서도 찬미하게 하심을 감사합니다.

저희를 다스리시기 위하여 이 땅에 임하시고, 하나님 나라가 이루어져 감을 생각할 때 감사와 찬양을 드립니다. 저희들의 아집과 고집이 깨어지고, 저희 속에 온전한 하나님 나라가 이루어지게 하여 주옵소서.

또한 저희의 이웃들을 위해서 기도드립니다. 하나님 나라의 확장으로 인하여 하나님의 복음을 그들에게 전할 수 있는 복된 입술과 복된 발이 되게 하셔서 이웃에게 하나님을 증거할 수 있는 저희들이 되게 하여 주옵소서. 또한 하나님의 교회의 지체된 저희도 서로 섬기며, 서로 사랑하라 하신 주님의 말씀에 순종하고 섬기며 사랑할 수 있는 저희가 되게 하여 주옵소서.

유에서 무를 창조하신 전능하신 아버지 하나님!

주님의 사랑 안에서 귀한 선물로 주신 주님의 자녀들을 위하여 기도합니다. 이 땅 위에서 "생육하고 번성하라" 하신 주님의 말씀 안에서 이 귀한 선물들을 저희 성도들에게 허락하여 주셨사오니 저희 아이들의 성장 과정을 주님께서 전적으로 책임져 주실 줄 믿고 먼저 하나님께 감사와 영광을 드립니다.

어제나 오늘이나 동일하게 역사하시는 하나님 아버지! 저희들을 위하여 하나뿐인 독생자 예수님까지도 내어주신 그 사랑 안에서 온전히 주님께 드려지는 귀한 저희 자녀들이 삶이 될 수 있도록 늘 사랑으로 훈계하여 주시고 이 악한 세파 속에서 굳건한 믿음으로 승리할 수 있도록 저희 자녀들의 눈으로 보는 것, 듣는 것, 말하는 모든 언행, 심사가 주님 앞에 구별된 귀한 자녀들이 되기를 원합니다. 특별히 하나님의 지혜와 명철로 주님의 도를 깊이 깨달을 수 있도록 성령의 기이한 눈을 열어 주옵시고 그리하여 세상에서도 늘 지혜로운 하나님의 아들과 딸들로 주님의 영광 드러내며 살아갈 수 있도록 주님께서 함께하여 주시옵소서.

살아계신 하나님 아버지! 세상의 학업에 지치고 피곤한 주님의 자녀들에게 진정한 평안과 기쁨을 주옵시고 온전히 주님의 아늑한 품 속에서 참된 쉼을 얻어 학교의 친구들과 이웃의 친구에게 복음을 전하는 증인이 되게 하시고 오늘날 거리에서 방황하는 수많은 십대들의 허전한 가슴을 오직 복음으로 채워 진정한 삶의 목표를 찾게 하여 주시옵소서.

저희들의 수고로 하나님의 나라가 더욱 확장되게 하시며, 저희가 더 많은 은혜를 체험하게 하시며, 저들로 하나님의 성호를 찬양하는 일을 평생에 쉬지 않도록 인도하여 주옵소서.

예수 그리스도의 이름으로 기도드리옵나이다. 아멘.

기적이 일어나는 365 매일기도문

2월
기도문

하나님께서는 우리들의 능력을 보고 도우시는 것이 아니고
얼마만큼 기도를 열심히 하느냐를 보고 도우신다.

사랑과 은혜가 충만하신 하나님 아버지! 하나님께서 바로 지금 이 시간 저희를 위하여 여기에 계심을 믿사오며, 저희를 위하여 어제도 계셨고 오늘도 그리고 영원히 여기에 계심을 믿고 감사드립니다.

벌써 1월이 지나고 2월을 맞이하였습니다. 여전히 이곳에 저희와 함께 하시는 사랑의 하나님이 말없이 동행하시며 저희를 지켜주시고 계셨음을 고백합니다. 저희의 마음에 죄의 습관을 버리도록 인도하시고 새롭게 하시는 성령께서 저희를 온전히 다스릴 수 있도록 저희의 심령이 주님의 뜻에 굴복하기를 소원합니다.

저희를 눈동자처럼 날마다 보호하시는 하나님의 역사에 감사하오며, 저희의 삶이 오직 하나님의 영광을 위한 삶이 되도록 도와주옵소서. 오직 하나님의 자녀가 된 축복을 믿지 않는 이웃에게 전할 수 있는 저희가 되기를 소원하오며, 하나님이 저희를 붙들어 주시면 강하고 담대해져서 영적인 전쟁에서 승리하는 줄 믿습니다.

저희를 죄에서 해방시키신 주님의 사랑을 온누리에 전하도록 저희에게 사역자의 일을 허락하시고 그것을 감당할 수 있도록 날마다 새 힘을 허락하여 주옵소서. 저희를 인도하시는 주님의 길이 진리와 생명의 길임을 고백하고 확신하오니 주님께서 저희에게 주신 사명을 잘 담당하여 새롭게 성장하고 승리하는 삶으로 나아가기를 원합니다. 이 나라와 인류를 위하여 주님의 복음을 전하는 증인이 되기를 원하옵니다.

주님! 저희 교회가 말씀을 사모하고, 기도에 힘씀으로 하나님을 경외하는 데 부족함이 없는 교회가 되게 하시고, 저희에게 맡기신 것들을 사용하여 전도에 열심을 내며, 주님 안에서 은혜로운 성도의 교제를 나눌 수 있도록 도와주옵소서.

빛 되신 주님!

저희 교회가 성령님의 역사하심을 온전히 순종함으로 세상에 빛을 비추는 등대가 될 수 있도록 축복하시고, 주님 홀로 영광 받으시옵소서. 기도자 한 사람 한 사람이 진실하신 주님을 닮아갈 수 있도록 도와주시옵소서.

이 기도의 시종을 성령께서 함께 하시옵고 예수 그리스도의 이름으로 기도드리옵나이다. 아멘.

전능하시고 살아계신 하나님 아버지! 오늘 하루도 저희 모두를 이렇게 건강한 모습으로 주님의 교회에 나와서 감사와 찬양으로 기도드리게 하여 주시니 진심으로 감사드립니다. 오늘 하루도 영광과 진리로 온전한 기도를 드리게 하여 주시고 주님이 받으실 만한 향기로운 회개의 제물로 하나님 주님 기쁘시게 해 드리는 귀한 성일 되길 기도합니다.

좋으신 하나님 아버지!

또한 무엇보다도 먼저 이 나라와 인류를 위하여 기도합니다. 정치를 하는 많은 위정자들을 주님의 마음으로 채우셔서 나라를 바로 세우게 하시고 또한 복음으로 하나 되는 평화로운 태평성대를 주옵시고 교회와 가정들이 화평케 하여 주시옵소서. 또한 교회 각 기관들을 주님께서 축복하여 주사 사랑과 봉사가 넘치는 공동체가 되게 하여 주옵소서.

능력의 하나님 아버지!

이 시간도 원치 않는 질병으로 고통받고 있는 많은 성도들이 있습니다. 하나님께서 사정을 잘 아실 줄 믿고, 하나님의 뜻을 저희들은 알 수 없지만 안타까운 마음으로 간구하오니, 그들의 마음을 성령의 불길로 질병과 함께 태우시어 새로운 심령과 건강으로 거듭나게 하여 주시옵고 맑고 건강한 심령과 육신으로 주님을 찬양하며 충성하는 즐거운 삶을 허락하여 주시옵소서.

또한 주님의 이름으로 나누어 주고 꾸어 주며 주님의 사랑을 나타내어야 할 성도들이 물질의 어려움으로 고통받고 있다면 물질도 넘치도록 채워 주셔서 하나님의 몸 된 교회를 위하여 물질로 봉사할 수 있도록 사업장이 풀리고 열리는 축복을 주시옵소서.

저희들은 성도들의 사정을 일일이 다 알 수 없지만 하나님께서는 아실 줄 믿습니다. 또한 오늘 하루도 이곳에 나오지 못한 어려운 형편의 성도들을 주님께서 기억하시고 도와주시옵소서. 지금은 어렵더라도 하나님께서 더 큰 것으로 주시기 위한 연단으로 생각하고 항상 기뻐하고 범사에 감사하고 쉬지 말고 기도하는 저희 성도들이 되게 하여 주시옵소서.

저희들 주위에는 절망에 빠져 몸부림치는 불쌍한 심령들이 많이 있습니다. 이들을 위해 저희 선택받은 성도들이 항상 기도하고 전도하여 구원받게 하는 사명을 잘 감당케 하여 주시옵소서. 또한 이국 멀리 외로운 선교지에서 복음을 증거하는 선교사들을 기억하여 주시옵소서.

이 모든 것을 예수 그리스도의 이름 받들어 기도드리옵나이다. 아멘.

저희의 구원이시며 피난처인 영원한 반석 되시는 아버지 하나님! 주님의 은혜와 사랑을 진심으로 감사드립니다. 하나님께서 인간을 모든 피조물 중에서도 가장 뛰어나게 창조하셨지만 인류 첫 사람인 아담과 하와의 범죄로 인하여 인간은 죄 중에서 태어나게 되었고 죄를 짓지 않을 수 없는 저희들이 오늘도 구속의 주님 앞에 고개 숙이며 회개의 기도를 드리옵니다.

사랑의 주님!

건강의 축복을 주셔서 평안 가운데 은혜 주시고 기쁨으로 함께 하여 주신 하나님께 감사드립니다.

이 시간에도 은혜로 충만하게 하시고 성령을 부어 주시옵소서. 하나님의 은혜가 없이는 하루도 살 수 없는 나약한 저희들임을 진심으로 고백하오니 늘 믿음 안에서 감사하는 삶을 살게 하여 주시고 소망 중에서 주님의 이름을 증거하는 증인의 삶을 살도록 성령으로 충만케 하여 주시옵소서.

날마다 복음 증거의 삶을 방해하고 저희들의 맘을 흐트러지게 하는 악한 영들의 방해를 물리치게 하시고 승리케 하여 주옵소서. 저희의 싸움은 혈과 육에 관한 싸움이 아니라 악한 사탄과의 영적 싸움이오니 오직 성령의 검으로 십자가의 보혈로 싸워 승리케 하옵소서.

전능하신 주님!

저희가 먼저 말씀으로 무장되지 않고서는 세상과 마귀를 이길 수 없습니다. 말씀과 성령의 능력으로 어두운 세력들을 물리치게 하시고 강하고 담대한 마음을 주옵소서. 하나님의 말씀을 들을 때마다 날마다 은혜로 깨닫게 하시고 말씀 따라 살도록 삶의 변화를 주옵소서.

주님의 보혈로 구원의 기쁨을 누리며 항상 기뻐하게 하고 쉬지 말고 기도하게 하소서. 범사에 감사하게 하소서.

가정에서는 부부가 화목함으로 자녀들에게 본이 되게 하시고, 교회에서는 성도들이 화평함으로 교회가 아름답게 성장케 하옵소서.

오늘 이 시간 기도 마치는 시간까지 오직 주님이 영광 받으시기를 바라오며 다시 오실 예수 그리스도의 이름으로 기도드리옵나이다. 아멘.

저희를 흑암에서 건지셔서 빛과 생명으로 옮기신 주님! 지난 한 주간도 주님의 사랑과 은혜와 보호 속에 살게 하시고, 다시금 이 시간 주님의 거룩하신 전에 나와 기도하게 하시니 감사합니다. 오늘도 주님의 사랑 속에 부름 받아 모였사오니, 저희들의 감사와 찬양을 받아 주옵소서. 수고하고 무거운 짐 진 자들이 주님 앞에 짐을 내려놓음으로 쉼을 얻는 시간이 되게 하옵소서.

저희가 세상에 살면서 걱정과 두려움이 많이 있습니다. 육신의 피로로 감당키 어려울 때가 있었습니다. 때론 괴로움 속에서 주님을 원망할 때도 있었습니다. 이웃이 짜증스러울 때도 있었습니다. 경건된 생활이 아니라 방탕하고 나태할 때도 너무나 많았습니다.

주님의 크신 사랑으로 저희 영혼을 격려해 주시고, 새로운 힘으로 삶의 멍에를 기꺼이 짊어지게 하여 주옵소서. 진실한 마음으로 강한 믿음으로 살아가게 하여 주옵소서. 특별히 생활 속에서 주님의 계명을 어기는 불신앙을 극복하게 하옵소서. 우상에게 절하거나 동조하는 일이 없게 하시고, 믿음을 굳게 지킬 수 있도록 도와주옵소서. 행여 불미스러운 일이 생기지 않도록 불꽃같은 주님의 눈으로 보살펴 주옵소서. 온 가족의 대화에 말없이 듣고 계시는 주님을 생각하며 대화를 나눌 수 있게 하시고, 거친 대화와 다툼이 오고가지 않도록 함께 하여 주옵소서.

사랑의 하나님 아버지!

오늘도 저희에게 상처를 주었던 다른 사람들의 죄를 용서합니다. 저희에게 말로 상처를 주고 힘들게 했던 사람들을 용서하고 축복합니다. 예수 그리스도의 이름으로 용서하고 선포합니다. 그리고 그들이 하나님을 경외하고 복 받기를 기도합니다.

하나님! 다른 사람의 죄를 용서해 준 것 같이 저희의 죄를 사하여 주옵소서. 저희 또한 다른 사람에게 아무렇지 않게 상처 주는 일들을 하였음을 고백합니다. 주님. 저희들의 가정과 교회와 이 나라를 지켜주셨으니 올 한 해에도 주님의 한없는 은혜로 저희들의 가정과 교회와 나라를 지켜주시옵소서.

십자가 보혈의 희생으로 사랑과 희생과 섬김의 본을 보여주신 주님의 한없는 사랑 안에서 회개하오니, 주님, 저희 나라를 불쌍히 여겨주시고 추위와 굶주림과 압제에 신음하는 성도들의 신음 소리를 들으시옵소서. 오직 주님만이 저들의 구원자가 됨을 믿사오니 주님께서 저들을 속히 해방시켜 주시옵시고 복음으로 하나 되는 축복의 그날을 속히 보게 하옵소서.

저희의 믿음을 강건케 하시는 예수 그리스도의 이름으로 기도드리옵나이다. 아멘.

5일

자비로우신 하나님. 소년 소녀 가장들과 무의탁 노인, 그리고 고아들이 많이 있습니다. 이외에도 정부나 사회단체로부터 그리고 가정으로부터 소외된 사람들이 너무 많습니다. 이런 현실을 볼 때 제사장과 레위인처럼 고개를 돌리지 않게 하시고 사마리아인처럼 가까이 다가가서 따뜻한 마음과 사랑을 나눌 수 있는 저희들이 되게 해 주옵소서.

소외된 심령들에게 소망을 주셔서 현재의 삶을 비관해서 좌절하지 않게 하시고, 낙심하여 절망에 이르지 않게 하옵소서. 좌절하기 전에, 낙심하기 전에, 절망하기 전에 먼저 창조주이신 하나님을 찾을 수 있는 지혜를 주시기를 원합니다. 또한 앞에 가로막혀 있는 걸림돌을 디딤돌로 만들 수 있는 삶의 지혜도 함께 주옵소서.

현재 처해 있는 고난과 역경의 삶을 단련의 기회로 여기며, 하나님의 뜻이 이루어지기를 겸손한 마음으로 참고 기다리며 기도하는 영혼들이 되게 해주옵소서.

평안을 주시는 주님. "수고하고 무거운 짐 진 자들아 다 내게로 오라 내가 너희를 쉬게 하리라(마태복음 11장 28절)" 말씀하셨습니다. 빛과 진리이신 주님, 이 부족한 죄인의 삶의 모습을 통해서 하나님 나라의 통치와 영광이 드러나길 원합니다. 악인의 힘과 권력은 역사에서 사라져 버리지만, 의인의 양심은 영원히 살아있음을 믿습니다. 이 연약한 것을 붙드사 우유부단하고 세상과 타협하는 자세로 살 것이 아니라 하나님 앞에서 사명에 최선을 다하는 성실한 사람으로 살게 하옵소서.

죄인의 친구요 구세주이신 하나님, 주님께 감사와 찬양을 드립니다. 하나님의 구원의 기쁨을 누리며, 낙심하지 않고 믿음에 굳게 서서 말씀대로 살기를 원합니다. 수고하고 무거운 짐 진 자를 부르시는 주님, 지금 이 시간도 죄의 짐을 지고 고통하며 살아가는 사람이 너무도 많습니다. 그들에게는 또한 장차 임할 무서운 심판이 있음을 생각하여 죄를 짓지 않게 하여 주시옵소서.

죄인을 의인 되게 하시고 죄악 가운데 신음하는 자에게 진정한 안식과 평안을 주시는 주님, 그들로 주님 앞에 나오게 하사 주님 주시는 사죄의 은총을 받게 하옵소서. 나아가 사랑하는 마음으로 인생의 고난을 기쁨으로 짊어지고 살아가게 하옵소서.

예수 그리스도의 이름으로 기도드리옵나이다. 아멘.

저희의 기도를 기뻐 받으시는 거룩하신 하나님 아버지! 먼저 천지만물을 창조하시고 저희의 죄로 죽을 수밖에 없는 저희들을 구속하여 주시고 이 세상에서 빛과 소금의 역할을 감당할 수 있도록 역사하시는 성부, 성자, 성령 하나님께 영광 돌리며 그 은혜에 감사합니다.

인류를 통찰하시며 보호하시는 하나님, 저희도 주님의 눈으로 저희의 이웃과 온 인류의 현실을 바라보며, 예수 그리스도의 마음을 품어 이웃들의 필요를 채우는 성도로 살기를 원합니다. 저희에게 필요한 것을 주님이 채워 주시고, 주고 또 주어도 모자람이 없는 풍성함을 경험케 하옵소서.

안위가 되시는 주님. "예수께서 즉시 일러 이르시되 안심하라 나니 두려워하지 말라(마태복음 14장 27절)"고 성경에서 말씀하셨습니다.

구원을 베푸시는 능력의 주님, 물속에서 허우적거리는 베드로처럼 나약한 자를 구원해 주심을 감사드립니다. 이제는 저희의 체질이 믿음의 체질로 바뀌지게 하옵소서. 혹 어려움과 절망의 밑바닥에 처할지라도 저희의 수완으로 대처하지 않게 하시고 믿음으로 극복하게 하옵소서. 저희의 감각, 경험, 이성을 넘어서 예수 그리스도를 붙잡고, 하나님에게만 사로잡히기를 원합니다.

"안심하라 나니 두려워하지 말라(마태복음 14장 27절)"고 말씀하신 주님. 이 시대가 너무나 비도덕적이고 비윤리적입니다. 저희들도 돈이나 명예 그리고 세상적인 조건 때문에 인격과 신앙을 저버릴까 두렵사오니 강한 팔로 붙잡아 주옵소서. 주님께서 주신 사명을 위해 목숨까지도 바칠 각오를 주옵소서. 그리고 저희들의 인생의 목적은 오직 하나님의 영광이요, 저희들의 인생의 기초는 진리이게 하옵소서.

"내가 곧 길이요 진리요 생명(요한복음 14장 6절)"이라고 말씀하신 주님을 따라 가도록 이 시간도 저희에게 새 힘을 주시옵소서. 날마다 저희 자신을 쳐서 말씀에 복종케 하시고 날마다 주님 앞에 부끄럼 없는 아름다운 성도의 삶의 행실로 하나님의 영광이 나타나는 큰 뜻을 이루어지게 하옵소서.

예수 그리스도의 이름으로 기도드리옵나이다. 아멘.

생명의 원천이신 하나님 아버지! 아버지 하나님의 섭리를 따라 이 생명이 세상에 출생하게 되었습니다. 그 하나님의 정하신 수한을 따라 오늘날까지 인생이 겪는 모든 여정을 아버지 모시고 살다가 이제 그 정하신 수명이 다하여 아버지께 돌아간 성도를 위해 기도드립니다.

흙으로 된 몸, 흙으로 돌아간 성도의 가족에게 위로는 아버지만이 주실 수 있습니다.

주님! 사랑하는 성도를 먼저 보내고 애통하는 유족들의 심령 속에 하늘의 빛을 비추어 주옵소서.

주님. 한 생명이 끝나고 그 몸이 이제는 흙으로 돌아가고 있습니다. 유족들에게 위로와 격려와 권면을 새롭게 하여 주옵소서.

주님! 유족들에게 영안을 열어 주시어서 잠깐 보이다가 없어지는 몸보다 영원한 영광의 나라를 볼 수 있게 해 주옵소서. 주님, 유족들이 시신 저 너머의 화려하고 빛나는 영광의 집을 바라볼 수 있게 해 주시옵소서. 그리하여 유족들의 눈물을 닦아주시고 절망을 소망으로 바꾸어 주시며, 비통을 위로로 채워주옵소서. 또한 두려움에 떠는 저희들을 지켜주옵소서.

아버지 하나님! "그 아이의 손을 잡고 이르시되 달리다굼 하시니 번역하면 곧 내가 네게 말하노니 소녀야 일어나라 하심이라(마가복음 5장 41절)" 하셨습니다.

지극히 높으신 하나님, 혼미한 이 세대 속에서 날마다 저희를 만나주심을 감사드립니다. 마귀가 우는 사자 같이 두루 다니며 삼킬 자를 찾는 이때에 주님의 능력으로 저희를 강건케 하사 마귀의 유혹을 물리쳐 이길 수 있게 하옵소서. 그러기 위해서 늘 깨어 기도하며 말씀으로 무장하게 하옵소서.

저희 인생을 주관하시는 하나님 아버지, 인간의 삶 속에는 불합리하고 부당한 고통과, 원인을 알 수 없는 재난이 많습니다. 언제 어디서나 저희가 하나님의 전능하시고 자비로우신 손길을 확신함으로 보호받게 하소서.

가정에 평안을 주시는 주님, 저희 가정을 그리스도를 주인으로 모시는 가정으로 세워주심을 감사드립니다. 세상의 재물보다 주님의 뜻을 소중히 여김으로 바른 삶을 살게 하옵소서. 때로는 인간적인 희망이 없는 절망이 찾아올지라도 주님께 참된 희망을 두고 늘 찬송하는 가정이 되게 하옵소서. 먼저 저희들이 자신부터 영적 무지와 나태 그리고 게으름에 빠지지 않게 하옵소서.

예수 그리스도의 이름으로 기도드리옵나이다. 아멘.

시대의 징조를 보여주시는 주님. "누구든지 말로 인자를 거역하면 사하심을 받으려니와 성령을 모독하는 자는 사하심을 받지 못하리라(누가복음 12장 10절)" 하셨습니다.

의의 하나님, 세상의 핍박은 일시적이며 육체적인 고난이 있을 뿐이오나 정말 두려워해야 할 분은 영혼의 생명을 쥐고 계신 하나님이심을 저희가 믿습니다. 평소에 언제나 하나님을 의식하며 살기를 원합니다. 외식하거나 잠깐 고통을 면하려고 비겁해지지 않게 하여 주옵소서. 먼저 주님의 나라를 구하는 가운데 주님의 오심을 기대하고 준비하는 삶을 살아갈 수 있게 하옵소서. 주님, 저희가 세상의 의식주에 매이지 않기를 원합니다. 주님이 필요를 아시고 공급하실 것을 믿습니다.

영원한 기쁨과 복락을 예비하고 계시는 주님, 정신없이 돌아가는 세상에 마음이 빼앗겨 먹고 자고 즐기고 돈 버는 생활에 전념하다 주님의 책망을 받을까 두렵사오니 저희를 항상 깨어 기도하는 성도로 세워 주옵소서. 하늘나라를 수단으로 이 세상의 이익을 추구하는 어리석은 자가 되지 않게 붙잡아 주옵소서.

주님이 친히 저희들의 목자가 되셔서 푸른 초장과 쉴 만한 곳을 만들어 주시옵소서.

    이 시간 한 영혼도 교회에 그저 왔다가 그저 가는 일이 없도록 은혜 내려 주옵소서. 또한 예배를 돕고 있는 많은 성가대원들에게도 가없는 축복을 내려주옵시고, 또한 이름 없이 빛도 없이 교회의 부서에 소속하여 섬기는 많은 이들과 예배를 섬기는 성도들에게도 은총을 베풀어 주옵소서.

    시대의 모든 징조를 주관하시고 보여주시는 하나님, 저희들이 세상에 대하여 아는 것이 얼마나 작은 것인지 아시며, 세상을 예언하고 계획하는 것이 얼마나 어리석은 행동인지 아시는 하나님. 저희가 오직 하나님만을 의지하고 순명하는 성도가 되도록 인도하여 주시옵소서.

    이 모든 말씀 예수 그리스도의 이름으로 기도드리옵나이다. 아멘.

사랑의 하나님 아버지! 오늘도 이 시간 부족한 성도들이 하나님의 말씀이 그립고 신령한 기도가 그리워서 귀한 주님 전으로 나왔습니다. 주님께 찬양드리고 싶고, 저희들의 나약함을 강하게 해달라고 기도드리기 원하여 여기 이렇게 능력의 아버지 앞에 모였사오니, 이 시간도 저희들에게 성령을 강하게 부어주시고 또한 영과 진리로 날마다 찬미하고 기도하고 예배드리는 성도의 삶으로 이끌어 주옵소서.

자비로우신 하나님 아버지!

뒤돌아보면 늘 제자리걸음인 듯한 저희들의 삶이 주님 앞에 부끄럽고 죄송스럽지만 그래도 내치지 않으시고 날마다 성령으로 조명하시고 새 힘을 주심에 조금씩 주님 앞으로 더 가까이 달려갑니다. 이제 곧 만물이 소생하는 봄이 돌아와 땅에는 씨앗을 뿌리고 들에는 새싹이 돋아나듯이 이 시간 저희들도 새롭게 심령의 밭을 일구게 하여 말씀을 사모하고 또한 새롭게 일어서기를 원하오니 저희들의 마음 밭도 이 시간 새로운 말씀의 능력으로 일구게 하여 주시고 무엇보다도 저희들이 먼저 고침을 입은 후에 다시 세상 속으로 나아가 흔들리고 넘어진 자들을 일으켜 세우는 순종의 종들이 되게 하여 주시길 기도합니다.

특별히 이 나라와 인류를 위하여 기도하오니 주님의 복음으로 하나 되는 축복의 그날을 속히 허락하여 주옵소서. 무엇보다도 이 시간 "예루살렘의 딸들아 나를 위해 울지 말고 너희와 너희 자녀를 위하여 울라(누가복음 23장 28절)" 말씀하신 주님의 그 말씀을 기억하오니, 주님 귀한 자녀들의 앞날을 말씀 속에서 축복의 통로들로 쓰임 받는 귀한 은총을 허락하여 주시길 간절히 구하는 저희들의 마음과 생각을 귀히 여겨 주옵소서. 온 교회와 성도들이 날마다 성령 안에서 주님이 원하시는 기도와 찬양을 드리도록 인도하여 주옵시고, 몸은 피곤하여도 저희의 영혼이 소생하는 은혜를 사모하게 하옵소서.

살아서 영원토록 변함이 없으신 의로우신 하나님 아버지! 지난 삶을 뒤돌아보아도 소돔과 고모라 시대를 방불케 하는 저희의 주변, 저희의 삶의 현장은 실로 보는 이들의 눈살을 찌푸리게 할 만큼 온갖 죄 된 것들과 불신의 모습으로 저희의 마음을 아프게 합니다. 그러면서도 저희들 또한 그 속에서 살면서 범한 죄와 허물에서 용서받기를 원하오니, 주님, 저희를 용서하여 주옵소서.

슬픔을 당한 이들에게는 능력의 말씀으로 넘치는 위로를 주시고, 좌절한 이들에게는 큰 용기를 주시며 불안한 이들에게는 평안함을 주옵시고, 육신이 약한 이들에게 강건함을 주시옵고, 시험당한 이들에게 이길 힘을 주실 줄 믿습니다.

저희를 날로 새롭게 하시며 승리케 하시는 예수 그리스도의 이름으로 기도드리옵나이다. 아멘.

저희를 사망에서 영원한 생명의 자리로 옮기신 주님! 지난 기간 동안에도 저희를 보호해 주셨다가 다시 모든 성도들이 기도하는 주님의 전으로 나와 엎드려 기도하게 하시니 감사합니다. 이 감사기도를 통하여 영광을 받으시되 하나님의 이름이 거룩히 여김을 받고 하나님의 나라가 건설되며, 하나님의 뜻이 이 땅에서 기도하는 저희들을 통해서 이루어지게 하옵소서.

주님께서 고난을 당하시고 십자가를 지신 것이 오직 저희를 죄에서 구원하여 주신 것임을 생각할 때, 오직 저희를 구원하신 주님을 기념하는 삶이 되기를 원합니다. 이 놀라운 십자가의 사건을 알리는 데 저희 몸을 드리기를 원합니다.

오늘도 갈급한 심령으로 나왔사오니 저희들의 기도를 응답하여 주시고, 일용할 양식뿐 아니라 영의 양식과 신령한 양식을 허락하시고, 육체적 건강뿐 아니라 영적인 건강과 평강의 복도 허락하여 주옵소서.

또한 하나님! 저희 교회를 위해서 기도하오니, 금년에 변화를 이루는 교회가 되게 하시되, 좋은 일꾼들을 많이 보내주셔서 크게 부흥할 수 있도록 도와주옵소서. 여러 가지 조건 때문에 교회로 발걸음을 옮기지 못하는 많은 성도들이 하나님의 전으로 나와 함께 감사기도 드리며 하나님을 찬양할 수 있는 은혜를 허락하여 주옵소서. 병든 자들을 건강케 하시고, 믿음 없는 자가 더 큰 믿음을 가지게 하시며, 이 시간 물이 변하여 포도주가 된 것 같이 변화됨의 복을 받는 저희가 될 수 있도록 축복하여 주옵소서. 성령의 불로 뜨거워지게 하셔서 승리하는 생활이 되게 하옵소서.

주님의 몸 된 교회를 위해서 수고하는 제직자들과 그 가족들을 은혜와 진리로 충만케 하여 주시고, 전도사과 장로들, 권사들과 집사들에게도 크신 은혜를 내리셔서 연합하여 주님의 몸 된 교회를 이루는 데 부족함이 없도록 하여 주옵소서.

오늘 말씀을 전하시는 성령의 가르침을 붙들어 주셔서 능력 있는 말씀을 전하실 때에 아멘으로 받는 은혜를 허락하여 주옵소서. 그 말씀을 통하여 모든 문제가 해결되게 하여 주옵소서.

모든 영광을 하나님께 돌리며, 예수 그리스도의 이름으로 기도드리옵나이다. 아멘.

지금도 살아계시며 인류역사를 주관하시는 아버지 하나님. 저희가 여호와의 의를 따라 감사하며 지극히 높으신 하나님을 찬양합니다. 오늘도 평안과 안전으로 지켜주시고 인도하여 주셔서 하나님의 존전에 나와 기도를 드리게 되었음을 감사드립니다.

세계가 종교적 갈등과 민족적 갈등으로 긴장 상태 속에서도 하나님의 인도와 보호하심으로 저희에게 평안을 허락하심을 감사합니다. 오늘까지 저희들을 지켜주심으로 평화의 나라가 되어 있음을 감사합니다. 세계가 속히 하나 되게 하시고, 평화의 방법으로 갈등 없이 평화의 통일이 되어 그리스도의 화해의 복음과 사랑으로 하나 되게 하여 주옵소서. 종교적인 이유로 박해를 받는 그들에게도 신앙의 자유를 주시고, 구속의 충만한 은혜를 받게 하여 주옵소서. 너무나 많은 젊은이들이 세계평화를 위해 군복무의 수고를 감당하오니, 파수꾼의 경성함이 허사가 되지 않도록 지켜 주옵소서.

기도의 은혜를 베푸시는 아버지! 저희 교회가 죽어가는 인류를 향하여 간구할 때 복음의 사역을 감당할 수 있도록 복 내려 주옵소서. 성도들의 생활을 축복하셔서 물질의 풍요로움을 허락하시고, 복음을 위한 헌신에 부족함을 느끼지 않도록 은총을 베풀어주옵소서. 선교의 큰 비전 속에 가까운 이웃을 잃어버리지 않게 하옵소서. 그리스도의 향기에 취해 구속의 은혜로 인도되게 하옵소서. 인생의 한계를 만날 때마다 주님 앞에 나와 기도하오니, 홍해를 가르신 하나님께서 저희들의 앞길을 열어 주옵소서.

교회를 위하여 간구합니다. 연합하여 선을 이루기를 원하시는 하나님 아버지! 저희 온 교회가 하나 되게 하시고, 하나님의 크신 뜻과 의를 이루게 하여 주옵소서. 하나님의 교회를 짓게 하셨사오니, 성도들의 사명을 감당하게 하여 주옵소서.

저희 교회에 앞장서서 헌신하는 주님의 종들인 장로, 권사들, 또한 여러 제직들과 기관장들이 있습니다. 각자의 역할에 충성하게 하시고, 기관마다 분야마다 활성화되게 하셔서 복음의 풍성한 결실을 맺을 수 있도록 축복하여 주시옵소서. 하나님의 말씀으로 하나 되기를 원하옵나이다.

예수 그리스도의 이름으로 기도드리옵나이다. 아멘.

모든 일을 선하게 인도하시는 하나님 아버지, 저희 인생이 범죄한 이후 고통과 근심이 끊이지 않는 세상 가운데 성도들은 어려움을 당하면서도 하나님 전에 나와서 기도하고 있습니다. 이렇게 힘든 상태에서도 하나님께 기도드릴 수 있게 하시니 감사를 드립니다.

좋으신 하나님을 바라보며 믿음으로 세상의 근심에서 벗어나게 하옵소서. "너희는 마음에 근심하지 말라 하나님을 믿으니 또 나를 믿으라(요한복음 14장 1절)"고 하신 주님의 말씀을 기억하게 하시며, 성령의 역사로 근심이 물러가게 하시고 근심과 걱정에서 자유함을 얻게 하옵소서. 하나님이 주시는 참 평안을 깨달아 누리게 하옵소서.

저희에게 신령한 은혜를 더하셔서 고아와 같이 버려두지 않겠다는 주님의 음성을 듣고 새 힘을 얻게 하옵소서. 저희의 연약함을 도우시는 그리스도 안에서 염려와 걱정이 변해서 기쁨이 되게 하옵소서. 모든 부정적인 생각과 나약함을 성령의 불로 태워 주시고 정결한 마음을 갖게 하옵소서. 사랑의 하나님 아버지!

슬픈 가슴을 안고 머리 숙인 온 회중에 하늘의 광명으로 조명하여 주옵소서. 성령님의 뜨거운 역사로써 마음 마음속에 감동 감화하여 주옵소서. 그리고 저희에게 주는 위로와 격려와 진리를 깨달을 수 있게 해 주옵소서.

"지금 이후로 주 안에서 죽는 자들은 복이 있도다 하시매 성령이 이르시되 그러하다 그들이 수고를 그치고 쉬리니 이는 그들의 행한 일이 따름이라 하시더라(요한계시록 14장 13절)"

"너희는 마음에 근심하지 말라 하나님을 믿으니 또 나를 믿으라 내 아버지 집에 거할 곳이 많도다 그렇지 않으면 너희에게 일렀으리라(요한복음 14장 1~2절)"

주님! 이 말씀의 오묘한 진리가 햇빛보다 더 밝게 저희 심령들을 조명하여 주셔서 세상 사람들과 같이 울지 말게 하옵시고, 한숨 쉬지 말게 하옵시고, 허탈감에 빠져 절망하지 않게 해 주시옵소서.

이 진리 안에 인정을 초월하여 저 위에 열린 하늘을 통하여 비쳐오는 소망의 빛을 보게 하시며 위로와 격려를 그곳에 받게 해 주옵소서. 특별히 성도들의 심령 속에 이 은혜와 축복이 충만하게 해 주옵소서.

그리하여 저희들도 신앙의 격려와 권면과 인생의 새로운 방향을 위한 결단을 얻을 수 있게 해 주옵소서. 온 가족에게 축복이 분명 새로워지게 해 주옵소서. 저희를 위해 십자가 지신 예수 그리스도께 모든 짐을 맡기게 하시고 성령의 인도 따라 믿음으로 살게 하옵소서.

예수 그리스도의 이름으로 기도드리옵나이다. 아멘.

주님, 저희의 주홍 같은 죄를 주님의 보혈로 씻으신 은혜에 감사합니다. 주님의 귀하신 은혜만을 사모하여 이 자리에 왔사오니, 저희의 기도를 들어 응답해 주옵소서.

주님의 도우심으로 저희의 소망을 가리는 모든 것들과 싸워서 이길 수 있도록 하옵소서. 주님의 사랑 안에 거하기를 원합니다. 주님의 사랑을 늘 느끼며 살아가는 저희가 될 수 있도록 함께 하여 주옵소서.

역사의 주관자가 되시는 주님!

위기에 처한 이 인류를 불쌍히 여기시고 지켜 주시기를 원합니다. 주님의 백성들이 주님의 뜻대로 살지 못한 죄를 회개하고 하나님 앞으로 돌아올 수 있도록 하시며, 특히 전 세계 모든 나라의 위정자들이 하나님을 두려워하게 하시고, 예레미야와 같은 주님의 종들이 많이 나와 부르짖음으로 하나님의 영광이 나타나게 하옵소서. 이권다툼에 눈이 어두운 위정자들을 불쌍히 여기시고, 상처받은 국민의 마음을 헤아릴 수 있게 하여 주옵소서.

교회도, 죽어가는 영혼들을 위하여 기도하게 하시고, 영적인 힘을 잃은 교회는 비웃음을 살 수밖에 없다는 것을 깨달아 강력한 생명의 빛을 발할 수 있는 교회가 되게 하여 주옵소서. 오늘 이 시간 성령의 충만함을 받기 위하여 영적으로 목마른 영혼들이 주님의 전으로 모였사오니, 저희 모두에게 하늘의 예비하신 주님의 은혜를 충만히 내려 주옵소서.

축복과 진리의 영광을 보게 하여 주옵소서. 범사에 감사하며, 기도로 호흡하는 저희들이 되게 하시고, 주님의 사랑으로 늘 충만하도록 하옵소서.

오늘도 하나님의 말씀으로 전도하는 모든 목회자들 위에 축복하사 강건함으로 붙들어 주시고, 주님의 귀한 능력으로 성도들에게 주님의 말씀을 증거할 때에 힘있는 말씀, 권세 있는 말씀이 되도록 은혜로 더하여 주옵소서.

예수 그리스도의 이름으로 기도드리옵나이다. 아멘.

사랑이 한없이 풍성하신 하나님, 행복과 평화가 가득한 귀한 가정으로 저희들을 인도하여 주시어서 하나님 앞에 기도드리게 하심을 감사드립니다. 연약하고 부족한 저희들을 부르시고 주님의 백성 삼으시며 믿음의 주님이 되어 주심을 감사드립니다.

악한 마귀가 주님의 자녀들을 삼키려고 대적하는 이때에 하나님의 백성들을 지키시고 믿음으로 승리하게 하심을 감사드립니다. 저희들이 살아가는 이 세상에는 많은 유혹들이 저희들을 넘어뜨리려고 합니다. 말씀대로 순종하며 살아가기 심히 어려운 저희들을 붙드사 담대한 믿음을 주옵소서. 어떠한 유혹에도 요동하지 않는 변함없는 믿음으로 세상을 이겨내도록 믿음의 담력을 허락하여 주옵소서.

세상의 그 어떤 도전들이 몰려와도 주님께서 동행하심을 깨닫고 굳건한 믿음으로 승리하며 하나님을 기쁘시게 하는 저희들이 되게 하옵소서.

하나님의 말씀을 의지하는 바른 신앙으로 항상 말씀 안에 든든히 거하게 하옵소서. 하나님을 위해서라면 어떠한 환난과 시험일지라도 감당할 수 있는 담대한 믿음을 주옵소서. 믿음으로 구하고 조금도 의심하지 않게 하셔서 언제나 요동하지 않고 승리하게 하옵소서.

사랑의 하나님, 저희의 믿음이 동요되고 있는 것은 저희의 잘못임을 고백합니다. 좀 더 관심을 갖고 격려하며 함께 살아가는 나눔의 공동체를 가꾸지 못한 저희들을 용서해 주시고 이제부터라도 함께 발을 맞추어 나아가는 저희들 되게 하옵소서.

저희들의 생각보다 아버지 보좌 앞에 위로 받고 의의 면류관, 생명의 면류관, 사랑의 면류관 받아 쓰고 영광의 미소를 짓는 앞서간 성도들의 모습을 바라볼 수 있게 해 주시며, 오히려 적막한 저희의 가슴을 향하여 내가 여기에 이렇게 있지 않느냐고 위로와 격려해 주는 모습을 바라볼 수 있게 해주옵소서.

믿음의 반석이 되시는 예수 그리스도의 이름으로 기도드리옵나이다. 아멘.

땅끝까지 이르러 내 증인이 되라고 명령하신 하나님 아버지! 이 시간 주님을 맞이하여 주님께서 저희들에게 명하신 말씀을 다시 한 번 묵상하며 기도드릴 수 있게 하시니 찬송과 영광을 돌리옵니다.

이 땅 위에 주님의 값비싼 피로 복음의 씨앗을 뿌려 주시고 교회를 세워 구원의 역사를 계속하시는 하나님 아버지! 주님께서 역사하심으로 황무지 같고 어두운 이 땅에 새 빛을 주셨으며, 복음의 씨앗이 자라고 열매를 맺어 이 땅에는 많은 주님의 자녀들이 결실의 열매를 맺어 감사와 찬송을 드립니다.

아직도 이 땅에는 하나님을 부인하며 어두움과 죄악 속에서 살아가는 이웃들이 있사오니, 주님이시여! 저희들이 주님의 복음을 들고 나가서 그들에게 빛과 참 생명이 되신 주님의 기쁜 소식을 전하게 하시고 저희들에게 임하신 크신 사랑을 서로 나눌 수 있게 하옵소서.

그리하여 저희가 게으르고 나태하며 자기 자신만을 위하는 이기적인 신앙의 태도에서 벗어나 주님의 사랑을 손과 발로 나누며, 복음을 입으로만 전할 것이 아니라, 그리스도의 정신에 따라 이 세상 속에서 죽음과 악의 세력을 물리치고 정의와 평화와 사랑을 실천하는 귀한 선교의 역사를 이루게 하옵소서.

또한 이 지역사회가 복음화되고 이 나라와 인류의 주님의 복음으로 통일되게 하셔서 온전히 주님께서 주권을 가지고 통치하는 나라가 되게 하옵소서. 저희 성도들과 교회가 선교 대열의 선두에 서는 믿음을 주옵소서.

빛이신 주님!

이 시간에도 주님의 사명을 감당하기 위해 세계 곳곳으로 흩어져서 기후도, 민족도, 언어도 다른 사람들 사이에서 맡은 바 직무에 충성을 다하고 있는 주님의 충성스런 종들이 많이 있사오니, 주님께서 그들의 온갖 어려움과 질고를 친히 담당하여 주시어 그들이 심령상으로나 생활상으로 어려운 가운데 처하지 않도록 늘 눈동자와 같이 지켜주옵소서.

비록 저희들이 선교현장에는 동참하지 못한다 하더라도 저희들이 물질과 기도로써 그들과 동역하게 하여 주시며, 주님께서 그들과 늘 함께 동행하여 주셔서 그들의 수고가 헛되지 않고 풍성한 열매를 거둬들일 수 있도록 인도하여 주시옵소서. 저희들이 새롭게 다짐하는 은혜의 시간이 되도록 축복하옵소서.

예수 그리스도의 이름으로 기도드리옵나이다. 아멘.

사랑의 하나님 아버지! 거룩하신 하나님의 뜻이 하늘에서 이루어진 것 같이 저희들을 통하여 이 땅에서 이루어지게 하옵시고 지난 한 해도 주님의 돌보심 가운데 지금까지 지켜 주시고 인도하여 주심을 감사드리오며 앞으로도 더욱더 저희 성도들의 삶 속에 영적으로 육적으로 여러 가지 일들을 경험하여 깨닫게 하시고, 하나님이 함께하여 주셔서 새해에는 더 많은 성령의 열매들이 주렁주렁 맺히는 은총을 베풀어 주실 줄 믿고 감사를 드립니다.

저희에게 때마다 일용할 양식을 주시고 필요한 것들을 공급해 주시어 세상 사람들은 경제적인 온갖 지표들이 부정적일지라도 저희에게는 주님이 함께하시므로 분명 기회가 됨을 믿사옵니다.

애굽 땅에 흉년이 들어도 하나님의 백성이 거하는 고센 땅에는 넘치는 풍년의 축복이 있었사오니 오늘날 저희들에게도 이와 같이 세상 가운데서 구별된 고센의 축복을 허락하여 주시고, 저희들의 마음에 희망과 용기와 도전이 가득하게 하시고, 온전히 주님의 십자가를 바라보며 승리하는 삶을 살게 하소서.

주님! 지난날을 반성해 볼 때 저희는 자기 믿음도 굳게 세우지 못해서 전전긍긍하였으며 믿지 않은 사람들을 인도하지 못한 죄가 크오니 주님의 사랑으로 너그럽게 용서하여 주시고 이제 믿음을 굳게 세우고 담대히 주님의 말씀을 들고 세상을 행해 나갈 수 있는 힘과 용기를 허락하여 주시옵소서.

날마다 구원의 감격 속에서 저희 심령이 부흥하게 하시고 저희 가정이 행복한 가정이 되게 하시고, 저희 교회가 날로 부흥 성장하며 기쁨과 희락이 샘솟는 행복한 교회 되게 하옵소서.

저희 나라가 법과 질서가 존중되고 경제가 성장되어 실업자가 없는 나라로 세워지며 만민이 법 앞에 평등하며 약한 자가 보호받고 정치인과 부자들이 존경받는 그런 살기 좋은 나라, 행복한 나라가 되게 하옵소서.

예수 그리스도의 이름으로 기도드리옵나이다. 아멘.

17일

치료의 능력이 무한하신 하나님 아버지! 간절히 바라오며 질병으로 고통받고 있는 성도를 위하여 기도하오니 하나님의 긍휼과 자비를 베푸시사 질병의 고통으로부터 구원하여 주셔서 강건케 하여 주시옵소서.

주님께서는 삼십팔 년 된 병자를 일어나 걷도록 하셨으며 열두 해를 혈루증으로 앓던 여인도 온전케 하셨습니다. 이 시간에도 병으로 아픈 성도의 아픈 부위에 안수하여 깨끗함과 건강을 얻게 하옵소서.

연약한 곳에 강한 능력을 베푸시는 주님! 병중에 심령이 연약하여져서 낙심할까 하오니 겉사람은 후패하나 속사람은 날로 새롭게 하여 주시옵소서. 전능하신 주님의 손으로 심령을 붙드셔서 위로하시고 지금 곧 능력을 나타내사 영광을 보여주심으로 성도가 주님의 사랑과 능력을 친히 체험하고 주님을 향해 감사와 찬송을 하게 하시고 그의 평생을 통하여 하나님께 영광을 돌리는 삶을 살게 하옵소서.

하나님 아버지! 질병에서 고통받는 성도를 간호하는 가족 위에도 은혜와 긍휼을 베풀어주시옵소서. 오늘 저희들의 발걸음도 헛되지 않게 하여 주시옵소서.

한 생명을 귀하게 여기시는 주님. "예수께서 대답하여 이르시되 내 어머니와 내 동생들은 곧 하나님의 말씀을 듣고 행하는 이 사람들이라 하시니라(누가복음 8장 21절)" 말씀하셨습니다.

하나님 아버지, 저희를 하나님 나라의 백성으로 삼으신 것을 감사드립니다. 저희에게 들려주신 이 천국 복음을 저희가 듣고 지키어 결실하는 자가 되게 하여 주옵소서. 혹 말씀을 듣기는 듣지만 교만, 편견, 인간적인 생각 등으로 사단에게 말씀을 빼앗기지 않도록 지켜 주옵소서. 겸손하고 진실된 마음으로 말씀을 공부하고 깊이 새겨 끝까지 믿음으로 살게 하여 주옵소서. 복음 역사를 위해서라면 기꺼이 희생과 섬김의 태도를 가지게 하옵소서.

사랑의 주님, 주님의 보배로운 피로 저희를 예수 그리스도의 참 가족이 되게 하신 것을 감사드립니다. 저희가 육신의 가족보다 하나님의 말씀을 좇아 사는 믿음의 사람들을 더 사랑할 수 있게 하옵소서. 저희가 어떤 형편 가운데서도 믿음으로 사는 예수 그리스도의 참 가족이 되게 하옵소서.

한 생명을 천하보다 귀히 여기시는 주님, 오늘날 조직과 물질 위주의 사회에서 생명의 존엄성이 형편없이 땅에 떨어졌나이다. 인생들을 구원하시기 위해 고귀한 목숨까지 바치신 예수 그리스도의 이름으로 기도드리옵나이다. 아멘.

하나님 아버지! 저희 안에서 역사하시는 성령을 인정하게 하시고, 저희로 하여금 주님께 순종의 사람이 되게 하여 주옵소서. 교회의 각 기관 기관들이 오직 하나님의 영광을 위하여 헌신하게 하시며 그들의 헌신으로 복을 주시되 하나님께 봉사하는 기쁨을 맛보는 귀한 복을 허락하여 주옵소서.

역사를 이루시는 주님. "그들은 다시 죽을 수도 없나니 이는 천사와 동등이요 부활의 자녀로서 하나님의 자녀임이라(누가복음 20장 36절)" 말씀하셨습니다.

하늘과 땅의 모든 권세를 갖고 계신 주님, 주님의 권세를 거역하는 죄를 범치 않기를 원합니다. 저희가 선민으로서 마땅히 갖추어야 할 의와 공평과 믿음을 잃지 않게 하옵소서. 욕심에 빠져, 진리에 대하여 어둡게 되거나 약하게 되지 않도록 지켜주옵소서. 진리 편에 서지 않는 삶은 고통의 삶이요 방황하는 삶인 것을 늘 명심할 수 있게 하옵소서.

저희를 구속하신 주님, 저희가 그리스도의 피 공로로 말미암아 용서받게 된 것을 감사드립니다. 저희가 짓는 죄는 용서받을 수 있지만 그 죄책은 면할 수 없는 것을 기억하고 절대 범죄하지 않도록 애쓰게 하옵소서. 저희의 유익에서 벗어난 주님의 진리를 수행하게 하소서. 늘 진리만을 말하고 거짓을 다 버리게 하옵소서.

하나님! 교회의 집사들이 초대교회 집사들처럼 지혜와 성령이 충만한 자 되게 하옵소서. 교회 살림을 맡은 청지기로서 충성을 다하게 하옵소서. 하나님께로부터 위임받은 직책에 마음을 다하고 기술과 기능을 다 동원하는 집사가 되게 하옵소서.

또한 집사로서 갖추어야 할 인격을 잘 갖추어 단정하고 일구이언을 하지 않고 술에 인 박히지 아니하고 더러운 이를 탐하지 아니하고 깨끗한 양심에 믿음의 비밀을 가진 성도가 되게 하시며 시험을 해본 후 책망할 것 없는 성도가 되게 해 주옵소서. 사랑하는 가정에 충실할 수 있게 하옵소서. 저희가 속해 있는 구역과 기관 그리고 교회의 모든 사업에 적극적인 참여를 할 수 있도록 인도해주옵소서.

역사를 이루시는 주님, 저희가 하나님의 형상을 입었으므로 충성심을 먼저 하나님께 드림이 마땅한 줄 아옵니다. 그러나 주님을 믿는다는 핑계로 이웃과 가족에 대한 의무를 소홀히 하지 않게 하옵소서.

하나님께 봉사와 감사와 영광을 드리며, 예수 그리스도의 이름으로 기도드리옵나이다. 아멘.

사랑과 생명이 되시는 하나님 아버지! 이 세상을 사는 동안 상처 입은 심령으로 주님 앞에 나아와 엎드려 회개하오니 용서하여 주시고, 주님의 보혈의 손길로 저희의 심령들을 정결케 하여 주시어 항상 성령께서 임재하시어 저희들을 인도하여 주시며 지금 이 자리에 엎드려 경배 드리는 성도들의 간구를 들어 주시옵소서.

참 자유를 주시는 주님. "나는 세상의 빛이니 나를 따르는 자는 어둠에 다니지 아니하고 생명의 빛을 얻으리라(요한복음 8장 12절)" 말씀하셨습니다.

용서하시는 주님, 주님께서는 정죄 대신 용서하시는 자비하신 주님이심을 믿고 감사드립니다. 저희의 잘못에 대해서는 관대하지만 남의 잘못에 대해서는 그 죄를 용서하거나 사죄의 예수 그리스도께로 잘 인도하지는 못합니다. 저희에게 죄인을 영접해 주시는 주님의 사랑의 마음을 주옵소서. 그리하여 죄로 고민하는 친구를 도울 수 있는 사람이 되게 하옵소서.

세상의 빛 되신 주님, 저희가 빛 되신 주님을 따라 참 빛 가운데 사는 생활을 하길 원합니다. 저희를 비추어 주옵소서. 이 빛으로 사람들의 마음속에 있는 모든 어둠을 몰아내는 선한 일에 동참할 수 있기를 원합니다. 이 세상에 사는 모든 사람들이 참 등불이신 예수 그리스도께로 향하게 하옵소서.

 용서하여 주옵소서. 하나님! 저희가 시험에 들지 않도록 인도하시고 악에서 구해주옵소서. 신앙생활로 언행일치가 되지 않는 믿음으로부터 시험에 들지 않게 하옵시고 저희가 사람들을 미워하는 악을 범하지 않게 하시옵소서.

 참 자유를 주시는 주님, 주님을 떠나서는 참 자유가 없음을 믿습니다. 저희가 진리이신 주님을 좇아 살므로 진정한 자유를 누릴 수 있게 하옵소서. 주님께서 주시는 자유는 죄로부터의 자유요, 영원한 자유요, 완전한 자유임을 믿습니다. 저희가 주님의 말씀에 순종하여 참 제자가 되고 참 자유를 누리게 하옵소서.

 예수 그리스도의 이름으로 기도드리옵나이다. 아멘.

20일

만복의 근원되시는 하나님 아버지, 이 새로 시작되는 가정에 물질의 복과 명예와 권세와 자녀의 복이 충만케 하옵소서. 주님, 이들에게 꿈과 비전이 있을 것입니다. 주님 안에서 기도하므로 아름다운 꽃을 피우며 풍성한 열매가 있게 하옵소서.

힘들고 어려운 일이 있을지라도 서로 사랑하고 아끼며 존경하고 하나님의 은혜에 감사하는 가정이 되게 하옵소서. 서로가 오래 참고, 절제하고, 경건한 생활로 하나님의 뜻을 이루어가는 가정이 되게 하옵소서.

세상의 빛으로 오신 주님. "때가 아직 낮이매 나를 보내신 이의 일을 우리가 하여야 하리라 밤이 오리니 그때는 아무도 일할 수 없느니라(요한복음 9장 4절)" 말씀하셨습니다.

세상의 빛으로 오신 주님, 주님 앞에서는 운명이란 존재할 수 없음을 믿습니다. 항상 밝은 생각을 하고 열심히 하나님의 일을 하는 사람 되게 하여 주옵소서. 저희의 보잘 것 없는 인간 조건을 생각하며 좌절하는 어리석은 자가 되지 않게 하옵소서. 주님의 은혜의 빛 아래서 열심히 일하며 하나님께 영광을 돌려 드리게 하옵소서.

만 가지 은혜를 베풀어주신 주님, 저희가 주님으로부터 헤아릴 수 없는 많은 은혜를 받고도 한 가지도 제대로 붙잡고 있지를 못합니다. 받은 은혜를 헤아려 보는 중에 저희의 믿음이 더욱 커져갈 수 있게 하옵소서. 언제 어느 때 누구 앞에서도 믿음을 담대히 고백할 수 있는 확신을 가짐으로 신앙의 방해꾼들을 이길 수 있게 하옵소서.

버림받은 자를 찾으시는 주님, 세상 끝날 때까지 믿음을 굳게 지키기를 원합니다. 지금까지 주님의 은혜를 수없이 배반해 온 죄를 용서하여 주옵소서. 주님 앞에 엎드려 비오니 저희의 영의 눈을 밝게 하사 주님의 크신 위엄을 높이 찬양하는 신실한 성도가 되게 하여 주옵소서.

교회의 주인이 되시는 주님. 저희 교회가 말씀을 사모하고 기도에 힘씀으로 하나님을 경외하는 데 부족함이 없는 교회가 되게 하시고, 저희의 모든 것들로 전도에 열심을 내어 부흥하게 하시고 주님 안에서 은혜로운 성도의 교제를 나눌 수 있도록 도와주옵소서.

저희 교회가 성령님의 역사하심을 온전히 순종함으로써 세상의 빛을 비취는 등대가 될 수 있도록 복을 주시고, 주님의 복음을 세계만방에 전파하여 주님께 영광 돌리게 하옵소서.

예수 그리스도의 이름으로 기도드리옵나이다. 아멘.

자비로우신 하나님 아버지! 교만한 자를 대적하시고 겸손한 자에게 은혜를 주시는 자비로우신 하나님 아버지! 그 크신 은혜에 감사드립니다.

온갖 우상, 우상에 빠져 살던 저희들을 하나님의 사랑으로 불러주셔서 믿음으로 하나님의 자녀로 삼아 주신 그 은혜와 사랑을 다시 한번 찬양으로 영광 돌리며 진심으로 감사를 드립니다.

사랑하는 주님!

광야와 같은 이 세상에서 사랑하는 성도들이 길이 어렵다고 원망하지 않게 하여 주시고, 배고플 때 만나를 주시고, 목이 마를 때 반석을 쪼개어서 목마름을 해갈하신 하나님의 능력으로 날마다 새로운 축복의 길로 인도하여 주실 줄 믿습니다.

저희들의 삶이 때로는 홍해 앞에서 이스라엘 백성과 같이 진퇴양난에 처할 때가 많습니다. 그때마다 어떻게 해야 할 바를 몰라 성급하게 행동하지 않게 하시고 하나님의 깊은 섭리를 바라보며 인내하게 하옵소서. 홍해를 가르신 하나님의 능력을 체험하게 하옵소서.

살아계신 하나님!

저희들은 주님의 일을 하므로 기뻐하기보다는 내 자식과 내 가정의 형통을 보며 기뻐하였던 적이 더 많았던 것을 생각하니 부끄럽고 죄송합니다.

"나로 말미암아 너희를 욕하고 박해하고 거짓으로 너희를 거슬러 모든 악한 말을 할 때에는 너희에게 복이 있나니 기뻐하고 즐거워하라 하늘에서 너희의 상이 큼이라(마태복음 5장 11~12절)"고 하셨지만 저희에게 욕하는 자를 미워하고 미워하는 자에게 핍박받을 때 낙심한 연약한 저희들이었사오니 저희들의 나약함과 부족함을 용서하여 주시옵소서.

주님을 위하여 핍박을 기뻐하기보다는 도리어 슬퍼하며 괴로워 한 얕은 믿음의 소유자가 아니었는가 뒤돌아보니 참으로 주님 앞에 부끄럽고 송구스러운 맘 금할 길 없습니다.

하나님 아버지!

오늘도 바쁜 모든 일정과 힘겨운 삶의 모든 터전을 멈추고 주님 앞에서 귀한 예배에 참석한 사랑하는 성도들에게 큰 믿음을 주시길 기도합니다. 큰 능력을 주시길 기도합니다. 성령으로 충만하여 세상을 이기고 사단을 정복하고 귀신을 쫓아내며 복음의 증인으로 당당하게 살아가게 하시옵소서.

예수 그리스도의 이름으로 기도드리옵나이다. 아멘.

만복의 근원이신 하나님 아버지! 소중한 시간을 다시 저희들에게 섬김의 기회로 허락해 주신 하나님 앞에서 저희들은 진정한 기도와 겸허한 섬김의 모습으로 낮아지고 말씀으로 바로 세워지는 아름다운 역사가 있기를 소원합니다.

세상이 알지 못하는 기쁨을 주시는 하나님, 저희의 삶이 비록 각박하고 어려울지라도 주님의 재림을 기다리는 기쁨과 영광을 잃지 않고 늘 간직하기를 염원합니다. 슬픔은 잠깐이며 그것이 곧 크고 영원한 기쁨으로 바뀌어질 것을 확신하옵니다. 늘 그리스도 예수 그리스도의 이름으로 구하고 받음으로 이 기쁨이 충만케 하옵소서.

영원한 승리자이신 주님, 저희가 세상에서 환난을 당하나 결국에는 승리의 인생을 살게 될 것을 확신하며, 걱정하거나 초조해하거나 불평하는 것으로 기도를 대신하지 않게 하옵소서.

무엇보다 저희 교회의 각 기관과 성도들의 가정의 행복과 각 개인들에게 믿음의 향상이 있기를 간절히 바라오며 시대적으로 어려운 경제 중에서라도 더욱더 복음전도의 선교지가 확장되어 가도록 함께하여 주시옵소서.

사랑의 하나님 아버지!

교회의 몸이신 전능하신 하나님의 능력으로 올 한 해도 저희 교회가 더욱더 말씀으로 돌아가서 새로워지고 변화되는 축복을 허락하여 주시옵소서.

만사에 때와 기한을 정하시고 하나님의 때를 따라 일하시는 하나님 아버지의 그 큰 계획하심 가운데 올해는 더욱더 교회가 질적으로 양적으로 배가 부흥하는 축복이 있기를 간절히 소원하오니 저희들에게 전도의 열심과 섬김의 열정을 더하여 주시고 각 개인적으로도 이 한 해는 성경을 많이 상고하여 새 신자들을 사랑으로 잘 가르치고 양육하는 은총도 베풀어 주시옵소서.

이 시간도 말씀을 통하여 큰 은혜 받고 저희들이 그 은혜를 힘입어서 남을 섬기는 사람으로, 남에게 베풀어 주는 삶으로 살아가게 하여 주시옵소서.

진심으로 천하보다 소중한 한 영혼을 구원하기 위하여 희생하고 시간과 물질까지도 아끼지 않게 하옵소서.

이 모든 말씀을 예수 그리스도의 이름으로 기도드리옵나이다. 아멘.

하나님 아버지! 저희 교회를 오늘날까지 사랑하시고 복을 주심을 진심으로 감사를 드립니다. 하나님의 교회가 날마다 질적으로 양적으로 부흥하는 축복을 주시기를 간구드리오며, 또한 날마다 선교의 영역이 확장되는 축복을 주실 줄 믿습니다.

주님께서 성도들의 가정과 직장과 사업장마다 큰 복을 주옵시며 믿음으로 승리케 하여 주옵소서. 그리고 성도들의 영혼이 말씀으로 변화되고 평안 가운데 날마다 복음이 증거되는 축복을 허락하여 주시옵소서.

신혼부부를 위해 기도드립니다. 사랑의 주 하나님, 이들이 이루는 가정이 하나님을 주인으로 모시고 믿음과 사랑으로 살게 하시며 모든 일을 하나님께 의지하며 하나님께 신뢰받는 두 사람이 되게 하옵소서. 특별히 이들을 사랑하시는 하나님 아버지, 부디 결혼이 주님 안에서 온전히 지켜질 수 있도록 친히 도우시고, 이 세상을 향한 하나님의 선하신 뜻이 이들의 가정을 통하여 이루어지게 하옵소서.

하나님께 진실되고 충성하고 부모님께 효도하며 이웃에게 빛과 소금이 되는 귀한 가정이 되게 하옵소서. 많은 사람들이 이 가정을 통하여 기뻐하고 행복해 하게 하시고 좋은 후손도 적당하게 허락하여 주옵소서. 자자손손 믿음의 뿌리가 깊이 내려 영육 간에 좋은 열매들이 많이 맺히는 가정이 되게 도와주시옵소서.

어려움에 처한 성도들을 위해 기도드립니다. 환란에 처한 성도들이 바울과 실라처럼 기도와 찬양으로 빌립보 감옥 같은 고난과 어려움들을 이기고 빛과 소금으로서의 사명을 감당하도록 능력을 주시옵소서.

전능하신 하나님. 이 나라를 위해 기도합니다. 이 나라 이 인류를 이끌어 가는 많은 정계의 위정자들이 주님의 능력으로 이 나라 국정을 이끌어 갈 수 있도록 솔로몬의 지혜를 베풀어 주시옵시고 또한 넘치는 주님의 은혜를 베풀어주옵시사 날마다 나라가 평안으로 찬양케 하여 주시옵소서.

예수 그리스도의 이름으로 기도드리옵나이다. 아멘.

사랑의 하나님! 저희의 이웃을 돌아볼 수 있는 저희가 될 수 있도록 도와주옵소서. 모든 은사 중의 으뜸인 사랑의 은사를 받게 도와주옵소서. 주님 저희에게 세상의 빛이 되라 하셨으니, 저희에게 빛의 소명을 감당할 수 있도록 축복하여 주옵소서.

사랑이 없는 곳에 사랑을, 썩어져 가는 곳에 소금의 역할을 감당할 수 있는 성도들이 될 수 있도록 축복하여 주옵소서. 믿지 않는 이 나라의 많은 이웃을 향하여 기도하게 하시며, 그들을 위하여 봉사의 손길을 쉬지 않도록 축복하여 주옵소서. 하나님의 성호를 찬양하며 주님 앞에 모인 저희에게 서로 협력하며 선을 이루도록 축복하여 주옵소서.

또한 하나님께 간절히 간구하옵기는, 저희 교회를 위하여 기도드립니다. 각 기관 기관마다 하나님께서 친히 역사하심으로 저희의 모든 것들이 주님의 몸 된 교회를 위하여 지체의 역할을 감당할 수 있는 믿음을 허락하여 주옵소서. 저희를 향한 주님의 뜻을 찾게 하셔서 그 안에서 저희가 충성을 다하도록 축복해 주옵소서.

늘 저희들을 사랑으로 돌보시는 하나님 아버지, 저희의 심령이 세상 죄악으로 인하여 완악하여졌습니다. 주님의 피 흘리심을 이 시간에도 기억하게 하셔서 저희의 완악한 심령을 주님의 말씀으로 녹여 주시고, 주님의 크신 은혜와 능력으로 함께 하사 저희 심령을 치유하여 주옵소서.

사랑의 주님! 십자가의 진리가 교회가 가져야 할 마르지 않는 샘물임을 믿사오니, 교회의 생수로 죄에 빠져 허덕이는 목마른 영혼들을 구원할 수 있도록 축복해 주옵소서. 길을 잃었던 영혼들이 주님 앞으로 돌아올 때, 십자가의 사랑이 얼마나 크고 놀라운지를 보여줄 수 있는 교회가 되게 하여 주옵소서. 저희 교회도 고난의 십자가를 지신 주님을 생각하며, 십자가의 진리를 전하고자 애쓰는 교회가 되게 하옵소서.

예수 그리스도의 이름으로 기도드리옵나이다. 아멘.

사람과 사람 사이에서도 대화하지 않고 살아갈 수 없습니다. 마찬가지로 기도는 하나님과의 대화입니다. 기도할 때 영적인 눈이 뜨이게 되고, 기도할 때에 더 멀리 보게 되고, 기도할 때 더 세밀히 보고, 기도할 때 더 깊고 넓게 보게 되는 것입니다. 기도하지 아니하는 사람은 영적으로 죽은 성도와 같습니다. 기도하지 않는 삶은 어떤 영적인 응답을 받을 수 없습니다. 하나님께서는 기도할 때에 우리들에게 지혜를 주십니다.

약속을 믿고 기다리는 자에게 반드시 그 약속을 이루어주시는 주님, 저희가 이 악한 시대에 하나님 앞에 인정받는 삶을 살기를 원하오니 붙잡아 주옵소서. 하나님께서 현재 저희를 긍휼히 여겨 주시기 때문에 현재의 저희가 존재한다는 사실을 인식하고 그 은혜에 감격하는 삶을 살아갈 수 있게 하옵소서.

크신 주님, 저희가 사람 앞에서가 아니라 하나님 앞에서 인정받는 자가 되기를 원합니다. 하오니 저희에게 인간적인 지혜나 능력이 아니라 위로부터 하나님의 지혜와 능력을 입게 하여 주옵소서. 저희의 주변에 많은 믿음의 사람들과 이것을 나누길 원하옵니다.

지혜와 명철의 근본이요 선한 길이신 하나님 아버지! 약속을 이루어 주시는 주님. "어둠과 죽음의 그늘에 앉은 자에게 비치고 우리 발을 평강의 길로 인도하시리로다(누가복음 1장 79절)" 말씀하셨습니다.

역사의 주체가 되시는 하나님 아버지, 주님의 역사는 인간의 이성과 논리를 초월하심을 깨닫습니다. 저희의 믿음이 확실한 진리의 지식 위에 세워지기를 원합니다. 그리하여 하나님 앞에서 의롭고 경건하게 하나님을 기쁘시게 하는 삶을 살 수 있는 사람 되게 하옵소서. 사람의 지식 또는 과학으로 증명될 수 없는 말씀일지라도 성경에 기록된 모든 내용은 살아계신 하나님의 말씀으로서 반드시 성취되고야 만다는 것을 꼭 믿게 하옵소서.

주님의 선한 손길을 찬양합니다. 갖은 역경과 시련 속에서도 입학한 날부터 졸업하는 날까지 모든 어려움을 극복하고 학업에 열중하여 소정의 학업을 마치고 졸업하는 대학생들을 위해 기도드립니다.

주님께서 사랑하시는 자녀들을 위하여 간구하오니 그들의 앞길을 바른 길로만 인도하여 주시며 그들이 배운 학문과 지식을 가지고 하나님을 영화롭게 하며 이 사회와 나라를 위해 큰 일을 감당하는 능력의 사람으로 축복하여 주시옵소서. 교육을 바로 받은 사람은 무엇보다도 인생의 근본 문제가 무엇인지를 알아야 하겠사오니 인간 생활을 보다 행복하게 사는 일에 섬김의 본이 되시는 예수 그리스도처럼 봉사하게 하옵소서.

새로운 일을 준비하고 계획하고 있사오니 혼자 내버려두지 마시고 주님께서 같이 하시며 주님의 지혜를 힘입어 나가는 훌륭한 믿음을 허락하옵소서. 만사는 시작이 있으며 끝이 있고, 끝이 났는가 싶으면 새로운 일이 전개되게 마련인 줄 아오니 이 새로운 일에 주님이 함께하셔야만 성공할 수 있사옵니다. 주님께서 이 자녀들의 보호막이 되어 주시고 지혜와 총명과 모략을 선하게 사용할 수 있게 하옵소서.

예수 그리스도의 이름으로 기도드리옵나이다. 아멘.

찬양을 받으시기에 합당하신 하나님 아버지! 오늘도 하나님 아버지의 은혜 가운데 보내게 하심을 감사합니다. 하나님의 백성들을 지키시되 눈동자처럼 지키시고, 졸지도 주무시지도 아니하시며 주님의 날개 그늘 아래 품어 주셨다가 오늘도 저희를 불러주셔서 감사합니다.

저희를 오래 참으심으로 구원하셔서 하나님의 자녀가 되게 하시고, 하나님의 나라를 유업으로 받게 하심을 감사드립니다. 주님의 구속하시고 속량하신 은혜에 감격하여 드리는 저희의 기도를 기쁘게 받아 주옵소서.

믿음의 주체요 또 온전케 하시는 주님께서 저희에게 믿음을 더하여 주셔서 하나님을 경외하게 하시고 하나님을 온전히 기쁘시게 할 수 있는 복된 삶이 되게 하옵소서. 하나님 저희의 기도를 믿음 있는 아벨의 제사처럼 기쁘게 받아 주시고, 이삭을 드린 아브라함의 믿음처럼 하나님을 경외함으로 드리는 기도가 되게 하여 주옵소서.

구원함을 얻은 저희들이 세상과 구별되어 성결하게 하시고, 세상 속에 빛의 역할을 감당하여 선교의 사명을 감당하되, 하나님의 부르심의 소명을 따라 충성함으로 감당할 수 있는 믿음을 더하여 주옵소서. 저희에게 믿음의 열매를 허락하셔서 이웃들에게 복음을 증거할 수 있도록 인도하셔서 구원받는 사람들이 날마다 더하여지게 하여 주옵소서.

예배를 위하여 헌신하는 손길들이 있습니다. 주님, 저들의 손길을 더욱 풍성하게 하셔서 하나님의 영광이 더욱더 높이 드러나게 하시고 저희의 심령이 온전한 충성으로 결단할 수 있도록 믿음을 더하여 주시되 하나님을 경외하며 기도를 드림으로 인하여 형통한 복을 허락하여 주옵소서. 성령님의 충만하신 은혜가 기도하는 모든 이들에게 함께 하옵소서.

저희 교회를 축복하여 주옵소서. 베드로의 신앙 고백 위에 교회를 세우신 것과 같이, 저희 성도들의 헌신적인 믿음이 교회를 견고하게 하며 부흥시킬 수 있도록 인도하여 주옵소서.

오늘 하나님의 말씀을 전하기 위하여 기도하는 목회자를 기억하여 주옵소서. 성도를 아끼고 사랑하는 마음으로 복음을 증거할 때 믿음으로 받게 하옵소서. 하나님의 말씀을 생활에 푯대로 삼게 하셔서, 치우치지 않게 하시며 침륜에 빠지지 않게 하심으로 승리를 보장하여 주옵소서.

예수 그리스도의 이름으로 기도드리옵나이다. 아멘.

오늘도 함께하사 주님의 능력이 나타나고 성령의 역사가 강하게 일어나는 시간이 되게 하옵소서. 성령으로 충만함을 허락하여 주옵소서. 오늘도 저희들로 하여금 말씀을 깨닫는 시간이 되게 하옵소서.

주님의 교회에 모여 경배드리는 사랑하는 성도들의 기도를 기쁘게 받아주시고 저희들 주위에 주님의 복음이 확산되어 많은 심령들이 구원받는 크신 역사가 일어나게 하여 주시옵소서.

교회의 직분자들에게 영육으로 건강을 허락하여 주시어 올 한 해 동안 "잘했다. 충성된 종아!"라고 칭찬받는 직분자들이 되게 하여 주시옵소서.

존귀하신 주님!

주님의 말씀을 통하여 온 교회 성도들의 영육이 살아나게 하시고 성령 충만케 하여 주소서. 말씀을 듣는 데 그치는 것이 아니라 말씀대로 살아서 축복의 주인공들이 되게 하여 주옵소서.

권능의 하나님 아버지!

성경의 말씀을 통하여 성령으로 말씀하옵소서. 주님이 주시는 말씀으로 저희의 속사람이 날로 새로워지기를 원합니다. 어느 한 순간도 하나님을 떠나서는 홀로 설 수가 없음을 고백합니다. 하나님의 말씀으로 저희를 강하게 세우사 주님을 섬기는 일에 부족함이 없게 하옵소서.

주님의 몸 된 교회를 위해서 수고하는 모든 목회자와 그 가족들을 은혜와 진리로 충만케 하여 주시고, 목회자와 장로들, 권사들과 집사들에게도 크신 은혜를 내리셔서 연합하여 주님의 몸 된 교회를 이루는 데 부족함이 없도록 하여 주옵소서. 가족들도 함께 힘써 기도하게 하셔서 세상이 알지 못하는 평안과 기름을 얻게 하옵소서.

목회자를 통하여 선포되는 하나님의 말씀이 성도들에게 새로운 힘이 되게 하시고 은혜가 되어지게 하옵소서.

예수 그리스도의 이름으로 기도드리옵나이다. 아멘.

하나님 아버지! 주님의 말씀을 통하여 새 힘과 능력을 주옵시고 영과 육이 치료받게 하여 주시고 생각이 변화되고 행동이 변화되고 삶이 변하게 하여 주시고 특별히 복음의 증인으로서 사명을 다하게 하시고 믿지 않는 영혼들과 믿다가 낙심한 자들이 저희들의 손길을 통해서 회개하고 돌아오게 하옵소서.

이 시간도 주님의 성령이 온전히 이곳에 기름 부으심으로 기도를 마치는 시간까지 은혜로 붙들어 주시옵시고 크신 영광 나타나도록 인도하여 주시옵소서.

전도사를 통하여 저희 교회가 이 지역의 하나님을 알지 못하는 많은 죽어가는 영혼들을 구원하는 구원의 방주가 되게 하시옵소서.

인간의 모든 지식과 지혜의 근본이 되시는 거룩하신 하나님 아버지! 하나님의 뜻을 이 땅 위에서 실현하며 살기를 원하는 젊은 영혼을 굽어 살피시기를 바라나이다.

좋은 학교에 입학을 하는 성도들을 위해 기도드립니다. 성도의 자녀들이 좋은 학교에 입학하게 됨을 진심으로 감사드리옵나이다. 입학의 시간부터 졸업의 그날까지 그들과 동행하시며 선한 경쟁의 마당에서 승리하게 하옵소서. 육적인 지식과 세상을 아는 지혜에만 힘쓰지 않게 하시고 하나님의 지혜를 알며 깨닫는 지혜에도 부지런한 믿음의 자녀가 되게 하옵소서.

그리하여 그들이 속한 모든 곳에서 하나님의 영광을 드러내며 주님의 향기로 많은 사람을 감화시키게 하옵기를 바라고 원하옵니다.

그들의 지식의 폭이 넓어질수록 하나님을 아는 지식이 깊어지게 하옵시며 그들의 총명이 밝아짐과 함께 하늘의 지혜를 터득하게 하옵소서.

학업을 계속하는 동안에 느끼는 사상이나 친구와 사귀는 교제에 있어서 남이 알아주지 못하는 고통이 온다 해도 그 가운데서 성숙해지며 예수 그리스도를 묵상할 수 있게 하옵소서. 하나님의 자녀들이 배우는 학업이 주님의 평화를 이 땅에 이루게 하는 일에 쓰임 받게 하옵소서.

그들의 부모님에게도 축복을 함께 하셔서 주님의 택함 받은 가정으로서 부족함 없는 은총을 내려주옵소서. 사업과 학업과 신앙이 날로 부해지며 더 크게 주님께 영광 돌리는 귀한 가정이 되게 축복하시옵소서.

예수 그리스도의 이름으로 기도드리옵나이다. 아멘.

하나님 아버지! 저희 교회와 저희 성도들이 시험에 들지 않기를 기원합니다. 세상으로부터 시험당하지 않게 하시고, 신앙생활에 시험 들지 않게 하시옵소서. 교회생활에 시험 들지 않게 하시고, 물질로 시험당하지 않게 하시며, 사람들로 인하여 시험 들지 않게 하시옵소서. 천군 천사로 저희 교회와 성도들을 지켜주옵소서.

이름 없이 수고하는 주일학교 교사들도 기억하시옵소서. 그들의 수고를 통하여 어린 새싹들이 귀한 천국 백성으로 아름답고 바르게 자라게 하옵소서. 예배를 도와 수고하는 예배위원들의 수고를 기억하시고, 교회 성가대의 아름다운 찬양과 헌신을 기쁘게 받으시옵소서.

하나님 아버지! 감사드립니다. 이 시간도 이렇게 평안한 모습으로 기도 가운데 성령을 통하여 능력의 말씀을 전달하게 하심을 감사드립니다.

언제나 말씀을 통하여 저희들을 깨우쳐 주시고, 또한 깊은 영감을 주시어 결단하게 하시며 또한 생활 속에서 많은 변화가 일어나도록 새로운 능력을 부어주시고, 또한 세우신 귀하신 선교사들의 건강과 가정을 평안을 지켜주시길 간구드립니다.

자비로우신 아버지! 입학하는 자녀들을 위해 기도 드립니다. 지혜의 근본이신 하나님 아버지, 하나님의 자녀를 세상에 내시고 잘 자라게 하셔서 학교에 입학하게 하심을 감사드립니다. 졸업하는 그날까지 주님의 은혜 아래 지키시고 보호하시고 동행해 주시옵소서. 지혜와 총명 주셔서 선한 경쟁에서 승리하게 하시며 학업 중에 있는 동안 이해력과 암기력을 부어 주시옵소서. 굳은 의지를 주시며 불의에 동참하지 말게 하시고 항상 정의에 서게 하옵소서.

또한 하나님의 자녀가 부모의 기쁨이 되고 스승의 자랑이 되게 하옵소서. 하나님이 원하시는 목표까지 잘 도달할 수 있도록 도와주셔서 도중에 낙오하거나 좌절하는 일이 없게 하시며 하나님께 귀하게 사용되어지는 그릇으로 준비되게 하옵소서. 하나님 아버지, 지식의 폭이 넓어져 갈수록 하나님을 아는 지식 또한 깊어지게 하시며, 하나님을 경외하는 것이 지혜의 근본임을 깨달아 먼저 하나님을 섬기는 일에 열심을 내게 하옵소서.

이 귀한 아이가 부모님의 훈계와 법을 떠나지 않도록 인도하여 주옵소서. 좋은 선생님과 좋은 친구들을 허락하시고, 또한 이 아이가 좋은 학생 좋은 친구가 되게 하옵소서. 배우는 학문과 인격이 주님의 일에 아름답게 쓰임 받게 하옵소서.

예수 그리스도의 이름으로 기도드리옵나이다. 아멘.

기적이
일어나는
365
매일기도문

3월
기도문

교만 중에 가장 무서운 교만은
기도하지 않는 교만이며,
기도자가 피해야 할 교만은
자신이 기도를 많이 한다는 교만이다.

사랑의 하나님 아버지! 민족주의와 이념주의로 나라의 주권을 빼앗기고 종교적 탄압과 압박과 그리고 서러움을 당하고 있는 민족이 있습니다. 사랑 많으신 하나님께서 그들 민족을 긍휼히 여기시어 무차별 살상의 총칼 앞에서도 굴하지 않고 항거하여 의연히 맞설 수 있는 용기를 주시어 마침내 자유 독립을 허락하시고 하나님 나라를 선포하는 세계의 제사장 나라로 삼으시길 간구합니다. 불의의 폭력에 항거한 그들의 얼을 기념하는 예배로 그들의 자손들이 주님께 예배를 드리게 허락하시어 감사와 찬양을 하게 하옵소서.

하나님 아버지! 민족주의와 이념주의의 위정자들로 인한 포악한 침략과 잔인한 착취에 대한 아픔과 망국의 설움과 절망과 좌절 속에서도 희망과 용기를 잃지 않고 하나님께 의지하며 기도하는 그들의 조상들의 믿음을 기억하게 하시고 그들의 자손들이 용기를 본받게 하옵소서. 간절히 바라고 원하는 것은 비굴한 종과 노예 되기를 거부하고 빼앗긴 나라의 주권을 위하여 죽음을 무릅쓰고 투쟁하고 하나님의 나라를 이루다 쓰러진 그들을 그들의 자손들의 가슴에서 사라지지 않게 하옵소서.

특별히 기도하오니 주님께서 세우신 그들의 교회를 위하여 순교한 믿음의 그들의 조상들을 주님께서 기억하시고 자손들에게 크신 축복을 허락하옵소서. 그때의 조상들과 교회들이 피흘려 지킨 주님의 교회와 믿음을 본받게 하옵소서.

거룩하신 하나님 아버지!

이 나라와 온 인류를 위하여 기도드립니다. 저희들에게 이 나라를 지켜나가는 힘을 주시고 더욱 나아가 전 세계에 주님의 말씀과 성령이 살아 움직이는 나라가 되게 하옵소서. 그리하여 모든 인류가 주님의 복음을 믿고 섬기는 나라가 되게 하옵소서.

나라를 이끌어가는 위정자를 비롯한 모든 공직자들이 겸손함을 알게 하시고 백성을 존중히 여기며 사리사욕에 어두운 사람들이 되지 않게 하옵소서. 그들이 진정으로 여호와 하나님을 두려워하며 주님을 경외하게 하시고 영영토록 주님을 섬기는 백성이 되게 하옵소서.

역사를 주관하시며 인류를 사랑하시는 예수 그리스도의 이름으로 기도드리옵나이다. 아멘.

찬양과 경배를 받으시기에 합당하신 하나님 아버지! 국가의 흥망성쇠와 저희들의 생사화복을 주관하시는 거룩하신 하나님 아버지의 이름이 십자가의 피로써 구속 받은 저희 성도들의 모습을 통하여 온전히 거룩히 여김을 받으시기를 바라오며, 지난 한 주간 동안도 지상의 수많은 사건 사고 가운데서도 이렇게 생명을 지켜주시고 또한 이렇게 건강한 모습으로 기도드리는 축복을 주신 하나님께 감사를 드립니다.

하나님의 나라가 저희 나라와 교회와 온 성도들의 심령에 이루어지게 하시고, 하나님께서 저희의 삶을 주관하셔서 사랑과 희락과 행복이 샘솟는 활기차고 행복한 저희 모두가 되게 하시고, 주님의 영으로 저희 나라를 통치하셔서 하나님의 말씀대로 세워져 하나님께서 기뻐하는 나라와 백성들이 되게 하옵소서.

살아계신 하나님!

"고난 당한 것이 내게 유익이라 이로 말미암아 내가 주의 율례들을 배우게 되었나이다(시편 119편 71절)"라고 노래하는 시편의 말씀처럼 어려움이 있을 때마다 인간의 지식에 의지하지 않고, 하나님께 기도하며 하나님의 뜻을 구하여 이 세계적인 경제위기를 국력부강의 전화위복의 기회로 만들 수 있는 지혜로운 성도들이 되게 하옵소서.

자비로우신 하나님 아버지!

하나님의 뜻이 하늘에서 이루어진 것 같이 땅에서 교회를 통하여 이루어지기를 기도하오니, 더욱 성숙한 모습으로 주님을 섬기는 아름다운 성도들의 모습이 되도록 함께하여 주시옵소서.

특별히 주님의 강한 손으로 붙드시옵소서. 영육 간에 강건케 하시고 주님의 성령께서 함께하시어, 말씀이 증거될 때마다 죽었던 심령이 소생하는 놀라운 능력의 종으로 사용하여 주옵소서.

하나님의 나라와 권세와 영광이 영원히 하나님 아버지께 있사오며, 예수 그리스도의 이름으로 기도드리옵나이다. 아멘.

영원히 찬송받으시기에 합당하신 거룩하신 하나님 아버지! 오늘도 이렇게 건강한 모습으로 주님의 교회에 나와서 사랑하는 성도들과 함께 기쁨으로 하나님께 찬양 드리며 행복한 예배를 드리게 됨을 진심으로 감사드립니다.

늘 저희를 지키시며 도우시는 살아계시는 하나님 아버지의 놀라우신 사랑을 생각할 때에 진심으로 감사드리지 않을 수 없습니다. 저희들은 한 순간도 주님의 보호하심 아니면 결코 온전할 수 없음을 고백하오며 또한 지금껏 지켜 주심도 오직 주님의 은총임을 고백합니다.

살아계신 하나님 아버지!

무엇보다 이 한 주간도 하나님의 말씀 속에서 온전히 의를 이루며 성령의 열매 맺지 못한 채 부족한 모습으로 살아온 것을 회개하고 자백하오니, 용서하여 주시고 주님의 십자가 보혈로 덮어 주시길 간절히 기도합니다.

날마다 점점 더 사악해져 가는 세상 속에서 하나님 말씀을 지키며 살아보려 몸부림치고 발버둥치지만 늘 자주 넘어지고 흔들리는 나약한 모습들을 내어 놓고 주님께 도움을 구하오니, 주님 이 시간도 성령으로 붙드시고 도와주시옵소서.

사랑의 하나님 아버지!

주님께서 마음이 청결한 자들이 하나님을 볼 수 있다고 말씀하신 것처럼 저희들도 저희 맘속에 더러운 모든 생각들을 주님 앞에 드러내 놓고 진정으로 회개하고 자복하여 주님의 보혈로 성결케 되어 오직 그리스도의 복음을 힘있게 증거하게 하시옵소서. 저희들이 아무리 선하게 살았다 할지라도 주님 앞에서는 정결하다고 자랑치 못할 것이오니, 정녕 삶을 돌아보면 언제나 하나님 말씀을 외면한 채 저희들의 생각대로 행하고 살아온 적이 많았기에 이 시간 주님 앞에 용서를 빕니다.

전지전능하신 하나님 아버지!

이 시간 간구하옵기는 먼저 이 나라와 온 인류를 위하여 기도하오니 하나님께서 세우신 위정자들에게 먼저 은혜를 입혀주시어서 하나님의 지혜로 정치를 할 수 있도록 함께하여 주시고, 모든 국정을 돌보는 정치인들에게도 하나님의 뜻을 받들어 나라를 이끌어 가는 지혜를 허락하여 주시옵소서. 하나님의 백성들이 어디서든 하나님을 믿는 믿음의 본으로 빛과 소금의 역할을 감당할 수 있도록 이 나라의 모든 믿음의 공무원들에게도 함께하여 주시옵소서.

거룩하신 저희 주 예수 그리스도의 이름으로 간절히 기도드리옵나이다. 아멘.

전능하신 하나님 아버지! 죽을 수밖에 없는 저희들을 사랑하시어 구원의 은혜를 베풀어 주시고 아버지라고 고백하게 하심을 감사드립니다. 오늘 귀한 주님의 날 거룩한 교회에 머물게 하시고 이 예배를 찬양과 경배로 하나님께 영광 돌립니다.

매순간마다 닥쳐오는 어려운 시험과 환난 가운데 성도로서의 삶을 살아가지 못하고 지은 모든 허물과 죄악들을 이 시간 하나님께 고백하며 회개하오니, 용서하여 주옵소서.

이 나라와 온 인류를 사랑하여 주시고 복음으로 통일이 되어 구원받지 못한 그리스도를 배교하는 그들을 긍휼히 여기사 세계가 하나 되어 하나님을 경배하게 하시고, 귀하고 소중한 주님의 말씀을 땅 끝까지 전하게 하옵소서.

사랑이 가득한 이 하나님의 귀한 교회를 통하여 간구하는 저희 기도가 응답되게 하옵소서.

세우신 모든 기관을 통하여 택하신 성도들이 각자의 자리에서 최선을 다하는 모습으로 교회가 성장하는 밑거름이 되게 하시고 부르짖는 저희의 기도로 열매를 맺게 하시며 마지막 심판의 순간에 착하고 충성된 종이라 칭함을 얻어 영광의 면류관을 쓰게 하옵소서.

저희 교회 성도들이 하나님을 잘 섬기고 복 받는 성도들이 되게 하시고, 저희 교회의 재정이 차고 넘치어 많은 이웃들을 돕는 교회가 되게 하시옵소서.

용서해 주시는 하나님!

다른 사람의 죄를 용서해 주시옵소서. 저희 교회와 성도들에게 상처를 주고 힘들게 했던 사람들을 용서해 주옵소서. 하나님! 다른 사람들의 죄를 용서해 준 것 같이 저희 교회와 성도들의 죄를 사하여 주옵소서.

하나님의 계획과 뜻을 저희 인간의 잣대로 재단하고 비판하지 않았는지 회개하오니 저희들의 죄를 용서하여 주옵소서. 오직 하나님의 뜻을 구하며 하나님의 법칙에 따라 사는 귀한 성도들이 되게 하옵소서.

저희 주님 예수 그리스도의 이름으로 기도드리옵나이다. 아멘.

만왕의 왕이시며, 만유의 주가 되신 저희 주 하나님 아버지 감사합니다.

한 주간 동안도 세상에서 승리케 하시다가 하나님 아버지께 영광을 돌릴 수 있도록 저희를 다시금 이곳에 모이게 하심을 감사합니다. 오직 의인은 믿음으로 말미암아 살리라는 말씀을 하셨사오니, 오는 한 주간도 믿음으로 승리하는 삶이 될 수 있도록 도와주옵소서.

오늘 모인 저희들에게 복을 주시되 혹 세상에서 상하고 찢기워진 심령은 위로를 받게 하시고, 환경의 어려움으로 낙심한 성도들에게는 새 힘을 허락하여 주셔서 주님이 세상을 이긴 것 같이, 저희들도 세상을 이기게 하옵소서. 저희의 삶 속에 생각하는 것과 말하는 것과 행동하는 것으로 하나님의 영광을 가리지 않게 하시고, 범사에 하나님을 높이 드러내는 복된 삶이 되게 하옵소서.

이웃을 판단하기보다 사랑으로 용납하게 하셔서 그리스도의 속죄의 피를 헛되게 하지 않도록 축복하옵소서. 이웃을 향해 저주와 불평과 원망이 있었다면 이 시간 회개하오니 용서하여 주옵소서.

세상을 향하여 빛이 되며, 소금이 되게 하시고 그들의 삶에 유익과 도움이 될 수 있는 나눔의 삶이 되게 하옵소서. 경건의 모양은 있으나 능력이 부족하오니 성령으로 충만케 하시어 삶의 능력이 나타나게 인도하여 주옵소서. 저희의 삶 속에서 하나님 나라 확장에 쓰임 받게 하옵소서.

기도를 통하여 증거되는 주님의 말씀을 들을 때 하나님의 뜻을 발견케 하시고, 하나님의 말씀에 순종할 수 있는 저희 성도들이 되게 하옵소서. 저희가 섬기는 귀한 교회가 날마다 부흥하게 하시고, 하나님의 은혜 가운데 은혜와 진리가 충만한 교회가 되게 하시며, 하나님을 사랑하고 영광을 돌리고, 이웃을 사랑하여 덕을 끼치는 복된 교회가 되게 하여 주옵소서.

저희 모두가 예수 그리스도를 닮아가게 하시고 한 주간도 말씀생활과 기도생활로 승리하게 하여 주옵소서. 날마다 찬송과 평화가 넘치게 하여 주옵소서. 감사가 충만케 하옵소서. 은혜가 충만케 하옵소서. 저희의 삶에 하나님의 나라가 충만히 임하도록 복을 내려 주옵소서.

오늘 드리는 기도도 승리할 줄 믿사오며, 예수 그리스도의 이름으로 기도드리옵나이다. 아멘.

영광과 찬송을 세세무궁토록 받으실 하나님 아버지! 오늘 귀한 주님의 날을 저희에게 허락해주셔서 신령과 진정으로 주님께 영광을 돌릴 수 있도록 하시니 감사드립니다. 보혜사 성령님을 통하여 날마다 저희를 인도하시고 보호하시는 하나님의 은혜와 사랑하심에 감사와 찬양과 영광을 돌립니다.

저희 안에 내주하시는 성령의 인도하심을 따라 오늘도 주님 앞에서 기도하오니 기도 중에 함께 하시는 하나님의 사랑을 나누며, 이 날에 내리는 하늘의 만나로써 힘 있는 신앙생활을 감당하게 하옵소서.

부족한 가운데 나왔사오나 하나님의 능력으로 채워 주셔서 승리자의 반열에 서게 하여 주옵소서. 의심 많은 도마처럼 하나님의 동행하심을 잊어버리고 순간 의심하는 저희들을 불쌍히 여기시고, 반석 같은 믿음의 사람들이 되게 하옵소서.

저희의 삶이 예수 그리스도를 닮아 가기를 원하오니 성품과 인격이 날마다 새로워지게 하옵소서. 욕심에 이끌리는 생활이 되지 않게 하시고, 성실함으로 하나님의 말씀을 실천하는 성숙된 믿음이 되게 하여 주옵소서. 주님이 주신 사랑으로 이웃과 굶는 이들을 돌아보게 하시고 도움이 필요한 자들을 도울 수 있는 복된 성도들이 되게 하옵소서.

오늘도 주님의 말씀이 그리워서 나왔습니다. 증거되는 말씀에 저희의 영혼이 소생하게 하셔서 변화 받게 하시고, 말씀을 붙들고 날마다 승리할 수 있도록 복 내려 주옵소서. 주님만을 의지하게 하시고, 주님만을 순종하게 하심으로 영광을 돌리게 하옵소서.

하나님. 저희의 삶을 주장하셔서 악한 사단 마귀가 틈타지 못하게 하시고, 하나님의 공급하시는 힘으로 세상을 이기게 하옵소서. 항상 기뻐하게 하시고, 쉬지 말고 기도하게 하시며, 범사에 감사하게 하셔서 예수 그리스도의 뜻대로 살아가는 믿음의 사람들이 되게 하옵소서.

저희가 드리는 기도를 기쁘게 받아 주시고 저희의 찬양을 기쁘게 흠향하여 주옵소서. 저희의 예배를 돕는 모든 손길들에 복 주시고, 그 봉사로 인해 더욱 하나님께로 다가가는 은혜를 더하여 주옵소서. 말씀을 전하시는 성령과 주님께서 함께 하사 저희에게 영육이 강건해지는 귀한 말씀이 되도록 복 주옵소서.

저희를 위해 십자가에 달리신 예수 그리스도의 이름으로 기도드리옵나이다. 아멘.

7일

나는 알파와 오메가라 하신 사랑의 하나님 아버지 감사합니다. 저희에게 구속의 은혜를 허락하셔서 하나님의 자녀가 되는 권세를 주심에 감사합니다. 영원한 생명을 주심을 감사합니다. 멸망치 않고 심판에 이르지 아니함을 감사드리오며, 모든 영광을 주님께 돌립니다.

오늘도 구원의 감격으로 주님 앞에 나와 기도를 드리오니 기쁨 중에 흠향하시고, 찬양하며 간구하는 기도에 응답하여 주옵소서. 오늘은 주님이 정하신 거룩한 날이오며 경외함으로 드리는 날로써 저희가 드리는 감사기도에 축복을 내려 주옵소서. 오늘 교회에서 올리는 예배에 승리함으로 생활 속에서 매일 드려지는 기도도 날마다 승리케 하셔서 각자에게 허락하신 삶의 현장에서 하나님의 영광을 드러내게 하여 주옵소서.

직장과 사업의 터전 위에 하나님의 인도와 축복이 있게 하셔서 형통한 은혜를 주옵소서. 여호와를 가까이 함은 네게 복이라고 했사오니 하나님과 함께 하는 삶이 되게 하옵소서. 저희들을 사랑하셔서 하나님께 돌이키는 회개의 역사를 이루어 주옵소서.

저희 나라의 교회들이 바로 서게 하시고, 세상을 향한 교회의 사명을 감당할 수 있는 은혜를 주시며, 십자가를 내려놓지 않고 세상의 고통을 함께 지고 갈 수 있는 교회들이 되게 하옵소서.

저희 교회를 오늘까지 지켜주심을 감사드립니다. 목회자들과 장로들을 비롯한 제직들을 기억하셔서 하나님의 동역자가 되게 하옵소서. 연합하여 선을 이루는 복을 주옵소서. 죽어가는 영혼들을 충분히 담기에 부족함이 없는 교회가 되게 하옵소서. 실망한 영혼들에게 소망을 주는 교회, 꿈이 없는 사람들에게 비전을 주는 축복된 교회가 되게 하여 주옵소서.

오늘도 예배에 동참하는 모든 성도들이 하나가 되어 은혜를 받을 수 있도록 도와주옵소서. 늘 저희와 함께 하시는 성령님의 역사하심이 오늘도 예배드리는 모든 이들에게 역사하시어 참된 삶이 저희 안에 이루어지게 하옵소서.

예수 그리스도의 이름으로 기도드리옵나이다. 아멘.

8일

전지전능하시며 모든 것을 권찰하시는 하나님. 존귀하신 하나님 아버지, 아버지의 영광과 권능을 찬양합니다. 부족한 죄인이 이 시간 영광의 주, 고난의 주이신 예수 그리스도를 우러러 앙망하며 두려움과 떨림으로 부복하나이다. 언제 어디서나 늘 주님의 존전에 서 있는 저희 자신을 인식하게 하옵소서.

믿음이 없고 패역한 세대에서 저희를 불러주신 하나님, 저희에게 살아있는 믿음을 주옵소서. 저희 경험을 의지하거나 저희의 능력을 믿는 것에 습관화된 이 버릇을 고쳐 주옵소서. 겨자씨만한 믿음도 없는 이 죄인을 불쌍히 여기사 생명력 있는 믿음으로 주님 주시는 무한대한 힘을 덧입을 수 있게 하옵소서.

자애로우신 주님. "보라 내가 너희를 보냄이 양을 이리 가운데로 보냄과 같도다 그러므로 너희는 뱀같이 지혜롭고 비둘기 같이 순결하라 (마태복음 10장 16절)" 말씀하셨습니다.

은혜로우신 하나님, 결점 투성이인 저희를 부르시어 하늘나라의 복음 역사를 계승시키며 발전시키고자 하시니 감사합니다. 성령께서 친히 저희를 도우시어 저희가 복음을 전하다가 박해와 고난을 당한다 할지라도 분노하거나 실망하지 말고 조용히 기도함으로써 슬기롭게 대처하게 하옵소서.

거룩하신 하나님, 사람을 두려워하는 저희의 믿음 없는 태도를 고쳐 주시옵고 심판주이신 하나님을 두려움으로 섬기게 하옵소서. 입술로만 예수 그리스도를 믿는 것이 아니라, 저희의 말과 행동과 삶 전체가 하나님의 뜻에 합당하게 사는 것이 되기를 원합니다. 말씀의 검으로 세상의 세력과 욕망을 잘라 제거할 수 있는 담대함을 주옵소서.

주님, 참으로 하늘나라의 지혜는 사람들이 볼 때에는 어리석어 보이지만, 영적인 눈으로 볼 때에는 선으로 악을 이기고 승리하는 비결이 될 수 있음을 믿사옵니다. 여우같이 지혜롭고 비둘기 같이 순결한 마음을 저희에게 주사 간교한 악의 유혹을 물리치고 진리를 심어갈 수 있게 하옵소서.

세상 속에서 지쳐 쓰러져가는 많은 주님의 백성들을 주님께서 능력으로 지켜주시어서 말씀을 통하여, 찬양을 통하여 날마다 하늘의 신령한 양식을 공급받으며 또한 성령 안에서 강한 주님의 도구가 되도록 역사하여 주시옵소서. 이 시간에도 질병으로 고통당하는 많은 이들과 또한 사업의 어려움으로 힘겨워 하는 많은 주님의 백성들을 주님의 성령께서 위로하여 주시기를 간구드립니다.

예수 그리스도의 이름으로 기도드리옵나이다. 아멘.

자비로우신 하나님. 저희들의 마음을 아시는 주님. "입에 들어가는 것이 사람을 더럽게 하는 것이 아니라 입에서 나오는 그것이 사람을 더럽게 하는 것이니라(마태복음 15장 11절)" 말씀하셨습니다.

죄인을 불쌍히 여기시는 사랑의 하나님, 그 크신 사랑을 감히 형언할 수 없나이다. 사랑의 대상과 방법에 있어서 제한이 없으신 예수 그리스도의 사랑이 저희에게 차고 넘치기를 간구합니다. 저희들 속에 가득 찬 이기심, 잘못된 습관, 세속적 관심을 성령의 불로 태우사 하나님 말씀 중심으로 바꿔지게 하옵소서.

외형적 형식보다 내용을 귀하게 보시는 하나님, 저희들은 세련된 형식주의자보다 부족한 듯 보이지만 진실한 성도가 되길 원합니다. "입에 들어가는 것이 사람을 더럽게 하는 것이 아니라 입에서 나오는 그것이 사람을 더럽게 하는 것(마태복음 15장 11절)"이라고 하신 주님, 외형적으로 드러나는 육체적인 단장보다는 오직 마음에 숨은 속사람을 온유하고 심령의 썩지 아니할 것으로 가꿀 수 있게 하옵소서.

영의 일을 우선순위에 두기를 원하시는 주님, 일이 분주한 때일수록 어떤 일을 먼저 할 것인가 하는 우선순위를 잘 결정하는 지혜를 주옵소서. 이러한 때에 친히 기도의 본을 보여주신 주님, 저희가 저희의 연약함과 한계성을 바로 알고 전폭적으로 하나님께 매달려 기도할 수 있게 하옵소서. 주님의 뜻에 온전히 순종하기 위한 영적인 투쟁에 승리하게 하옵소서. 예수 그리스도의 기도하시는 모습을 본받아 간절하고 열심 있는 기도생활을 하기 원하오니 믿음을 주옵소서.

진리이신 하나님, 저희에게는 진리와 거짓을 구별할 수 있는 영적 통찰력이 부족합니다. 그래서 스스로 모순을 범하고 있는 영적 소경과 같사오니 불쌍히 여겨 주옵소서. 말씀 속에 감추어진 비밀을 깨달을 수 있는 이해력과 지식을 주옵소서.

저희를 복음의 일꾼으로 세워주신 주님, 이 세상에서 가라지 때문에 곡식이 피해를 당하고 어려움을 겪는다 할지라도 용서하고 인내하며 주님의 재림을 기다리게 하옵소서. 구원받은 이 복되고 기쁜 감격으로 헌신하며 하나님 나라의 거룩한 삶을 살기를 원하오니, 하나님의 은혜와 성령의 역사가 늘 함께 하시옵기를 간절히 기도드립니다.

예수 그리스도의 이름으로 기도드리옵나이다. 아멘.

사랑의 뿌리인 하나님. 이웃을 사랑하라고 말씀을 주시는 하나님. "누구든지 하나님의 뜻대로 행하는 자가 내 형제요 자매요 어머니이니라(마가복음 3장 35절)" 말씀하셨습니다.

노하시기를 더디 하시고 자비와 긍휼이 풍성하신 주 하나님, 저희가 지금까지 살아오면서 회개하기보다 오히려 사소한 일에 이유와 구실을 내세워 분노할 때가 많았음을 고백합니다. 이제는 주변 사람들을 짓누르는 태도를 버리고 주님처럼 사람을 살리기 위해 불쌍히 여기는 마음을 갖고 살게 하옵소서. 그리하여 저희가 가는 곳에 주변 모든 사람들이 생동감이 넘치는 분위기가 되게 하옵소서.

저희에게 말씀을 주신 주님, 혹 저희가 마음이 완악한 자를 만날지라도 주님 말씀의 깊은 의미를 정확하게 가르칠 뿐만 아니라 불쌍히 여기면서 안타까워 하신 주님의 심정을 가지고 전하게 하옵소서. 저희의 소견이나 수완을 전하는 것이 아니라 사람을 변화시키는 능력의 말씀을 전하게 하옵소서.

저희의 연약함을 아시고 성령님을 허락하신 하나님 감사합니다. 한결 같은 성령님의 충만함으로 범죄하지 않도록 인도하여 주옵소서. 성령님의 인도하심이 항상 저희에게 역사하사 저희들이 교만하지 않고 낮아지게 하시고, 저희의 어리석음 가운데 지혜롭게 하시고, 저희의 믿음 없음이 더욱 강건한 믿음으로 성장하게 하여 주옵소서.

저희를 위하여 피 흘리심으로 구속하신 예수 그리스도를 기억하며 하나님 나라의 영광을 위하여 믿지 않는 저희의 이웃을 전도하게 하시고, 주님의 영광을 위하여 저희의 삶의 자세가 새롭게 변화되게 하시고, 저희의 마음이 온전히 하나님만을 바라볼 수 있도록 성령님께서 함께 동행하여 주옵소서.

이 어려운 시대에 저희를 제자로 부르신 주님, 저희가 주님의 뜻을 앞세우므로 영적으로 바른 관계를 지켜가기를 원합니다. 제자의 길은 결코 순탄하거나 쉬운 길이 아님을 명심합니다. 자신을 포기하고 전적으로 주님께 의지함으로 온전히 주님을 따르는 신실한 제자가 되게 하옵소서.

예수 그리스도의 이름으로 기도드리옵나이다. 아멘.

천국의 소망을 갖게 하시는 하나님! 천성에 가는 길이 험하고 힘이 든다 할지라도 생명의 길이 그 한 길뿐인 줄 믿고 나아가 은혜의 길, 소망의 길이 되게 해 주옵소서.

임종을 맞이하는 성도를 위해 기도드립니다. 영원한 생명이 되시는 거룩하신 하나님! 임종을 맞이하는 성도를 일찍 택하사 주님을 위해 일생 헌신 봉사토록 하신 은혜를 감사하옵고 이제는 맡겨주신 사명을 다하고 본향의 거룩한 집으로 가게 되었사오니, 천성문을 여셔서 천사들의 손으로 인도하시며 주님의 품에 안으사 위로하여 주옵소서. 사랑하는 성도들과 가족을 뒤에 두고 먼저 가야 하는 그 마음이 서운하고 아프겠지만 부활의 소망 중에 기쁨으로 다시 만날 것을 기약하며 서운함과 아픔을 이기게 하시옵소서.

삶의 지표를 정해주시는 하나님. 방황하는 성도를 위해 기도드립니다. 목자 되시는 주님. "예수께서 나오사 큰 무리를 보시고 그 목자 없는 양 같음으로 인하여 불쌍히 여기사 이에 여러 가지로 가르치시더라(마가복음 6장 34절)" 말씀하셨습니다.

전능하신 하나님, 저희게 필요한 것을 날마다 공급해 주심을 감사드립니다. 하나님께서 풍성히 주셨음에도 불구하고 욕심에 빠져 시기와 질투와 불건전한 경쟁심에 가득한 저희의 죄 됨을 용서하여 주옵소서. 저희에게 필요한 것은 저희의 힘이나 재주가 아니라 하나님의 능력임을 믿사오니, 주님! 저희에게 그 능력을 주옵소서.

거룩하신 하나님, 오늘 저희는 불의가 관영한 이 세대를 살고 있습니다. 저희에게 용기를 주사 불의한 것은 죽음도 두려워하지 않고 지적하는 하나님 중심의 인물이 되게 하옵소서. 저희의 상황이나 환경이 어떠하든 결코 불의를 용납하거나 타협하지 않게 하옵소서.

선한 목자이신 주님, 지금도 목자 없는 양같이 방황하는 자들이 참으로 많습니다. 그들의 영이 굶주리고 있사오니 저희가 그들에게 말씀의 꿀을 먹일 수 있는 작은 목자가 되게 하옵소서. 잃은 양을 찾아 산을 넘고 강을 건너는 수고를 보람 있게 감당할 수 있게 하옵소서.

예수 그리스도의 이름으로 기도드리옵나이다. 아멘.

은총을 베푸시는 하나님. 성경으로 충만케 하사 주님의 뒤를 따르기에 부족함이 없게 하시고 항상 복음의 의를 행하게 하옵소서.

교회 제직자를 위해 기도드립니다. 교회제작자가 목회자를 잘 보필하여 초대교회와 같이 믿음이 충만하고 사랑이 넘치는 교회를 이루는 데 앞장서는 종이 되게 하옵소서. 선한 사업에도 힘쓰는 일꾼이 되게 하옵소서.

주님과 더욱 깊은 교제 속에 살아갈 수 있도록 도와주옵소서. 믿음과 사랑과 평화가 넘치는 생활이 되게 하옵소서. 말씀에 순종함으로 저희의 삶에 은혜가 넘쳐나게 하시고 이웃을 돌아보는 삶을 살게 하시고, 고통 중에 있는 사람에게 주님처럼 친구가 되어줄 수 있도록 복을 주옵소서. 주님 앞에 기도를 드리기에 허울이 많음을 고백하오니, 상한 심령으로 드리는 기도를 받아주옵소서.

저희의 죄를 용서하여 주시는 하나님. 긍휼이 풍성하신 하나님. "너희에게 이르노니 아니라 너희도 만일 회개하지 아니하면 다 이와 같이 망하리라(누가복음 13장 3절)" 말씀하셨습니다.

회개하기를 기다리시는 하나님, 멸망에서 구원받을 수 있는 가장 확실하고 유일한 길은 회개이며 그 회개의 유일한 문은 유일한 중보자 예수 그리스도뿐임을 믿습니다. 죄 많은 저희 죄인을 예수 그리스도의 보혈로 생명을 연장시켜 주시니 감사합니다. 저희가 회개의 열매를 맺는 생활을 할 수 있게 하옵소서. 회개하지 않으면 다시 용서받을 길이 없는 날이 이르고야 만다는 두려움을 늘 간직할 수 있게 하옵소서.

긍휼이 풍성하신 주님, 저희가 율법의 근본정신은 무시하고 형식만을 좇는 신앙생활을 할 때가 많았음을 고백합니다. 형식보다 항상 근본정신을 먼저 생각하는 지혜를 주옵소서. 이미 저희는 하나님 나라의 백성이 되었사오니 좁은 문으로 들어가기에 더욱 힘쓰기를 원합니다. 주님께서 암탉이 새끼를 모으는 것과 같이 문을 열어 놓고 늘 기다리고 계심을 알게 하옵소서.

저희를 그리스도인 되게 하신 주님, 저희의 삶이 그리스도인이라는 복되고 아름다운 이름을 걸어 놓고 그 이름에 합당치 못한 삶을 일삼지 않고 신앙인의 진정한 열매를 맺길 원하옵고, 예수 그리스도의 이름으로 기도드리옵나이다. 아멘.

이 세상의 모든 것을 주관하시는 하나님. 이 악한 시대에서 저희를 구원해 주신 주님, 예수 그리스도만이 사단을 이길 수 있는 유일한 분이심을 믿습니다. 저희가 늘 말씀으로 소제되고 수리된 마음으로 주님을 저희가 마음에 모시기를 원합니다. 저희가 눈에 보이는 표적보다는 말씀을 공부하고 회개하는 생활을 하게 하시고, 주님만을 섬겨 영혼의 시력을 회복하게 하옵소서.

복음의 기쁜 소식을 저희에게 먼저 들려주신 주님, 하나님의 복음은 등불과 같이 밝혀져 비추고 있으며 숨겨져 있지 않음을 믿습니다. 이 땅의 모든 영혼이 복음의 빛을 받아 밝아지게 하시옵고 생명과 빛으로 충만케 하옵소서. 저희의 심령 속에 하나님과 진리의 말씀을 깨닫는 빛이 어두워지지 않도록 지켜주옵소서.

한 알의 밀알이 되신 주님. "내가 진실로 진실로 너희에게 이르노니 한 알의 밀이 땅에 떨어져 죽지 아니하면 한 알 그대로 있고 죽으면 많은 열매를 맺느니라 (요한복음 12장 24절)" 말씀하셨습니다.

존귀와 영광을 받으시기를 합당하신 주님. 저희의 진심을 주님께 드립니다. 저희의 몸과 마음과 순결과 애정을 묶어서 바치오니 받아

주옵소서. 이로 인해 저희의 삶의 향기가 두루 퍼지게 하시고 아버지의 영광이 널리 전파되게 하옵소서. 저희가 하나님의 믿음을 주장하게 하옵소서.

교만하고 죄악 된 인생들을 사랑과 평화로 다스리시는 주님, 주님께서는 온유하고 겸손하신 왕이시며, 저희의 죄를 지시고 비천한 자리까지 낮아지신 왕이십니다. 한 알의 밀이 땅에 떨어져 죽음으로 많은 열매를 가져오듯 희생이 있는 곳에 풍성한 열매가 있는 줄 아옵고, 저희도 저희 자신을 희생함으로 많은 열매를 맺기를 원합니다.

세상에 빛으로 오신 주님, 주님께서는 죄와 사단의 권세를 파하심으로 인생들의 참 빛이 되시나이다. 저희가 주님의 빛 안에 거함으로 저희의 인생의 방향을 잃지 않기를 원합니다. 저희는 빛의 자녀이오니 빛의 자녀에게 주시는 생명과 평화가 저희에게서 넘치게 하옵소서. 어두움에 거하지 아니하고 빛이신 주님과 함께 동행하게 하옵소서.

예수 그리스도의 이름으로 기도드리옵나이다. 아멘.

살아 계신 하나님 아버지! 오늘도 주님의 사랑하는 백성들에게 거룩한 성일을 허락하시어 예배드리게 하여 주시고 주님의 구원을 사모하는 백성들을 인도하사 경배와 찬양으로 예배하게 하심을 참으로 감사드립니다.

날마다 주님의 은총 안에서 주님의 거룩하심을 묵상하며, 오늘도 죽을 수밖에 없었던 죄인을 십자가 보혈의 공로로 살려주심을 감사하여 찬양과 경배를 드리오며 또한 한 주간도 잘못 살아온 모든 것들을 주님 앞에 고백하며 회개합니다. 주님의 보혈로 저희의 죄를 용서하여 주시옵고 다시는 죄의 길에 서지 아니하는 복 있는 사람으로 살아가는 믿음의 사람이 되게 하여 주시옵소서.

살아계신 하나님 아버지!

저희에게는 많은 기도의 제목들이 있사오니 들어 응답하여 주시옵소서. 복음 증거의 사명을 주시며 세우신 주님의 몸 된 교회를 전도사를 비롯한 모든 성도들의 피와 땀으로 먹이고 입혀 위대한 부흥을 맛보게 하여 주시길 원합니다.

또한 어두워져 가는 세상 속에서 어린 심령들을 주님의 법을 통하여 올바로 양육할 수 있기를 간절히 원하오니, 기쁨으로 하나님을 찬양할 수 있도록 성가대와 찬양단과 함께하여 주시옵시고 복음 전도를 위한 많은 달란트를 가진 많은 성도들이 두 손을 들고 주님께 헌신할 수 있기를 원합니다.

사랑하는 주님, 특별히 성도들 가운데 병중으로 육신이 괴로워 외치는 성도들의 소리를 들어주옵소서. 남들에게 말 못할 마음의 문제로 심히 갈등하며 메말라가는 영혼들의 아픔을 굽어 살펴주옵소서. 믿음의 형제자매들의 공동체인 가정들이 이제 복음으로 무장되어 회복하는 은총을 베풀어 주시옵소서. 세계평화의 부름을 받고 가 있는 많은 군인청년들의 삶을 보살펴 주옵시며 그들이 군대에서 믿음이 떨어지지 않고 더욱더 기도와 간구로 무장되는 은총을 주시옵소서.

사랑의 주님! 거룩하신 하나님!

이 기도를 통하여 주님을 찾는 손길들이 있습니다. 주님의 마음을 주시어서 예배 가운데 주님의 능력 나타나게 하여 주시고 주님의 은혜의 단비가 저희의 영혼을 촉촉이 적시게 하여 주시옵소서. 주님의 말씀을 전도하는 선교사에게 건강과 가정을 붙들어 주시옵기를 기도드리오며 다시 오실 주님이시여, 온 세상 우릴 버려도 절대로 버리지 아니하시는 주님, 항상 믿고 감사드리오니 주님 오시는 그날까지 변치 않고 손을 들어 주님을 찬송하게 하여 주시옵소서. 이 모든 말씀 저희를 구원하여 주신 예수 그리스도의 이름으로 기도드리옵나이다. 아멘.

사랑의 하나님 아버지! 봄날의 꽃샘추위가 기승을 부리는 날 동안에도 죄인들을 구원의 반열에 서게 하여 주심을 감사드립니다.

또한 저희들이 주님의 말씀에 순종하여 살지 못하고 저희들의 욕심에 이끌려 산 것이 많사오니 용서하여 주시고 믿음의 입술로 지혜를 말하며 마음에 하나님의 법을 두어 늘 순종하게 하옵소서.

자비로우신 주님!

영원한 죄 중에서 주님을 영접한 저희의 걸음이 실족치 않고 항상 악에서 떠나 선을 행하게 하시며 또한 저희의 앞날의 모든 경영과 계획을 주님께서 아시오니 선하신 뜻 안에서 이루어져 영광스런 열매를 맺게 하옵소서.

이 시간 특별히 온 나라에서 주님의 이름으로 모여 말씀을 선포하고 기도하는 곳마다 주님 성령으로 역사하여 주시고 이 나라와 온 인류들이 주님으로 인하여 사는 길을 찾도록 회개의 영을 부어주옵소서. 가르치는 사람이나 정치하는 사람들에게 성령으로 권고하시어 바른 지도자의 길을 가게 하옵소서.

"비판을 받지 아니하려거든 비판하지 말라(마태복음 7장 1절)"고 하신 주님!

이 나라의 통치자가 갈 곳을 잃고 방황하며 쫓겨나게 될 때 그것이 바로 저희 자신인 것을 깨닫게 하여 주시고, 저희 자신도 그들과 같은 환경에 처한다면 그들보다 더 잘할 것 없는 무지한 한 사람임을 알게 하옵시고, 누구보다도 저희 기도하는 사람들은 다른 사람의 마음도 읽을 수 있는 지혜를 주옵시고, 정녕 믿음의 사람다운 길에 설 수 있도록 위로하며 권면하도록 도와주옵소서.

주님이 세우신 나라와 온 인류를 위하여 기도하는 다니엘처럼 스스로 겸손의 띠로 허리를 동이고 복음의 신발을 신어 화해와 평화의 성도가 되게 하옵소서.

저희 교회가 지향해야 할 과제를 바로 인식하게 하시고 온 인류가 서로 용서하면서 사랑하여 하나 되게 하옵소서.

이 시간도 말없이 교회를 섬기시는 많은 봉사자들과 사역자들을 붙들어 주옵소서.

저희의 모든 죄를 대속하시고 사랑으로 용서하신 예수 그리스도의 이름으로 기도드리옵나이다. 아멘.

온 인류를 통해 영광 받으시기를 원하시는 하나님 아버지! 그 옛날 갈릴리 호숫가에서 유대인과 이방인을 복음으로 하나 되게 하시려고 복음을 전파하신 예수 그리스도를 생각합니다. 이 백성의 삶 속 깊이 주님의 영이 개입하시어 이 땅에서도 예수 그리스도의 말씀으로, 예수 그리스도의 그러한 몸짓을 닮아 정의와 평화가 깃드는 인류통일을 주시옵소서.

여러 마음으로 갈라진 사람들의 혼란스런 마음들이 하나 되는 은혜를 주옵소서. 온 인류의 앞날을 위하여 수고하며 정치하는 이들에게 은혜를 내리시어 하나님을 두려워할 줄 알게 하시고, 하나님의 뜻을 분별하는 지혜를 주옵소서. 온 인류 위에 하늘의 복으로 성령의 꽃이 피어나게 하시고, 평화의 그날을 기다리며 무언가 진행해 나아갈 수 있는 슬기를 하늘로부터 내려주옵소서.

자유의 근원이신 주님. "누구든지 제 목숨을 구원하고자 하면 잃을 것이요 누구든지 나를 위하여 제 목숨을 잃으면 구원하리라(누가복음 9장 24절)" 말씀하셨습니다.

귀신을 제어하시며 병을 고치시는 능력과 권세를 지니신 주님, 주님께서 저희에게도 그러한 권세를 주사 때를 얻든지 못 얻든지 예수님을 그리스도와 주님으로서 전파할 수 있게 하옵소서. 그리하여 이 백성 모두가 십자가의 용서와 사랑에 기초한 하나님 나라의 소식을 듣고 받아들이게 하옵소서.

만왕의 왕이신 주님, 아직도 많은 통치자들이 하나님을 두려워하지 않고 자신의 권력과 힘을 이용함으로써 하나님 나라의 의와 복음에 나타난 본질을 외면하고 하나님 나라의 통치를 거부하고 있사오니 그들에게 회개의 영을 불어넣어 주사 주님 앞에 굴복할 수 있게 하옵소서.

늘 겸손함으로 하나님 나라의 의를 구하고 그 나라의 주권과 통치를 받아들이려는 갈급한 심령으로 살기를 원하오니 은혜 내려 주옵소서. 주님께서는 복음을 반대하는 자들의 영혼까지도 아끼고 사랑하셨사옵니다. 저희도 그들에게 복음을 전하기를 원하오니 도와주옵소서. 그들에게 나갈 때 말씀만을 의지하고 다른 생각에 빠지지 않게 하옵소서.

예수 그리스도의 이름으로 기도드리옵나이다. 아멘.

전능하신 하나님 아버지! 죽을 수밖에 없는 저희들을 사랑하시어 구원의 은혜를 베풀어주시고 아버지라고 고백하게 하심을 감사드립니다.

오늘 귀한 주님의 날 거룩한 교회에 머물게 하시고 이 시간도 찬양과 경배로 하나님께 영광 돌립니다.

매순간마다 닥쳐오는 어려운 시험과 환난 가운데 성도로서의 삶을 살아가지 못하고 지은 모든 허물과 죄악들을 이 시간 하나님께 고백하며 회개합니다. 용서하여 주옵소서.

이 나라와 온 인류를 사랑하여 주시고 복음으로 통일이 되어 구원받지 못한 인류들을 긍휼히 여기사 인류가 하나 되어 하나님을 경배하게 하시고 귀하고 소중한 주님의 말씀을 땅 끝까지 전하게 하옵소서.

사랑이 가득한 이 하나님의 귀한 교회를 통하여 간구하는 저희 기도가 응답되게 하옵소서. 세우신 모든 기관을 통하여 택하신 백성들이 각자의 자리에서 최선을 다하는 모습으로 교회가 성장하는 밑거름이 되게 하시고 부르짖는 저희의 기도로 열매를 맺게 하시며 마지막 심판의 순간에 착하고 충성된 종이라 칭함을 얻으며 영광의 면류관을 쓰게 하옵소서.

날마다 주님의 말씀을 전하시는 성령의 권능을 더하시어 듣는 성도들에게 믿음을 더하게 하시며 언제나 건강한 모습으로 맡은 소명 감당하는 하나님의 종으로 저희 양떼들을 푸른 초장으로 인도하게 하옵소서.

어두워진 이 세상 가운데서 교회로 모이기를 힘쓰며 기도하기를 쉬지 않고, 귀한 말씀을 묵상하며 성령의 충만함으로 빛과 소금이 되게 하옵소서.

사랑하는 성도들의 가정을 축복해 주시고 온 가족이 함께 하나님을 경외함으로써 작은 천국을 이루게 하사 기쁨이 넘치게 하옵소서.

다가오는 내일도 주님 말씀 의지하고 살아가기를 원하오며 예수 그리스도의 이름으로 기도드리옵나이다. 아멘.

소망의 주가 되시는 하나님! 지금 가슴 깊은 곳에서부터 "예수는 나의 힘, 나의 생명, 나의 소망, 나의 친구, 나의 기쁨이 됩니다"라고 고백하면서 사랑하는 성도와 함께 무릎 꿇었습니다. 저희들의 기도에 귀를 기울이시사 응답하여 주옵소서.

실망에 빠진 성도들을 위해 기도드립니다. 주님의 은혜와 사랑 속에 살아온 성도가 실망의 깊은 수렁에 빠졌사오니 그를 건져주시옵소서. 이제 이 성도에게 주님의 말씀을 들려주시고 주님께서 저희들을 위하여 이미 이루어 놓으신 그 모든 것들을 영의 눈을 밝히 떠서 바라볼 수 있게 하옵소서.

하나님 아버지시여 "내 영혼아 네가 어찌하여 낙심하며 어찌하여 내 속에서 불안해 하는가 너는 하나님께 소망을 두라 나는 그가 나타나 도우심으로 말미암아 내 하나님을 여전히 찬송하리로다(시편 42편 11절)" 이렇게 고백하며 노래할 마음을 주옵소서.

주님이시여, 주님만이 소망의 빛이 되십니다. 주님만이 눌린 자를 자유롭게 하십니다. 주님만이 사망의 음침한 골짜기에서 절망하는 자들의 목자가 되십니다. 주님만이 어둠에서 헤매는 죄인들의 소망의 길이 되십니다.

주님만이 요동하며 불안한 악의 세력들을 물리쳐 주시고 고요한 평화를 주십니다. 멸망한 이스라엘 백성에게도 소망의 왕이 되신 아버지께서 이제 이 성도로 하여금 지난 날에 주님의 도우심으로 살아온 것을 기억케 하사 성도로 하여금 어려운 자리에 있을 때 하나님을 더욱 의지하게 하시고 다시 일어나는 용기를 주옵소서.

고독의 절망 중에서는 주님이 저희 곁에 계심을 믿음으로 확인하고 새 소망으로 넘치게 하시며, 노년으로 실의에 빠진 이에게는 눈을 들어 새 하늘과 새 땅을 바라보고 희열에 넘치게 하옵소서. 병으로 실망 중에 있는 이에게는 "믿은 대로 될지어다(마태복음 8장 13절)" 말씀하여 주셔서 큰 소망 중에 믿음이 흔들리지 않게 하옵소서.

땅의 것을 보고 실망치 않게 하시고 지금 눈을 들어 하나님의 나라를 바라보고 위로받게 하옵소서. 소망의 하나님이 모든 기쁨과 평화를 믿음 안에서 충만케 하옵소서. 사방으로 어려움을 당하며 답답한 일을 당하여도 낙심하지 않은 바울을 본받아 새로운 희망을 가지게 하옵소서. 주님! 이 믿음으로 새로운 소망이 되게 하시사 큰 기쁨으로 가슴을 가득히 채우소서.

소망의 주 예수 그리스도의 이름으로 기도드리옵나이다. 아멘.

자비로우신 하나님. 이 시간 자비하신 손길을 겸허하게 기다리며 무릎 꿇고 기도하게 하시니 감사드립니다.

실직자를 위해 기도드립니다. 하나님 아버지! 성도들의 가정을 기억하여 주시옵소서. 일터를 잃은 성도들의 온 가족이 근심에 싸여 있나이다. 지금 비록 실직한 중에 있사오나 하나님께서 실직한 형제들에게 일할 수 있는 적당한 터전을 주옵소서. 예수 그리스도 안에서 기업을 주실 줄 믿습니다. 이런 때에 믿음을 배우며 살아계신 하나님을 만나는 귀한 계기가 되게 도와주시옵소서.

하나님께서는 한 창문을 닫으실 때에는 다른 창문을 여실 준비를 하고 계심을 믿음으로써 너무 상심치 않게 도와주시옵소서. 또한 직장을 잃게 된 때에는 하나님의 뜻과 섭리가 있음을 생각하며 혹 과거의 직업을 가지고 있을 때 맡은 일에 소홀히 했다거나 지은 죄가 있다면 회개할 수 있도록 성령으로 깨달음을 주시옵소서.

자신의 육신생활만을 위해 초조한 마음으로 직업을 구하려 하지 말게 하옵시고, 하나님의 소명을 따라 국가와 사회와 주님을 위해 봉사할 수 있는 목표를 가지고 새로운 직업을 구하게 하옵소서.

직업 중에는 불건전한 직업도 많사오니 하나님께 영광이 되는 직업으로 인도해주옵소서. 또한 직장을 주실 때 주일성수할 수 있는 곳으로 인도해주시길 원합니다. 그리고 건강한 몸을 주시어 아끼지 않고 일할 수 있게도 하옵소서.

"맡은 자들에게 구할 것은 충성(고린도전서 4장 2절)"이라고 말씀하셨사오니 저희는 어떤 일이든 충성할 수 있도록 하옵소서. 그리하여 하나님의 칭찬만을 받을 수 있는 주님의 진실한 청지기가 되게 하옵소서. 하나님의 집사로서 마땅히 하여야 할 구제하는 일에도 인색하지 않게 하옵소서.

세상이 주는 평안만을 바라기보다 하나님께서 주시는 영원한 평안을 누릴 수 있는 진실한 믿음을 허락하여 주옵소서.

예수 그리스도의 이름으로 기도드리옵나이다. 아멘.

사랑이 풍성하신 하나님 아버지! 저희가 시험당할 즈음에 피할 길을 열어주시어 승리케 하시는 그 능력을 믿고 기도하게 하시니 감사합니다.

인간은 연약하기에 시험을 당하면 번민하게 되오니, 전능하신 손을 펴사 여기 연약해지고 피곤해진 심령을 강하게 붙들어 주옵소서.

아버지 하나님!

이 성도들이 마귀로부터 당하는 시험을 통해 주시는 뜻이 어디 있는가를 깨닫는 지혜를 주옵소서. 허물과 그릇된 판단 때문에 이 시험이 왔다고 할 것이면 겸손하게 회개하는 심령을 주시고, 지나친 욕심 때문에 시험에 빠져 있다면 욕심을 버리게 하옵소서.

자비의 아버지이시여, 때때로 성공인 줄로 생각하며 자만하는 저희들을 낮추고 단련하고자 이런 시험을 주시는 하나님이신 줄 깨닫게 하옵소서.

시험을 이기신 주님!

반드시 이 시험에서 승리케 해 주실 줄 믿사오니 사랑하는 성도에게 이길 힘을 주옵소서. "시험을 참는 자는 복이 있다(야고보서 1장 12절)"

고 하신 주님! 당하고 있는 시험 때문에 낙심하거나 하나님을 원망하는 죄를 범하지 않게 하옵소서. 시험에서 승리한 욥에게 갑절의 복을 허락하셨던 하나님께서 무릎꿇고 엎드린 이 성도에게도 몸처럼 복되게 하시고, 요셉으로 하여금 시험을 이기고 큰 일꾼이 되게 하신 아버지께서 이 성도에게 불을 통과한 정금같이 되게 하사 하나님의 손에 붙드시고 필요한 곳에서 크게 쓰실 귀한 그릇으로 새롭게 하옵소서.

그리고 비록 아직은 믿음이 부족한 저희들이지만 거룩한 보혈의 능력 안에서 속죄의 은총으로 성별해 주시고 세상에서 빛과 소금의 직분을 다하도록 도와주옵소서.

이 시간 머리 숙여 기도드리는 저희에게 오셔서 새 힘을 주시옵고, 믿음으로 살다가 실망한 이들에게도 소망을 주옵소서.

시험을 말씀으로 이기시는 예수 그리스도의 이름으로 기도드리옵나이다. 아멘.

자애로우신 하나님 아버지! 오늘도 주님 안에서 쉼을 얻기 원하여 괴로운 마음으로 주님 앞에 왔사오니, 이 괴로운 마음을 받아주시옵시고 권능의 말씀으로 위로하여 주시옵소서.

전능하시고 살아계신 하나님 아버지!

주님께서는 무에서 유를 창조하시고 말씀으로 천지를 지으신 전능하신 하나님이심을 믿사오니, 주님께서 이 시간도 함께하여 주시어 상하고 찢긴 영혼의 상처를 치유하여 주옵시고 괴롭고 답답한 저희들이 심령을 시원하게 하여 주실 줄로 믿습니다.

사랑의 아버지 하나님!

어렵고 힘든 환경 속에서 좌절과 실망으로 쓰러져 가는 저희의 영혼 속에 걸어가도 피곤치 않고 뛰어가도 고단치 않는 독수리의 날개침과 같은 새로운 힘과 능력으로 역사하여 주시옵고 이 괴로움의 날들을 면케 하여 주시옵소서.

영원토록 영광과 존귀와 찬양을 받으시기에 합당하신 하나님 아버지!

저희들에게 많은 시련과 연단을 주심은 진정으로 저희들을 사랑하시는 주님께서 저희들을 크게 쓰시기 위하여 훈련하시는 과정인 줄로 믿사오니, 이 연단과 고통의 날들을 이길 수 있는 놀라운 은혜를 베풀어 주시옵소서.

저희 성도들에게도 언젠가 저렇게 될 시간이 불가항력적으로 오고야 만다는 사실을 새삼 다시 기억하면서 살아있는 동안에 할 일이 무엇이며 살아가야 할 방향이 어디인지 각성할 수 있게 해 주시옵소서.

아버지 하나님! 위로와 격려를 성도들의 가정에 채워주시고 가정에 신앙이 부흥되게 하시고 하늘이 열리게 하시고 하나님과의 거리가 가까워지게 하시고 교제가 더 깊어질 수 있도록 축복하옵소서.

특별히 이전에 하나님을 믿다가 낙심한 형제들이 구원의 확신을 갖게 하여 주시옵소서.

저희의 이웃 중에 택한 백성들이고 다 주님의 전에 나와 구원받게 하여 주시옵소서. 이 시간도 복음 전도를 위하여 힘쓰고 애쓰는 성도들에게 새 힘을 주시고 보이지 않는 많은 곳에서 성도를 섬기고 교회를 위해 봉사하는 많은 제직자들에게 축복 내려 주시옵소서.

예수 그리스도의 이름으로 기도드리옵나이다. 아멘.

만복의 근원이신 하나님 아버지! 저희 가정에 복을 주셔서 영적으로 부유하게 하시며 주님을 의지하는 마음으로 살아가게 하시오니 감사합니다.

저희 가정이 육신생활에 주님께 소원하는 바가 있습니다. 영적으로 부유하게 하신 주님께서 저희 가정에 필요한 물질과 일용할 양식을 허락하셔서 주님의 백성으로 부끄럼 없이 살아가게 하옵소서.

아버지시여! 저희 가정이 가난하여 하나님의 이름을 욕되게 할까 두렵사오니 오직 필요한 양식을 공급해 주시옵소서. 광야에서 만나와 메추라기로 이스라엘을 먹이시던 긍휼의 아버지시여! 하늘 문을 여시사 일용할 만나를 내리시옵소서.

"손이 수고한 대로 먹을 것이라(시편 128편 2절)"고 약속하셨사오니 일할 수 있도록 건강을 주시옵시고 또한 일터를 주옵소서. 공중의 새를 먹이시며 들의 백합화를 입히시는 자비의 아버지께서 힘쓰며 애써서 일하기를 원하는 가정에 은총을 내리시옵소서.

결단코 나태하거나 최선을 다하지 못하는 어리석음에 한 순간도 머물지 않게 하옵소서. 주님이시여, 주님께 구하는 자마다 얻으리라고 말씀하셨사오니 저희 가정의 간구하는 기도를 들으사 구하는 모든 것들이 온전히 주님 뜻 안에서 이루어지는 축복을 내려주옵소서. 저희 가정에 육신의 만나와 영의 양식을 주셔서 더욱 아버지의 말씀대로 살아가는 데 부족함이 없는 환경으로 이끌어주옵소서. 온 가족의 건강도 보호하여 주시고 지혜로 이끄시옵소서.

이 나라와 인류를 위해서 기도하는 많은 성도들의 기도를 들으사 진정 교회들이 나라와 인류를 구원하는 구원의 방주가 되게 하옵소서. 저희 교회의 모든 형제들이 하나님의 말씀으로 충만한 삶을 이루어 위로부터 내리시는 기쁨과 평강과 소망과 사랑이 넘쳐나게 하옵소서. 그리하여 가정에서나 사회에서나 하나님의 자녀의 신분으로서 참되게 살며, 의롭게 살며, 사랑으로 살아가게 하옵소서.

예수 그리스도의 이름으로 기도드리옵나이다. 아멘.

말씀한 마디로 천지를 지으신 전능하신 하나님 아버지! 오늘도 이렇게 건강한 모습으로 주님 앞에 찬양을 드리게 됨을 진심으로 감사드리오니, 존귀와 영광을 받으시옵소서.

간절히 구하옵기는 이 어려운 현실 속에서도 주님이 허락하신 환경에 자족하며 감사드리는 진정한 그리스도인의 모범적인 삶을 살기 원하오니, 주님의 능력으로 인내하며 견디는 굳건한 믿음의 열매를 맺게 하옵시고 오직 성령의 사람으로서 이 나라와 국민의 앞날을 위하여 기도하게 하옵소서.

하나님 아버지!

이 세상의 이렇게 어려운 경제 위기의 한파 속에서 실직과 부도의 거센 물결에 밀려서 신음하는 많은 이들을 위로의 손길로 도와주시옵시며, 이 환난을 계기로 저들이 하나님께로 돌아오는 큰 은총의 시간이 되게 하여 주시옵시고 또한 장차 다가올 지상 최대의 마지막 환난 날의 큰 시험을 대비하여 믿음으로 견디며 기도로써 피할 도피성을 찾을 수 있는 놀라운 지혜를 주시옵소서.

살아계신 하나님 아버지!

하나님을 섬기지 않는 애굽 땅에는 흉년이 들어도 하나님의 선택된 백성들의 땅 고센에는 풍년이 오는 놀라운 기적의 축복이 있었사오니, 오늘도 이 어려운 경제 위기 속에서 하나님의 백성들이 보호받는 구별된 기적의 축복을 부어주시옵소서. 또한 오늘 하나님의 백성들은 하나님의 은혜로만 살아가는 진정한 삶의 지혜를 주시옵소서.

성도의 삶의 여정을 돌아보시는 하나님이시여! 오늘 생일을 맞이한 성도를 위해 기도드립니다. 주님의 인도하심을 따라 이제까지 잘 살아와 생일을 맞이하여 주님께 예배하게 하시니 감사드리옵니다. 광야 같은 세상에서 만나와 메추라기로 먹이시며 불과 구름기둥으로 이끌어 주시오니 감사드리옵니다. 저희 인생은 연약하오니 저희의 남은 생애 중에 욥과 같은 환란이 없게 하옵소서.

사랑의 줄로 묶어주신 하나님 아버지! 하나님의 보호로 둘러싸여서 빛 가운데 걷게 하시고 해마다 맞는 생일이 보다 주님을 바라보고 또 위하는 날들로 가득 쌓여지게 하옵소서. 다시 시작하는 한 날 한 날을 아름답게 채워 기도하게 하시고 보다 경건한 삶의 계절을 맞이하게 하옵소서. 하나님과 성도들의 사이에 사랑의 띠가 견고하게 매여져 어떠한 바람에도 넘어지지 않게 하옵소서. 다같이 기뻐하며 오늘의 생일을 맞이한 성도들과 함께 오직 저희 주님께만 영광과 존귀가 되게 하옵소서.

예수 그리스도의 이름으로 기도드리옵나이다. 아멘.

　　　　　축복의 근원이신 하나님 아버지여! 황무지에서도 장
모든 미꽃을 피게 하시고 마른 막대기에도 잎을 돋게 하시
는 아버지의 능력을 찬양합니다. 이 나라를 과거 수없는 어려움 속에서
도 보전하시고 지켜주심을 감사드립니다.

　하나님 아버지시여!

　바라옵기는 이 조국을 더욱 번영케 하시고 부강하게 하여 주옵소서. 이 나라를 레바논의 영광으로 충만케 하시고 갈멜과 샤론의 아름다움으로 다함이 없게 하옵소서. 광야의 메마른 땅이 기뻐하듯 온 인류가 아버지의 번영케 하심으로 즐거워하게 하시며 뛰노는 사슴 같이 기뻐하게 하소서.

　아직도 이 나라는 연약하고 부족하며 어두운 곳이 많이 있사오니 약한 것을 일으켜 세우사 더욱 강하게 하시고 부족한 것은 차고 넘치게 축복하시고 어두운 곳을 밝은 빛으로만 충만케 하시옵소서.

　전능하신 하나님 아버지!

　나라의 안녕과 번영을 저해하는 악의 요소들을 멸하여 주옵소서. 이 나라에 베풀어 주신 모든 은혜와 번영이 아버지의 영광을 위하여 사용되게 하옵소서. 물질, 강력한 힘으로써만의 번영뿐만 아니라 하나님의 말씀과 선하신 뜻과 사랑이 풍요로워지며 번영하고 발전하게 하옵소서.

황무지 같은 이 땅 위에 복음의 씨앗을 뿌려 주시고 교회를 세우시고 구원의 역사로 열매 맺게 하시니 감사와 찬송을 드립니다. 주님께서 저희들을 위하여 당하신 십자가의 고통을 생각하며 복음의 동역자가 될 수 있도록 은혜를 주옵소서.

저희들은 작은 십자가 앞에서도 지기를 싫어서 회피하고 다가서지 않았던 지난날을 회개합니다. 복음의 결단이 있도록 용기를 주옵소서. 찬송과 기도로 성령의 은혜와 도우심을 간구하는 심령 위에 흡족한 은혜를 베풀어 주옵소서. 기도 중에 임하시는 주님의 은혜가 생수같이 흐르게 하여 주옵소서.

예수 그리스도의 이름으로 기도드리옵나이다. 아멘.

패역한 인간들에게 화해의 인도자로 임하신 하나님! 세계 온 인류의 단결과 화합을 위하여 기도합니다. 이 나라가 각기 이념과 사상을 달리하여 서로 반목하고 시기하고 분쟁하는 국민으로 나뉘었으며, 여기에 지역적인 감정과 배운 자와 배우지 못한 자 간에 또 다른 분열과 분쟁이 있음은 슬픈 현실이 아닐 수 없습니다.

그러나 이같은 슬픈 현실일지라도 피할 수 없는 조국이기에 아버지께 기도하오니, 온 인류의 가슴 속에 화합의 영을 창조하시고 단결의 영을 새롭게 하옵소서.

역사를 지배하시는 주님!

죄 가운데서 이 나라를 불러주신 그 부름에 합당한 인류가 되게 하시고, 모든 백성이 겸손과 온유와 오래 참음으로 사랑 가운데서 서로 용납하고 평안의 매는 줄로 성령의 하나 되게 하신 것을 힘써 지키게 하옵소서.

주님! 나라가 하나인데 국민이 어찌 둘이 될 수 있으며, 조국이 하나인데 국민의 마음이 어찌 둘이 될 수 있겠습니까?

주님, 이 백성이 주님을 영접함으로써 서로 사랑하며 이해하며 양보

하는 순결한 마음을 갖게 하시고, 화해자이신 주님만을 생각하는 백성이 되게 하옵소서. 그리하여 나누어진 민족이 하나의 인류가 되고 온 백성이 한 뜻으로 화합하는 축복을 허락하셔서 주님 보시기에 아름다운 백성들이 되게 하옵소서.

만민에게 복음을 전파하라고 하신 주님, 저희가 부활신앙으로 온 천하에 다니며 만민에게 복음을 전파하는 전도자가 되기를 원합니다. 지금도 이 땅에는 하나님의 사랑을 배반하고 주님을 섬기지 않는 이들이 너무도 많사오니, 주님, 그들을 구원하여 주옵소서.

만민의 구세주이신 주님, 불신자들이 주님의 크신 구원을 결코 등한히 여기지 않게 하옵소서.

예수 그리스도의 이름으로 기도드리옵나이다. 아멘.

저희들을 믿음의 길로 인도하시는 하나님 아버지 찬송과 영광 드리옵니다.

저희들을 택하시고 하나님의 자녀로 세워주신 주님. 삶의 현장에서 힘들고 지친 영혼들이 이렇게 주님을 사모하는 마음으로 교회에 나와 하나님의 말씀에 순종하여 온 성도들이 모여 예배 자리에 서게 하심을 진심으로 감사합니다.

이 땅에 오신 주님을 기억하면서 경건한 믿음의 자리를 지키는 온 성도들로 세워주시옵소서. 이 시간 저희들을 주님 앞에 잘못을 회개하며 뉘우치는 간절한 기도가 있게 하시고 날마다 회개하는 마음으로 거듭나기를 간절히 원합니다.

저희가 두 손 모아 드리는 기도를 기쁘게 받아 주시옵소서. 주님의 말씀대로 저희의 기도가 저희들 삶에 전부가 되게 하시고 세상 부귀영화보다 주님과 함께 사는 것이 더 행복함을 알기에 날마다 성령의 물로 깨끗하게 정결하게 몸과 마음을 씻음 받아 세상의 빛 가운데 살아가게 하옵소서. 성도들이 정직한 영으로 이 땅에서 누리게 하시고 어두움의 세력에서 싸워 승리하는 믿음의 용사가 되게 하옵소서.

이곳에 교회를 세우시고 역사하시어 주님이 기뻐하는 교회, 능력이 넘치는 교회, 더불어 건강한 교회로 이 땅에서 복음을 전하는 사명을 저희들이 잘 감당하게 하옵소서.

교회를 위하여 봉사하는 많은 제직자들에게 하나님의 축복을 내려주셔서 갑절의 지혜와 통찰력을 더하시어 축복을 내려 주옵소서. 그래서 봉사하는 제직자들이 주님의 빛으로 성도들을 인도하기에 부족함이 없도록 채워주시옵소서.

오늘도 예배자리에 나오지 못한 성도들을 기억하시어 그들에게도 풍성한 은혜가 있게 하시고 어려움에 처한 성도들을 저희들이 돌아보고 위로하며 사랑과 배려가 있어서 신앙생활에서 이탈하는 성도가 없이 하나님의 자녀가 되도록 인도하여 주시옵소서.

교회를 위하여 많은 지체들이 봉사하며 섬김의 자리를 지키게 하심을 감사합니다. 섬김의 자리가 남을 탓하기보다는 내가 먼저 격려하고 칭찬하는 자리가 되게 하옵소서.

주님. 지금도 세계 열방에 나가있는 모든 선교사들이 선교지에서의 복음사역을 지켜주시옵소서. 그들의 건강도 지켜주시어 선교사역에 어려움에 없도록 축복 내려주시옵소서.

이 모든 말씀 예수 그리스도의 이름으로 기도드리옵나이다. 아멘

저희에게 만복을 주시는 하나님. 만복의 근원이 되신 주님의 은혜와 사랑에 감사합니다. 날마다 저희와 함께 하시며 험난한 세상길에서 실족하지 않도록 은혜 가운데 살아가도록 도우셔서, 오늘 이와 같이 가장귀한 예배의 자리에 보이게 하심을 감사드립니다. 저희의 심령이 오직 주님만을 향하여 온전한 예배를 드릴 수 있도록 저희를 지켜 주옵소서.

지난 한 주간도 돌아보건대 저희의 주홍 같은 죄들이 많사오니 오직 주님의 보혈로 씻어주시고 깨끗케 하여 주옵소서. 저희는 아직도 죄의 속성에서 벗어나지 못하고 주님의 이름을 더럽히는 추악한 일을 서슴지 않았음을 고백합니다. 주님의 보혈을 의지하여 주님을 향한 저희의 믿음을 지키게 하시며 저희의 가슴이 오직 성령의 불길로 가득 차게 하여 주옵소서.

주님의 보혈인 피로 값 주고 사신 하나님의 교회를 위하여 기도하오니 세상의 빛과 소금의 역할을 감당하게 하시며 그리스도의 향기를 풍기며, 예수 그리스도의 향기가 되게 도와주옵소서. 이 지역 사회에 없어서는 안 되는 구원의 방주가 되게 하시고 수없이 많은 상처받은 심령들이 와서 쉼을 얻으며 교만한 자들은 무릎을 꿇으며 갈 길을 잃은 자들은 믿음의 주님이 되시는 예수 그리스도를 바라보게 하여 부지런히 주님을 섬기게 하옵소서.

저희 교회 성도들 중에 하나도 자기를 위해 사는 자가 없고 주님을 위해 사는 성도들이 되게 하시며, 주님 가신 그 길을 묵묵히 따라 살아가게 하옵소서. 죄의 옷을 벗고 주님이 주시는 세마포로 단장하게 하시며 주님이 주시는 영광의 자리에 서게 하여 주옵소서.

솔로몬의 예배를 기쁘게 받으시고 복 주신 하나님! 오늘 드리는 저희의 예배가 이루어지길 소원합니다. 예배 중에 임하시는 하나님의 복을 충만히 받는 복된 시간이 되게 하여 주옵소서. 저희의 감사를 받으시고, 찬양을 받으시며 기도에 응답하여 주옵소서.

저희 성도들 가운데 육신의 질병과 영혼의 질병으로 고통하는 이들이 있나이다. 위로의 주님께서 눈물을 씻기시며 성령의 크신 감화로 안위하여 주옵소서. 성도된 저희를 세상과 구별되게 하시며, 주님의 군사가 되어 사탄의 세력을 멸하게 도와주옵소서.

저희의 찬양을 받으시며 예배하는 저희들의 중심이 하나가 되어 하나님께서 받아주시기를 바라오며, 예수 그리스도의 이름으로 기도드리옵나이다. 아멘.

영원히 살아 계셔서 함께 하시는 하나님 아버지! 저희의 상한 심령을 치유하시며 낙심한 영혼에게 새 힘을 주시는 은혜로우신 하나님, 참으로 감사합니다. 오늘도 주님의 교회에 모여 산 제물로 드리는 저희의 예배를 기쁘게 받아 주옵소서.

성령과 함께 진정으로 드리는 예배하는 자들을 오늘도 찾으시며 기뻐하시는 하나님, 저희의 예배를 받아주시고 인도하여 주옵소서. 마음은 원하지만 여러 가지 일들로 인해 예배에 참석지 못한 성도들이 있사오니 그들이 어디서 무엇을 하든지 이 자리를 기억하게 하시고 이 복된 자리에 늘 동참할 수 있는 은총을 허락하옵소서.

오늘도 많은 삶의 문제를 가지고 나온 성도들을 보시고, 찬양 중에 기도 중에 주님의 말씀을 듣는 중에 해결 받게 하여 주옵소서. 시냇가에 심겨진 나무가 부족함이 없듯이 저희의 삶에 풍성함을 더하시고 지나친 욕심 때문에 주님의 말씀을 따르지 못하는 저희들이 되지 않도록 도와주옵소서!

불의한 길에 섬으로 책망받는 어리석음을 범하지 않도록 은총을 주옵소서. 주님의 자녀로서 불러주심에 감사합니다. 늘 주님 부르심에 합당한 삶을 살아갈 수 있도록 도와주옵소서. 연단이 속히 끝나고 하나님의 복을 받기에 부족함이 없도록 인도하여 주옵소서.

이 땅에 주님의 핏값으로 사신 많은 교회들이 있나이다. 온 인류의 모든 교회를 붙들어 주옵소서. 모든 교회들이 맡은 바 사명을 다하여 세상에서 감당해야 될 역할을 충분히 감당하게 하옵소서. 저희 교회도 함께 하셔서 성령의 역사로 살아 움직이며 생명력이 넘치는 교회가 되게 하여 주옵소서. 영혼을 구원하는 일에 힘을 얻게 하여 주시며 불의에 대해서는 단호하게 하옵소서.

또한 이 나라의 위정자들을 기억하시고 그들로 하여금 의와 진리를 깨닫게 하시며, 지혜와 분별력을 주셔서 바른 정치를 할 수 있도록 하옵소서. 또한 주님의 진리의 말씀을 베풀기에 부족함이 없도록 인도하여 주시옵소서.

저희들의 예배를 기뻐 받으시는 예수 그리스도의 이름으로 기도드리옵나이다. 아멘.

찬양과 영광 가운데 거하시는 삼위일체 하나님 아버지! 저희에게 크신 은혜와 축복을 주신 것을 생각할 때 하늘을 두루마리 삼고 바다를 먹물 삼아도 다 기록할 수 없음을 고백합니다. 존귀와 찬양과 영광을 아버지께 돌립니다. 약속하신 대로 독생자 외아들 예수 그리스도를 십자가에 내어 주심으로 저희들을 구속하시고, 성령을 보내셔서 날마다 은혜 가운데 살 수 있도록 은총을 허락하시니 감사합니다.

저희의 죄와 허물 가운데서도 저희를 포기하지 아니하시고 오래 참으심으로 구원하셔서 오늘도 주님 앞에 나왔사오니 주님만을 바라보는 복된 시간이 되게 하옵소서. 오늘 예배를 승리케 하셔서 충만한 은혜를 받게 하시고, 저희의 삶 속에서 잘못된 것들은 버리게 하시고 끊을 것은 끊을 수 있는 결단이 있게 하옵소서.

자신의 연약함과 나약함을 합리화 시키지 않게 하시고, 세상의 기준을 벗고 예수 그리스도의 표정대로 닮아가는 믿음을 주옵소서. 날마다 하나님의 말씀에 순종하게 하시고, 하나님을 시험하지 않도록 축복하시고, 세월을 아껴 하나님의 기뻐하시고 온전하신 뜻이 무엇인지 깨달아 실천할 수 있는 살아있는 믿음을 주옵소서.

작은 일에도 충성하게 하시고, 때를 얻든지 못 얻든지 주님의 복음을 전하라 하신 주님의 말씀을 따라 전도하게 하시며, 맡겨진 사명에 최선을 다하는 은혜를 주옵소서. 주님의 나라가 확장됨을 기뻐하게 하시고 하나님의 뜻이 이루어지는 것에 감사할 수 있게 하옵소서.

믿는 자의 본이 되게 하시며, 세상에서도 빛이 되게 하옵소서. 저희 교회가 부흥케 하옵시며, 말씀으로 충만케 하시고, 기도로 하늘문을 열며, 헌신으로 주님께 인정받게 하여 주옵소서. 저희 교회의 각 기관들이 활성화되어 부흥케 하시고 성결운동으로 세상에 본이 되게 하여 주시기를 원합니다.

영혼 구원을 위해 세우신 주님의 교회를 기억하시고, 오늘도 드려지는 예배에 승리하게 하옵소서. 주님의 성도들이 늘 신앙으로 뜨겁게 하셔서 직장과 사업에 열매가 있게 하시며, 주님을 위한 헌신이 끊이지 않는 복이 증거될 때 저희들의 삶이 변화되게 하시고 승리하는 예배가 되게 하여 주옵소서.

예수 그리스도의 이름으로 기도드리옵나이다. 아멘.

영생의 권한을 쥐고 계신 하나님. 저희에게 새 힘을 주시는 주님. "여기 계시지 않고 살아나셨느니라 갈릴리에 계실 때에 너희에게 어떻게 말씀하셨는지를 기억하라(누가복음 24장 6절)" 말씀하셨습니다.

사망권세를 이기시고 승리하신 주님, 주님의 부활은 첫 열매이므로 저희도 주님의 뒤를 이어 부활하게 될 것을 믿습니다. 사망이 결코 저희를 주관할 수 없으므로 저희는 담대히 주님의 고난의 발자취를 따르겠나이다. 또한 부활하신 주님께서 세상 끝날까지 저희와 함께 해주시겠다는 약속을 믿고 생명이 다 하는 날까지 부활의 주님을 증거하는 일에 최선을 다하겠나이다.

말씀으로 새 힘을 주시는 주님, 말씀으로 저희의 심령을 뜨겁게 하여 주옵소서. 저희가 성경을 새롭게 공부하고 사명의 길로 되돌아 갈 수 있기를 원합니다. 말씀을 보는 눈이 열리게 하사 풍성한 은혜를 체험하게 하시며, 의와 평강과 희락이 넘치는 하나님 나라의 삶이 계속되게 하옵소서.

주님 쓸데없는 저희를 구원하셔서 주님의 십자가와 부활의 증인으로 삼으셨으니 죄 사함의 복음을 전하게 하시고 세상 만민을 주님의 생명의 길로 인도하게 하옵소서. 나아가 복음의 능력으로 하나님의 영광이 드러날 때 절대로 교만하지 않게 하옵소서.

거룩한 자녀의 권세를 가지고도 힘없고 연약하게 살아온 지난날의 삶을 용서하여 주시고, 이 시간 저희의 심령과 영혼의 양식을 말씀으로 채우셔서, 마음으로 하나님을 사랑하고 힘을 다하여 주님을 섬기는 복된 시간이 되게 하여 주옵소서.

저희의 육신만 왔다가 가는 시간이 아니라, 저희의 영혼에 양식을 채워가는 기도가 되게 하시고, 삶을 고치지 않으면서 태연히 기도만 드리는 사마리아인의 그릇된 기도가 되지 않도록 은혜로 붙들어 주옵소서.

물질은 드려도 자신을 드리지 않는 형식적인 사람이 되지 않기를 기도드립니다. 봉사를 드려도 몸을 드리지 않는 사람이 되지 않기를 기도드립니다.

예수 그리스도의 이름으로 기도드리옵나이다. 아멘.

하나님 아버지! 오늘도 이렇게 주님의 귀한 백성들을 하나님의 교회에서 각자 믿음의 분량을 따라 섬기는 귀한 모습들로 세워 주심을 감사드립니다. 이제 예배를 돕는 보이지 않는 많은 곳에서 이름 없이 빛도 없이 희생으로 봉사하는 많은 주님의 백성들까지도 주님께서 다 기억하시고 축복하여 주실 줄 믿습니다.

남은 시간도 오직 저희 주 하나님 아버지께서 홀로 영광 받아 주실 줄 믿사옵고, 날마다 주님의 말씀을 전하는 전도사에게 권능을 더하시어 듣는 성도들에게 믿음을 더하게 하시며, 언제나 건강한 모습으로 맡은 소명 감당하는 하나님의 종으로 저희 양떼들을 푸른 초장으로 인도하게 하소서.

어두워진 이 세상 가운데서 교회로 모이기를 힘쓰며, 기도하기를 쉬지 않고 귀한 말씀을 묵상하며, 성령의 충만함으로 빛과 소금이 되게 하소서.

사랑이 무한하신 주님, 자기를 죽이는 원수의 죄까지 용서해 주시기를 바라시는 주님의 기도의 정신을 저희가 본받기를 원합니다. 원수도 미워하지 않으시고 사랑하시는 주님의 모습이 저희의 모습이 되게 하옵소서. 저희의 죄의 문제와 경건에 이르지 못하는 나쁜 심성을 고치기 위해서 간절한 심정으로 회개하오니 용서하여 주옵소서. 이제는 저희가 죽고 그리스도만 저희의 삶을 통해 나타나게 하옵소서.

사랑하는 성도들의 가정을 축복해 주시고 온 가족이 함께 하나님을 경외함으로 작은 천국을 이루게 하사 기쁨이 넘치게 하소서. 다가오는 내일도 주님의 말씀을 의지하고 살아가기를 원하오며 성경 말씀으로 인하여 성령의 불길이 저희에게 임하게 하시기를 원합니다. 저희의 심령이 쪼개지는 역사가 일어나게 하옵소서.

사랑하는 주님의 성도들이 말씀을 통하여 삶의 문제를 해결 받고, 은혜 받음으로 기쁨을 얻고, 하나님의 기뻐하시는 뜻을 깨닫는 시간이 되게 하옵소서.

이 모든 말씀 예수 그리스도의 이름으로 기도드리옵나이다. 아멘.

기적이 일어나는 365 매일기도문

# 4월
기도문

인간의 기도 자체는 무능하지만
기도를 들으시는 하나님은
인간의 무능한 기도를 통해
전지전능의 역사를 하신다.

할렐루야 전능하신 하나님 아버지! 죽음을 이기고 부활하신 영광의 주님을 구주로 믿는 저희들이 이 거룩한 교회에 모여 찬송하며 예배드리게 하심을 감사드립니다. 이 자리에 모인 저희들 모두가 주님의 승리를 진정으로 기뻐합니다.

온 세계 만민들도 주님의 부활하심을 기뻐합니다. 죄와 죽음을 이기신 주님의 능력이 분명한 역사적 사건임을 믿습니다. 이 시간 저희들 모두가 환희에 찬 감정을 가지고 소망에 찬 눈망울로 주님을 찬양하게 하시옵소서.

부활의 주님! 돌이켜 보건대 저희들은 너무 겁쟁이였습니다. 죽음을 이기시고 다시 사신 부활의 주님이 저희와 함께 하심에도 불구하고 저희들은 죽음이 어떤 모양으로 저희에게 다가올 것인지를 생각하면 잠시도 평안함을 얻지 못하고 괴로움에 시달릴 때가 많았습니다. 주님이 영생의 소망을 저희에게 주셨는데도 사망의 두려움을 아직도 없애 버리지 못한 채 괴로워하고 있는 연약한 존재들로 살아온 나약한 존재들이 바로 저희들입니다.

그러나 주님께서 저희 믿음이 부족한 것을 불쌍히 여겨주시옵소서.

부활의 확신으로 말미암아 이 모든 문제를 해결할 수 있게 하시옵소서. 이제 저희 모두 일어나 의심과 괴로움을 떨쳐버리고 부활의 증거자로 나설 수 있게 하시옵소서. 그 어떤 희생이 뒤따른다 할지라도 죽음의 권세를 이기시고 승리하신 주님을 생각하며 초지일관 믿음으로 살게 하시옵소서.

교회에 세우신 각 기관과 모든 직분을 맡은 자들에게도 함께 하시기를 원합니다. 부활의 산 신앙을 갖고 능력 있게 맡은 역할을 잘 감당할 수 있게 하시며, 맡은 자에게 구할 것은 오직 충성밖에 없음을 기억하게 하시옵소서.

부활의 복된 소식을 대언하기 위하여 강단 위에 세운 설교자를 성령 하나님께서 친히 붙드시고, 권세 있는 말씀으로 저희의 온 심령을 채울 수 있게 하시옵소서. 부활의 주님을 높이는 찬양대와 예배를 위해 돕는 모든 봉사자들을 주님의 크신 은혜와 복으로 채워주시옵소서.

예배의 시종을 주님께서 성령으로 인도하시고, 부활하시어 저희들에게 산 소망이 되시는 예수 그리스도의 이름으로 기도드리옵나이다. 아멘.

하늘과 땅의 모든 권세를 가지신 전능하신 하나님 아버지! 오늘 거룩한 주님을 맞이할 수 있도록 저희들에게 건강과 생명을 허락하신 은혜를 진심으로 감사드리며 영광과 존귀를 주님께 드립니다.

이 시간도 많은 사연들로 주님 앞에 나오지 못하는 수많은 사람들이 있을 것인데 저희들에게 이렇게 건강을 주시고 또한 좋은 환경들을 주시어서 이렇게 성스런 예배로 주님을 찬양할 수 있도록 축복하여 주심을 감사드립니다. 하나님 앞에 모여서 예배드리고 싶어도 숨어서 예배드려야 하는 저 배교의 땅의 많은 성도들도 있는데 저희들은 이렇게 편한 모습으로 자유롭게 예배드릴 수 있는 축복을 주심을 감사드립니다.

전능하신 하나님 아버지!

이 나라를 불쌍히 여겨주시고 모든 정치인들과 공무원, 노동자들, 실업자들을 도와주시고 특별히 이 시간도 고통 중에 부르짖고 있을 사람들에게 은총을 베풀어주시고 배고픔과 흉년도 주님의 은총으로 극복하게 하여 주옵소서. 그리고 나라와 인류를 위하여 기도하는 많은 주님의 백성들에게 새 힘을 주시고, 저희들의 기도를 들으시고 이 나라

온 인류가 속히 주님 앞으로 돌아와 함께 주님께 예배드리게 하여 주시고, 또한 모든 교회들이 말씀으로 돌아가 새롭게 일어나는 새 역사를 허락하여 주시고, 세계 각처에 많은 선교사들이 파송되어 온 세계가 복음으로 하나 되는 축복을 허락하여 주옵소서.

살아계신 아버지 하나님!

주님의 귀한 보혈을 흘리심으로 세워주신 저희 교회를 주님의 강한 손으로 붙들어 주시고, 무엇보다 건강과 가정을 주님께서 강건하게 붙들어 주시어 어느 것 하나 부족함 없이 채워 주시길 간절히 기도드립니다. 이 시간도 성령으로 붙들어 주셔서 저희들이 말씀을 받을 때에 겸손한 마음으로 받아 생활 속에서 잘 실천하여 많은 삶의 열매들로 주님을 기쁘시게 하도록 도와주시길 원합니다.

예배가 끝나는 시간까지 일절 원수마귀가 틈 못 타게 하시고 오직 성삼위 하나님께서 주장하여 주시옵기를 바라오며, 이 모든 기도를 예수 그리스도의 이름으로 기도드리옵나이다. 아멘.

은혜로우신 하나님 아버지! 곳곳마다 아름다운 꽃들을 피우시고 그 향기로 주님을 찬양토록 창조하신 전능하신 주님! 감사합니다.

교만한 자를 대적하시고 겸손한 자에게 은혜를 주시는 자비로우신 하나님 아버지께서 이토록 크신 은혜 주심을 생각할 때 감사드리지 않을 수 없습니다. 온갖 우상에 빠져 살던 저희들을 하나님의 사랑으로 불러주셔서 믿음으로 하나님의 자녀로 삼아 주신 그 은혜와 사랑을 다시 한 번 더 찬양으로 영광 돌려 드리며 진심으로 감사를 드립니다.

광야와 같은 이 세상에서 사랑하는 성도들이 길이 어렵다고 원망하지 않게 하시고 배고플 때 만나를 주시고 목이 마를 때 반석을 쪼개어서 목마름을 해갈하신 하나님의 능력으로 날마다 새로운 축복의 길로 인도하여 주실 줄 믿습니다.

저희들의 삶이 때로는 홍해 앞에서 이스라엘 백성과 같이 진퇴양난에 처할 때가 많습니다. 그때마다 어떻게 해야 할 바를 몰라 성급하게 행동하지 않게 하시고, 하나님의 깊은 섭리를 바라보며 인내하게 하옵소서. 홍해를 가르신 하나님의 능력을 체험하게 하옵소서.

하나님 아버지!

오늘도 바쁜 모든 일정과 힘겨운 삶의 모든 터전을 멈추고 주님의 존전에서 귀한 예배에 참석한 사랑하는 성도들에게 큰 믿음을 주시길 기도합니다. 큰 능력을 주시길 기도합니다. 성령으로 충만하여 세상을 이기고 사단을 정복하고 귀신을 쫓아내며 복음의 증인으로 당당하게 살아가게 하시옵소서.

이 시간도 말씀을 통하여 큰 은혜 받고 저희들이 그 은혜를 힘입어서 남을 섬기는 사람으로 남에게 베풀어 주는 삶으로 살아가게 하여 주시옵소서. 진심으로 천하보다 소중한 한 영혼을 구원하기 위하여 희생하고 시간과 물질까지도 아끼지 않게 하옵소서.

예수 그리스도의 이름으로 기도드리옵나이다. 아멘.

능력의 주 하나님! 주님의 부활을 믿사오며, 구원에 대한 감사로 기도하오니, 저희 삶의 목적을 새롭게 확인하고 아버지의 뜻에 맞는 인격과 신앙으로 하나님께 영광 돌리게 하옵소서.

저희의 믿음이 더욱 장성하게 하시고, 저희로 하여금 하나님을 찬양하는 귀한 영혼들이 되게 하여 주옵소서. 사랑의 길로 인도하시는 하나님께 순종하게 하시고, 하나님의 길에서 떠나지 아니하도록 이끌어 주옵소서. 저희를 하나님의 복된 길에 온전히 거하게 하여 주옵소서.

오늘 거룩한 주일을 맞이하여 하나님의 사랑을 세상에 널리 전하게 하시고, 저희가 하나님을 찬양하며 하나님께 영광을 돌리기에 부족함이 없도록 은혜를 더하여 주옵소서. 저희에게 주님을 증거하는 신앙을 갖게 하시고, 하나님의 나라를 위하여 헌신하는 기쁨을 맛볼 수 있는 복을 허락하여 주옵소서.

저희의 연약함으로 범죄하지 않도록 하시고, 저희의 어리석음으로 주님을 부인하는 죄를 저지르지 않도록 하여 주시며, 저희의 부족함으로 하나님의 이름을 경솔히 부르지 않도록 하여 주옵소서. 오직 주님 여호와만을 의지하여 하나님 나라의 소망을 가지고 이김을 주시기를 간구하오니, 승리하게 해 주옵소서.

오늘 이후로 더욱 강건케 하시고 가정은 더욱 평화롭게 하옵소서. 마지막 날까지 주님과 동행하는 삶이 되게 하옵소서. 원하옵기는 주님께서 허락하시는 길로 인도해주옵소서.

은혜의 줄로 묶어주신 하나님 아버지! 비록 육체의 연약함으로 저희 연수의 자랑이 수고와 슬픔으로 험악한 세월을 보냈지만 그래도 주님의 그 크신 은혜로 지켜 주심을 감사하나이다. 저희 인생의 치료자 되시는 주님, 치유의 권능을 확신하고 그 크나 큰 축복을 묵상하며 이웃에게 간증하여 모두 함께 하나님께 영광을 돌리게 하옵소서. 때로는 그 모든 감격과 기쁨을 절제하며 스스로 묵상할 수 있게 하셔서 받은바 은혜를 소멸하지 않게 하옵소서.

온전케 하시는 주님, 저희 속에 있는 불신앙적인 요소가 제거되기를 원합니다. 그리하여 하나님 앞에서 온전한 신앙을 가꾸어 가게 하옵소서.

죽음의 권세를 이기시고 부활하신 예수 그리스도의 이름으로 기도드리옵나이다. 아멘.

사랑과 은혜가 풍성하신 하나님. 주님을 찬양합니다. 우리가 아직 죄인이었을 때 택하여 불러주시고, 자녀로 삼아 영원한 생명 주심을 감사합니다. 오직 주님만을 사랑하고 주님과 동행하기를 원합니다. 하나님을 알기 전에는 어둠 속에서 헤매는 생명이 없이 죽은 영이었습니다. 죄 속에서 살면서도 죄를 알지 못하고, 사단의 사망 권세 아래서, 두려움 속에서 살았습니다. 그렇지만 하나님께서는 오직 사랑과 은혜로 용서하여 주셨고, 우리는 하나님의 자녀가 되었습니다. 우리의 죄는 예수 그리스도의 보배로우신 피로 눈 같이 희게 씻겼으며, 성령의 인도하심 아래서 주님의 제자로 부름받았습니다. 이 세상 속에서 자랑스러운 하나님의 상속자로서, 예수 그리스도의 사람으로서 부끄럽지 않은 구별된 삶을 살게 하여 주시옵소서.

주님께서 주시는 복은 세상의 복과 다르고, 주님께서 주시는 기쁨과 평화는 세상이 줄 수 없음을 깨닫습니다. 하나님 아버지, 때로는 세상에 만연하는 불의와 죄악을 보게 될 때, 전지 전능하신 하나님의 깊은 뜻을 알지 못하여 안타까웠습니다. 아무것도 할 수 없는 저희 자신을 보면서 말없이 침묵하시는 주님을 찾았습니다. 세상에 살면서 고난과 고통이 올 때, 쉬지 말고 기도하라는 말씀을 따르지 못하고 흔들리고 무너지기도 합니다. 혼자 남겨진 자신을 발견하고 저희를 외면하신 주님을 찾았습니다. 그러나 주님은 세상에 대해 침묵하시는 것도 우리를 버리신 것도 아님을 알게 되었습니다. 높으신 하나님께서 낮은 인간으로 이 땅에 내려 오셔서 희생제물이 되심으로 우리를 죄와 고통에서 구원하시고 자유케 하셨습니다. 주님은 우리 옆에 아니 우리의 삶 속에 계십니다. 이제 우리도 예수 그리스도의 걸으신 그 길을 따라 걷고 싶습니다. 이제 우리도 예수 그리스도의 십자가 옆에 우리의 작은 십자가를 세우고 싶습니다. 하나님 아버지, 저희의 마음속에는 아직도 세상으로 다시 돌아가려는 어리석은 마음이 있습니다. 우리 예수 그리스도와 함께 십자가에 못 박고, 예수 그리스도와 함께 새 사람으로 부활할 수 있도록 인도하여 주시옵소서.

저희들 안에 계셔서 주님의 말씀을 생각나게 하시고, 저희를 위해 축복하시는 주님께 감사합니다. 하나님 아버지, 우리 사회가 어려운 때일수록 우리 그리스도인들은 한탄하는 대신 하나님의 자녀로서, 그리스도의 사람으로서 세상의 빛과 소금이 되며 십자가를 질 수 있도록 인도하여 주시옵소서.

죄 많고 부족하지만 저희들이지만 하나님의 사랑에 감사하며 우리 주 예수 그리스도의 이름으로 기도드리옵나이다. 아멘.

만물을 새롭게 하시는 주님! 죽음을 이기시고 부활하신 주님을 구주로 믿는 저희들이 이 거룩한 교회에 모여 찬송하며 예배를 드리게 하시니 감사합니다.

주님, 의혹과 암흑의 시대를 살고 있는 사람들도 죄로 인하여 죽을 수밖에 없는 인생임을 깨닫고 부활하신 주님을 만나게 하옵소서. 죄사함 받고 영원한 소망을 주시는 주님을 모시고 소망과 기쁨으로 살게 하옵소서!

거룩하신 하나님! 저희의 연약한 믿음이라도 심히 창대해질 줄 믿사오니 저희를 긍휼히 여겨 주옵소서. 교회를 찾는 자마다 지금도 살아계셔서 믿는 자들과 함께 하시는 주님의 임재를 체험케 하시고, 부활의 담대한 신앙으로 불의한 세상에 생명이신 주님을 힘차게 외칠 수 있는 교회가 되게 하여 주옵소서. 저희를 대신하여 십자가를 지신 주님의 사랑을 알게 하시고, 저희로 그 사랑을 실천하게 하여 주옵소서. 믿지 않는 이웃을 돌아보게 하시고, 저희로 하나님의 역사하심에 순종할 수 있는 자들이 되게 하여 주옵소서.

저희의 연약함도 이 예배를 통하여 강건해 지기를 원하오니 주님 저희의 모든 것들을 친히 주장하여 주옵소서. 하나님의 선하신 계획에 순종할 수 있는 저희가 되게 하여 주옵소서.

　찬양으로 주님의 영광을 높이는 성도와, 예배를 위하여 봉사하는 모든 이들을 주님의 크신 은혜와 복으로 채워주옵소서. 예배의 시종을 성령께서 함께 하시오며, 저희의 죄와 허물 때문에 예수 그리스도께서 십자가에 속죄의 피를 흘리심으로 저희들에게 영원한 구원을 주심을 진심으로 감사드립니다.

　오늘도 이 시간 죄를 자백합니다. 죄의 노예로 마귀의 종노릇하면서 살지는 않았는지 자신을 돌아보며 깨끗하게 해 주시고 하나님 말씀대로 살지 못한 저들의 죄를 용서하여 주옵소서. 이 시간 예수 그리스도의 보혈로써 깨끗하게 씻어 주셔서 깨끗한 마음으로 예배드릴 수 있도록 성령님께서 역사하여 주옵소서.

　저희의 싸움은 혈과 육이 아니요 공중의 권세 잡은 악의 영들이라 하였사오니 하나님의 능력의 힘을 입어 늘 승리의 삶을 살아가도록 성령님께서 도와주옵소서.

　사망권세를 이기신 예수 그리스도의 이름으로 기도드리옵나이다. 아멘.

7일

루야 참 생명이 되신 하나님 아버지 감사합니다! 사망의 권세를 이기시고 부활하심으로 영원한 승리를 주신 주님! 저희를 위해 죽으시고 부활하신 예수 그리스도가 생명의 자리에 계심을 믿고 주님 전에 나아왔습니다.

이제껏 주님의 부활하심을 의심하여 널리 증거하지 못했던 저희들이었습니다. 믿음이 없이는 주님을 기쁘시게 하지 못한다고 하셨는데 믿음없는 저희들을 용서하시고 주님의 은혜 가운에 새로운 인생길을 걷게 하여 주옵소서. 부활하신 주님의 뒤를 따라, 죽어도 주님을 위하여 죽고 살아도 주님을 위하여 사는 믿음이 되게 하옵소서. 소망 중에 고통을 이기며 환난을 극복하며 주님처럼 승리하며 살게 하옵소서.

이 약한 심령에 부활의 신앙을 갖게 하셔서, 과거 행실을 벗고 주님의 구속의 사랑을 이웃에게 전할 수 있는 저희들이 되게 하여 주옵소서. 믿음으로 승리의 삶을 살 수 있도록 도와주옵소서. 저희에게 부활을 믿는 확신을 주시고, 죽었던 대지에 새 생명을 허락하시는 것처럼 저희에게도 새 생명을 허락하여 주옵소서.

두려움에 사로 잡혔던 마리아가 부활하신 예수님을 만나고 기뻐하였던 것 같이 이 시간 저희에게도 기쁨과 소망을 주옵소서. 주님을 부인하던 베드로가 부활하신 예수님을 만나고 성령의 충만함을 받았을 때 사명을 되찾을 수 있었던 것처럼 성령 충만함을 허락하셔서 능력 있는 사명자들이 되게 하여 주옵소서.

부활의 처음 열매가 되신 예수님을 만나게 하셔서 저희의 연한 것도 강건하게 하시고 예수 그리스도와 영생토록 복을 누릴 것을 굳게 믿는 저희들이 되게 하여 주옵소서. 이 시간 저희의 잠자던 영혼이 깨어나게 하시고, 믿음이 충성이 사랑이 식어가는 교회도 부활의 기쁨으로 충만케 하여 주옵소서.

저희를 위해 사망의 권세를 이기신 예수 그리스도의 이름으로 기도 드리옵나이다. 아멘.

사랑과 은혜가 풍성하신 거룩하신 하나님! 저희에게 왕으로 오신 주님을 생각할 때마다 하나님을 찬양합니다. 저희의 찬양과 감사와 경배를 받으시옵소서. 사랑과 능력의 주님을 찬양합니다. 영광을 받으시옵소서.

이제는 죄악과 시기와 불의함이 저희 속에 거하지 못하며, 오직 산 소망과 생명이 있게 하여 주옵소서. 주님의 부활로 인하여 세계 모든 민족이 기뻐하는 것을 볼 때 모든 영광을 하나님께 돌립니다. 죄와 죽음을 이기신 주님께 저희의 믿음을 드립니다. 이 시간 저희 모두가 환희와 소망으로 주님을 찬양하오니 영광이 영원히 아버지께 있나이다.

주님께서 저희와 함께 하심에도 불구하고 저희의 믿음이 너무도 연약하였음을 고백합니다. 저희의 믿음 없었음을 용서하여 주옵소서. 저희가 사소한 일에도 평안을 잃고 두려워하는 마음을 가졌던 것을 고백합니다. 저희의 마음에 담대한 믿음을 허락하셔서 저희들의 심령들이 오직 하나님의 영광을 위하여 세상을 이길 수 있는 믿음을 더하여 주옵소서.

주님! 아직도 마귀는 우는 사자와 같이 삼킬 자를 두루 찾으며 저희들을 위협하고 있습니다. 그러나 이미 예수 그리스도께서 십자가에서 승리하신 것을 감사합니다. "나는 부활이요 생명이니 나를 믿는 자는 죽어도 살겠고 무릇 살아서 나를 믿는 자는 영원히 죽지 아니하리라(요한복음 11장 25~26절)"고 말씀하셨사오니, 죽어도 다시 살게 되는 여생의 주님을 영원히 의지하며 사는 저희들이 되게 하여 주옵소서.

저희로 하여금 하나님을 위하여 헌신하는 자가 될 수 있는 믿음을 더하여 주옵소서. 하나님을 찬양하는 저희의 삶이 되게 하시고, 삶 속에서 하나님의 살아 역사하심을 날마다 발견할 수 있는 저희가 될 수 있도록 인도하여 주옵소서.

이 예배를 위하여 하나님을 찬양하는 성도들에게 특별히 복 주옵소서. 또한 여러 가지 모습으로 봉사하는 손길들에게 복 주옵소서.

예수 그리스도의 이름으로 기도드리옵나이다. 아멘.

믿음으로 승리케 하시는 하나님. 저희를 기도로 온전케 하시는 하나님 아버지 감사합니다!

거룩한 주님의 전에 나아와 살아계신 하나님께 찬양하며 영광 돌릴 수 있도록 이끌어 주신 은혜를 감사합니다. 주님의 품에 안기기를 소망하는 믿음으로 왔사오니, 지금까지 지은 허물을 용서하여 주시고 받아 주시기를 원합니다.

저희들이 부활의 기쁨을 망각하는 어리석음을 범치 않게 하여 주시고, 부활의 증거자로 사명을 감당할 수 있는 믿음을 허락하여 주옵소서. 이 귀한 사명을 잃어버리지 않는 한 주님의 부활에 참예하는 복된 삶이 지속되게 하여 주실 줄 믿습니다.

또한 저희 교회를 위해서 기도드립니다. 저희 교회도 사망권세를 이기시고 부활하신 주님을 높이고 온전히 주님의 영광을 드러내는 교회가 되기를 원합니다. 주님의 영광 중에 재림하시는 그날까지 주님의 몸 된 교회를 세워나가고 주님을 나타내기에 부족함이 없는 교회가 되게 하시고, 신앙의 수고가 늘 동반됨으로써 순종과 사랑의 욕구를 충족하며 구원의 기쁜 소식을 전파하는 데 부족함이 없는 교회가 되게 하여 주옵소서.

사랑의 하나님 아버지 주님의 몸 된 교회를 위하여 헌신하는 손길들이 있습니다. 특별히 주님께서 귀한 직분으로 허락하신 은혜에 감사함으로 감당하기를 원하는 성도들에게 지혜와 힘을 주시고 믿음과 감사를 주셔서 맡은 바 직분을 잘 감당할 수 있도록 인도하여 주옵소서.

하늘에 계신 아버지, 하나님께서 저희에게 베푸시는 사랑을 무엇으로 다 표현할 수 있겠습니까? 그 하나님께 인내심과 신뢰감을 갖고, 구하고 찾고 두드리는 기도의 사람으로 세워 주옵소서. 기도할 때마다 성령님께서 저희에게 기도할 수 있는 마음을 주시길 간절히 기도드립니다.

생명의 문이신 주님, 겉보기에 거창한 멸망의 문을 기웃거리지 않도록 저희를 붙잡아 주셔서 좁은 문, 영생의 문으로만 드나들게 하옵소서. 주님께서 말씀하신 먼저 남을 대접할 수 있게 하시고, 먼저 남을 존중할 줄 아는 삶을 살게 하옵소서. 하나님의 말씀을 준행함으로써 더 굳건한 믿음을 갖길 원합니다.

이 예배의 시종을 주님께서 온전히 주장하시고, 마귀가 틈타지 못하도록 도와주옵소서.

예수 그리스도의 이름으로 기도드리옵나이다. 아멘.

으뜸의 영광을 주시는 하나님. 저희의 큰 기쁨이 되시고, 즐거움이 되셔서 찬양케 하시는 만왕의 왕이신 주님을 찬양하나이다. 주님의 고통은 저희의 허물 때문인 것을 이제 깨닫고 감격과 찬양으로 십자가를 바라봅니다. 저희들의 죄를 용서하여 주옵소서.

이 고난 주간에 주님의 고난을 철저히 배우게 하옵소서. 나귀를 타시고 예루살렘에 올라가신 주님의 겸손, 자기의 뜻보다 아버지의 뜻이 이루어지기를 원하시고, 섬김을 받기보다는 섬기며 사신 주님의 생애, 만민의 죄를 담당하고 희생의 제물이 되어 주신 주님의 사랑을 상기하며, 저희들 또한 그렇게 살기를 원하며 다짐할 수 있게 하여 주옵소서.

이 시간 또한 저희의 믿지 아니하는 이웃을 위해서 기도드립니다. 무엇보다도, 갈 길을 몰라 방황하는 심령들이 자유와 평화를 주시기 위해 오신 주님을 만나게 하시고, 천국의 복음이 임함으로 주님의 복된 소식을 깨닫게 하옵소서. 주님의 교회를 사랑하여 몸을 드려 충성하는 성도들에게 주님께서 주시는 기쁨이 충만하게 하옵소서.

저희들도 때때로 호산나를 부르고 주님을 왕으로 섬긴다고 하였으나, 곧 마음이 변하여 주님을 십자가에 못 박은 무리들처럼 알게 모르게 주님을 부인하고 배반하는 것을 일삼고 있나이다. 저희를 강하게 주장하사 하나님의 거룩한 백성으로 살기에 부족함이 없도록 인도하여 주옵소서.

우리 주 예수 그리스도를 마음에 모신 감격과 그 행복이 아직까지 깊고 뜨겁지도 못합니다. 주님, 연약한 이들에게 주님의 광명한 빛을 비추사 자기 자신을 바로 볼 수 있게 하시고, 인간의 죄악을 위하여 친히 십자가에 매달려 죽으심으로 저희들을 구원해 주신 하나님의 독생자 예수 그리스도를 구주로 영접하며 십자가의 대속의 사랑을 날마다 깊이 깨닫게 하시옵소서.

저희로 온전히 말씀에 의지하여 순종할 수 있게 하시고, 하나님의 인도하심에 따라 순종하는 저희들이 되도록 은혜를 더하여 주옵소서.

거룩하신 예수 그리스도의 이름으로 기도드리옵나이다. 아멘.

영광과 찬송과 예배를 받으시기에 합당하신 하나님 아버지! 찬양과 영광을 주님께 드립니다.

오늘 왕으로 입성하신 예수 그리스도를 기억하며 주일예배로 지키어 드리오니 영광 받아 주옵소서. 나귀를 타시고 입성하신 왕 되신 주님을 기억하며, 죄로 말미암아 죽을 수밖에 없는 저희들에게 왕 같은 제사장으로 주님을 섬길 수 있는 겸손을 허락하여 주옵소서.

호산나, 호산나, 다윗의 자손이여! 외치며 주님을 찬양하던 무리들이 결국 주님을 십자가에 못 박는 배반자들이 되었듯이, 오늘 저희들도 주님을 찬양하던 입술로 주님을 부인하고 저주하지 않도록 은혜를 더하여 주옵소서.

고난의 십자가를 지시기 위해 예루살렘에 입성하신 것을 생각할 때에 가슴이 아프지만, 그 십자가에서 죽음을 이기시고 승리하셨기에 저희들에게는 죄사함이 있고 영생이 있음을 감사합니다.

아직도 주님을 본받기에 부족한 저희들을 긍휼히 여기시고, 주님의 십자가 사랑만을 붙잡고 어두운 세상을 십자가의 정신으로 밝히며, 불꽃처럼 살아갈 수 있는 저희들이 되게 하여 주옵소서.

전능하신 하나님 아버지! 저희가 하나님의 뜻으로 세우신 교회를 위하여 기도드립니다. 하나님의 거룩한 성도의 본분을 잘 감당할 수 있는 저희들이 되게 하시고, 저희로 하나님의 말씀에 순종하게 하셔서 하나님의 교회를 세우는 일을 감당할 수 있도록 헌신하게 하여 주옵소서.

오늘도 말씀을 전하시는 성령과 함께 하사 구속의 원리를 깨닫게 하시고, 십자가의 사랑을 깨닫게 하옵소서. 오늘 드리는 예배를 승리케 하심으로 한 주간도 말씀을 붙들고 기도하며 생활예배로 영광 돌리게 하옵소서. 한 주간의 삶이 주님 앞에 영광이요 저희에게는 은혜의 시간들이 되게 하옵소서. 가는 곳마다 그리스도의 복음을 증거하는 전도자가 되게 하옵소서.

예수 그리스도의 이름으로 기도드리옵나이다. 아멘.

거룩하신 하나님! 저희의 찬양과 영광과 예배를 받아 주옵소서. 이 시간 저희가 스스로 하나님의 길에서 벗어난 것을 고백하오니 저희의 죄를 용서하여 주옵소서. 하나님의 길에서 벗어나지 않고 온전히 거할 수 있는 복을 허락하여 주옵소서.

은혜의 하나님! 이 시간 저희가 성령 안에서 기도하고 찬송하며 말씀을 사모할 때에 은혜 받게 하시며, 의로운 인격을 갖추고 새 사람으로 새 날을 살아갈 수 있도록 성령님께서 이 시간 오셔서 크신 은총을 내려 주옵소서. 성령의 인도하심 속에서 저희의 신앙이 살찌게 하시고, 주님의 거룩한 뜻을 실현할 수 있는 복된 삶이 되게 하옵소서. 저희의 생각과 계획도 미리 아시는 성령께서 철저하게 이끌어 주시고 주관하여 주시기를 원합니다. 저희들의 전 생활 영역이 성령의 역사와 인도하심을 따라 사는 삶이 되게 하여 주옵소서.

저희 교회도 성령의 불이 타오르는 능력의 제단이 되게 하여 주옵소서. 아무리 강퍅한 심령도 이 교회에 발을 들여놓을 때 성령의 능력으로 거꾸러지는 역사가 있게 하시고, 죄의 자백이 일어나며, 회개의 역사가 있게 하여 주옵소서. 죄의 자백으로 인하여 탄식하는 회개의 역사가 일어나게 하심으로 삶에 지친 저희들의 영혼이 안식을 얻을 수 있도록 복 주옵소서. 병든 심령은 치료받는 역사가 있게 하시고, 믿음 없는 자들은 믿음 위에 굳게 서고 확신에 찬 생활을 하게 하여 주옵소서. 기도하는 자마다 주님의 사랑의 응답을 받을 수 있는 거룩한 교회가 되게 하여 주옵소서.

"주님께서 부르시는 그 날까지 주님의 말씀에 의지하고 순종하며 살겠노라" 다짐한 그 결심을 변치 않게 붙들어 주시고 영육 간에 강건케 은혜 내려주셔서 주님을 맞는 심판의 날에 "참 장한 종아, 잘했다" 칭찬받을 수 있는 삶이 되게 인도하여 주시길 비옵니다.

사랑의 하나님! 이 땅 위에 미자립 교회들을 위해서 기도드립니다. 주님의 역사하심으로 세워주신 교회를 주님께서 지켜 주시고 많은 심령들을 구원 할 수 있도록 힘을 주옵소서. 늘 주님의 예비하심으로 동행하여 주시고, 늘 채워지는 역사가 있게 하여 주옵소서. 이 시간에도 하나님의 말씀으로 채워 주시고, 하늘의 능력을 맛보는 시간이 되게 하여 주옵소서.

이 시간 성령께서 친히 예배드리는 저희들 가운데 운행하심을 믿사옵고, 예수 그리스도의 이름으로 기도드리옵나이다. 아멘.

저희의 삶에 소망이 되시며, 교회의 머리가 되신 지금도 살아 계셔서 역사하시는 하나님께 찬양과 경배를 드립니다. 시험 당할 즈음에 또한 피할 길을 주시고, 시련을 만날 때마다 오래 참음을 주셔서 저희들의 신앙이 날마다 성장할 수 있도록 하심을 감사드립니다. 범사에 감사하고 쉬지 않고 기도하는 믿음의 성도들이 되게 하옵소서.

한 주간의 삶도 주님의 은혜로 살아갈 수 있도록 도와주신 은혜를 감사합니다. 하나님의 보호하심 속에 살아가면서 지은 죄악 된 모습을 주님 앞에 내려놓사오니 용서하여 주옵소서. 사유하심이 주님께 있음을 고백합니다. 저희들의 죄가 비록 주홍 같을지라도 흰눈처럼 깨끗하게 하신다 말씀하셨으니 용서의 은혜를 허락하여 주옵소서.

주님, 저희에게 주님의 보혈의 사랑을 항상 기억하게 하셔서 주님의 영광을 가리지 않도록 은혜를 더하여 주옵소서. 저희의 삶이 예배가 되기를 원합니다. 저희의 삶이 감사와 찬양의 제사가 되기를 원합니다.

생활의 모든 부분에서 하나님이 함께 하시는 것을 알게 하시고, 주님께서 명하신 대로 주님의 증인이 될 수 있는 능력을 허락하여 주옵소서. 주님을 믿지 않는 이웃을 위하여 저희의 입술을 열어주시고, 믿지 않는 그들을 위하여 저희의 발길을 주장하여 주옵소서. 그리하여 주님을 바로 전하게 하옵소서.

주 하나님! 저희에게 성도의 은혜를 허락하셨으니 저희에게 주님이 주시는 영광에 동참할 수 있도록 저희의 삶을 변화시켜 주옵소서. 이 땅에 긍휼을 베푸시어 저희에게 주님의 사랑을 실천하게 하여 주옵소서. 주님의 자비와 긍휼을 넘치게 하여 주옵소서.

또한 특별히 이 거룩한 예배에 선포되는 하나님의 말씀이 있습니다. 말씀에 굴복하게 하시고, 아멘으로 화답하게 하셔서 순종적인 그리스도인들이 될 수 있도록 은혜를 주옵소서.

하나님이 저희의 사업과 직장, 가정과 이웃을 기억해 주셔서. 여호와를 찬양함으로 새로운 힘을 공급받아 힘 있고 소망이 넘치는 한 주간이 되게 하옵소서. 오늘 드리는 예배가 감동이 있게 하시고 영감이 넘치게 하시며, 은혜가 충만케 하옵소서. 온전한 예배가 되게 하옵소서.

예수 그리스도의 이름으로 기도드리옵나이다. 아멘.

은혜가 풍성하신 여호와 하나님 아버지여! 주님께서 저희를 위하여 베풀어 주신 은혜와 사랑에 감사하여 주님의 존전에 나아와 감사와 찬양을 드리오니 감사합니다. 저희의 경배와 찬양, 감사와 기도를 기쁘게 받아주시고 하나님의 사랑을 더욱 베풀어 주옵소서.

저희의 죄악을 주님 앞에 내려놓고 예배하는 저희를 불쌍히 여기사 긍휼을 베풀어 주옵소서. 저희의 욕심으로 인하여 감사하지 못한 저희를 용서하여 주옵소서. 저희의 입술을 열어 찬양하지 못한 것을 용서하여 주옵소서.

저희의 더러운 죄로 인하여 주님의 영광이 가려진 것을 용서하여 주옵소서. 저희에게 더러운 죄를 벗게 하여 주시고, 정결함만을 허락하시고 정직한 영을 허락하셔서 저희로 하나님의 영광에 참여하게 하시며, 하나님의 영광을 드러내게 하여 주옵소서.

사랑 많으신 하나님 아버지, 이 나라 온 인류를 위해서 기도하오니 저희에게 주님의 사랑을 인하여 이 나라가 복음화 되게 하여 주옵소서. 이 나라의 위정자들을 돌아보셔서 저들로 서민들의 민생고를 알게 하시어 먼저 그들의 후생복리를 돌아볼 수 있도록 함께하여 주옵소서. 또한 저희로 어려운 이웃들을 돌아보게 하시고 그들에게 주님의 사랑을 실천할 수 있는 마음을 허락하여 주옵소서.

또한 저희의 예배를 위하여 기도하오니 주님! 저희의 예배를 기쁘게 받아주시옵고 예배를 친히 주관하시고 저희에게 은혜의 단비를 허락하여 주옵소서.

저희의 어리석고 둔한 지각을 열어주시어, 그 말씀으로 인하여 세상을 이게게 하길 원하오며, 하나님의 뜻을 날마다 나타내게 하옵소서.

사랑하시는 자녀들이 맡은 직분에서 청지기의 사명을 다 할 수 있도록 주님의 은총 가운데 머물러 살기를 원하오며, 예배의 시종을 성령께서 함께하시옵고 저희를 죄에서 구원하신 예수 그리스도의 이름으로 기도드리옵나이다. 아멘.

저희의 영혼이 여호와를 찬송하게 하시니 감사합니다. 저희에게 지난 한 주간의 평안을 허락하심을 감사합니다. 날마다 저희에게 하나님의 나라가 이루어 가게 하심을 또한 감사합니다. 거룩하신 하나님을 만나기 위하여 주님의 전을 찾아 나아오게 하심을 감사하오니 존귀와 영광을 받으옵소서.

저희의 예배를 통하여 하나님께 영광을 돌리게 하시며 저희의 감사를 통하여 하나님의 축복의 역사가 저희 안에 일어날 수 있도록 함께 하여 주옵소서.

주님, 저희로 하나님의 나라를 위하여 헌신할 수 있는 복을 허락하여 주시고 죽도록 충성하라 그리하면 주님께서 생명의 면류관을 주신다 말씀 하셨사오니, 그것을 인하여 저희에게 크신 은혜로 함께 하여 주옵소서.

저희의 발길이 닿는 곳마다 하나님의 나라가 확장되게 하시고, 저희의 입술로 인하여 주님이 증거될 수 있도록 함께하여 주옵소서. 저희에게 주님의 증인이 될 수 있도록 권세와 권능을 허락하사 저희로 세상에서 주님의 증인이 될 수 있는 복을 허락하여 주옵소서. 하나님의 백성으로 거룩하게 살아갈 수 있는 귀한 복을 더하여 주옵소서.

주님의 피로 값 주고 사신 교회를 위하여 기도드립니다. 또한 저희 교회를 위하여 기도드립니다. 저희 교회가 주님의 몸으로 합당하도록 은혜를 더하여 주옵소서. 세상에서 구원의 방주 역할을 온전히 감당할 수 있게 하셔서 꺼져 가는 성령의 불길이 다시금 살아있는 교회가 되게 하여 주옵소서.

주님의 삶을 본받고 따르는 교회가 되어 세상을 변화시키는 소금의 역할을 감당하게 하옵소서. 믿음과 사랑과 소망으로 가득 차서 하나님을 경외하고 이웃을 사랑하게 하여 주옵소서. 성도의 삶으로 인도하시어 저희로 세상을 이길 수 있는 힘을 허락하여 주옵소서.

성도를 사랑하시되 끝까지 사랑하시는 주님! 이 자리에 모이지 않는 지체들을 위하여 기도드립니다. 세상의 질병으로 있거든 주님이 고통에서 해방되게 하시고, 그들이 고난 중에 있거든 주님이 함께 하사 평안하게 하시고, 그들이 주님의 공의에 거하지 않아 이 자리를 잊고 있거든 주님 그들을 긍휼히 여기사 마음을 돌이켜 주님만 바라볼 수 있도록 함께 하여 주옵소서.

예수 그리스도의 이름으로 기도드리옵나이다. 아멘.

죄인을 부르시는 주님. "너희는 가서 내가 긍휼을 원하고 제사를 원하지 아니하노라 하신 뜻이 무엇인지 배우라 나는 의인을 부르러 온 것이 아니요 죄인을 부르러 왔노라 하시니라 (마태복음 9장 13절)" 말씀하셨습니다.

권세가 무한하시고 자비가 풍성하신 하나님 아버지, 하나님 앞에 엎드려 겸손하게 은혜를 구합니다. 먼저 하나님의 섭리와 뜻을 발견하도록 저희의 영안을 열어 주옵소서. 저희가 비록 생로병사의 고난의 과정을 걸어가고 있을지라도 주님 앞에 믿음으로 나아갈 때 새 인생, 새 소망을 발견할 수 있음을 믿나이다.

죄인을 부르시는 주님, 예수 그리스도의 부르심은 죄로 인해 병들고 잠든 영혼을 깨우고 새롭게 하는 능력이 있음을 이 백성이 깨닫게 하옵소서. 그리하여 자기밖에 모르는 이기심과 증오심, 경쟁심을 버리고 이웃에 대한 관심과 사랑으로 마음이 바뀌게 하옵소서.

생명의 주인이신 아버지, 믿음으로 세상을 보고, 저희 자신을 보기를 원합니다. 하나님의 나라와 의를 위해 저희 자신의 모든 것을 바칠 수 있는 참된 얼굴이 되길 원합니다. 함께 웃고 함께 우는 참된 인간애를 발휘하길 원합니다. 이 모든 일은 예수 그리스도의 사랑이 강권함을 받을 때만 가능할 것을 믿습니다. 주님의 사랑으로 일깨워 주옵소서.

특히 주님의 이름으로 전국 방방곡곡, 전 세계 각지로 나가 있는 선교사들을 주님의 펴신 팔과 피 묻은 옷자락에 흐르는 능력을 부여잡고 일어서게 하여 주옵소서.

모든 성도들이 어려운 이웃들을 위하여 고사리 같은 손을 모으게 하여 주시어서 주님의 나라가 주님의 날개 아래 복음으로 우뚝 서게 하여 주시옵소서.

예수 그리스도의 이름으로 기도드리옵나이다. 아멘.

전능하신 하나님 아버지! 주님의 성령 임재하시는 지금 이곳에, 주님의 때에 거룩하게 이루어 주시길 소망하는 저희 성도들의 많은 외침이 있습니다. 이 영혼들의 간구를 들어주시고 말할 수 없는 갈급함들이 주님의 복음으로 새롭게 옷 입게 하여 주옵소서.

주님을 찬양하는 가운데, 주님의 살아 운동력 있는 말씀에 감동하여 하나님을 볼 수 있는 눈을 열게 하시며, 들을 수 있는 귀를 허락하여 주시어서 육신보다는 영혼의 참 자유를 주 안에서 누릴 수 있게 하여 주시옵소서.

저희의 중심을 보시는 주님. "생베 조각을 낡은 옷에 붙이는 자가 없나니 만일 그렇게 하면 기운 새 것이 낡은 그것을 당기어 해어짐이 더하게 되느니라(마가복음 2장 21절)" 말씀하셨습니다.

인생문제의 진정한 해결자가 되시는 하나님 아버지, 쉽게 절망하고 낙심하는 저희의 불신앙의 죄를 용서하여 주옵소서. 예수 그리스도 안에서 진정한 해결이 가능함을 믿고 예수 그리스도께 문제를 들고 나가는 저희가 되게 하옵소서. 모든 짐을 내려놓기를 원하시는 주님 앞에 다 내려놓고 인생을 다시 시작하게 하옵소서.

외적인 행위보다 내적인 심령상태를 중시하시는 주님, 저희의 믿음은 말보다 실천을 앞세우는 신앙이기를 원합니다. 마음과 행동으로 예수 그리스도를 신뢰하여 주님의 복된 선언을 받을 수 있게 하옵소서.

주님, 현대인들은 속사람은 변화되지 않고 겉사람만 다듬기에 정신이 없습니다. 저희 온 인류의 과거 습관, 사고방식, 고정관념이 깨어지게 하옵소서.

구원의 은총을 베푸시기를 기뻐하시는 주님, 저희가 병든 자임을 인정함으로 주님이 저희의 의원이 되시고, 저희가 죄인임을 인정함으로 주님께서 저희의 구주가 되시며, 주님 앞에 겸손히 무릎을 꿇고 엎드림으로 주님의 은혜를 받기를 원합니다. 저희에게 은혜를 풍성케 하사 주님의 일에 헌신하게 하옵소서.

예수 그리스도의 이름으로 기도드리옵나이다. 아멘.

살아 계신 하나님! 저희들이 주님의 일을 함으로써 기뻐하기보다는 내 자식 내 가정의 형통을 보며 기뻐하였던 적이 더 많았던 것을 생각하니 부끄럽고 죄송합니다.

"나로 말미암아 너희를 욕하고 박해하고 거짓으로 너희를 거슬러 모든 악한 말을 할 때에는 너희에게 복이 있나니 기뻐하고 즐거워하라 하늘에서 너희의 상이 큼이라(마태복음 5:11~12절)"고 하셨지만 저희에게 욕하는 자를 미워하고, 미워하는 자를 미워하고, 핍박받을 때 낙심한 언약한 저희들이었사오니 저희들의 나약함과 부족함을 용서하여 주시옵소서.

주님을 위하여 핍박을 기뻐하기보다는 도리어 슬퍼하며 괴로워한 얕은 믿음의 소유자가 아니었던가 뒤돌아보니 참으로 주님 앞에 부끄럽고 송구스러운 맘 금할 길 없습니다.

저희의 귀를 열어주시는 주님. "하늘을 우러러 탄식하시며 그에게 이르시되 에바다 하시니 이는 열리라는 뜻이라(마가복음 7장 34절)" 말씀하셨습니다.

말씀을 주신 하나님, 말씀의 권위에 복종함으로 저희의 삶이 온전케 되기를 원합니다. 형식이나 의식에 매달려 말씀의 근본정신을 망각하는 잘못을 범치 않게 하옵소서. 형식보다 내용을 먼저 갖추기 위해 저희의 중심을 주님께 온전히 드리기를 원합니다. 이 사회의 어떤 관습일지라도 하나님의 말씀보다 더 큰 권위를 두지 않도록 저희의 중심을 붙잡아 주옵소서.

마음이 청결한 자를 찾으시는 주님, 진정한 더러움이란 육체적이고 물질적인 것이 아니라 도덕적이며 영적인 것임을 믿습니다. 저희의 마음과 의지를 주관하사 저희의 내면이 깨끗하도록 지켜 주옵소서. 저희의 영이 깨끗해야 저희의 삶이 깨끗하게 될 줄을 믿습니다.

간구하는 자의 음성을 들으시는 주님, 저희는 기도생활이 너무나 소극적입니다. 주님 앞에 온전히 부복하여 주님의 도우심을 구할 수 있도록 기도의 영을 부어 주옵소서. 저희의 영혼의 눈을 밝게 하셔서 신령한 세계를 깊이 멀리 높이 볼 수 있는 사람이 되게 하옵소서.

저희의 삶의 모든 필요를 채우시고 형통케 하시는 예수 그리스도의 이름으로 기도드리옵나이다. 아멘.

공의를 강같이 흐르게 하라 말씀하신 하나님 아버지! 지난날 독재와 부정부패에 항거하여 목숨을 내걸고 궐기하였던 성도들의 그 숭고한 정신을 본받기 위해 이처럼 예배를 모이게 허락하신 하나님께 감사와 찬양을 드립니다.

하나님 아버지!

그들은 분명 어둠과 불의와 비 진리에 대하여 새로운 길을 비추는 한 줄기 빛이었으며 억압과 기만에 대하여 행동한 위대한 몸짓이었나이다. 역사의 꽃인 순수한 그들이 피로 화해의 제물을 올렸으니 주님! 그들의 숭고한 뜻이 온 인류가 역사 위에 영원토록 기억될 것이며 그들의 용기 있는 행동은 온 인류를 바른 길로 인도할 것을 믿나이다.

정의와 사랑의 하나님 아버지!

오래 전부터 이 백성을 택하시고 사랑해 주시고 지켜주시니 감사드리나이다. 많은 환란과 역경 속에서도 저희들을 버리지 않으시고 손을 내밀어 일으키시고 구해주셨음을 저희들은 믿사옵니다. 주님께서 친히 다스리시는 이 나라가 되게 하옵소서. 그리하여 이 땅에 온전한 민주자유국가를 세워주시고 불의와 폭력이 없는 나라로 이끌어 주옵소서.

주님이시여!

이 땅은 아직도 완전한 민주주의가 실현되지 못하고 있사오니 자유민주주의가 완전히 실현되는 복지국가가 되게 하셔서 늘 평화와 사랑이 넘치는 나라가 되게 하옵소서. 그러기 위해서는 온 백성이 자유와 정의의 왕 되시는 주님을 사모하는 생활이 되게 하시고 위정자들은 하나님을 경외하며 백성을 두려워하는 정치를 하게 하옵소서.

만군의 여호와 하나님!

자유를 위하여 절규하던 그들의 함성이 지금도 귓전에 들리듯 생생한데 저희들은 어느덧 그 숭고한 정신을 잃어가고 있사오니 저희들의 심령을 새롭게 하시어 그들의 숭고한 뜻과 정신을 기억하여 이 나라를 의의 길로 인도하게 하옵소서.

정의를 사랑하시는 예수 그리스도의 이름으로 기도드리옵나이다. 아멘.

생명의 주인이신 주님, 저희에게 생명의 빛을 비추사 저희의 영혼이 소생하고 빛 된 인생을 살게 하신 것을 감사드립니다.

저희는 이제 빛의 증거자가 되었사오니 주님의 충만한 데서 은혜와 진리를 넘치도록 받아, 이것으로 모든 이에게 비출 수 있는 사람 되게 하옵소서. 그리하여 저희로 인해 많은 사람들이 주님을 영접할 수 있게 하옵소서.

세상 죄를 지신 주님, 인생의 근본 문제는 죄 문제임을 아옵니다. 저희가 다른 사람과 대화할 때, 저희의 말보다 예수 그리스도의 구속의 사역을 전하기를 원합니다. 주님만이 거룩하신 하나님 앞에 나아갈 수 있는 새롭고 산 길인 것을 이 백성 모두가 깨닫게 하옵소서. 저희가 주님의 이 크신 사역을 전하기에는 너무도 부족한 사람임을 알고 늘 증거자의 겸손을 잃지 않게 하옵소서.

생명의 주인이신 주님. "말씀이 육신이 되어 저희 가운데 거하시매 저희가 그 영광을 보니 아버지의 독생자의 영광이요 은혜와 진리가 충만하더라(요한복음 1장 14절)" 말씀하셨습니다.

하나님의 율법 아래 있는 인간은 다 죄인지만, 예수 그리스도의 십자가 사랑으로 구속받아 죄에서 자유를 얻고 하나님의 자녀가 되었음을 깊이 깨닫게 하시며 감격함을 간직하게 하옵소서.

비천한 종을 부르신 주님, 저희 속에 메시아를 만난 감격이 넘치기를 원합니다. 그리하여 이 즐거움을 이웃 친구들에게 나누어 주고자 달려가는 발걸음이 되게 하옵소서.

특히 몸이 불편한 장애우들을 생각하시여 그들에 힘과 용기를 주시옵소서. 육신의 장애보다 정신의 장애가 더 큰 장애라는 것을 성도들에게 일깨워 주시어 장애우에 대한 편견 없는 세상을 만들어 주시옵소서. 살아가는 데 어려움이 많은 장애우들에게 축복을 내려 주시옵고 장애우들이 이사회에 꼭 필요한 일꾼이 되어 승리하게 하게 도와 주시옵고 육신의 고통에서도 벗어나게 하여 주옵소서.

장애우와 비장애우가 예수 그리스도와의 인격적인 체험이 날로 더 깊어져 가기를 원하오며, 예수 그리스도의 이름으로 기도드리옵나이다. 아멘.

자비로우신 주님! 주님의 부활의 터 위에 세우신 교회도 부활하신 주님의 권능을 온 세상에 증거할 수 있게 하시옵소서.

죽음과 질병과 공포와 절망으로 살아가는 심령들에게 부활의 주님을 모시고 찾아가서 위로해주고, 악한 세력들을 깨뜨려 주는 교회가 되게 하시고, 저희들의 교회를 찾아왔을 때도 부활의 주님을 뵈옵고 새로운 소망과 용기가 넘쳐나게 하시옵소서.

이 백성도 부활의 주님을 만나게 하시고 부활의 주님을 바라볼 수 있는 눈을 열어 주시옵소서. 이 백성이 부활의 신앙으로 바로 설 때 하나가 될 수 있다는 것을 깨닫게 하시고 신실한 일꾼들이 넘쳐나고 정직이 강같이 흐르는 백성이 될 수 있다는 것을 깨닫게 하시옵소서.

이 땅의 백성들이 진정으로 주님을 의지함으로 주님의 복을 받아 누리는 삶을 살게 하시옵소서.

좋은 것으로 채우시는 주님. "제자들이 성경 말씀에 주의 전을 사모하는 열심이 나를 삼키리라 한 것을 기억하더라(요한복음 2장 17절)" 말씀하셨습니다.

세상만사의 진정한 해결자가 되시는 주님, 이 시대는 온갖 문제들로 뒤범벅이 되어 있습니다. 저마다 문제의식을 갖고 해결 방법을 말하고 있지만 좀처럼 나아지는 것이라곤 어디서도 찾아보기 힘듭니다. 진정한 해결은 주님께 있음을 믿고 이제는 주님께 내어놓고 믿음으로 기다리며 무슨 말씀을 하시든지 순종할 수 있게 하옵소서.

저희에게 가장 좋은 것들을 아낌없이 주시어 저희의 생의 기쁨을 충만케 하시길 원하시는 주님, 저희들의 의식이 예수 그리스도께 대한 완전한 확신과 기대로 가득하기를 원합니다. 주님께서는 저희가 주님을 아는 것보다 더 분명하고 정확하게 저희를 온전히 알고 계심을 믿습니다. 저희의 행동과 생각을 감찰하시는 주님 앞에서 살아가게 하옵소서.

전능하시고 영원하신 하나님, 저희에게는 모든 것을 저희 자신으로부터 생각하고 사고하고 판단하고 행동하는 자기중심적인 자기주장의 의지를 꺾어 주옵소서. 때를 기다리며 오래 참고 준비하여 하나님의 선한 인도하심을 받기를 원합니다. 이 세상의 모든 만물들이 인간이 알고 있는 과학지식으로 해석되는 게 아니라 하나님의 말씀으로 해석되는 지혜를 주시옵소서.

예수 그리스도의 이름으로 기도드리옵나이다. 아멘.

전능하신 하나님 아버지! 세계적으로 지금 경제가 어려운 가운데 처하여 있사오니 불경기 가운데서도 사랑하는 성도들의 사업장과 가정은 호경기를 누릴 수 있도록 구별하여 주시옵시며 저희 나라 모든 정치인들과 경제인들을 축복하여 주시옵소서. 지체치 마시고 속히 이 나라와 온 인류의 복음화 하여 주옵소서.

죄인을 섬기러 오신 주님. "내가 주와 또는 선생이 되어 너희 발을 씻었으니 너희도 서로 발을 씻어 주는 것이 옳으니라(요한복음 13장 14절)" 말씀하셨습니다.

죄많은 인간들을 섬기러 오신 주님, 주님께서 친히 제자들의 발을 씻기시며 보이신 그 겸손의 도를 저희가 감격스럽게 대합니다. 저희도 주님처럼 저희 자신을 비우고 겸손히 남을 섬길 수 있는 사람 되기를 원합니다. 크고자 하기 이전에 낮아짐으로 모든 사람의 종이 될 수 있도록 변화시켜 주옵소서.

저희를 귀하게 여기사 스스로 선택할 수 있는 의지를 주심을 감사드립니다. 저희에게 지혜를 주사 옳고 복된 것을 선택할 수 있는 사람이 되게 하옵소서. 어두움의 노예가 되거나 세상의 것의 눈이 어두워 어리석은 짓을 하지 않도록 막아 주옵소서. 저희에게 회개의 기회를 주실 때, 저희가 그 기회를 즉시 알아 돌이킬 수 있게 하옵소서.

　사랑의 주님, 서로 사랑하라고 하신 크고 중한 계명을 명심합니다. 서로 사랑하는 것이 바로 그리스도 안에 머무는 것임을 믿습니다. 사람을 대할 때 서로 헐뜯지 말고 감싸주며, 연약할 때 도와주고 곤경에 처한 자에게 물질을 나누어 주며 격려하는 사랑의 실천자가 되게 하여 주옵소서. 언제나 주님의 말씀을 명심하게 하옵소서.

　예수 그리스도의 이름으로 기도드리옵나이다. 아멘.

하나님은 우리에게 있어야 할 것들이 무엇인지 다 아십니다(사 65:24). 우리를 사랑하셔서 아들까지 내어 주신 하나님께서는 성경에 이렇게 말씀하십니다. "너희는 여호와를 만날 만한 때에 찾으라. 가까이 계실 때에 그를 부르라(사 55:6)", "그들이 말을 마치기 전에 내가 들을 것이며(사 65:24)", "구하라 그러면 너희에게 주실 것이요 문을 두드리라 그러면 너희에게 열릴 것이니(마 7:7)", "기도를 항상 힘쓰고 기도에 감사함으로 깨어 있으라(골 4:2)". 이와 같이 성경에 기록되어 있습니다.

모든 것이 합력하여 선을 이루게 하시는 하나님 아버지! 오늘도 세상과 벗하며 죄 중에 살던 저희들을 주님의 거룩한 교회로 불러주셔서 찬양과 감사와 존귀를 돌리게 됨을 진심으로 감사를 드립니다. 이른 새벽부터 오후 이 시간까지 크신 주님의 은혜 가운데로 인도해 주심을 또한 감사드리오며 이 시간 예배를 통하여 주님의 은혜와 평강이 넘치게 하옵소서.

저희의 힘으로가 아닌 성령님의 능력으로 살아갈 수 있도록 인도해 주시옵소서. 주님을 향한 뜨거운 신앙의 고백이 넘치는 성도들의 삶이 되게 하여 주시옵소서.

주님! 저희들에게 믿음 안에서 넘치는 용기와 성령의 힘과 능력을 주시어서 말씀에 어긋난 것들은 단호히 거절하며 하나님 말씀에 합당한 것만을 따라 살게 하여 주시옵소서.

지금 이 세상은 소돔과 고모라 시대처럼 죄악 된 세상이옵니다. 사람들이 먹고 마시고 시집가고 장가가고 쾌락을 즐기고 있으면서 홍수가 나서 다 멸하기까지 깨닫지 못했던 노아홍수 시대 전 같은 죄악의 세상이오니 택함 받은 사랑하는 성도들에게 깨어 기도하는 삶으로 영적으로 살아 있는 능력의 성도가 되게 하옵소서. 이렇게 날마다 급한 밀물처럼 몰려오는 죄악의 물결들을 거슬러 믿음으로 승리케 하옵소서.

저희의 마음을 주님의 보혈로 정하게 하시고 저희의 입술로 찬양하는 것이 날마다 주님 앞에 진실되게 하시어서 저희의 눈을 열어 주님의 신령한 세계를 보게 하옵소서.

무에서 유를 창조하시는 하나님 아버지! 하나님의 크신 능력을 믿습니다. 이 산을 들어서 바다로 옮기라 하시며 믿음으로 기도하면 그대로 이루어 주신다고 하셨사오니 그 말씀에 의지하여 믿음으로 기도하오니 기적의 역사들이 날마다 교회와 성도들의 가정에 나타나게 하여 주시옵소서.

모든 성도들이 말씀으로 은혜 받음에 그치는 것이 아니라 삶이 변화되고 전도의 삶으로, 섬김의 삶으로 주님의 교회를 위하여 충성하는 성도들이 되게 하옵소서. 받은 은혜를 감사하여 말없이 봉사하는 삶이 되게 하여 주옵소서. 행여라도 주님을 이용하려 드는 어리석은 삶이 아니라 주님을 위하여 드려지는 아름다운 삶이 되게 하여 주소서.

말씀을 통하여 신령한 주님의 세계를 보게 하시고 주님의 음성을 듣게 하옵소서. 영안을 열어 주님을 보게 하옵소서.

남은 시간도 오직 성령 하나님께서 인도하여 주실 줄 믿고 주 예수 그리스도의 이름으로 기도드리옵나이다. 아멘.

만물의 주인이 되신 사랑의 하나님 아버지! 안전한 주님의 날개 그늘 속에서 나약한 인생들을 지켜 주시고 지친 몸일지라도 감사함으로 주님 앞에 나아와 예배할 수 있게 하시니 진심으로 감사합니다.

이 시간 저희의 영혼이 하나님을 사모하여 주님의 교회에 나왔사오니 주님께 힘을 얻고 저희 마음에 시온의 대로가 열리게 하옵소서.

의지할 곳 없는 저희들이 그동안도 험난한 세파에 시달리며 눈물 골짜기 같은 길을 걸었습니다. 주님! 간절히 무릎 꿇고 기도하오니 주님의 핏값으로 세우신 저희 교회가 맑은 샘물이 터지는 은혜의 자리가 되게 하시고 은혜의 단비로 은택을 입은 복된 자리가 되게 하옵소서.

사랑하는 성도들의 가정을 지켜주옵시고, 고난 가운데서 눈물로 부르짖을 때마다 응답받게 하시고, 주님을 찾을 때에 만나주옵소서. 기도의 사람 다니엘이 하루 세 번씩 예루살렘을 향하여 기도했듯이 나라와 인류와 교회를 위하여 깨어 기도하게 하옵소서. 주님, 저희에게 원수도 용서하는 참사랑을 주옵소서.

성경에 사랑은 오래 참는다고 하셨는데 저희들은 자주 성급하며, 저희들의 유익을 구하고 베풀기에 인색함을 용서하옵소서. 또한 사랑은 시기와 자랑을 하지 않는데 저희는 시기하며 자랑하고파서 견디지 못할 때가 있습니다. 불쌍히 여기사 새롭게 하여 주옵소서.

사랑의 주님!

저희들도 모범을 보이신 주님을 본받아 오래 참으며 겸손하며 자신을 버리신 헌신적 사랑을 배우게 하옵소서. 하나님 아버지, 저희들에게 전도의 문을 활짝 열어 주시어 땅끝까지 이르러 주님의 복음을 전하게 하옵소서. 저희의 이웃을 살피게 하시고 눈을 들어 세계 열방을 보게 하소사 온 세계에 흩어져 주님의 복음을 전하는 선교사와 그의 가정을 안위하시고 아름다운 복음의 발걸음이 든든하도록 지켜주옵소서.

이 모든 것이 성령이 임하시면 가한 줄 믿사오니, 이 자리에 모인 성도들에게 신령한 복을 넘치도록 채워주시고 예배를 방해하는 악한 영의 역사를 막아주옵소서.

이 모든 것을 저희를 위해 십자가를 지신 예수 그리스도의 이름으로 기도드리옵나이다. 아멘.

평화의 왕이 되시는 사랑의 하나님! 온 인류에게 평화를 주시기 위하여 이천 년 전 예루살렘에 입성하시며 찬송과 영광을 받으시던 그 예수 그리스도를 오늘 저희가 여기에서도 맞아들일 수 있게 하여 주신 은혜를 진심으로 감사드리나이다.

자비로우신 주님, 섬김을 받으려고 오신 것이 아니라 다른 사람을 섬기는 종으로 오신 주님을 믿노라고 고백하면서도 사실상 섬김을 받으려 하고 더 높은 자리를 차지하려고 애를 썼습니다. 주님께서 십자가에 달리기까지 낮아지신 것처럼 저희들도 끊임없이 낮아지게 하여 주옵소서.

놀라운 사랑의 하나님 아버지!

친히 제자들의 발을 씻겨 주시고 마침내 이 세상을 구원하시기 위해 십자가에 달리시기까지 한 주님, 섬김의 자세를 저희로 하여금 깨달을 수 있는 지혜를 주시옵소서. 평화의 왕이신 예수 그리스도를 굳게 의지할 수 있는 믿음도 저희들에게 허락하여 주시옵소서.

주님, 또한 이 땅에 임하시옵소사 어수선하고 범죄의 공포와 경제적 불안이 가득한 이 나라에 평화의 주님으로 오시옵소서. 주님을 믿고 따름으로써 주님 안에서 한 형제자매가 되어 이기심을 버리고 서로 섬길 때에 주님의 축복으로 이루어지는 것임을 확신케 하시옵소서.

인간이 만든 법보다 주님의 사랑으로 만든 법을 따르는 것이 진정한 인류사랑임을 일깨워 주시옵소서. 인간이 만든 법으로 죄인을 처벌하기보다는 인간이 만든 법으로 약자를 보호하고 인간이 만든 법으로 인하여 억울한 사람이 없도록 살펴주시옵소서. 인간이 만든 법을 많이 아는 자가 승리하는 것이 아닌 하나님의 율법을 지키는 자가 승리하는 삶을 살게 하여 주시옵소서.

주님의 나라는 말에 있지 아니하고 능력에 있다고 하셨사오니 저희 교회가 실제로 주님을 위해서 세상에 대하여 복음과 진리로 봉사하는 교회가 되게 하시며, 불의와 거짓으로 가득 찬 세상에 정의와 주님의 사랑을 보여줄 수 있는 교회가 되게 하옵소서. 이 예배를 통해서 저희들이 평화의 왕이신 주님과 깊은 교제를 나누며 주님의 고귀하신 섬김의 도리를 배우고 본받을 수 있도록 저희의 심령을 친히 주장하여 주시옵소서.

예수 그리스도의 이름으로 기도드리옵나이다. 아멘.

저희를 구원하시려고 독생자까지 내어주신 자비로우신 여호와 하나님! 오늘 저희 성도들이 거룩한 주님의 교회에 나와 고난당하신 그 모습과 의미를 생각하며, 감사하며, 찬송과 영광을 돌리나이다.

자비로우신 주님!

죄악으로 말미암아 죽을 수밖에 없는 저희를 구원하시려고 세상의 모든 죄악을 짊어지시고 수치와 고난을 당하심으로 저희들에게 참 생명과 자비와 평화를 주셨나이다. 그러나 저희들은 주님의 고난을 깨닫지 못하고 저희들에게 맡겨진 십자가를 외면한 채 인간의 욕망과 헛된 목적을 가지고 살아왔음을 용서하여 주시옵소서.

저희를 위하여 고난당하신 주님, 주님께서 겪으신 고통과 죽음에 저희도 함께 참여할 수 있게 하시고, 저희들에게 맡겨진 십자가를 지고 인내의 힘과 변하지 않는 믿음으로 그리스도를 따르게 하옵소서.

이 나라를 도우사 주님의 피와 살이 헛되지 않고 욕되지 않게 믿음 안에 살아 부활의 거룩한 역사를 계승하는 이 나라와 백성들이 되게 하옵소서.

자신의 행복과 안일만을 추구하며 주님의 십자가를 외면하려는 저희들의 속된 심령을 성령의 능력으로 뜨겁게 변화시키사 한 알의 밀알이 되게 하옵소서.

저희들의 삶의 터전 속에서 축복을 가로막고 있는 사악한 영들이 물러가게 하시고, 이곳에 견고한 진을 친 악한 영들의 머리를 밟게 하옵소서. 그들의 상한 뼈가 부러지게 하옵소서. 그들의 전략과 궤계가 말씀과 성령으로 충만한 저희들로 인하여 무너지게 하옵소서.

성도들이 맡겨주신 사명을 감당 하도록 힘을 주시옵소서. 성령을 주시옵소서. 오직 믿음으로 하나님을 기쁘시게 하는 자들 되어 살게 하옵소서. 쉬지 않고 주님의 교회를 위하여 눈물로 기도하는 충성된 직분자들이 되게 하옵소서.

자비로우신 하나님, 저희 예배를 기쁘게 받아주시고 저희를 위하여 고난받으신 예수 그리스도의 이름으로 기도드리옵나이다. 아멘.

전능하신 하나님 아버지! 오늘은 저희들을 영원한 사망에서 생명으로 옮겨주신 주님의 부활을 기뻐하며 영과 진리로 예배를 드리오니 영광을 받으소서.

이천 년 전, 한 점 죄 없으신 주님께서 저희들을 위하여 십자가를 지셨고 사망권세를 깨뜨리시어 부활의 첫 열매가 되셨으니 진실로 주님 앞에 감사를 드립니다.

아버지 하나님!

간절히 바라옵기는 저희들도 남은 생애 부활의 주님과 함께 진정한 구원의 감격 속에서 기쁨 넘치는 봉사의 삶을 살게 하여 주옵시고, 냉랭한 이 믿음들이 성령으로 뜨겁게 살아나 썩어질 세상 속 한 알의 밀알이 되게 하여 주시옵소서.

사랑의 주님! 삼 년 동안이나 주님과 함께 동행했던 제자들이 실망하고 낙심한 모습으로 엠마오로 향한 것처럼 오늘 저희들도 실망과 좌절 중에 간구하오니 성령의 능력으로 함께하여 주옵소서.

주님께서 성도들의 가정과 직장과 사업장마다 큰 복을 주시고 믿음으로 승리케 하여 주옵소서. 그리고 성도들의 영혼이 말씀으로 변화되고 평안 가운데 날마다 복음이 증거되어지는 축복을 허락하여 주시옵소서. 환란에 처한 성도들이 바울과 실라처럼 기도와 찬양으로 빌립보 감옥 같은 고난과 어려움들을 이기고 빛과 소금으로서의 사명을 감당하도록 능력을 주시옵소서.

날로 더해가는 이 정치와 경제 난국을 오직 주님의 놀라운 은총 속에서 극복하며 복음의 증인으로 사명을 감당하는 이 나라가 되게 하시고 불신 가족들이 속히 주님 앞으로 돌아와 함께 영광 돌리게 하옵소서.

세계적으로 경제가 어려움 가운데 처하여 있사오니 불경기 가운데서도 사랑하는 성도들의 사업장과 가정은 호경기를 누릴 수 있도록 구별하여 주시고, 저희 나라의 모든 정치인들과 경제인들을 축복하여 주시옵소서. 지체치 마시고 속히 이 나라와 인류를 복음화하여 주옵소서.

예수 그리스도의 이름으로 기도드리옵나이다. 아멘.

성령이신 하나님 아버지! 이 시간 저희들이 성령강림을 묵상하면서 아버지 하나님의 신실한 약속과 말씀 앞에 기도할 수 있게 하심과 주님의 놀라우신 은혜와 사랑에 감사드립니다.

권능의 주 성령이여, 다락방에 모여서 기도하던 무리들에게 약속하신 성령을 불길처럼 강하게 보내어 주신 하나님 아버지, 빈들에 마른 풀같이 시들어버린 심령에도 성령의 단비를 충만히 부어 주시어 저희 영혼이 소생하며 힘있게 주님의 영광을 나타낼 수 있도록 하옵소서. 만물을 성령으로 충만케 하시는 그 충만으로 오늘 저희가 앉은 이곳에 성령이여, 강림하소서.

저희 가난한 심령들이 무엇을 먹을까, 무엇을 입을까 염려로 메말라 있나이다. 이 나약한 심령들에게 성령의 이른 비와 늦은 비로 힘을 주셔서 주님의 영광을 나타낼 수 있게 강권하시옵소서. 각자의 형편과 사랑에 따라 성령의 불로 임하시고 바람으로 역사하여 주시옵소서.

교만하고 강퍅한 심령들에게 비둘기 같은 성령의 불로 임하옵소서. 저희들을 은혜의 골짜기로 인도하셔서 은혜의 생수로 충만케 하옵소서. 또한 성령의 밝은 빛으로 저희 심령을 채우사 세상의 악한 권세를 이기는 선한 싸움의 승리자로 삼아주옵소서.

중풍병자가 걷고 뛰고 한 것 같이 육체적, 정신적 질병으로 고생하는 성도들에게 성령께서 임하시어 치유하시는 놀라운 기적을 일으켜 주시옵소서. 그리고 직장, 사업, 가정, 경제 등 제반 문제되는 일로 고통당하는 성도들에게도 성령께서 강림하사 그 문제들이 해결되는 귀한 은총을 내려주옵소서.

그리고 저희 심령을 괴롭히는 온갖 사탄들을 성령의 불로 태우사 저희 진리의 말씀이신 주 성령이여, 저희 교회에 성령충만, 은혜충만으로 채워주시고 새롭게 변화시켜 주옵소서.

그리하여 저희 교회가 진리의 등불이 되어 잠들어 있는 심령을 깨우고 어둠 속에서 방황하는 심령들을 생명의 길로 인도하는 도구가 되게 하옵소서.

성령께서 저희 예배를 친히 인도하여 주시기를 간절히 바라며 죄악에서 저희를 구원하여 주신 예수 그리스도의 이름으로 기도드리옵나이다. 아멘.

평화의 왕이신 주님! 오직 주님만이 저희들에게 진정한 평화를 가져다주실 수 있는 분임을 알게 하시어 인간의 힘으로 이루어 보겠다는 교만한 마음을 버리고, 처음부터 끝까지 모든 것을 주님께 맡기고 저희는 최선을 다해 주님의 일을 도와 드리는 겸손한 동역자들이 되게 하옵소서.

특별히 이 백성을 긍휼히 여기사 인류끼리 겨누며 피를 흘리는 불행이 다시는 이 땅에서 일어나지 않도록 도와주시며, 군인들이 총과 칼을 내려놓고 화해의 악수를 나누며 얼싸안는 사랑의 역사가 일어나게 하옵소서.

특별히 이 시간 진리의 말씀을 듣지 못하고 거짓 사이에 둘러싸인 채 신음하고 있는 그리스도를 배교하는 국가에서 주님을 찾는 그들의 입 속에 꿀보다도 더 단 주님의 말씀을 넣어주시고 그들의 목마른 심령에 생명수로 채워 주시옵소서.

다시 오시는 주님. "지극히 높은 곳에서는 하나님께 영광이요 땅에서는 하나님이 기뻐하신 사람들 중에 평화로다 (누가복음 2장 14절)" 말씀하셨습니다.

세상을 다스리는 주 하나님, 하나님의 통치는 세상의 법과 권세에 의한 것이 아니라 의와 사랑에 의한 것임을 믿습니다. 이 백성이 나라와 권세와 영광을 아버지께 돌리는 자세로 살게 하옵소서. 비록 현실이 아무리 어렵다 할지라도 은혜와 진리로 다스리는 의와 평강의 왕을 기다리며 하나님의 구속역사에 동참할 수 있게 하옵소서.

다시 오신다고 약속하신 주님, 저희의 간절한 기다림은 주님의 재림 하심입니다. 저희의 일생이 오직 하나님께만 소망을 두며 고독한 투쟁 속에 하나님께서 맡기신 일에 충성을 다 할 수 있게 하옵소서. 지금 이 시간 주님이 오시더라도 당황치 않고 맞이할 수 있게 하옵소서.

온전케 하시는 주님, 저희의 인격과 신앙의 정상을 통하여 강하여지고 온전케 되기를 원합니다. 균형 있는 성장이 이루어지도록 주님께서 늘 일깨워 주옵소서. 하나님의 은혜와 진리 안에서 끊임없이 성장해 가기 위해 언제나 하나님 아버지의 뜻에 우선을 두게 하옵소서.

예수 그리스도의 이름으로 기도드리옵나이다. 아멘.

영원한 안식을 이 땅에서 사모하게 하시는 하나님, 저희에게 육신의 안식처인 가정을 주심과 그 위에 영적인 가정을 주심을 감사드립니다. 저희의 온 식구가 하나님의 뜻대로 살아갈 수 있도록 저희가 영적인 큰 힘을 나타내 보일 수 있게 하옵소서. 그리고 영적인 모든 가족들과 잘 협력하여 주님의 뜻을 이루어 갈 수 있게 하옵소서.

창조주 하나님, 주님을 본받아 섬기는 종이 되게 하시고, 많은 사람들을 위하여 언제나 솔선하여 봉사하며 희생하는 삶을 살기를 원합니다. 현재도 하나님 나라의 시민이지만 장차 영원한 하나님 나라에 들어가게 될 것을 믿습니다.

기쁨이 되시는 주님. "무릇 자기를 높이는 자는 낮아지고 자기를 낮추는 자는 높아지리라(누가복음 14장 11절)" 말씀하셨습니다.

사랑하시는 주님, 저희가 저희 목숨보다 주님을 사랑할 뿐만 아니라 저희가 십자가를 지고 주님을 따를 수 있기를 원합니다. 십자가를 질 각오가 없이 안일과 유익만을 추구하는 저희가 되지 않게 하여 주옵소서.

겸손의 도를 친히 몸으로 보여주신 주님, 높아지는 것은 낮아지는 데서 출발하며 자랑과 욕심은 창피와 타락을 가져다 주며 겸손과 자기 부정은 명예로운 인정을 받게 됨을 늘 기억할 수 있게 하옵소서. 저희가 물질, 체면보다는 사람을 더 사랑하게 해 주옵소서. 윗자리보다 주님 계신 곳을 사랑하게 하옵소서.

　저희의 참 기쁨이 되시는 주님, 그리스도의 은혜로 말미암아 값없이 주시는 구원을 얻어 하나님 나라의 시민이 됨은 큰 잔치에 비길 만큼 풍성한 생명의 향연인 것을 믿습니다. 저희가 세상일을 버리고 잔치에 참여하겠습니다. 그리고 빨리 시내의 거리와 골목에 나가서 강권하여 사람을 데려오기를 힘쓰겠습니다. 저희를 천국잔치를 이루게 하는 심부름꾼으로 사용하여 주옵소서.

　예수 그리스도의 이름으로 기도드리옵나이다. 아멘.

기적이
일어나는
365
매일기도문

5월
기도문

기도 없이 일하는 것은
혼자 일하는 것이요,
기도하며 일하는 것은
하나님과 같이 일을 하는 것이다.

생명의 근원이신 하나님 아버지! 말씀으로 천지를 창조하시고 오늘도 살아계셔서 영원토록 존귀와 영광을 받으실 아버지 하나님께 찬송과 경배를 드립니다. 저희들에게 건강과 생명을 주셔서 오늘 거룩한 예배로 영광을 돌리게 하시고, 기쁨으로 찬양을 드리며 주님께 예배드리게 됨을 감사드립니다.

죄 가운데 죽었던 저희들에게 십자가 보혈을 통하여 영원한 생명을 주시고 또한 영원토록 찬양드리게 하심을 감사드립니다. 죄와 허물로 영원히 죽었던 저희들을 위하여 십자가 위에서 피 흘리시고 구원해 주신 그 은혜를 생각하면 저희들은 주님 앞에 감사와 찬양을 드리지 않을 수 없습니다.

지나간 한 주도 말씀대로 살기에 힘썼지만 연약한 인간이기에 또 넘어지고 쓰러지고 죄를 지은 모습으로 아버지 앞에 와서 회개하오니 용서하여 주시옵소서. 아버지께서는 의인을 부르러 온 것이 아니라 죄인을 불러 회개시키러 왔노라고 말씀하셨습니다. 그 말씀을 의지하여 이 시간 부족한 저희들이 기도하오니 저희의 죄를 깨끗하게 씻어주시고 정결한 마음으로 정성을 다하여 예배드릴 수 있도록 성령 하나님께서 역사하여 주시옵소서. 성령 안에서 새 힘을 주시옵소서.

하나님 아버지!

저희 교회를 오늘날까지 사랑하시고 복을 주심을 진심으로 감사드립니다. 주님의 교회가 날마다 질적으로 양적으로 부흥하는 축복을 주시기를 간구드리며, 또한 날마다 선교의 지역이 확장되는 축복을 주실 줄 믿습니다.

전능하신 하나님 아버지!

이 시간도 말씀을 증거하는 성령과 함께 기도하오니 주님 능력의 손길로 함께하여 주시고 그 말씀이 모든 성도들의 가슴에 심령을 넣으시어 능력의 말씀이 되게 하옵소서. 이 시간도 말씀을 통하여 모든 성도들이 다 함께 은혜 충만하게 하셔서 말씀이 저희들의 길과 생명이 되게 하시고 또한 소망이 되게 하여 주시옵소서.

이 시간 이 거룩한 예배 가운데 사탄이 틈타지 못하게 성령 하나님 함께하시고 예배 마치는 시간까지 오직 성삼위 하나님께서 영광을 받아주시옵소서.

예수 그리스도의 이름으로 기도드리옵나이다. 아멘.

영광받으시기에 합당하신 주님! 저희를 보호하여 주시고 성령 안에서 인도하여 주심을 감사드립니다. 하나님의 은혜 속에 살아온 저희들이 이 시간도 하나님을 간절히 사모하는 심령으로 예배하오니 찬송과 영광을 받아주시옵소서.

주님, 저희를 불쌍히 여기시고 저희의 잘못을 용서해 주시옵소서. 이 세상의 삶에 취하여 살면서 하나님의 자녀답지 못한 생각과 말과 행실을 서슴없이 행했으며, 주님의 말씀을 따라 살기보다는 세상 것들에 더 관심을 가지며 그것들을 하나라도 더 채우려고 노력했음을 고백합니다. 이 시간 저희의 어두워진 눈을 밝혀 주시사 신령한 것을 보게 하시고, 마비된 양심을 고쳐 주시고 깨끗하고 정결하게 하시며, 진실치 못한 마음을 바로잡아 주시어 하나님 앞에서 정직하게 살게 하여 주시옵소서.

저희가 죄의 유혹 앞에서 타협하거나 지지 말고, 죄와 싸우게 하시고, 말씀의 능력 안에서 승리하게 하여 주시옵소서. 그리하여 시냇가에 심은 나무가 시절을 따라 과실을 맺으며, 그 잎사귀가 마르지 아니함같이, 주님을 의지하는 저희들의 삶이 주님께서 채워 주시는 은혜로 만족함을 얻는 복된 삶이 되게 인도 하옵소서.

저희 나라를 불쌍히 여겨 주옵소서. 세대를 막론하고 이 시대의 사람들이 소망을 잃어버린 채 살아가고 있습니다. 소망의 문을 열어 주시옵소서. 모든 백성들에게 하나님을 기억하지 않는 방만한 삶의 종말이 얼마나 위험한 것인가를 깨닫게 하시고, 주님을 만날 수 있는 은혜를 주셔서, 사슴이 시냇물을 찾기에 갈급함같이 주님을 찾기에 갈급한 영혼들이 되게 하여 주시옵소서.

주님이 친히 세우신 교회가, 힘들고 어려운 때일수록 고난 가운데서 주님의 뜻을 담아내기에 힘쓰는 교회가 되게 하시고, 이 시대에 교회를 향한 주님의 요청이 무엇인지를 분별할 수 있는 교회가 되게 하시고, 평강을 잃은 수많은 영혼들을 구원의 길로 인도할 수 있는 구원선의 역할을 감당하게 하여 주시옵소서.

오늘도 저희 모두에게 은혜가 넘치게 하옵시고 하나님의 신령한 비밀을 깨달아 앎으로 우리 모두가 변화 받게 하옵소서.

오늘도 저희가 드리는 이 예배가 온 마음과 뜻과 힘을 다하여 드리는 예배가 되게 하여 주옵시고, 우리 모두에게 성령으로 기름 부어주셔서, 참된 성도로 하나님 앞에 서게 하여 주시옵소서.

예배의 시종을 성령께서 함께하시옵고, 거룩하신 예수 그리스도의 이름으로 기도드리옵나이다. 아멘

3일

사랑과 은혜와 능력이 무한하신 하나님 아버지! 주님의 백성들을 특별히 사랑하여 주시어서 이 거룩한 날을 구별하여 성일로 정하시고 하나님을 찬양하고 경배하게 하시니 진심으로 감사드립니다.

날마다 주님 앞에서 온전한 헌신을 다짐하며 기쁨으로 예배드리길 기뻐하는 저희들의 믿음을 귀하게 여겨 주시어 믿음으로 말씀을 받게 하여 주시옵소서.

기도드릴 때마다 저희가 세상에서 지은 모든 더러운 죄를 생각나게 하시고 회개케 하시어 주 예수 그리스도의 보혈로써, 십자가에서 흘리신 보배 피로써 깨끗하게 하여 주시옵소서. 저희의 연약함을 굽어 살피시고, 긍휼히 여겨주시고, 아버지의 인자하심과 자비하심으로 저희를 불쌍히 여기시옵소서.

하나님은 영이시라 하셨사오니 저희들이 신령한 영으로 예배하게 하여 주시고, 진리로 예배하게 하여 주시고, 존귀와 영광 받으시고, 성령의 충만함으로 임하여 주시옵소서.

이 시간에 지혜와 계시의 영으로 말씀을 비춰주시고 깨닫게 하시며 하나님을 알게 하시고 이 세대를 본받지 말고 하나님의 선하시고 기뻐하시고 온전하신 뜻이 무엇인지 알게 하여 주시고, 받은 은혜대로 주님의 뜻을 행하는 사람이 되어 살게 하시고, 세상에 나가서 진리의 말씀을 증거하는 삶을 살게 하소서.

복음을 증거할 때에 믿음의 증거가 나타나는 삶이 되게 하옵소서. 성령께서 저희 영 속에 충만히 임하셔서 저희 마음을 부드러움으로 감동하여 주시고, 저희의 삶을 온전히 섬김의 삶으로 드릴 것을 다짐하고 결심하는 복된 시간 되게 하소서.

또한 교회 가까이에서 주님의 몸 된 교회를 섬길 수 있는 축복을 주시옵소서. 하나님의 말씀을 듣는 것이 숫양의 기름보다 낫고 말씀에 순종하는 것이 제사보다 낫다고 말씀하신 하나님 아버지!

저희의 가진 재물과 처음 소산물로 하나님을 영화롭게 하는 자들 되게 하옵소서. 하나님께 올바르게 순종함으로 아름답게 섬기며, 하나님의 인도하심 가운데 신령한 삶을 사는 성도들이 되게 하옵소서. 오늘 이 시간을 복되게 하시고, 주님의 성령의 능력을 체험케 하옵소서. 성령의 감동하심이 이곳에 가득하고 충만케 하옵소서.

십자가에서 죽으심으로 저희를 구원하시고 부활 승천하시어서 다시 오실 주 예수 그리스도의 이름으로 기도드리옵나이다. 아멘.

거룩 하시고 사랑이 많으신 하나님 아버지. 가정의 달 오월에 주님의 거룩한 교회에 나와 예배드리며 기도하게 하시니 감사합니다. 주님이 만드신 아름다운 세상으로 인하여 더욱 주님을 찬양할 수 있는 오월이 되게 하시고, 푸르름을 더해가는 자연과 같이 저희의 심령도 주님의 사랑으로 풍성하게 채워 주옵소서.

입술로는 주님의 자녀라고 고백하면서 저희의 삶 속에는 아직도 죄의 습관들이 자리 잡고 있음을 발견합니다. 저희의 삶 속에 주님이 오셔서 죄의 요소들을 제거시켜 주시고, 주님과의 복된 교제가 늘 이어지는 생활이 될 수 있도록 인도하여 주옵소서.

높고 높은 보좌를 뒤로 하시고 낮고 낮은 이 세상에 육신을 입고 오셔서 겸손하게 저희의 죄를 속량하시기 위하여 고난을 받으신 주님! 저희들이 그런 주님의 사랑으로 인하여 감격하며 사는 인생이 되기를 원합니다. 저희로 주님의 평안을 체험하게 하시고, 주님의 평강으로 죄를 이기고, 악의 유혹을 극복하며 교만함과 게으름을 이겨나가게 하여 주옵소서.

주님의 교회는 기도하는 집이라 하셨사오니, 주님의 전에 모여서 늘 기도할 수 있는 저희들이 되게 하시고, 모든 성도가 일치된 기도 속에 성령 충만함을 체험하며, 능력이 나타나고 치료가 나타나는 놀라운 역사가 있게 하여 주옵소서.

저희의 기도를 받으시는 응답의 하나님! 저희들의 한숨이 찬양이 되게 하시고, 저희의 근심이 기도가 되게 하옵소서. 연단을 인내로 승리할 수 있도록 믿음을 주옵소서. 믿음은 하나님의 말씀을 듣는 데서 생겨난다고 하셨사오니, 선포되는 하나님의 말씀들이 저희들의 믿음을 강하게 하옵소서. 저희들의 힘으로는 할 수 없기에 오늘도 주님 앞에 나와 보좌에 엎드리오니 새 힘을 주옵소서. 찬양이 끊어지지 않으며, 기쁨이 중단되지 않고, 감사가 넘치는 생활이 되게 하옵소서. 조건을 초월하여 하나님을 섬기게 하시고 경외케 하옵소서.

이 시간 저희의 신앙의 눈이 떠지고, 주님의 음성을 듣게 하시며, 영적인 기쁨이 충만한 시간이 되게 하여 주실 줄을 믿사옵고, 기도의 본을 보여주신 예수 그리스도의 이름으로 기도드리옵나이다. 아멘.

어린아이들을 품에 안아 축복해 주신 주님! 오늘 어린이주일을 맞이하여 티없이 맑고 순수한 어린 아이들과 함께 예배드리게 됨을 진심으로 감사를 드립니다.

주님께서 세상에 계실 때에 어릴 적부터 부모님께 효도하셨던 것처럼 이 어린 아이들도 순종과 효를 행하게 하시고 장차 이 나라를 위하여 쓰임 받는 큰 그릇들이 될 수 있도록 이 아이들의 성장 과정을 주님께서 간섭해 주시고, 죄악이 관영하고 유혹이 강한 이 시대 속에서 성령의 사람으로 거듭나게 도와주소서.

사랑의 주님! 날로 심각해져 가는 청소년 문제도 분명코 이 중요한 성장기에 부모의 사랑이 결핍된 까닭으로 많은 책임도 있는 줄 아오니 주님께서 역사해 주옵시고, 이들을 가르치는 모든 교사들에게 주님의 포근한 사랑으로 어린이들을 잘 지도할 수 있는 크신 은혜를 베풀어주시옵소서.

주님께서 자녀를 노엽게 말라 하였사오니 은혜와 사랑으로 이 어린 아이들을 잘 양육할 수 있는 인내와 지혜를 주시옵고, 또 누구든지 어린 아이같이 되지 않으면 결단코 천국에 들어가지 못하리라 하신 말씀을 기억하오니 저희들도 저 어린 아이들처럼 순수한 믿음과 순종으로 주님을 섬길 수 있는 크신 은혜를 베풀어주시옵소서.

  교회의 몸이 되시는 주님! 이 땅위에 빛을 잃은 교회가 없게 하시고 세속의 부요로 채워지는 교회가 없게 하여 주옵소서. 신령한 하나님의 은혜로 늘 충만한 교회가 되게 하옵소서. 길을 잃은 영혼들에게 등불이 되어 줄 수 있는 교회가 되게 하시고, 슬픔으로 아파하는 영혼들에게는 진정한 위로를 줄 수 있는 교회가 되게 하옵소서. 참 빛을 찾을 수 없는 세상이지만 교회를 통하여 빛을 찾게 하시고, 안식을 얻을 수 없는 세상이지만 교회를 통해서 안식을 얻게 하옵소서.

  이 시간도 권능과 사랑으로 함께하여 주옵시고 다함께 은혜를 나누는 귀한 시간이 되게 하옵소서.

  예수 그리스도의 이름으로 기도드리옵나이다. 아멘.

저희를 사랑하시는 하나님 아버지! 십자가에서 흘리신 예수 그리스도의 보혈의 은총을 감사드립니다. 그뿐만 아니라 상한 갈대와 같이, 꺼져 가는 불처럼 연약하고 보잘 것 없지만 꺾지 아니하시고 끄지 아니하시고 천하와도 바꿀 수 없는 귀중한 생명을 주님께로 인도하는 성도의 사명을 감당케 하여 주심을 진심으로 감사드립니다.

저희에게 그리스도의 마음처럼 진실로 영혼에 대한 끊이지 아니하는 사랑의 마음을 부어주시며, 일에 충성되게 임할 수 있도록 성령을 통하여 부어주시옵소서.

인간의 이성과 과학 그리고 합리적인 사고방식이 하나님의 말씀보다 우위에 서서 이 세상을 지배하려는 이 세대에 저희는 과연 어떻게 하나님의 말씀을 가르쳐야 할지 인도하여 주시옵소서.

저희는 무력하오며 다만 하나님의 전지전능하신 도움만을 필요로 하고 있사오니 저희의 심령을 붙드시사 하나님의 말씀에 대한 확신과 그리스도 예수에 대한 믿음으로 주님의 어린 양들을 먹이며 돌볼 수 있도록 도와주시옵소서.

제자의 발을 씻기시어 스스로 섬기는 자의 본을 보여주시며 어린 이들이 가까이 오는 것을 용납하시며 그들을 위해 기도하셨던 겸손하신 예수 그리스도처럼 먼저 자신이 교사라는 직분에 앞서 참된 인간으로서의 진실함을 소유할 수 있도록 도와주시옵소서.

저희 자신이 무엇인가를 나타내야겠다는 교만한 마음을 버리고 다만 예수 그리스도의 역사하심만을 나타낼 수 있게 하옵소서. 두렵고 떨리는 마음으로 항상 자신을 돌아보며 복음에 합당한 생활을 해나갈 수 있게 하옵소서.

잃어버린 한 마리의 양을 찾아 갖은 고생을 하며 그 양을 찾은 저희의 목자이신 예수 그리스도처럼 저희에게 맡겨진 영혼을 위하여 주님 앞에 끊임없이 기도하며 진실되게 사랑할 수 있는 마음을 허락하옵소서.

저희에게 이 사명을 주신 주님께서 끝까지 감당할 힘을 주실 줄 믿사오며 예수 그리스도의 이름으로 기도드리옵나이다. 아멘.

사랑의 하나님 아버지! 저희에게 저희를 낳으시고 키우신 부모님을 주셨음을 감사드립니다. 모세의 계명에 "네 부모를 공경하라 그리하면 네 하나님 여호와가 네게 준 땅에서 네 생명이 길리라(출애굽기 20장 12절)"고 말씀하셨습니다.

저희를 낳으시고 키우신 부모님을 저희도 주 안에서 공경하게 하시고 그 말씀을 순종하게 하옵소서.

하늘보다 높고 바다보다 깊은 부모님의 은혜를 항상 잊지 말게 하시고, 그 사랑을 통해 하나님의 크신 사랑을 깨닫게 하옵소서.

저희로 하여금 부모 공경을 가르치는 말씀에 귀를 기울이게 하시며 순종하게 하소서. 룻의 효도를 저희에게 본으로 주신 하나님, 저희도 효도의 모범을 주위에 보이게 하소서. 효도의 모범을 보임으로 불효라는 오해를 씻게 하소서.

주님, 이 땅에는 아직도 완전히 복음화되지 못한 가정들이 많습니다. 이 땅이 복음의 물결로 덮이게 하사 저희들의 가정이 복음화 되어 이 땅에서 천국의 기쁨을 미리 맛보게 하소서. 저희들의 효도가 형식적인 것이 되지 않게 하시고 이 주간에 그치는 것이 되지 않게 하소서. 성심있는 효도가 되게 하소서.

주님, 인간조건에 따라서 사람을 대하는 것이 오늘날의 세태입니다. 저희도 알게 모르게 남을 실족케 할까 두렵사오니 말로나 행실로 남을 낙심케 하거나 넘어뜨리지 않도록 다스려 주옵소서. 사람의 겉모양을 보고 함부로 평하는 오만한 짓을 하지 않게 하옵소서.

저희의 죄를 용서해 주신 주님, 주님께로부터 받은 이 용서의 심정으로 도저히 용서할 수 없는 일에 대해서까지도 용서할 수 있는 마음을 주옵소서. 성도로서 소극적으로 시비곡절을 가리는 것보다 적극적으로 하나님의 뜻 안에서 합심하여 기도할 수 있게 하옵소서. 이 시대에 참된 용서의 문화를 이루어 가게 하옵소서.

저희에게 부모님을 주신 예수 그리스도의 이름으로 기도드리옵나이다. 아멘.

저희의 소원을 이루어 주시는 은혜의 하나님! 하나님을 의지하게 하심을 감사합니다. 저희를 성결하게 하사 저희가 하나님의 성호를 찬양할 수 있는 믿음을 더하여 주옵소서. 저희의 마음을 겸손하게 하사 저희에게 은혜를 받게 하여 주옵소서.

저희가 주님의 은혜에 합당치 못한 삶을 살고 있음을 고백합니다. 저희가 주님 앞에 부끄러운 자들임을 고백합니다. 기쁨으로 감사드려야 할 부모님께 근심과 눈물을 드린 것을 용서하여 주옵소서. 육신이 연약하고 부족한 저희들을 불쌍히 여기사 용서하여 주옵소서. 사랑을 실천하는 사람으로 살아갈 수 있도록 복 주옵소서.

저희의 육신을 낳고 길러주신 어버이가 계시지만 효도하며 받드는 일에 인색했던 저희들임을 고백합니다. "네 부모를 공경하라" 명하신 하나님의 법이 저희 입에서만 맴돌 뿐, 가슴에 새겨지지 않았음을 고백하며 저희의 부끄러움을 고백하오니 용서하여 주옵소서.

이제껏 저희를 위하여 모든 것을 희생하신 어버이들에게 평강을 주시고, 늙음에서 오는 외로움과 서러움, 쓸쓸함, 섭섭함 등 이 모든 것들이 사라지게 하여 주옵소서. 외로운 분들과 허약한 분들과 가난한 분들을 위로하여 주시고, 힘을 더하여 주시며 이 땅에 계시는 동안 끝까지 훌륭한 믿음의 어버이로 모범을 보여줄 수 있게 하여 주옵소서.

이제 저희의 뜻과 마음과 정성을 다하여 예배드리오니 성령으로 저희를 인도하여 주시고 진리로 이끌어 주시기를 원합니다. 주님을 떠나서는 아무것도 아님을 고백합니다. 구원의 감격이 저희 모두에게 골고루 내려지는 역사가 일어나게 하여 주옵소서. 이 예배를 통하여 저희의 근심이 기쁨이 되게 하여 주옵소서.

예수 그리스도의 이름으로 기도드리옵나이다. 아멘.

> 기도는 선택이 아니라 하나님의 명령입니다. 하나님의 명령에 따르면 살고 명령에 따르지 아니하면 영이 죽게 됩니다. 영이 죽는다는 것은 하나님과의 교제가 단절된다는 것입니다. 성도들은 기도함으로써 하나님의 뜻을 알 수 있기 때문에 성도들이 어느 길로 가야 할지 말아야 할지 성도들이 무엇을 해야 되는지 안 해야 되는지는 하나님께 물어봐야 합니다.

하시며 사랑이 많으신 하나님 아버지! 세상에서 지치고 상한 심령이 주님 앞에 나왔습니다. 저희에게 하나님의 사랑과 인도하심을 늘 깨닫게 하셔서 감사로 오늘도 마땅히 영광 받으실 하나님께 나와 예배를 통하여 감사와 찬양과 기도와 헌신을 드리게 하옵소서. 산제물이 되게 하셔서 저희들이 온전히 드려지게 하옵소서.

예배의 주체가 되는 주님께서 홀로 영광 받으시옵소서. 하나님의 은혜와 사랑을 생각할 때 주님 뜻대로 살아가지 못하고 저희의 마음대로 살았음을 고백합니다. 용서하여 주옵소서. 그 크신 하나님의 사랑으로 구원받은 백성들이오니, 어두움의 세력들 가운데 유혹 당하지 않게 하시고, 저희를 죄악으로부터 지켜 주옵소서.

오늘도 주님 앞에 가지고 나온 모든 허물들을 용서하시고, 목자 되시는 주님의 인도하심 따라 푸른 초장으로 인도되게 하옵소서. 피곤하고 지친 영혼을 주님의 넓으신 품에 안기게 하옵소서. "수고하고 무거운 짐 진 자들아 다 내게로 오라(마태복음 11장 28절)" 하셨기에 저희가 왔습니다. 모든 짐들을 주님 앞에 내려놓게 하시고, 쉬게 하여 주옵소서.

저희가 주님을 의지함으로 세상을 이기게 하시고 하나님의 공의로우심으로 선을 심고 의를 거두게 하옵소서.

나라와 평화를 주심에 감사하여 드리는 기도를 들으시고 온 인류가 하나 되며 그리스도의 사랑으로 통일되게 하옵소서. 저희 교회를 축복하심을 믿습니다. 저희 나라에게 주신 교회들이 부흥할 수 있도록 은혜를 주옵소서.

저희 교회의 몸이 되시는 주님, 주님과 연합하여 선을 이루게 하시고 각 지체 지체가 하나가 되어 헌신하고 충성하기를 소원합니다. 저희들의 열심을 통하여 저희 교회가 날마다 부흥되게 하시고, 저희들의 전도가 열매가 되어 구원받은 사람들이 날마다 늘어나게 하여 주옵소서.

말씀을 들을 때 성령의 감동하심과 감화하심을 주시고, 기도할 때 성령이 도우셔서 늘 살아있는 믿음이 되게 하옵소서. 주님의 충만하신 은혜가 모인 무리 가운데 함께 하여 주옵소서.

예수 그리스도의 이름으로 기도드리옵나이다. 아멘.

상한 갈대도 꺾지 않으시고 꺼져가는 심지도 끄지 않으시는 자비로우신 하나님 아버지! 오늘도 거룩한 교회로 모여 하나님의 인자하심을 찬양하며 감사할 수 있는 복을 허락하시니 감사합니다. 저희들을 광야 같은 세상에서 눈동자와 같이 지켜주심을 감사합니다.

오늘 정하여 드리는 예배를 기쁘게 받아 주옵소서. 응답이 있는 예배가 되게 하옵소서. 치유가 있는 예배가 되게 하옵소서. 해결함을 받는 예배가 되게 하옵소서. 주님과 친밀하여 지며 성도의 교제가 넘치는 복된 예배가 되게 하옵소서.

성령의 감동과 감화가 충만한 예배가 되게 하옵소서. 풍성한 열매가 있는 살아있는 예배 되게 하시고, 말씀이 충만한 예배가 되게 하옵소서. 솔로몬이 일천 번제로 하나님의 은혜를 입은 것 같이 오늘 드리는 예배가 저희의 삶 속에 응답 받는 복된 예배 되게 하옵소서.

예배를 통하여 용서가 있게 하시고, 화해가 있게 하시고, 관용이 있게 하시고, 헌신이 있게 하여 주옵소서. 저희들의 신앙생활에 십자가를 내려놓지 않게 하시고 감사함으로 주님 가신 길을 따라가게 하여 주옵소서. 죄악 된 모습을 고쳐 주옵소서. 하나님이 성품을 닮게 하옵소서. 주님의 뜻을 실천하게 하옵소서. 그리스도의 보혈이 충만케 하옵소서.

오늘도 예배로 시작하오니 승리하게 하시고 생활 속에서 하나님의 거룩함을 드러내게 하옵소서. 예배를 통하여 부르짖는 저희들의 기도에 하나님 응답하시고, 애통하는 저희들에게 가까이 오시옵소서. 하나님의 계획과 섭리를 깨닫게 하셔서 주신 사명을 감당하게 하시고, 권세와 능력있는 성도들이 되어서 어두움의 세력을 물리치고, 저주의 세력 앞에 예수 그리스도의 이름으로 승리하게 하옵소서.

성령으로 충만케 하셔서 하나님이 요구하시는 믿음의 열매와 성령의 열매들로 날마다 맺히게 하옵소서. 이 세대를 본받지 않게 하시고, 하나님의 기뻐하시고 선하신 뜻이 무엇인지 분별하게 하여 주옵소서. 범사에 때를 얻든지 못 얻든지 힘써 복음을 전하게 하시고 말씀으로 세상을 이기게 하옵소서.

예수 그리스도의 이름으로 기도드리옵나이다. 아멘.

자비와 긍휼이 풍성하신 저희 주 하나님 아버지! 죽을 수밖에 없는 죄인들을 구원하셔서 하나님의 자녀가 되게 하시고, 자녀의 권세를 주심으로 기도하고, 찬양하며, 예배하고 전도하게 하심을 감사를 드립니다. 저희의 신앙 고백이 주님을 영접하지 못한 이웃을 하나님께로 인도하는 능력이 되게 하옵소서.

저희에게 열매가 있게 하시려고 은혜를 주시고, 은사를 나누어 주심으로 아버지의 역사하심에 동참하게 하시니 감사합니다. 저희들을 통하여 선한 열매가 맺히게 하여 주옵소서. 허물 많은 저희들을 물리치지 않으시고, 오늘도 하나님의 앞에 나와 용서받게 하시고 은혜 받게 하시니 감사합니다. 저희들이 변화 받아 국가와 교회 그리고 가정을 변화시키기에 부족함이 없도록 하옵소서.

오늘 드리는 예배를 받아 주옵소서. 성가대의 찬양에 능력이 있게 하시고, 저희가 드리는 찬양이 하늘 문을 열게 하옵소서. 오래 참으심으로 저희를 구원하셨습니다. 저희도 오래 참음으로 전도의 열매를 맺도록 인도하여 주옵소서.

오늘 예배를 인도하시며 가정과 삶의 터전 위에 하나님의 복이 함께

하여 주옵소서. 증거되는 말씀마다 능력이 있게 하셔서, 저희의 가슴에 심령을 넣으시어 부족함이 없도록 붙들어 주옵소서. 그리스도의 인격을 사모하게 하셔서 영적으로 인격적으로 그리스도의 장성한 분량까지 이르도록 하옵소서.

성도들의 고충을 아시는 아버지께서 예배에 은혜를 주셔서 위로가 넘치게 하시고, 하나님의 능력으로 치료받는 기적을 주옵소서. 한 주간도 믿음으로 지켜 보호하여 주옵소서.

오늘도 주님의 이름을 부르는 자들에게 구원을 베푸시는 예수 그리스도의 이름으로 기도드리옵나이다. 아멘.

저희의 힘이 되시고, 방패가 되시며, 믿는 자들의 피난처가 되시는 하나님 아버지! 은혜와 사랑을 감사하며 감사와 찬양과 영광과 존귀를 올려드립니다. 저희의 삶에서 결단한 것들을 가지고 아버지 앞에 예배로 드리오니 흠향하여 주옵소서.

저희가 하나님을 택한 것이 아니라 아버지께서 저희를 택하시고 부르시고 세워 주셨나이다. 그 부르심에 합당한 열매 맺는 자들이 되게 하옵소서. 저희는 참으로 아버지의 것이오니 세상과 구별된 삶으로 승리케 하옵소서.

죄인 된 저희들을 버리지 않으시고 세상 죄악 속에서 사는 저희를 부르시고, 가난 중에 부르시며, 실패 가운데 불러주셔서 귀족 가운데 앉히시고, 부요와 은혜를 주시며, 성공적인 삶으로 인도하심을 믿습니다. 비록 지금은 단련 중에 있다 할지라도 믿음의 사람 욥과 같이 인내하여 축복의 결말을 보게 하여 주옵소서.

하나님의 영광을 가렸던 모든 것들을 회개하오니 용서하여 주옵소서. 주님의 보혈의 능력으로 지난 죄는 사함 받고 깨끗한 마음 온유한 마음으로 성도다운 삶을 살게 하옵소서.

온 인류 위에 필요한 이웃이 되게 하시고, 사회에 없어서는 안 될 빛의 사명들을 감당하는 성도들이 되게 하옵소서. 세상과 짝하여 세상 유혹에 넘어가지 않게 하시고, 살아있는 물고기처럼 시대의 세파에 오히려 거슬러 올라갈 수 있는 은혜를 주옵소서. 말씀을 알면서도 지킬 수 있는 힘과 의지가 부족하오니 성령의 능력으로 채워주셔서 감당할 수 있는 은혜를 허락하여 주옵소서.

　이 땅에 세워진 교회들을 위해서 기도하오니 주님의 지체된 저희가 하나님께서 명하신 본분을 감당할 수 있는 복을 허락하여 주시고, 저희로 하나님께 칭찬 받는 귀한 청지기가 되게 하여 주옵소서.

　예배드리는 각 심령마다 성령님 임하셔서 풍성한 은혜를 내려 주시고, 갈급하여 애타는 영혼들에게 촉촉한 성령의 단비를 내려주셔서 가정과 직장과 사회생활 가운데 그리스도의 빛을 나타내게 하옵소서.

　예배를 통하여 주님 홀로 영광 받으시기를 원하오며, 예수 그리스도의 이름으로 기도드리옵나이다. 아멘.

할렐루야! 저희의 찬양과 경배를 받으시기에 합당하신 전능의 하나님 아버지 감사를 드립니다. 저희의 입술로만 주님을 찬양하는 자가 아니라 믿음으로 아버지께 감사하며 찬양하는 자들이 되게 하여 주옵소서.

이 시간에도 저희에게 지혜를 허락하셔서 말씀을 깨닫게 하시고 드려지는 기도가 하나님께서 응답하시는 참된 기도가 되게 하여 주셔서 오늘 드리는 예배를 통하여 하나님의 성품이 충만케 하옵소서. 은혜를 풍족히 받아 하나님의 선하신 뜻대로 그리스도를 닮아가게 하여 주옵소서. 주님 안에서 믿음과 인격이 날마다 성장하도록 도와주옵소서.

오른손에 일곱 별을 붙잡고 일곱 금 촛대 사이를 운행하시며 주님의 교회와 성도들을 감찰하시는 주님 앞에 간구합니다. 뜻과 섭리가 계셔서 이곳에 교회를 세우시고, 온 성도와 주님의 종으로 더불어 섬기게 하시고 헌신하게 하시니 감사합니다. 저희 교회를 통하여 시작하게 하신 이웃의 전도사역과 선교와 구제가 중단되지 않도록 인도하여 주옵소서.

교회가 연중 부흥하게 하시고, 기관마다 활성화 됨으로써 더 효율적으로 주님의 사명을 감당하게 하옵소서.

거짓과 이단이 만연한 이때에 하나님의 말씀으로 무장하게 하셔서 세상과 타협하지 않도록 지켜 주시고, 오히려 세상 가운데 빛과 소금의 역할을 능히 감당하는 능력 있는 그리스도인이 되도록 복 주옵소서.

저희 교회 선교사들을 위하여 간구합니다. 영력과 지력과 체력을 더하시며 가정마다 레위인의 분깃을 허락하시어 궁핍함을 당하지 않게 하시고 선교의 사역에 전념할 수 있도록 은혜와 평강을 더하여 주옵소서. 특별히 말씀의 능력을 더하여 주셔서 베드로의 설교를 통하여 수천 명이 회개하고 돌이킨 것 같이, 바울의 설교로 세계복음화가 감당된 것 같이 역사하는 말씀을 주옵소서.

오늘도 말씀 속에 복종케 하시고, 주시는 은혜에 순종케 하셔서 행함으로 열매를 맺는 믿음의 사람들이 되게 하옵소서.

예수 그리스도의 이름으로 기도드리옵나이다. 아멘.

만왕의 왕이시며 만유의 주가 되신 저희 주 여호와 하나님 아버지! 오늘도 저희를 환난과 세상 풍파 가운데서 지켜주심으로 안전하게 하시고, 건강주시고 생명주시고 믿음을 주셔서 오늘도 예배하는 자리에 나올 수 있었음을 고백드립니다. 저희의 죄악으로 인하여 멸하지 아니하시고 긍휼을 베푸시고 용서하신 은혜에 감사합니다.

저희가 하나님을 알기 오래전부터 저희를 아시고 저희의 모든 필요에 공급하시는 하나님! 참으로 감사합니다. 저희로 하나님의 전에 감사와 찬양이 끊이지 아니하도록 복 주옵소서. 지난 한 주간도 눈동자처럼 보호하신 하나님의 은혜를 아오니 감사와 찬양을 주님께 돌립니다.

긍휼이 많으신 아버지! 저희에게 성도의 삶을 요구하시는 하나님 아버지! 아브라함과 이삭의 하나님, 저희의 주인이 되시는 하나님, 세상을 바라보는 눈이 선한 눈이 되게 하시고, 감사의 입술이 되게 하시며, 복된 귀가 되게 하셔서 성결한 삶을 이 땅에서도 살아갈 수 있도록 도와주옵소서.

"내가 거룩하니 너희도 거룩하라(레위기 11장 45절)"고 말씀하신 하나님께 순종할 수 있는 삶이 되기를 원합니다. 혹 입술로 이웃의 허물하는 죄를 지었다면 용서하여 주옵소서. 너희가 판단하는 대로 너희도 받으리라 하신 하나님 저희의 죄악됨을 용서하여 주옵소서. 은혜의 말씀을 부담스러워 했다면 용서하여 주옵소서. 안목의 정욕으로 마음을 더럽힌 모든 것들을 회개하오니 용서하여 주옵소서.

저희 교회를 위해서 기도드립니다. 저희 모든 성도들이 오직 하나님만을 섬기고 오직 하나님만을 위해 봉사하며 하나님의 영광을 위하여 교제를 나눌 수 있는 저희가 되게 하여 주시고 저희를 주님의 몸 된 교회의 지체되기에 부끄럽지 않은 삶으로 인도하여 주옵소서. 세상을 이기게 하시고, 세상에서 주님의 증인되는 복을 허락하여 주옵소서.

이웃을 위하여 기도하고 봉사하게 하시고 그들의 필요에 도움의 손길이 될 수 있는 복을 허락하여 주옵소서. 적은 소자에게 냉수 한 그릇 대접한 것도 반드시 상을 잃지 않겠다고 하신 하나님 아버지. 저희에게 하나님이 공급하시는 힘으로 이웃을 위하여 헌신할 수 있는 믿음을 더하여 주옵소서.

예수 그리스도의 이름으로 기도드리옵나이다. 아멘.

위로의 근원이신 하나님! 지금도 병원에서 고통 중에 신음하며 아파하는 성도를 위하여 기도드립니다. 거룩하신 하나님 아버지! 병원에서 육신의 병을 얻어 고통당하고 있는 환자들에게 은총을 내려 주시옵소서. 거룩하신 사랑의 손을 펼치사 성도의 병든 몸에 얹으셔서 고통에서 벗어나게 하옵소서.

건강했을 때에 주님과 가까이하지 못한 잘못을 용서하여 주옵소서. 힘이 넘칠 때, 사업이 형통하였을 때에 주님의 교회를 위하여 바치기를 더디했던 죄를 용서하여 주옵소서. 자유하던 때에 사사로운 만족을 위하여 시간과 믿음을 허비하면서도 하나님 앞에서는 안식했던 모든 허물들을 너그럽게 보시사 긍휼을 베푸소서.

주님! 그들이 당하는 고통에서부터 평안을 주실 이는 주님 한 분뿐이오니, 지난 날의 저질렀던 죄를 회개하며 눈물 흘리는 성도를 용서하여 주시옵소서. 고통에서 절망하는 환자들에게 주님의 옷자락을 만질 손을 내밀게 하옵소서.

이제 환자로 하여금 주님의 십자가를 바라보게 하시고 결코 주님께서 자신을 외면하지 아니하신다는 확신을 가슴에 새기게 하옵소서.

주님! 이 고통의 시간을 단축시켜 주옵소서. 신음의 소리를 거두시고 찬송하게 하시고, 고통 중에라도 주님의 긍휼을 구하는 성도의 뜨거운 눈물의 기도를 들으소서.

병든 자를 향하여 "내 죄를 사하였으니 평안히 가라(누가복음 5장 20절)"고 말씀하시던 자비로우신 주님! 그 음성을 이 형제도 듣게 하옵소서. 그리하여 이 형제의 마음과 육신을 평안케 하사 주님을 영화롭게 하는 자가 되게 하옵소서.

마음을 아시는 주님. "입으로 들어가는 것이 사람을 더럽게 하는 것이 아니라 입에서 나오는 그것이 사람을 더럽게 하는 것이니라(마태복음 15장 11절)" 말씀하셨습니다.

죄인을 불쌍히 여기시는 사랑의 하나님, 그 크신 사랑을 감히 형언할 수 없나이다. 사랑의 대상과 방법에 있어서 제한이 없으신 예수 그리스도의 사랑이 저희에게 차고 넘치기를 간구합니다. 저희 속에 가득 찬 이기심, 잘못된 습관, 세속적 관심을 성령의 불로 태우사 하나님 말씀 중심으로 바꿔지게 하옵소서.

진리이신 하나님, 저희에게는 진리와 거짓을 구별할 수 있는 영적 통찰력이 부족합니다. 그래서 스스로 모순을 범하고 있는 영적 소경과 같사오니 불쌍히 여겨 주옵소서. 말씀 속에 감추어 진 비밀을 깨달을 수 있는 이해력과 지식을 주옵소서.

예수 그리스도의 이름으로 기도드리옵나이다. 아멘.

16일

모든 것을 하나님께 맡기라고 하신 주님, 저희의 모든 것을 주님께 맡기고 하나님의 크신 도우심을 입게 하옵소서. 가족에게 마음의 평화를 주시고 담대함을 주시며, 그곳에 근무하는 모든 사람에게도 친절한 마음을 주옵소서.

저희를 부르신 주님. "이르시되 때가 찼고 하나님의 나라가 가까이 왔으니 회개하고 복음을 믿으라 하시더라(마가복음 1장 15절)" 말씀하셨습니다.

생명의 은혜를 베풀어주신 주님, 그 크신 은혜를 찬양하며 감사드립니다. 좋은 일이 있으면 그것이 마치 전부 저희의 공적인 양 은근히 자신을 드러냄으로 예수 그리스도의 영광을 가로챈 죄를 용서하여 주옵소서. 이제는 주님과 함께 옛 사람이 장사되고 새 생명 가운데서 행하게 하옵소서.

주님의 자녀들이 이 땅에서 당하는 고통을 다 아시는 주님, 저희가 예수 그리스도 안에 있으면 언제나 승리할 것을 확신합니다. 주님의 겸손을 본받아 살므로 "너는 내 사랑하는 아들이라 내가 너를 기뻐하노라(마가복음 1장 11절)"고 인정을 받을 수 있는 사람 되게 하옵소서.

아무 인간조건도 보지 않으시고 저희를 부르신 주님, 부르심에 진정으로 응답한 사람은 인간조건에 관계없이 능력 있는 삶을 살 수 있는 것을 믿습니다. 주님의 부르심에 언제나 아멘으로 응답하며 순종할 수 있게 하옵소서. 주어진 일에 그 누구보다도 성실하게, 묵묵히 일하여 착하고 신실한 종으로 인정받기를 원합니다. 눈가림으로나 노예근성으로가 아니라 그 일 자체가 즐겁고 행복한 것이 되게 하옵소서.

외형적 형식보다 내용을 귀하게 보시는 하나님, 저희는 세련된 형식주의자보다 부족한 듯 보이지만 진실한 자녀가 되길 원합니다.

"입에 들어가는 것이 사람을 더럽게 하는 것이 아니라 입에서 나오는 그것이 사람을 더럽게 하는 것(마태복음 15장 11절)"이라고 하신 주님, 외형적으로 드러나는 육체적인 단장보다는 오직 마음에 숨은 속사람을 온유하고 심령의 썩지 아니할 것으로 가꿀 수 있게 하옵소서.

일할 수 있는 때를 적극 선용할 것을 다짐하오며, 예수 그리스도의 이름으로 기도드리옵나이다. 아멘.

치료의 능력이 무한하신 하나님 아버지! 수술을 앞두고 의사의 손에 육신을 맡기기 전에 하나님께 도움을 요청하는 성도를 위해 기도드립니다. 그들의 기도를 받아주옵소서. 먼저 집도할 의사와 간호사들에게 지혜와 은혜를 베풀어 주시고 하나님의 성령이 집도하게 하옵소서.

치료의 광선을 비추시는 하나님 아버지! 하나님께서는 언제나 저희의 마음을 감찰하고 필요한 덕과 지혜로 모든 일을 합력하여 선을 이루게 해 주심을 믿습니다. 사람의 손이 움직일 때마다 하나님의 손이 움직이고 있는 것을 바라보면서 마음의 평안과 기쁨을 얻게 하옵소서.

병마로 수술을 앞둔 환자들을 위해 기도합니다. 의료진으로 하여금 시작부터 순조롭게 하시고 모든 과정이 주님의 기계처럼 움직이게 하옵소서. 이제 구하옵나니, 저희의 눈으로 보여지는 곳과 손댈 수 있는 병든 곳만이 아니라 저희의 눈에 보이지 않는 곳까지 깨끗하게 살피시게 하시고 수술하게 하소서. 온몸이 성별함을 받도록 신령한 은혜의 역사가 일어나게 해 주옵소서.

거듭난 자만이 하나님을 바라본다고 말씀하신 것처럼 마음의 수술대 위에서 성도의 영혼까지 맑고 신령하게 고쳐 주옵소서. 지루한 병실에서의 하루하루가 능력 있는 주님의 손을 통해서 감격과 희망의 삶이 되게 해주옵소서.

사랑의 하나님!

네가 나를 사랑한즉 모든 환난 가운데서 건져주시겠다고 약속하셨습니다. 네가 내 이름을 안 즉, 내가 높이고 네 소원을 모두 들어 응답하겠다고 말씀하셨습니다. 만병의 대의사가 되시는 주 하나님! 영혼과 육신 모두가 새롭게 탄생되는 축복의 시간이 되게 하옵소서.

치료자가 되시는 주님. "누구든지 자기 목숨을 구원하고자 하면 잃을 것이요 누구든지 나와 복음을 위하여 자기 목숨을 잃으면 구원하리라(마가복음 8장 35절)" 말씀하셨습니다.

저희 인생을 불쌍히 여기시는 자비하신 하나님, 주님께서는 저희를 감찰하시며 저희의 궁핍함을 알고 계시며, 저희에게 연민을 느끼고 계심을 믿습니다. 저희에게 충분한 마음의 안정과 보다 더 조용하고 침착하고 겸허한 자세를 주옵소서. 저희 주위의 현실이 암담하고 고통스럽게 보일지라도 주님만을 의지하는 믿음을 더하여 주옵소서.

저희는 하나님에 의하여 선택받은 자이며, 하나님을 위해 성별된 자이오니 저희로 위탁받은 일을 완수하도록 능력을 베풀어 주옵소서.

그리스도의 장성한 분량에 이를 수 있기를 원하옵고, 예수 그리스도의 이름으로 기도드리옵나이다. 아멘.

믿는 자의 구원이 되시고, 소망이 되시는 저희의 하나님 아버지! 하나님께서 사랑하시는 성도가 병으로 인하여 지금 고통 중에 신음하고 있습니다. 그래서 저희 믿음의 성도들이 이렇게 주님 앞에 합심하여 기도드립니다.

하나님, 고통과 아픔 속에서 힘들어하는 성도를 든든히 붙들어 주셔서 십자가를 의지할 수 있게 하옵소서. 믿음이 없이는 하나님 나라에 들어갈 수 없다 하신 주님, 성도는 기도로 예수 그리스도를 영접하였사오니 믿음으로 천국에 들어 갈 수 있음을 믿고 감사를 드립니다. 지금 병환 중에 있으나 하늘나라의 영원한 생명을 바라보고 기뻐할 수 있게 하옵소서. 하나님이 부르시는 때가 임박한 것을 깨닫고 회개의 눈물을 흘리는 성도의 허물을 씻어 주시어 거듭나서 흰눈처럼 깨끗한 심령으로 하나님의 나라를 기업으로 얻게 하옵소서.

사랑의 주님, 성도의 영혼을 주장하셔서 천군천사로 보호하시며, 사랑이신 아버지 품에 영접해 주옵소서. 성도의 심령에 평안을 주옵소서. 주님을 바라보게 하옵소서. 또한 가족들에도 크신 은혜를 주옵소서.

성령의 충만을 주시는 주님. "나보다 능력이 많으신 이가 오시나니 나는 그의 신발끈을 풀기도 감당하지 못하겠노라 그는 성령과 불로 너희에게 세례를 베푸실 것이오(누가복음 3장 16절)" 말씀하셨습니다.

애통하고 회개하는 자에게 용서의 은총을 베푸시는 주님, 회개보다는 축복에 관심이 많았던 저희의 잘못을 용서하여 주옵소서. 비록 회개의 메시지가 듣기 싫을지라도 기꺼이 받아 진정으로 슬퍼하며 잘못을 끊는 진지한 결심을 할 수 있게 하옵소서. 저희에게도 주님의 말씀이 임하게 하시고, 성령의 감동과 확신을 갖게 하사 삶의 본을 보이며 담대하게 전파할 수 있게 하옵소서.

순종이 제사보다 낫다고 하신 주님, 저희가 하나님의 구속 사역의 권위 아래 철저히 순종하는 사람으로 살기를 원하오니 성령의 능력을 주옵소서. 나아가 저희가 하나님의 큰 능력을 받아 백성들의 인기를 얻을 때 자신을 부인하고 겸손히 그리스도만을 증거하게 하옵소서.

영광을 세세토록 받으시기에 합당하신 하나님 아버지, 모든 죄인이 구원에 이르는 것을 통하여 궁극적으로 하나님께만 영광이 돌려지기를 원하옵니다. 그리스도를 통하여 죄인이 구원받는 역사가 하나님의 절대적인 주권에 달려 있음을 믿사오니 허락하여 주옵소서.

예수 그리스도의 이름으로 기도드리옵나이다. 아멘.

만물의 주인 되시며 인간의 삶을 섭리하시는 하나님 아버지! 부족하고 패역하여 죽을 수밖에 없는 이 죄인을 사랑하사 주님의 백성으로 삼아주시고 지켜 주신 은혜를 감사드리나이다.

더욱 감사하옵기는 성도들의 생업에 축복하셔서 번창하게 하시고 궁핍함이 없이 살아가게 하시니 감사합니다. 원컨대 성도들의 사업을 통하여 주님께서 이루고자 하시는 뜻을 이루어주옵소서.

하나님 아버지! 성도들의 사업을 통하여 많은 사람에게 이로움을 주며 사회에 이바지하게 하시옵소서. 모든 일과 계획이 주님을 영화롭게 하는 것이 되게 하시고 인간의 욕심과 재물로 여호와의 이름을 더럽히지 않게 하시며 물질로 인하여 시험에 들지 않도록 늘 지켜주옵소서.

성도들의 사업의 주체와 주인은 그들이 아니라 주님이시오니 이 점을 늘 잊지 않고 주님께서 합당하게 여기시는 바에 따라 운영해 나갈 수 있도록 붙들어 주옵소서. 모든 것에 감사하는 마음을 허락하시며 온갖 일과 재물의 주인이 주님임을 고백하는 태도를 주셔서 겸손히 절제하며 생활하게 하옵소서.

잃은 자를 찾으시는 주님. "내가 너희에게 이르노니 이와 같이 죄인 한 사람이 회개하면 하늘에서는 회개할 것 없는 의인 아흔아홉으로 말미암아 기뻐하는 것보다 더하리라(누가복음 15장 7절)" 하셨습니다.

잃은 자를 찾으시는 하나님. 주님께서 의인을 부르러 오신 것이 아니라 죄인을 부르러 오셨음을 감사드립니다. 오늘 교회나 선교단체가 양을 찾되 말씀의 등불을 켜고 부지런히 방을 쓸듯이 치밀하게 찾는 바른 전도의 자세를 가질 수 있게 하옵소서.

참 목자이신 주님, 양된 저희는 오로지 목자이신 주님만을 의지할 수밖에 없는 존재이옵니다. 언제나 죄인을 찾아 구원하시는 하나님의 지극한 사랑만을 신뢰하고 굳세게 살고자 힘쓰겠나이다. 저희의 행위를 자랑하지 않게 하시고 주님의 긍휼하심을 더 높이게 하옵소서. 저희가 용기를 내어 저희들의 죄를 고백하고 일어나 주님 품에 돌아가겠습니다.

거룩하신 주님, 부족한 저희를 죄인들의 영혼의 파수꾼으로 세우신 것을 감사드립니다. 저희가 그들에게 복음을 전하지 아니하면 화가 미치게 됨을 기억하고 힘써 전도할 수 있게 하옵소서.

또한 죄를 회개하고 하나님 앞으로 나아간 인간들을 대하시는 하나님의 은혜로우신 용서와 사랑을 전하길 원하오며 예수 그리스도의 이름으로 기도드리옵나이다. 아멘.

만왕의 왕이시며 만인의 의원이신 전능하신 하나님 아버지! 오늘 이 시간에는 주님의 귀한 자녀 중에 큰 병 중에서 신음하다 수술을 앞두고 있는 성도를 위해 기도드리오니, 주님께서 치료의 손길로 함께하여 주시옵시고 수술을 담당하시는 모든 의료진들에게도 권능의 손길로 함께하여 주시옵소서. 또한 생명을 다루는 이 세미한 수술을 한 점의 실수없이 완벽하게 해낼 수 있도록 능력의 손길로 함께하여 주시옵소서.

사랑과 은혜가 풍성하신 하나님 아버지!

원하옵기는 주님께서 사랑하시는 저희 성도의 마음에 큰 위로와 평안으로 충만히 채워주시옵시며 또한 지난 날 주님 앞에서의 크고 작은 선행들을 기억하여 주시옵고 옛적의 히스기야처럼 크신 은혜를 입게 하여 주시옵소서.

죽은 자도 살리시며 영원한 생명을 주신 하나님 아버지! 히스기야가 죽을 병에서 고침을 받고 십오 년이나 생명을 연장해 주시는 주님의 사랑을 체험하였사오니 오늘 더 강건하게 살게 하여 주시옵고, 더욱더 주님을 의지하며 사랑하며 겸허한 마음으로 주님을 섬기는 전화위복의 계기가 되게 하여 주시옵소서.

오늘도 살아 계셔서 인간의 생사화복을 주관하시는 능력의 하나님 아버지!

수술을 위하여서 수고하시는 병원의 모든 의사들과 많은 간호사들에게 십자가의 평안과 사랑으로 함께하여 주시옵시고 귀한 달란트로 주님께 영광을 돌리며 살아가게 하여 주시옵소서.

구한 대로 주시는 주님. "너희가 내 이름으로 무엇을 구하든지 내가 행하리니 이는 아버지로 하여금 아들로 말미암아 영광을 받으시게 하려 함이라(요한복음 14장 13절)" 말씀하셨습니다.

길이요 진리요 생명이 되신 주님, 저희가 주님을 믿고 산다고 하면서도 저희 속에 근심이 많습니다. 예수 그리스도를 굳게 믿음으로 저희 마음이 더 이상 근심에 얽매이지 않게 하여 주옵소서. 주님께서 주신 확실한 말씀 위에 굳게 서서 힘 있게 전진하기를 힘쓰겠나이다.

자비하신 하나님, 아버지께서 아들을 세상에 보내사 저희에게 하나님을 알게 하시고 그를 통해 아버지께로 나아갈 수 있게 하신 것을 감사드립니다. 죄악 된 저희가 하나님의 집에 갈 자격을 얻었사오니 이 분명한 목적지를 향해 날마다 달려가는 삶이 되기를 원합니다.

예수 그리스도의 이름으로 기도드리옵나이다. 아멘.

21일

빛이신 하나님 아버지! 지난 한 주간 동안 죄악 속에 빠져 있던 저희 영혼들에게 값없는 사랑과 한량없는 은혜를 주사 이 시간까지 생명을 연장시켜 주신 하나님 아버지! 오늘 주님의 날을 맞아 좋은 일기를 허락하시고 주님께 엎드려 경배와 찬양 드릴 수 있는 은혜를 주심에 감사드립니다.

그러나 주님의 자녀인 저희는 주님의 말씀과 성령의 향기로 세상을 살며 빛과 소금의 역할을 해야 하건만 주님의 사랑을 잊은 채 정욕과 물욕에 빠져 세상과 타협하며 한 주간을 지내왔음을 자복하고 회개하오니, 주님, 이 시간 십자가의 보혈로 저희 죄를 사하여 주시고 어리석음과 벌레만도 못한 언행심사를 용서하여 주시며 저희의 심령이 회복되는 시간이 될 수 있도록 도와주옵소서.

하나님 아버지! 지금 이 시간 병마와 싸우며 고통 속에 있는 환우들을 만병의 대의사이신 아버지께서 그들을 위로하시고 친히 고치시사 속히 자리에서 일어나 건강한 삶으로 회복되는 지체들이 되게 하여 주옵소서.

영원하신 하나님. "다윗의 아들 예루살렘 왕 전도자의 말씀이라 전도자가 이르되 헛되고 헛되며 헛되고 헛되니 모든 것이 헛되도다(전도서

1장 1절)"라고 말씀하셨습니다.

저희가 해 아래서 하는 모든 수고가 저희가 죽으면 저희에게는 아무 유익이 없습니다. 저희에게는 결국 아무 유익이 없고 다만 저희 후손들에게 약간의 유익이 있을 뿐이며, 저희 후손 또한 결국 죽을 것이므로 결국은 모든 것은 헛된 것입니다. 이와 같이 한 세대는 가고 또 한 세대는 오는 것처럼 수천 년의 인류 역사가 이렇게 진행되어 왔습니다. 영원한 것은 오직 하나님 한 분입니다.

세상의 모든 일들은 반복될 뿐입니다. 물론 지식과 기술의 발전이라는 것도 있습니다. 그러나 인간 본성의 문제, 죄의 문제, 인간관계의 문제, 종교적 문제, 도덕적 문제, 남을 미워하고 속이고 자기의 욕심을 추구하는 것과 돈 사랑, 육체적 쾌락 사랑, 명예심, 교만 등의 일들은 하나도 새로운 것이 없고 변한 것이 없습니다. 죄인인 인간은 늙고 병들고 죽을 수밖에 없습니다. 수많은 사람들과 사건들이 지나가고 사람들의 기억에서 희미해지며 또 다음 세대들도 저희에 대해 똑같이 그러할 것이기에 해 아래는 새것이 없습니다.

영원한 것은 오직 하늘나라에서 주님 곁에 있는 것뿐이옵니다. 그렇기에 이 세상에 살면서 남을 미워하고 남의 것을 탐하고 부귀영화를 누린들 모두 헛된 삶이란 것을 저희들은 알고 있습니다.

이 모든 말씀 저희 죄를 대속하신 예수 그리스도의 이름으로 기도드리옵나이다. 아멘.

말씀한 마디로 천지를 창조하신 하나님 아버지시여! 이 시간 저희가 갈급함으로 주님께 나아와 두 손을 들고 하나님의 이름을 찬양하오니 큰 영광 받으시옵소서. 열방의 모든 이름 위에 뛰어나신 전능하신 하나님께 감사드립니다.

"여호와를 자기 하나님으로 삼는 백성은 복이 있도다(시편 144편 15절)" 하신 말씀에 의지하여 이 시간 하나님을 저희의 참 소망과 주인으로 믿고 나왔사오니, 주님! 저희에게 크신 은총을 내려주옵소서. 오늘 이 예배를 통하여 삶에 지친 저희의 영혼이 자유를 얻게 하옵소서.

온 인류를 특별히 사랑하시는 하나님 아버지!

지난 역사 속에서 우상숭배와 가난과 진노의 자식으로 살던 이 인류에게 주님의 피흘리신 복음의 씨를 뿌려 주시고 구원의 도리를 붙잡을 수 있도록 인도하신 은혜를 감사드립니다. 그러나 아직도 이 나라 구석구석에는 우상을 섬기며 헛된 신을 구하는 어리석은 백성들이 있습니다. 스스로 지혜롭다 하며 자기 교만과 자랑에 빠진 불쌍한 이들, 하나님의 정의와 법을 무시하고 쾌락과 탐욕의 노예가 되어 살아가고 있는 자들도 있습니다. 주님의 자비롭고 전능하신 손을 드셔서 건져주시며 잘못된 길에서 돌이키게 하옵소서.

절망적인 시대 배경 가운데서 오히려 새 역사를 창조하시는 주님, 저희가 중대한 결정을 내리기 전, 먼저 하나님의 뜻을 구하는 간절한 기도를 드리는 기도의 사람으로 살기를 원합니다. 그리하여 마음이 가난하고 의에 주리며 상한 마음을 가진 복 있는 인생을 살게 하옵소서.

사랑의 하나님, 저희가 하나님의 사랑에 기초한 새 계명을 지키길 원합니다. 원수를 사랑하고, 미워하는 자를 선대하며, 저주하는 자를 축복하며 기도해 줄 수 있는 사람으로 변화시켜 주옵소서.

아직도 서로 총칼을 들이대며 화해하지 못하는 나라들을 불쌍히 여기사 하나님 안에서 하나가 되는 평화의 역사를 속히 보게 하옵소서. 이 세상에서 살아갈 넉넉한 영혼의 양식을 얻게 하옵소서. 가정에서, 직장에서, 어느 일터에서나 하나님의 사람으로 담대히 살아가며 하나님 나라의 일꾼으로 일하게 하옵소서. 저희의 이웃들에게 주님의 아름다운 향기를 나타내게 하옵소서.

예수 그리스도의 이름으로 기도드리옵나이다. 아멘.

23일

이스라엘 민족을 에굽으로부터 해방시키신 구원의 주 하나님! 역사적인 시련과 환란 속에서 늘 저희를 지켜주셔서 감사드립니다.

주님은 저희에게 서로 화목하여 하나 되라고 말씀하셨으나 아직도 세계는 전쟁의 틈바구니에서 이념과 민족갈등으로 지금까지도 평화를 이루지 못한 채 서로 민족적 아픔을 당하고 있습니다. 정치적 장벽으로 인류의 복음화가 막혀 있으며 과다한 군사력 경쟁으로 심각한 경제적 손실을 겪고 있고 사상과 이념의 대립은 정의와 자유민주화의 걸림돌이 되고 있습니다. 또한 전쟁으로 인해 생사도 모르는 가족들의 슬픔이 치유되지 못하고 상처로 남아 있습니다.

주님! 이 시대 이 인류에게 소명으로 주신 인류의 평화를 위해 일할 수 있는 지혜와 용기를 주옵소서. 단절 속에서 벌어진 차이를 보기보다는 주님이 창조한 한 핏줄을 나눈 형제임을 기억케 하시고 이념과 사상의 차이를 고집하기보다는 정치적, 경제적 어려움을 함께 극복해야 할 공동운명체임을 기억케 하옵소서.

인간의 능력으로는 불가능한 일들이 전능하신 하나님을 통해 이루어지고 있음을 역사를 통해 깨닫게 하시고 강건한 믿음으로 평화를 이루어갈 수 있도록 인도하여 주옵소서.

십자가로써 원수된 것을 소멸하시고 하나님과 저희 사이의 막힌 담을 허무신 주님! 저희도 주님의 본을 따라 어떠한 인간의 적개심이라도 그리스도의 속죄의 사랑을 녹여내는 참 사랑의 사도가 되게 하옵소서.

그리스도의 배교가 무너지는 날 저희는 비파와 소고와 거문고로 하나님을 찬양하며 이 땅에서 주님의 이름을 높이는 백성이 되겠나이다.

저희의 진심을 원하시는 주님. "그는 힘을 다하여 내 몸에 향유를 부어 내 장례를 미리 준비하였느니라(마가복음 14장 8절)" 말씀하셨습니다.

인간의 진심을 받으시는 주님, 주님을 위해 자신의 옥합을 깨트린 여인의 신앙을 저도 본받기를 원합니다. 저희의 옥합이 무엇인가를 알게 하시고 또한 기꺼이 바칠 수 있는 믿음을 주옵소서. 행여나 남이 하고 있는 봉사에 대해 뒤에서 비난하는 죄를 범치 않도록 저희를 다스려 주옵소서.

전능하신 주님, 저희가 연약하여 범죄할 때가 많습니다. 그때마다 믿음의 새 출발을 하게 하옵소서. 주어진 나날이 날마다 새로워지는 희망찬 하루하루가 되기를 간구합니다.

저희의 약점을 잘 아시는 예수 그리스도의 이름으로 기도드리옵나이다. 아멘.

은혜와 진리가 무궁하신 하나님 아버지! 영원히 죽어야 할 저희 죄인들을 예수 그리스도의 보혈로 속량해 주심으로 말미암아 값없이 의롭다 함을 입게 해 주셨으니 참으로 감사드립니다.

만세 전부터 택하여 주신 그 은혜가 고마워 이 종들은 주님의 몸이 된 교회를 위해 권찰의 직분을 잘 감당코자 하오니 큰 능력과 지혜를 부어주옵소서. 육신의 정욕과 안목과 이생의 자랑을 버리게 하여 주시고, 저희는 죽고 저희 안에 그리스도께서 살아계심으로 주님만 존귀케 하는 종이 되게 하옵소서. 주님의 말씀이 저희 발 앞에 등불이 되게 하시고 저희 길에 빛이 되게 하여 주옵소서.

하나님을 경외하고 백성을 구제하며 항상 하나님께 기도하는 하나님 중심의 사람이 되게 하여 주시고, 말씀을 읽고 말씀을 듣고 말씀을 지켜 행함으로 복 있는 자가 되게 하여 주옵소서. 무엇보다도 죽어가는 영혼을 위해 불쌍히 여길 수 있는 자비와 긍휼을 입혀 주시옵고 진정으로 그들을 주님 앞으로 인도하기에 부족함이 없는 능력의 증인이 되게 하여 주옵소서.

상처입은 영혼들을 위로하고 싸매줄 수 있는 착한 사마리아인의 사명을 잘 감당할 수 있도록 늘 성령께서 도와주옵소서.

언젠가 저희의 삶이 끝나게 될 터인데 선한 싸움 다 싸우고 저희의 달려갈 길을 마치고 믿음을 지킴으로 의의 면류관과 상급을 받을 수 있는 귀한 일꾼이 되게 하여 주옵소서.

아들 삼아주신 하나님. "아들을 믿는 자에게는 영생이 있고 아들에게 순종하지 아니하는 자는 영생을 보지 못하고 도리어 하나님의 진노가 그 위에 머물러 있느니라(요한복음 3장 36절)" 말씀하셨습니다.

거룩하신 주님, 이 못난 저희 죄인을 하늘나라의 백성으로 삼으신 것을 감사드립니다. 저희 속에 하나님이 통치하심으로 오는 의와 기쁨과 평강이 넘치기를 원하오니 영적인 세계를 바로 이해할 수 있는 안목을 주옵소서. 신앙생활이 제도적이고 형식적인 외식주의로 흐르지 않게 붙잡아 주옵소서.

저희를 부르사 귀한 일을 맡기신 주님, 비록 저희의 일이 하찮고 보잘 것 없이 보일지라도 그것을 감사함으로 받아들이며 기쁨으로 감당하는 자세를 주옵소서. 저희 자신의 의지와 역할을 분명히 아는 지혜를 갖기 원합니다. 남보다 낮은 뒷자리를 기꺼이 택할 수 있는 사람 되게 하여 주옵소서.

예수 그리스도의 이름으로 기도드리옵나이다. 아멘.

때를 따라 은혜의 단비로 먹여 주시고 보살펴 주시는 하나님 아버지! 파종하여 수확할 때까지 이른 비와 늦은 비를 내려주셔서 풍성한 열매를 허락하사 오늘 예배드리게 하시니 찬양과 감사를 드립니다.

주님께서 때마다 감사하게 하시고 풍요를 주셔서 저희의 생활을 도우시고 풍성하게 하셨건만 저희들은 주님의 은혜와 사랑을 망각하고 단순한 이기적인 생각으로 자신만을 위해 제멋대로 사느라 주님의 명령에 순종치 못했나이다. 저희들의 심령에 변화를 주셔서 나태함과 이기심을 버리게 하시고 회개하는 심령을 용서하여 주시옵소서.

공중에 나는 새도 먹여주시고 들의 백합화도 입혀주시고 하늘과 땅의 모든 것들과 땅 아래 물속에 있는 모든 것들로 저희들을 먹이시고 입히시되 풍성하게 하시는 하나님 아버지! 주신 은혜와 축복을 감사하옵고 주신 은혜를 기억하여 저희들이 하나님께 감사와 영광을 돌리오니 감사와 찬송을 기쁘게 받아주시고 저희들의 영육 간에 축복하여 주시옵소서.

오늘 저희들이 몸과 맘을 다하여 정성껏 드리는 이 기도를 받아주옵소서. 더욱 감사의 조건이 늘어가는 귀한 믿음들로 이끌어 주옵소서. 그리하여 저희들의 생활에 늘 풍성한 결실이 맺혀서 소중한 열매를 더 많이 주님 앞에 바치게 인도하옵소서. 오늘 저희들의 예배에 주님께서 임하시고 홀로 영광 받으시며 모든 순서를 주관해주옵소서.

사랑하시는 주님, 참 사랑이신 주님을 이 시간 깊이 생각해봅니다. 무자격자요, 반역자인 저희를 위해 그 고통 가운데 생명을 버리신 주님의 사랑이 저희 마음에 부어짐을 느낍니다. 저희에게 하나님을 사랑하며 이웃을 사랑하는 진실과 능력을 허락하옵소서. 저희가 스스로의 힘으로는 남을 사랑할 수 없음을 분명히 아옵니다.

이 시간 저희들이 늘 주님의 은혜를 깨닫고 감사하는 생활이 되게 하시옵기를 간구하오며 축복의 근원되시는 예수 그리스도의 이름으로 기도드리옵나이다. 아멘.

사랑의 하나님! 감사합니다. 주홍같이 붉은 저희의 죄를 구속하여 주시고 이처럼 사랑하여 주시어 많은 사람 가운데서 택하여 주님의 몸이 된 교회의 일꾼으로 세워주신 하나님의 무한하신 은혜를 감사드리며 영광을 돌립니다.

아버지 하나님!

저희 교회 제직회를 기억하시고 축복하옵소서. 하나님께서 친히 의장이 되시어 모든 일을 주관하심으로써 사람들 간의 모임이 되지 않도록 도와주시고 성령께서 역사하여 주옵소서. 그리하여 제직회가 시작부터 끝날 때까지 은혜롭게 진행되어 하나님께 영광 돌리며 저희들에게는 기쁨이 되게 하옵소서.

아버지 하나님!

제직회에서 토의되는 모든 안건이 인간의 생각대로 처리되거나 결정되지 아니하도록 지켜주옵소서. 지난날에도 지켜 주시고 함께 하신 아버지! 제직회 위에 축복하시어 결정되는 모든 사항이 놀라운 결실을 맺도록 인도하옵소서. 마음의 경영은 사람에게 있어도 그 걸음을 인도하시는 이는 하나님이라고 하였사오니, 하나님 아버지! 저희들을 통하여 역사하여 주시어 이 교회가 더욱 성장하며 부흥하도록 축복하여 주시기를 바라옵니다.

저희의 희망이신 주님. "이는 선지자 이사야를 통하여 하신 말씀에 우리의 연약한 것을 친히 담당하시고 병을 짊어지셨도다 함을 이루려 하심이더라(마태복음 8장 17절)" 말씀하셨습니다.

말씀의 권세자이신 주님, 주님의 말씀으로 위로와 소망과 지혜를 얻게 하심을 감사드립니다. 저희로 예수 그리스도의 절대적인 능력과, 이에 미칠 수 없는 인간의 한계성을 확실히 구별할 줄 아는 겸손한 신앙인이 되게 하옵소서.

주님, 저희가 예수 그리스도를 따르고자 할 때, 많은 고난과 역경을 경험합니다. 때로는 두려움과 낙심에 빠질 때도 있나이다. 인생의 풍랑과 바람이 불어도 결코 넘어지지 않는 믿음과 용기를 더하여 주옵소서.

예수 그리스도의 이름으로 기도드리옵나이다. 아멘.

저희의 능력과 찬송이시요 구원이신 살아계신 하나님 아버지! 저희가 할 수 없는 중에도 모든 것을 이루시는 능력의 주 하나님! 그 하나님이 저희의 아버지가 되시니 참으로 감사합니다. 아버지의 자녀 된 저희들을 사랑하셔서 세상과 사단의 올무에 묶여 있지 않게 하시고, 오늘도 아버지 앞에 찾아 나와 예배드리게 하심을 감사합니다.

저희의 영과 육이 온전히 하나님을 찬양하고 하나님을 경배하기를 원하오니 하나님 저희를 깨끗케 하여 주옵소서.

저희의 악한 죄와 못된 습관들을 주님의 보혈로 씻기사 하나님께 영광 드리기에 부족함이 없는 저희가 될 수 있도록 용서하여 주옵소서. 저희의 모든 것들이 주님의 것임을 고백합니다. 저희를 받으시옵소서.

거룩하신 하나님! 세상과 구별되기를 원하여 몸부림쳤으나 또 다시 허물을 가지고 주님 앞에 올 수밖에 없었사오니 하나님의 능력으로 거룩하게 하옵소서. 하나님의 자녀답게 살아가는 것이 하나님의 영광을 나타내는 것인 줄 알면서도 세상과 구별되지 못한 저희를 용서하옵소서.

거룩하신 하나님의 자녀 된 저희가 세상과 타협하지 않을 복을 허락하여 주시고, 저희에게 하나님의 영광을 위하여 세상을 이길 수 있는 힘을 허락하여 주옵소서. 하나님의 나라를 위하여 저희에게 예비된 것을 내어 놓을 수 있는 저희가 될 수 있도록 하여 주옵소서.

교회를 통하여 역사하시는 주님께 간구합니다. 저희 교회로 주님의 거룩한 지체가 되게 하시어 믿지 않는 이웃을 위하여 기도하고 그들을 위하여 봉사할 수 있는 저희가 될 수 있도록 은혜를 더하여 주시고, 주님의 사랑을 나누어 줄 수 있도록 하여 주옵소서.

이웃의 고통을 보며 저희를 위한 주님의 고난을 기억하게 하여 주옵소서. 오늘도 저희에게 말씀하옵소서. 저희가 듣겠나이다. 저희의 삶 속에서 그리스도의 향기와 이름이 나타나기를 원하옵나이다.

이 시간 성령의 충만함을 허락하셔서 살아있는 성령의 말씀 참된 진리를 전하시기에 조금도 부족함이 없는 하나님의 자녀가 되게 하시고 승리하게 하옵소서. 저희로 하여금 소망과 기쁨이 있게 하옵소서.

저희들을 위해 고난받으시기까지 저희를 사랑하신 예수 그리스도의 이름으로 기도드리옵나이다. 아멘.

28일

하나님 아버지, 저희들도 이미 삶의 본을 보이신 주님과 같이 나누는 삶의 길을 걷게 하옵소서. 오직 윤택한 목양을 위하여, 푸른 초장과 쉴 만한 물가를 찾으시는 수고로움을 보시고 양들을 선한 길, 복된 길로 인도하기에 부족함이 없도록 붙들어 주옵소서. 능력 있는 말씀으로 삶을 변화시키는 역사를 이루어 주옵소서.

영과 육이 치유받게 하여 주시고, 생각이 변화되고 행동이 변화되고 삶이 변하게 하여 주시고, 특별히 복음의 증인으로서 사명을 다하게 하시고 믿지 않는 영혼들과 믿다가 낙심한 자들이 저희들의 손길을 통해서 회개하고 돌아오게 하옵소서.

살아계신 아버지 하나님

이 시간도 주님의 성령이 온전히 이곳에 기름 부으심으로 예배를 마치는 시간까지 은혜로 붙들어 주시고 크신 영광 나타나도록 인도하여 주시옵소서.

저희의 예배를 기쁘게 받으시기를 기도드립니다. 예배를 통하여 하나님의 선하신 계획이 이루어지게 하시고, 성도들 간의 아름다운 교제의 시간이 되게 하시고 오직 주님께 영광 돌리는 시간이 되게 하옵소서.

불멸의 주님. 영원한 소망은 하나님 아버지께만 있음을 알고 있습니다. 세상의 소망은 극히 제한적이지만 하나님과 함께하는 소망만이 영원히 이루어지며 무엇을 바라든 무엇을 원하든 하나님은 모두 이루어 주실 줄 믿습니다.

세상에 절대적으로 또는 무슨 일이 있어도 안 된다고 말하는 사람들이 있습니다. 그들은 하나님을 모르고 하는 소리라는 것을 저희들은 잘 알고 있습니다. 하나님께서는 하나님의 전지전능을 모르는 의심하는 그들에게도 사랑을 베푸신다는 것을 모르고 그들은 자신의 능력을 과신하고 있습니다. 그러나 언제든지 그들의 능력을 가져갈 때 그들은 그때서야 하나님을 찾는 어리석은 자들이 됩니다. 저희들은 그런 어리석은 성도가 되지 않도록 이끌어 주시옵소서.

저희 주 예수 그리스도의 이름으로 기도드리옵나이다. 아멘

하나님 아버지, 저희의 기도를 통하여 이 지역의 영혼들이 더욱 성시화가 되게 하시고 이 도시가 더욱더 거룩한 도시가 되게 하옵소서. 또한 남은 전도 사역 위에도 날마다 능력의 역사가 나타나는 축복의 전도자가 되도록 함께하셔서 성령 충만케 하시고 기도가 날마다 은혜롭게 진행되게 하시고 모든 성도들이 새 비전과 새 힘을 얻어 찬송케 하옵시고 또한 교회를 섬기는 많은 귀한 직분자들을 주님이 붙들어 주시길 기도드립니다.

온 교회가 기도의 불이 확산되어 성령의 능력을 체험하며 어려운 경제 중에도 축복의 통로가 되는 기적을 체험케 하여 주시기를 바라옵니다.

어려운 여건에서도 열심히 사역하는 작은 교회들을 주님께서 축복하여 주시옵소서. 선교사와 성도가 서로가 사랑과 기도의 끈으로 지속적으로 관계를 유지하며 세계 복음화에 관심을 가지며 선교의 꿈을 품도록 인도하시옵소서.

이 나라 온 인류를 이끌어 가는 많은 위정자들이 주님의 능력으로 이 나라 국정을 이끌어 갈 수 있도록 솔로몬의 지혜를 베풀어 주시고,

또한 넘치는 주님의 은혜를 베풀어 주시어 날마다 나라가 평안으로 찬양케 하여 주시옵소서.

저희 나라에서 연일 발생하고 있는 경제적, 정치적 어려움들로 인한 갈등과 미움들이 주님의 사랑으로 회복될 수 있도록 권력이나 경제력을 가지고 있는 자들에게 겸손한 마음을 부어주셔서 소외되어 있고 지쳐 있는 사람들에게 유익이 되는 정책을 펼칠 수 있도록 정치하는 많은 위정자들의 마음을 움직여주시기를 원합니다.

또한 환절기로 인한 감기나 경제적인 곤경 가운데 있는 성도들이 있다면 주님의 은혜로 회복될 수 있도록 인도하여 주시고, 오늘 이 예배가 하나님의 성령이 충만히 임재하심으로 말미암아 은혜가 넘치는 예배가 되도록 예수 그리스도의 이름으로 기도드리옵나이다. 아멘.

사랑하는 주님! 간절히 기도하오니 이제 저희 나라에 다시는 극심한 경제 전쟁으로 인하여 혼란한 시대가 오지 않도록 미리미리 준비하는 지혜도 주시옵소서.

주님, 가난을 두려워만 해서는 가난을 막을 수 없을 줄 압니다. "누구든지 제 목숨을 구원하고자 하면 잃을 것이요 누구든지 나를 위하여 제 목숨을 잃으면 구원하리라(누가복음 9장 24절)"고 말씀하신 주님, 죽고자 하는 자가 살 줄로 믿습니다. 부와 가난도 하나님께 있음을 믿습니다.

사랑의 하나님 아버지!

이 나라의 많은 위정자들이 개인의 영광과 당파를 초월하여 애국 애족하는 순전한 마음으로 죽으면 죽으리라 하는 각오로 나간다면 온 국민이 하나 되어 모든 역경들도 담대히 대처해 나갈 수 있을 줄 믿습니다.

보혜사를 보내사 영원토록 저희와 함께 하게 하신 주님, 진리의 영께서 지금 이 시간도 저희를 진리의 길로 인도하시며, 영적이고 개인적인 교제를 나누고 계심을 감사 찬양드립니다. 성령께서 저희의 삶이 다하는 날까지 저희를 주관하사 바른 길로만 가게 하여 주옵소서. 저희가 어려운 일에 부딪힐 때면 성경 말씀을 기억나게 하시고, 주님께서 주신 평안의 선물을 저희가 참으로 누리며 살게 하옵소서.

저희에게 하나님께서 기뻐하실 만한 정치, 경제, 사회 각 분야와 특별히 교회에 참된 주님의 종들을 붙여주시옵소서. 또한 하나님 앞에서 오로지 진리의 말씀만을 붙잡고 하나님의 사랑과 공의와 복음만을 전할 주님의 충성된 종들을 일으키시옵소서.

예수 그리스도의 이름으로 기도드리옵나이다. 아멘.

내 생각과 하나님의 생각은 다릅니다. 기도는 내 생각대로 하게 해달라고 조르는 것이 아닙니다. 기도는 하나님의 뜻을 알기를 겸손하게 구하는 것입니다. 기도하지 않는 사람은 하나님의 방법에 대해 신뢰하지 않는 사람입니다. 교만한 사람입니다. 하나님의 뜻을 믿지 않는 사람입니다. 믿음이 없는 사람입니다.

바다와 하늘보다도 높고 크신 하나님! 주님을 사랑하고 주님의 계명을 지키는 자에게 언약을 지키시며 긍휼을 베푸신다는 약속에 힘입어 살아왔습니다. 찬양을 받으시고 영광을 받으시옵소서.

오늘 거룩한 주님의 날 축복하시고 시간 시간마다 은혜로 말씀으로 인도하심을 감사하며 주님께서 인도하사 은혜받게 됨을 감사합니다.

지난 한주간도 저희들은 주님 안에 살겠다고 다짐을 했지만 모든 것이 형식일 뿐 아무런 열매를 맺지 못했습니다. 때로는 사탄의 유혹에 저희들의 본분을 잊고 너무나도 교만하여 주님을 원망할 때도 많았습니다. 이 불쌍한 저희들 모든 것 십자가 앞에 내려놓고 회개하기를 원합니다.

사랑과 은혜가 풍성하신 아버지 하나님!

이곳에 주님의 몸 된 교회를 세워주시고 지금까지 부흥하며 성장할 수 있도록 인도하심을 감사드리며 하나님께 영광 돌립니다. 특별히 수많은 사람 가운데 저희를 충성되이 여겨 당회원으로 기름 부어 세워주시어 주님의 몸 된 교회를 위하여 중책을 맡은 당회원들에게 함께

하여 주옵소서.

    당회장과 회원에게 지혜와 총명을 주시고 모든 회원에게 주님을 향한 열정적인 사랑과 교회를 아끼는 충절을 부어 주시어 의논하며 결정하는 모든 것이 하나님의 영광만을 위하여 하시고, 모든 양무리들이 즐거워하며 기꺼이 따르는 결정을 하도록 도와주옵소서.

    아버지 하나님께서 친히 저희 당회의 인도자가 되어 주시고 주님께서 저희들의 주관자가 되어 주시어 하나님이 기뻐하시는 당회가 되도록 성령님께서 역사하여 주시옵소서.

    교회의 모든 살림을 맡은 저들이 개인의 사업보다도 교회를 먼저 생각하는 최상의 영적 상태를 가진 충성스러운 종들이 되도록 축복하여 주옵소서.

    모든 당회원들에게 건강 주시고 굳건한 믿음을 허락 하시사 맡겨진 바 사명을 감당하게 하시고, 또한 가정들 위에와 사업체 위에 하나님의 은총이 함께하시사 몸 된 교회를 위하여 헌신하는 데 어려움이 없도록 도와주시옵소서.

    아버지 하나님! 여러 당회원들의 마음을 하나로 묶어주시고 십자가를 나누어 지는 협력자가 되게 하시옵소서.

    예수 그리스도의 이름으로 기도드리옵나이다. 아멘.

기적이 일어나는
365
매일기도문

6월
기도문

기도는 끊임없이 쏟아져 나오는
끊임없는 사랑의 응답이며,
모든 영혼을 인도하시는
하나님과 사귀는 지름길이다.

오늘도 살아서 역사하시는 전능하신 하나님 아버지! 때를 따라 돕는 은혜를 베푸시며 독수리가 날개 치며 올라가듯이 항상 저희들에게 새 힘과 능력을 부어주시는 좋으신 하나님 아버지의 크신 은혜를 생각할 때 저희들 감히 감사와 찬양을 드리지 않을 수 없음을 깨달아 오늘 하루도 주님의 전에 나와서 진심으로 감사를 드립니다.

험한 세상 속 수많은 사람들의 수많은 사건사고 소식 가운데서도 저희를 이렇게 건강한 모습으로 오늘도 복되고 거룩한 날에 주님의 전으로 불러주시어 이 예배 시간에 찬양예배로 영광을 돌리게 됨을 감사드립니다. 세상 일로 고달픔에 지친 저희들을 위로하여 주시고 성령의 능력으로 덧입혀 주옵소서. 죄악의 거센 파도를 헤쳐 나갈 수 있도록 성령으로 충만하게 하시옵소서.

저희 인간의 힘으로는 자신과 세상과 사탄을 정복할 수 없습니다. 하나님의 능력으로 가능하오니 이 시간 하늘의 새 힘을 얻게 하옵소서. 주님의 몸 된 지체들에게 각자에게 필요한 각양 은사들을 주셔서 저희에게 맡겨진 사명들을 감당하게 하시고 날마다 교회가 질적으로나 양적으로 성장케 하옵소서.

저희는 주님의 영광을 위하여 산다고 하였지만 실제로 저희 자신과 저희 가족만을 위하여 살아온 부끄러운 삶은 아니었는지, 주님의 나라에서 한 날이 다른 곳에서 천 날보다 낫다고 하였사오니 주님의 교회를 위해 많은 시간을 예배드리며 기도하며 충성하며 성도들을 섬기는 삶을 살게 하여 주시옵소서.

남의 허물을 볼 때마다 허물을 뒤돌아보며 회개하게 하시고 '날마다 나는 주님 안에서 말씀을 순종하기 위해 죽는다'고 고백한 바울처럼 저희 자아가 죽어지게 하시고 겸손한 자가 되게 하옵소서.

전능하신 주님!

저희가 잠시 머물 이 세상에서 영원한 그 나라를 바라보며 성도들이 전도생활과 섬김의 사람으로 거듭나게 하시고 이웃을 돌아보며 사랑을 실천하고 다시 오실 주님을 증거하게 하옵소서.

교회가 빛을 잃어간다고 한탄하기보다는 저희가 빛이 되게 하시고, 맛을 잃은 소금이라고 성도들을 비난하기보다는 저희가 먼저 소금이 되게 하여 주시옵소서.

이 시간 이 모든 기도를 저희를 죄에서 구원하시고 영원한 생명으로 인도하실 저희 주 예수 그리스도의 이름으로 기도드리옵나이다. 아멘.

영광과 존귀와 찬양 받으실 하나님 아버지! 하늘의 영광 보좌를 버리시고 낮고 천한 이 땅 위에 오시어서 저희들의 죄를 사하시러 십자가 위에서 고통받으시고 보배로운 피를 흘려주신 하나님의 크신 은혜를 진심으로 감사드립니다.

지난 한 주간에도 주님의 은혜 가운데 살아온 저희들이지만 삶을 생각해 볼 때 감사하며 살지 못하고, 불신하며 원망하고 불평하며, 육신의 질병으로 고통 중에 근심하고 한숨 쉬며, 세상 쾌락에 빠져 주님 품 밖에서 방황하던 저희들의 삶을 이 시간 주님 앞에 고백하오니 불쌍히 여기시사 용서하여 주시기를 간절히 빕니다.

오늘 거룩하고 복된 주님의 날을 허락하여 주시고, 원근 각처에서 흩어져 생활하던 사랑하는 성도들 마음을 주관하여 주시어 주님의 교회에 모여 하나님 앞에 예배를 드릴 수 있도록 인도하여 주셨사오니, 이 시간에도 주님께서 함께하여 주시어 신령과 진정으로 몸과 마음을 바쳐 거룩한 산제사로 영적 예배를 드림으로 하나님 앞에 영광 돌려 드릴 수 있도록 인도하여 주시기를 간절히 빌고 소원함을 드립니다.

사랑의 하나님 아버지!

죄악 된 세상 속에서 아직도 복음을 듣지 못한 채 방황하고 사단의 지배하에 살아가는 많은 영혼들이 있기에 사랑의 하나님의 뜻을 이루시고자 이렇게 이 동산에 주님의 교회를 세워주시고 은혜 가운데 부흥발전시켜 주시며, 많은 영혼들 구원하여 주심을 진심으로 감사드립니다.

　앞으로도 주님의 교회를 사랑하여 주시되, 끝까지 사랑하사 하나님의 영광이 드러나게 하시고 또한 삶의 무거운 짐을 지고 갈 길을 몰라 방황하는 많은 영혼들에게 저희 교회가 영적인 쉼터가 되어 하나님의 영광을 드러내게 하여 주시고 영혼구원을 향하신 거룩하신 하나님 뜻이 이루어지게 하옵소서. 더욱더 많은 영혼을 구원시키는 구원의 방주가 되게 하여 주시옵소서.

　주님께서 "성령이 너희에게 임하시면 너희가 권능을 받고 예루살렘과 온 유대와 사마리아와 땅 끝까지 이르러 내 증인이 되리라(사도행전 1장 8절)" 하신 그 말씀 믿고 주님의 제자들과 많은 무리들이 기도에 힘쓸 때 베드로에게 성령 하나님이 임하신 것처럼, 많은 무리들 앞에서 주님의 복음을 전한 역사가 임하게 하여 주시옵소서.

　주 예수 그리스도의 이름으로 기도드리옵나이다. 아멘.

만왕의 왕이시오 만주의 주인이신 하나님 아버지! 영원히 죄와 허물 속에서 죽었던 저희들을 사랑하셔서 날마다 선한 길로 인도하여 주시고 또한 이렇게 구별하여 주사 저희들에게 축복으로 거룩한 성일을 허락하셔서 영과 진리로 예배드릴 수 있게 하심을 감사드립니다.

무엇보다도 간절히 기도하오니 이 시간 저희들이 하나님과 신령한 깊은 교제를 갖게 하시고, 거짓 없이 진실된 하나님의 마음으로 영과 진리로 예배하게 하여 주시옵소서.

사랑의 하나님 아버지!

이제까지는 저희는 하나님 앞에서 교만하여 스스로 판단자가 되었고 입술로만 주님을 잘 섬긴다고 했던 허물들을 범하였사오니 주님께서 은총을 베풀어 주시어 이제는 남을 격려하며 행함으로 섬기는 저희 모두가 되게 하여 주옵소서. 어려움 속에 빠져 있는 이 나라를 불쌍히 여기시고 긍휼이 여겨주시옵소서.

저희 생각만 올바르다는 교만을 용서하여 주시옵소서. 남을 용서하고 이해해 주며 허물을 같이 기도하며 사랑으로 감싸주는 저희 모두가 되게 하시고, 실패했어도 좌절하지 않으며 패자부활전에서 승리하는 삶이 되도록 도와주옵소서.

사랑의 하나님 아버지!

온 천하보다도 한 생명을 귀하게 여기시는 주님! 올해는 한 사람이 한 영혼을 주님 앞으로 전도하여 하나님의 나라가 놀라운 부흥이 일어나게 하시고, 가정들마다 부부가 하나 되고 가족들이 하나 되어 온전히 믿음의 가정들로 세워지게 하여 주시옵소서.

좋으신 하나님 아버지!

살아계신 저희 구주 예수 그리스도의 이름으로 기도드리옵나이다. 아멘.

만복의 근원이 되시는 사랑의 하나님 아버지! 저희를 사랑하시되 화목제물로 예수 그리스도를 보내심으로 단번에 제물이 되게 하셔서 주님의 핏값으로 저희들을 구속하여 주심을 감사합니다.

저희를 대신하여 십자가를 지신 주님의 고난을 기억하며 한 주간도 승리하게 하옵소서. 이번 주간도 주님이 지신 십자가를 지고 주님을 따르는 삶을 살게 하옵소서.

긍휼을 베푸시는 사랑의 하나님 아버지! 저희의 죄를 고백합니다. 기도해야 하는 시간에 기도하지 않았고, 참고 기다려야 하는 시간에 기다리지 못하고 분노했던 죄를 용서하여 주옵소서.

조금 선한 일을 한 것에도 칭찬받기를 원했고, 봉사를 하면서도 하나님의 영광을 드러내기보다는 저희 자신을 드러내었던 저희의 죄를 사하여 주옵소서. 저희의 타락한 심성을 주님의 보혈로 깨끗한 심령이 되게 하시고, 정결한 마음을 허락하셔서 저희의 더러워진 영혼을 깨끗케 하여 주옵소서.

오직 믿음의 주요 온전케 하시는 주님만을 바라보고 살게 하시고,

사람을 바라보다가 실망하거나 낙심하지 말게 하시고 날마다 하루하루를 주님과 동행하는 임마누엘의 삶이 되게 하옵소서.

오늘 이 기도를 통하여 저희가 회개하며 자복함으로 말미암아 주님과 연합되는 귀한 시간이 있게 하시고, 저희의 삶 속에서 친히 간섭하시는 주님을 만날 수 있게 하여 주옵소서.

거룩하신 하나님! 저희에게 제자들의 발을 친히 씻겨주시며, 너희도 가서 이와 같이 행하라 하신 주 예수 그리스도를 본받아 저희도 십자가의 사랑을 실천할 수 있는 헌신자가 되게 하여 주옵소서.

주님 자신을 위하여 아무것도 취하거나 챙겨놓지 않으셨던 것처럼 저희의 모든 것으로 하나님 아버지께 헌신하는 가난하지만 부요한 자가 되게 하시고, 십자가의 정신이 살아있는 저희의 삶이 되기를 원합니다.

저희를 죄에서 구원하시기 위해 모든 것을 아낌없이 내어놓으신 예수 그리스도의 이름으로 기도드리옵나이다. 아멘.

살아 계셔서 오늘도 역사 하시는 하나님 아버지! 오늘도 귀한 성일을 주심을 감사합니다. 흑암과 같았던 세상에 그리스도를 빛으로 보내주셔서 소망이 있게 하심을 감사합니다. 어둠 속에서 헤매던 불쌍한 저희들이 주님을 구주로 영접하여 새 생명을 찾았사오니, 그 은혜를 또한 감사드립니다.

저희들의 주인이 되시는 주님! 지난 한 주간은 세상에 살면서 저희들의 생각을 앞세우고 마음과 행동으로 주님의 영광을 가릴 때가 많았습니다. 그래도 주님의 자녀이기를 원하는 저희들의 중심을 아시오매, 저희들을 붙들어 주옵소서. 성령의 충만한 은혜를 허락하시고, 주님만이 이 세상의 참된 소망임을 깨닫고, 소망 중에 거하게 하시며, 그리스도에 대한 믿음이 참된 능력임을 깨닫고 믿음의 사람이 되게 하셔서, 빛과 소금의 일을 행하기에 부족함이 없도록 붙들어 주옵소서.

또한 주님을 사랑하되, 마음과 정성과 뜻을 다하여 사랑하게 하시고, 성품을 다하여 봉사하며, 힘을 다하여 충성함으로써 주님의 뜻을 온전히 이루어 드리는 선한 일꾼들로 삼아주옵소서.

주님의 백성들 가운데 특별히 청지기로 불러서 세우신 주님의 일꾼들에게 더욱더 힘과 능력을 더하여 주셔서, 언제든지 주어진 사명을 잘 감당하게 하시고, 그 가운데서 감사와 평강과 은혜가 있게 하여 주옵소서.

저희들로 하여금 하나님 제일주의로 살게 하심으로 복된 삶을 살게 하시고, 날마다 새로운 능력으로 영광을 돌릴 수 있도록 인도하여 주옵소서. 피곤함 중에도 소망을 잃지 않게 하시되 달음박질하여도 향방 없는 자와 같지 않고, 오직 그리스도께서 저희의 푯대가 되어 주심을 믿고 주님만을 향하여 나가게 하여 주옵소서.

저희에게 소망을 주시고 날마다 능력으로 붙들어 주시는 예수 그리스도의 이름으로 기도드리옵나이다. 아멘.

은혜롭고 자비로우신 하나님 아버지! 오늘 주님 앞에 모여 예배를 드리도록 허락하심을 감사합니다.

온 인류를 사랑하사 사탄의 치하로부터 해방의 기쁨을 허락하시고 사탄들의 유혹 중에서도 지켜주시며 오늘의 번영과 이 땅에 복음의 꽃을 피우신 그 사랑과 은혜를 감사드리옵니다. 거룩하신 하나님 아버지! 온 인류가 수난을 당하며 쇠약해지는 것은 죄악으로 인한 것임을 이스라엘의 역사를 통하여 저희는 잘 알고 있사옵니다.

온 인류가 사탄의 수많은 유혹으로 수난을 당하며 살아온 것은 근본적으로 하나님을 섬기지 않은 죄악 때문이옵니다. 주님께서는 지난 역사를 통하여 저희 인류에게 그 사실을 교훈하며 연단하셨사옵니다. 그러나 아직도 분별치 못하는 저희 인류를 불쌍히 여겨주시옵소서.

하나님 아버지! 이 땅의 수많은 생명들이 하나님을 대적하는 사탄들의 유혹을 막다가 아낌없이 피와 목숨을 바치고, 피어보지 못하고 쓰러진 꽃송이처럼 그들은 사라져 갔습니다. 그러나 그들에 대한 감사한 마음은 영원히 남을 것입니다. 그들이 있었기에 오늘의 교회와 주님의 복음이 있사오니 전능하신 주님! 저희들이 주님에 대한 그들의 충정을 본받게 하옵소서.

주님! 저희들의 슬픈 마음을 위로하여 주시옵소서. 그리고 저희들이 하나님의 섭리를 생각하는 귀한 예배가 되게 하여 주시옵소서. 다시는 이 땅에 사탄으로부터 유혹되는 비극의 역사가 일어나지 않도록 하여 주옵소서.

거룩하신 하나님 아버지! 하나님을 알지 못하는 사악한 무리들을 멸하시며 온 누리에 복음의 강산이 되게 하여 주시옵소서. 그리하여 지난날의 희생이 헛되지 않게 하여 주시옵소서. 온 인류를 사랑하시는 하나님의 영광을 드러내어 주시옵소서.

거룩하신 하나님! 저희들의 마음속에 이 나라와 온 인류를 뜨겁게 사랑하시는 하나님의 섭리를 깨닫게 하여 주시기를 간절히 기도드리옵나이다.

예수 그리스도의 이름으로 기도드리옵나이다. 아멘.

7일

사랑과 자비가 무한하신 사랑의 하나님 아버지! 하나님께 영광과 찬송과 감사를 올려 드립니다. 거룩하신 하나님! 부족한 저희를 하나님의 거룩한 존전에 나아오게 하시며 하나님께 영광과 찬양을 드리게 하시오니 감사합니다.

저희의 죄가 주홍같이 붉을지라도 양털같이 희어지게 하시며 약속하신 그 약속의 날이 될 수 있도록 저희를 도우시옵소서. 죄를 사유하심이 주님께 있사오니 저희를 용서하여 주옵소서.

사랑의 하나님! 저희의 모든 질고와 고난이 주님의 고난에 비할 수 없사오니, 주님 저희에게 믿음으로 날마다 승리케 하여 주옵소서. 아버지여! 죄의 문제로 오늘도 고통하며 갈등하는 성도들이 있다면 용서받는 시간이 되게 하옵소서. 주님의 성령의 단비를 심령들 위에 촉촉이 내려주셔서 저희가 통회하는 시간이 되게 하여 주옵소서.

사랑 많으신 하나님 아버지! 저희에게 주님의 공의로우신 사랑을 알게 하심으로 세상에 주님의 공의와 사랑이 펼쳐지게 하여 주옵소서. 저희에게 주신 많은 것들에 감사하며 입술에 찬양이 끊이지 않도록 하여 주옵소서.

주님께서 저희를 창조하심으로 저희를 향한 하나님의 사랑과 주님의 사랑을 확실히 믿사오며, 주님이 저희를 위해 죽으심으로 그 사랑을 확증하였사오니, 저희가 그 사랑 안에서 자유롭게 살아갈 수 있도록 지켜주시고 감사의 생활이 될 수 있도록 도와주옵소서. 주님의 성령이 그 증표이시니, 저희의 삶을 친히 주장하시고 저희들의 사소한 일상까지 간섭하시기를 원하오며, 주님 저희와 동행하여 주옵소서.

　특별히 하나님 저희에게 허락하신 귀한 주님의 종을 위하여 기도하오니, 겸손과 순종으로 최선을 다하여 섬기게 하시며, 주님의 말씀을 대언하실 때에 저희가 그 말씀을 믿음으로 순종할 수 있도록 은혜를 더하여 주옵소서. 험난하고 냉랭한 세상에서 주님의 사랑을 힘입어 믿음 잃어버리지 않고 방황하며 주님을 부인하지 않도록 동행하여 주옵소서.

　저희의 모든 삶을 주님께 맡기오며, 사랑 많으신 예수 그리스도의 이름으로 기도드리옵나이다. 아멘.

저희를 지극히 사랑하사 귀한 자녀 삼으신 하나님 아버지, 감사합니다! 저희의 기도를 받으시고 세상에서 가장 좋은 것으로 주시기를 원하시는 하나님의 사랑하심을 감사하며 경배와 찬양을 드립니다.

오늘 거룩한 주님 앞에 나와 예배하오니, 구하는 성도들에게 가장 좋은 것으로 채우시고, 찾는 자들에게 응답하시며, 두드리는 성도들에게 열려지는 복된 예배가 되게 하옵소서.

저희의 예배가 진정으로 하나님께 드려지는 영적인 예배가 되게 하여 주옵소서. 저희의 한숨이 변하여 찬양이 되게 하시고, 근심이 변하여 기도가 되게 하옵소서.

어떠한 환경에서도 실족치 않게 하시고, 주님 바라봄으로 날마다 구원을 체험하게 하옵소서. 작은 시련에도 믿음이 이리저리 흔들리는 저희의 인생을 긍휼히 여기사 하나님을 바라볼 수 있는 믿음을 더하여 주옵소서. 하나님의 형상대로 지음 받은 인생들이 하나님의 형상을 잃을 때 얼마나 추한 모습을 하고 주님을 배반했던가를 생각하며 회개합니다. 용서하여 주옵소서.

오직 사망의 권세를 부활로 이기신 주님만을 의지하여 여기에 나와 섰사오니 저희를 받아주옵소서.

주님을 믿고 따르는 저희들이 세상 속에서 주님의 명령을 지킬 수 있는 복을 허락하여 주옵소서. 부활하신 주님과 날마다 영적인 교제를 나누게 하시고 이생의 안목과 정욕으로 이끌려 좌초하는 인생으로 사는 것이 아니라, 능력의 주님을 의지하여 저희의 믿음이 온전케 되기를 원합니다.

세우신 각 기관들이 있습니다. 각 기관마다 더욱 사랑해 주셔서 주님의 영광을 드러내기에 부족하이 없는 기관들이 되며, 항상 충성과 봉사가 넘쳐나게 하여 주옵소서.

이 시간, 이 곳에 모인 모든 심령들이 주님의 살아계신 말씀의 능력을 체험할 수 있도록 은혜 베풀어 주옵소서.

예수 그리스도의 이름으로 기도드리옵나이다. 아멘.

환난 가운데 소망이 되게 하시며, 저희의 위로가 되시는 하나님 아버지의 은혜와 사랑에 감사와 찬양과 영광을 돌립니다.

고난 중에도 기쁨을 잃어버리지 않게 하시고, 소망 중에 승리하게 하옵소서. 성령을 충만케 하셔서 기도생활과 말씀생활과 전도생활에 승리하는 삶을 살게 하시며, 저희의 생활 가운데서 성령의 열매들을 맺게 하여 주옵소서.

입술의 찬양이 끊어지지 않게 하시며, 기도에 감사와 평강이 넘치게 하옵소서. 저희들의 삶을 간섭하시되 필요에 따라 성령의 은혜를 충만하게 공급받게 하옵소서.

여호와의 손이 짧아 구원치 못함이 아니며, 귀가 둔하여 듣지 못함이 아닌 줄 압니다. 저희의 죄악이 하나님과의 관계를 멀게 하오니, 저희의 죄악으로 인하여 사망에 이르지 않게 하시고 용서받는 시간이 되게 하여 주옵소서. 끊을 것은 끊게 하시고, 자를 것은 자르게 하셔서 믿음의 결단으로 저희의 심령이 생활이 성결케 되기를 간절히 기도 드립니다.

십자가의 사랑과 희생과 용서와 화해에 동참하게 하시고, 저희 뜻이 아닌 주님의 뜻이 이루어지게 하옵소서. 저희를 가장 완전하게 사랑하시는 하나님의 사랑 가운데 세우신 하나님의 뜻을 믿사오니 말씀에 순종케 하옵소서.

주님을 본받게 하시고 겸손과 온유함으로 주님을 따르게 하옵소서. 하나님께 향한 사랑과 봉사와 헌신과 믿음이 있게 하시고, 이웃을 향한 사랑과 용서와 교제가 있게 하옵소서.

거룩하신 하나님! 또한 저희의 예배를 위하여 돕는 많은 손길들이 있사오니 하나님의 무한하신 은혜로 그 손길들 위에 복 주시고, 그 손길들 위에 함께 하사 날마다 주님의 사랑 가운데 살아가게 하시고, 엘리야에게 주셨던 것에 갑절의 은혜를 더하여 주옵소서.

예수 그리스도의 이름으로 기도드리옵나이다. 아멘.

저희 곁에 늘 계셔서 저희의 기도를 들어주시는 만군의 하나님 아버지! 오늘도 십자가의 사랑을 보여주신 예수 그리스도께서 저희를 사랑하심을 생각할 때 경배와 찬양을 돌립니다.

세상에서 살면서 상처받은 영혼들을 주님의 거룩한 전으로 불러주신 주님께 감사를 드립니다. 주님을 사모하여 모인 저희들에게 은혜의 충만함을 허락하여 주옵소서.

하나님을 경외함으로 살아가야 함에도 불구하고 옛사람의 구습을 좇아 썩어져 가는 세상을 살아가고 있지는 않은지, 이 세상을 좇아 살려고 하는 유혹 앞에 힘없이 저희의 마음을 빼앗기지나 않는지, 주님 주신 십자가의 은혜를 저버리지 않도록 붙들어 주시기를 원합니다.

자신의 몸을 태워 어두움을 밝히는 촛불과 같이 저희가 주님을 위해 늘 쓰임 받게 하옵소서. 주님을 뵈올 때까지 십자가의 구속에 대한 벅찬 감격으로 선한 싸움을 싸우며 하늘나라의 소망을 갖게 하시고, 주님 앞에 가는 그날까지 승리하게 하옵소서. 저희로 믿지 않는 많은 영혼들의 본이 되게 하여 주옵소서.

은혜와 사랑의 주님! 저희 교회를 위해서 기도하오니 주님의 피로 사신 이 교회가 건물만 그럴듯하고 주님을 저버리는 교회가 되지 말게 하시고, 구석구석마다 주님의 사랑과 십자가의 정신과 복음이 깊게 스며들게 하셔서, 교회를 찾는 모든 심령들이 십자가에서 승리하신 예수 그리스도를 만나게 하시고, 가슴을 찢는 회심과, 십자가의 감격을 머리가 아닌 가슴으로 체험하는 영적 부흥이 있게 하옵소서. 그러므로 저희가 하나님의 영광의 빛 가운데 거하게 하시고, 저희의 삶이 참 제사로 드려지는 역사가 일어나게 하여 주옵소서.

주님의 몸 된 교회를 위하여 주님께서 주신 귀한 직분을 맡아서 몸을 드려 충성하는 손길들을 기억하시고, 저희들의 수고가 더해질 때마다 주님을 사랑하는 신앙고백이 넘쳐나게 하옵소서.

예수 그리스도의 이름으로 기도드리옵나이다. 아멘.

거룩하신 하나님 아버지, 찬양과 경배를 드립니다. 저희의 육신의 정욕을 그리스도와 함께 십자가에 못 박히게 하셔서 이제는 믿음 안에 살게 하심을 감사합니다.

오늘 저희들이 아버지께 드리는 예배를 받으시고, 감사와 찬양을 받아 주옵소서. 하나님께 영광을 드리기 위하여 모였습니다. 아버지가 기뻐하시는 산제사를 드리게 하옵소서. 믿는 저희들을 통하여 하나님의 나라가 이 땅에 이루어지기를 원하시는 주님께서 저희들을 다스려 주옵소서.

이 땅위에 있는 모든 교회를 통하여 하나님께 영광을 받으시며, 죄 가운데 살던 저희가 하나님의 대소의 은혜를 사모하여 이 자리에 모였습니다. 저희의 찬양을 받으시고 진리의 빛 가운데로 인도하옵소서. 저희를 구속해 주신 주님을 고백하며 살게 하여 주시고, 영원토록 십자가의 은혜 안에 사는 복을 허락하여 주옵소서.

주님이 보시기에 부끄러운 모습들만 갖고 있는 저희를 용서하여 주옵소서. 이 시간 주님의 십자가를 경험하면서 하나님의 사랑이 얼마나 크고 놀라운지 깨닫는 시간이 되게 하여 주옵소서. 이 귀한 시간으로 말미암아 주님의 복된 말씀이 세상에 선포되어지는 역사가 일어나게 하시고, 십자가의 사랑이 세계만방에 증거되는 역사가 일어나게 하여 주옵소서.

주님을 사랑하는 저희들에게 철저한 제자의 삶과 증인의 삶을 살 수 있도록 도와주옵소서. 이 시간 저희 모두가 십자가를 향한 사랑으로 불타기를 원합니다. 고난의 삶 가운데서도 기도생활을 멈추지 않으셨던 주님의 깊은 기도를 본받기를 원합니다. 핍박 속에서도 끝까지 섬김의 삶을 실천하셨던 그 낮아지심을 본 받기를 원합니다. 수치와 모욕을 당하면서도 오래 참으심으로 분노를 쏟지 않으셨던 그 인자하심을 본받기를 원합니다.

오직 십자가의 사랑을 이루시기 위해서 모진 고통과 멸시를 감당하셨던 주님처럼 이 자리에 모인 저희에게도 그 길을 따라가는 믿음을 주옵소서.

예수 그리스도의 이름으로 기도드리옵나이다. 아멘.

오늘도 살아계셔서 저희들을 지키시는 사랑의 하나님 아버지! 하나님의 은혜와 사랑을 진심으로 감사드립니다. 저희의 삶이 주님을 찬양하오니, 주님 영광을 받으시옵소서.

주님의 피로 구속받은 형제자매들이 한 자리에 모여 감격으로 드리는 찬양과 경배를 받으시옵소서. 하나님의 자녀들에게 위로와 평강이 넘치게 하시고, 복 받는 귀한 시간이 되게 하옵소서.

전능하신 하나님! 아직도 주님을 본 받기에 힘겨워하는 저희들을 불쌍히 여기시고, 더 깊은 믿음의 체험과 하나님의 말씀을 통한 신앙이 성장하게 하여 주옵소서.

특별히 이 나라를 불쌍히 여겨 주옵소서. 갈수록 나라가 어수선해지고 경제적 불안이 더해지고 있습니다. 평화의 왕이 되시는 주님께서 이 나라를 건강한 사회가 될 수 있도록 치료하시고 건져주옵소서.

저희가 하나님을 바라고 섬길 수 있는 귀한 믿음을 허락하시고, 저희의 어리석음으로 하나님은 모른다고 부인하고 저주하는 범죄를 저지르지 아니하도록 지혜를 내려 주옵소서.

하나님의 말씀을 의지하여 일생을 승리할 수 있도록 인도하여 주옵소서. 이 시대를 정복하는 십자가의 군병이 되게 하옵소서.

이곳에 하나님께서 허락하신 교회를 세웠사오니, 저희가 하나님의 은혜를 나누며 교제하는 귀한 시간이 되게 하시고, 저희의 모든 것이 하나님을 찬양하는 성도들이 되게 하여 주옵소서.

예배를 위해 돕는 손길들을 기억하사 복 주시고, 증거되는 하나님의 말씀엔 은혜를 주옵소서. 성령님의 교통하심과 충만하심이 함께 하옵소서.

예수 그리스도의 이름으로 기도드리옵나이다. 아멘.

> 우리는 나의 뜻과 지혜를 내려놓고 오로지 하나님의 생각과 방법이 무엇인지 구하는 자세와 마음을 가져야 합니다. 우리는 기도함으로 능력을 받을 수 있습니다. "오직 여호와를 앙망하는 자는 새 힘을 얻으리니 독수리의 날개 치며 올라감 같을 것이요 달음박질하여도 곤비치 아니하겠고 걸어가도 피곤치 아니하리로다 (사 40:31)."

참스승이신 주님. "누구든지 제 목숨을 구원하고자 하면 잃을 것이요 누구든지 나를 위하여 제 목숨을 잃으면 찾으리라(마태복음 16장 25절)" 말씀하셨습니다.

살아계신 하나님 아버지, 저희가 주님을 따른다고 하면서도 정직과 겸손이 부족했음을 고백하나이다. 입술로 예수 그리스도를 주님이라 시인할 뿐만 아니라, 마음으로 십자가와 부활의 도를 굳게 믿는 참 성도가 되기를 원합니다. 저희의 신앙의 근거를 오직 주님의 십자가 죽음과 부활의 사실에 두기를 소원합니다.

주님, 솔직히 저희의 믿음은 아직 도전과 모험이 없이 저희 자신의 능력의 노예가 되어 조건과 환경을 따지는 범주에 머무르고 있사오니 저희의 이 병리적 자세를 치료하여 주옵소서. 믿음으로 저희가 할 수 없는 것을 하고, 알 수 없는 것을 알고 볼 수 없는 것을 볼 수 있게 하옵소서.

영원히 살아계신 하나님 아버지!

저희 교회를 이 자리에 세워주시고 이제까지 사랑하시고 날마다 저희의 계획보다 넘치도록 채워주신 주님! 올 한 해의 간절한 비전에도 놀라운 축복의 은혜를 주시어 근심없는 야베스의 축복으로 넘치게 하여 주시옵소서.

이 기도 시간들도 오직 주님의 성령이 이끄시는 방향으로 이끌어 가게 하시고, 참석하여 기도하는 많은 성도들이 한 가지로 모두 다 응답받는 기적의 시간들이 되게 하여 주시옵소서.

특별히 주님이 주신 지혜로 교회를 이끌어 갈 때 온 성도들이 온전히 순종하고 기도하며 나아갈 수 있도록 인도하여 주옵소서.

인류의 영원한 스승이신 주님, 이 못난 저희를 주님의 제자로 삼으신 것을 감사드립니다. 어떻게 해서라도 저희의 뜻보다 주님의 뜻을 더 존중하고 행하는 제자, 저희가 져야 할 십자가를 기꺼이 지는 제자, 앞서 가신 예수 그리스도를 따라가는 제자로 성장시켜 주옵소서.

이렇게 온전한 헌신과 고난에 대한 적극적인 태도로 날마다 하나님의 차원에서 만사를 보며 살기를 원하오며, 예수 그리스도의 이름으로 기도드리옵나이다. 아멘.

14일

하늘과 땅의 모든 권세를 가지신 만왕의 왕이신 주님, 주님께서 권위로써 저희에게 명하시고 능력으로 저희를 지키심을 감사드립니다. 살아계신 주님을 저희의 중심에 모시고 늘 기쁨에 넘친 생활을 하길 원하오니 받아주옵소서. 무엇보다 주님과 가장 가까운 관계를 유지하기 위해 주님과 함께 하는 경건의 시간을 좀 더 확장하도록 노력하게 하옵소서.

약한 자를 들어 강한 자를 부끄럽게 하시는 주님, 저희가 비록 사람들의 눈에는 비천하게 보일지라도 하나님 앞에서 귀하게 쓰임 받는 도구가 되게 하옵소서. 살아계신 주님, 저희는 하나님의 위엄으로 인해 두려워하고, 주님의 사랑으로 인해 기뻐하나이다. 주님 주신 복음으로 기쁨이 충만하여 그 소식을 전하는 일을 신속히 할 수 있게 하옵소서.

십자가를 대신 지신 주님. "내가 너희에게 분부한 모든 것을 가르쳐 지키게 하라 볼지어다 내가 세상 끝날까지 너희와 항상 함께 있으리라 (마태복음 28장 20절)" 말씀하셨습니다.

특별히 이 시간에 능력의 말씀 증명케 하시고 저희들이 하나님의 은혜를 다시금 깨닫게 하셔서 성령의 충만함을 허락하옵소서.

저희 교회가 이 지역에 죽어가는 많은 영혼들을 구원하는 구원의 방주가 되게 하옵소서. 진리의 등대, 생명수의 근원이 되어 하나님의 신령한 역사가 나타나는 교회가 되게 하옵소서. 하나님의 말씀 전파가 열매 맺게 하시고 밤마다 새벽마다 기도하는 성도들의 기도를 들어주옵소서. 저희의 선교지역이 넓어지게 하셔서 저희가 밟는 이 땅이 저희와 저희 자손에게 영원한 영적 기업이 되게 하옵소서.

저희 대신 십자가를 지신 주님, 저희가 저희의 십자가로 인해 근심이 있긴 하지만 결국에는 이 근심마저도 기쁨이 되고야 말 것을 믿사옵니다.

십자가를 지시고 나를 따르라고 하신 주님께서 저희에게 힘을 주사 이 십자가를 지고 갈 수 있게 해주실 것을 믿사옵고, 예수 그리스도의 이름으로 기도드리옵나이다. 아멘.

사랑의 하나님, 저희가 주님을 따르는 자로 마땅히 십자가를 지고 주님을 좇아야 함을 압니다. 날마다 일마다 자기희생과 자아의 포기를 두려움 없이 할 수 있기를 원합니다. 주님을 위해서는 고난까지도 기쁨으로 감당하려는 굳센 의지와, 신앙을 위해 생명까지라도 포기하려는 용기와 결단을 주옵소서.

한 생명을 온 천하보다 귀하게 여기시는 주님, 사람의 영혼을 구하는 일을 위해서라면 어떤 희생을 치르더라도 감수하기를 원하오니 힘을 주옵소서.

화목케 하시는 주님. "소금은 좋은 것이로되 만일 소금이 그 맛을 잃으면 무엇으로 이를 짜게 하리요 너희 속에 소금을 두고 서로 화목하라 하시니라(마가복음 9장 50절)" 말씀하셨습니다.

부활의 산 소망이 되시는 주님, 하나님의 말씀과 예수 그리스도의 증거만을 전파하길 원합니다. 주님의 증인된 저희는 오직 주님의 말씀만을 전하고 저희의 생각이나 뜻을 전하지 않게 하옵소서. 뿐만 아니라 주님께서 분부하신 것에 절대적인 순종을 보일 수 있게 하옵소서.

믿음이 있는 자를 기뻐하시는 주님, 이 믿음 없는 세대에 저희가 믿음의 본을 보이는 사람으로 살기를 원합니다. 주님 저희가 믿나이다. 저희의 믿음 없는 것을 도와주옵소서. 모든 일에 항시 믿음으로 구하고 조금도 의심하지 않는 사람으로 살아갈 수 있게 하소서.

부활이요 생명이신 주님, 십자가의 죽음과 부활은 삼위일체 하나님의 능력으로 이루어진 구속의 사역임을 믿습니다. 이제는 저희가 어디 가든지 그리스도를 주인으로 모신 사람답게, 하나님을 아버지라 부르는 사람답게 열린 마음을 가지고 모든 사람을 대할 수 있게 하옵소서. 저희를 세상의 빛과 소금으로 세우신 주님, 저희의 삶이 부패치 않는 소금이 되게 하옵소서.

예수 그리스도의 이름으로 기도드리옵나이다. 아멘.

거룩하신 하나님 아버지! 에스겔이 본 마른 뼈 골짜기의 환상을 이 시간에 기억합니다. 마른뼈가 일어나 힘줄과 살과 가죽이 생기를 덧입어 강한 군대를 이루었나이다.

저희 전도회를 위해 기도드립니다. 전도회가 교회의 뼈대가 되는 모임임을 고백합니다. 전도회를 중심으로 교회가 십자가 군병이 되어 살아 일어나는 역사를 이루소서.

주님! 저희들이 서로 합하게 하소서. 하나님의 영광과 하나님의 나라를 위해 마음을 합하고 힘을 합하게 하소서.

주님! 저희들이 오늘 이 자리에서 자유롭게 예배드리며 천국사업을 의논하는 것은 그저 된 것이 아니고 믿음의 전도회 성도들이 뿌린 씨앗에서 열매로 이루어지는 일임을 감사드립니다. 더욱 경건하고 숙연한 마음으로 전도회의에 임하게 하옵소서.

초대교회 전도회 성도들이 보여준 용기와 충성심을 따를 수 있게 하사 저희로 하여금 뒷날에 부끄럽지 않은 이름으로 기록되게 하옵소서.

십자가를 지고 따르라고 하시는 주님. "예수께서 대답하여 이르시되 기록된 바 주 너의 하나님께 경배하고 다만 그를 섬기라 하였느니라(누가복음 4장 8절)" 말씀하셨습니다.

　만물을 통하여 오직 영광을 받으실 존귀하신 주 하나님, 저희를 성령 충만한 사람이 되게 하사 저희의 뜻대로 움직이지 아니하고 성령의 도구가 되어 성령의 인도하심에 온전히 순종할 수 있게 하옵소서. 그러기 위해서 먼저 저희 자신이 죄인임을 깨달아 늘 회개하는 심령을 지닐 수 있게 하시고 언제나 말씀에 순종하려는 겸손한 자세를 갖게 하옵소서.

　십자가를 지고 나를 따르라고 하신 주님, 마귀 사단은 항상 저희를 육신과 물질, 명예와 권세에 얽매이게 하여 십자가의 고난을 회피하도록 유혹하고 있사오니, 저희가 성령과 말씀으로 무장케 하소서. 그리하여 시험을 이기며 십자가의 고난을 사랑하며 나아갈 수 있게 하옵소서.

　살아계신 주님, 저희가 언제나 하나님의 주권과 권능의 말씀을 앞세우며 살기를 원합니다. 저희의 삶이 하나님의 영광을 드러낼 수 있으며 아울러 하나님을 기쁘시게 하는 진실된 사람이 되게 하옵소서.

　이 백성의 구원은 오직 하나님께로부터 오는 것임을 분명히 알아 죄악을 회개하며 하나님만을 의뢰하게 하옵소서.

　예수 그리스도의 이름으로 기도드리옵나이다. 아멘.

사랑의 하나님 아버지! 오늘날까지 저희들을 주님의 품속에서 안전히 지켜 주시고 사랑으로 이끌어 주신 주님의 은혜를 감사하며 진심으로 감사와 영광을 돌립니다.

오늘은 특별히 저희 학생회를 위해 기도드립니다. 하나님께 진심으로 헌신을 다짐하는 마음으로 학생회가 헌신예배를 드리오니 아벨의 향기로운 산제사로 영광 받아 주시옵시고 큰 은혜 내려 주시옵시고, 또한 이 헌신 예배를 통하여서 저희의 모든 학생들과 성도들이 다시 한 번 더 뜨거운 주님의 사랑과 봉사의 삶으로 회복하는 귀중한 시간이 되게 하시며 오직 충성과 봉사로 주님께 드려지는 온전한 봉사의 삶이 되게 하여 주시옵소서.

권능이 크신 하나님 아버지!

지금 이 시간에도 많은 학생들이 참된 진리를 알지 못한 채 거리에서 방황하며 갈등하고 진정한 대화의 상대를 만나지 못해 허덕이고 있사오니, 그 많은 학생들을 주님께로 돌아오게 하는 큰 구원의 역사를 주옵시고 또한 말씀으로 새롭게 거듭나는 소중한 영혼들로 인도하여 주시옵소서.

충성된 자를 찾으시는 주님. "지극히 작은 것에 충성된 자는 큰 것에도 충성되고 지극히 작은 것에 불의한 자는 큰 것에도 불의하니라(누가복음 16장 10절)" 말씀하셨습니다.

우주 만물의 주인이신 하나님 아버지, 저희가 가진 모든 재물은 하나님으로부터 위탁받은 것임을 믿습니다. 저희가 재물을 섬기지 않을 뿐 아니라 적극적으로 하나님을 섬기는 데 재물을 사용하게 하옵소서. 결코 재물을 섬기는 도구로 하나님을 사용하는 어리석음을 범치 않게 하옵소서.

생명의 빛이신 주님, 저희는 하나님의 진리를 알고 다가오는 세대를 기다리는 참다운 하나님의 자녀이기를 원합니다. 저희가 이 세상일에는 어둡고 하나님의 일에는 밝은 사람이기를 원합니다. 지혜와 처세가 이 세대에만 국한된 사람을 본받지 않게 하옵소서. 주인의 뜻에 어긋나게 제멋대로 사는 청지기가 되지 않도록 늘 조심하겠나이다.

뿌린 대로 거두게 하시는 주님, 저희가 저희만을 위하여 사는 이기주의자의 비참한 말로를 당치 않기 위해 없는 자를 돌아보기를 힘쓰겠나이다. 물질에 대한 탐욕과 자기 안락에 빠지지 않도록 지켜주옵소서.

저희의 하나님, 하나님께서는 그리스도의 십자가를 보시고 저희를 의롭다 칭해 주심을 믿으며, 예수 그리스도의 이름으로 기도드리옵나이다. 아멘.

믿음으로 영적 세계에 들어가게 하신 주님, 이 세계 안에서 누리는 기쁨은 무궁무진한 것을 압니다. 최고의 가치가 최고의 기쁨과 만족을 갖게 함을 깨닫습니다. 주님은 저희에게 새로운 기쁨을 주실 뿐 아니라 새로운 일과 새로운 소망을 주심을 경험케 하심을 감사드립니다.

영원한 샘이 되신 주님. "내가 주는 물을 마시는 자는 영원히 목마르지 아니하리니 내가 주는 물은 그 속에서 영생하도록 솟아나는 샘물이 되리라(요한복음 4장 14절)" 말씀하셨습니다.

생수의 근원이 되시는 주님, 저희 영혼이 주님의 품에 안기게 됨을 감사드립니다. 주님께서 주시는 물은 영원토록 저희 속에서 솟아날 것을 믿습니다. 이 생수가 강같이 흘러 넘쳐 뭇 사람에게 공급되게 하옵소서. 지금도 영혼의 갈증을 채우지 못해 방황하고 있는 이들이 너무 많사오니 그들을 구원의 길로 인도할 수 있는 사람 되게 하옵소서.

신령과 진정으로 드리는 이 예배를 받으시기에 합당하신 주님, 저희가 주님께 예배를 드릴 때, 온 마음을 다하며 하나님의 말씀에 계시된 하나님에 대한 명백한 지식을 갖고 예배드릴 수 있게 하옵소서. 또한 하나님 앞에 벌거벗은 듯이 다 내어놓고 회개함으로 용서의 기쁨을 얻을 수 있게 하옵소서.

　살아계신 하나님 아버지!

　특별히 이 시간 구하옵기는 교회의 교사들에게 크신 은혜와 강건하심으로 함께하여 주시옵소서. 날마다 성령 충만한 말씀의 선포가 있게 하옵시고, 학생들을 가르치는 교사에게도 크신 은혜를 내려주시옵시고 그 가르침을 받는 많은 학생들이 세상을 바라보지 아니하고 오직 믿음으로써 세상을 이겨 나가는 능력의 학생들이 되게 하여 주시옵소서.

　예수 그리스도의 이름으로 기도드리옵나이다. 아멘.

알파와 오메가 되시는 전능하신 하나님 아버지! 오늘도 하나님의 은혜를 사모하여 주님의 몸 된 교회에 나와서 예배드리는 구별된 축복을 주신 하나님의 크신 은혜를 진심으로 감사드립니다.

하나님의 궁전에서 하루가 세상의 천 날보다 낫고 세상 임금의 자리에 있을지라도 주님 모르는 자리라면 기뻐하지 않고 오히려 하나님의 나라의 문지기를 기뻐할 수 있길 원하오니 주님 저희들에게 그러한 넘치는 은총을 채워주시옵소서.

하나님 아버지! 많은 사람들이 주일이 되면 들로 산으로 바다로 자신들의 휴식을 찾아 떠나는데 이 시간도 주님의 피로 구속받은 사랑하는 주님의 백성들이 이렇게 주님의 궁전에서 온 종일토록 찬양과 경배로 주님을 영화롭게 하길 원하오니 주님 붙들어 주시고 함께하여 주시옵소서. 신앙의 횟수가 더해 갈수록 저희의 믿음의 모습도 날로 성숙해 가도록 날마다 강권하여 주시옵소서. 겉모습만 변화되는 듯한 포장된 신앙의 모습들이 아니라 진심으로 내면이 변화되고 알차게 성숙해지는 아름다운 그리스도인의 모습으로 주님께 영광 드리는 삶이 되게 하시옵소서.

사랑의 하나님 아버지! 이 시간 특별히 간구드리오며 성령 안에서 무시로 기도하게 하시고 성도들의 교제가 끝없이 이어지게 하여 주시옵소서. 마음이 정결한 자에게 함께하시는 주님의 은총이 이 시간 예수 그리스도의 피로 정결해진 저희들의 마음속에 충만히 오시어서 깊이 만나 주시옵고 주님이 동행하시므로 심령 깊은 곳에 감사와 구원의 감격이 넘치게 하여 주시옵소서.

진정한 감사 속에서 세상 욕심을 버리게 하시고 또한 다시 오실 예수 그리스도를 맞을 준비를 하도록 역사하여 주시옵소서. 주님 오실 때에 기름 없는 다섯 처녀 중에 서 있지 않고 밤이 늦도록 기다릴지라도 끝까지 믿음을 지키고 깨어서 기름을 준비하여 신랑 되신 저희 주님을 맞을 수 있도록 역사하여 주시옵시며 붙들어 주시옵소서.

사랑의 하나님 아버지!

이 예배 시간에 참여한 성도들이 다 함께 은혜 받길 원합니다. 마른 땅에 이른 비와 늦은 비를 적셔주시는 주님의 넘치는 능력으로 이 시간도 심령 가득히 채워주시옵소서. 힘한 세상 속에서 강퍅해진 성도들의 영혼을 성령의 단비로 촉촉이 적셔주시옵소서. 이웃을 돌아보고 힘든 영혼들을 서로 세워줄 수 있는 아름다운 믿음을 주시옵소서.

영존하시는 주님의 은총이 이 시간도 영원히 저희 속에 능력으로 임재하시길 간구드리오며 남은 시간도 오직 주님께 영광 돌리는 귀한 시간 되길 간구드리옵고 예수 그리스도의 이름으로 기도드리옵나이다. 아멘.

거룩하신 하나님 아버지! 이 시간 감사와 회개로 주님께 부르짖는 저희들의 기도를 통하여 영광 받으시옵소서. 세상의 수많은 사람들 가운데 특별히 저희들을 뽑아주사 거룩하신 아버지의 백성으로 삼으시고, 주님의 무한하신 섭리와 은총 가운데 보호하시고 인도하심을 진심으로 감사드리옵니다.

소돔과 고모라 같은 이 세상 가운데서 지난 며칠 동안도 저희들을 보호해 주시고 이날 밤 다시금 주님을 사모하는 마음으로 주님 전에 모여 영광과 찬송을 하나님께 돌리며, 그 무한한 은혜와 사랑을 다시 사모할 수 있게 하심을 또한 감사드리나이다.

이 시간 간절히 비오니, 저희들 알게 모르게 지은 많은 죄들이 있사오니 용서하여 주시고 주님 십자가에서 흘리신 그 보혈로 깨끗하게 하여 주옵소서.

죄악에 눈먼 영혼들이 아직도 세상의 허무 가운데서 갈 길을 찾지 못한 채 많은 정욕과 욕심 속에 방황하고 있사오니 어리석은 빈 무덤 같은 저희의 심령 속에 이 시간 주님의 성령으로 충만히 채우시옵소서.

그리하여 이제는 참 진리의 빛과 십자가의 은총의 향기로 가득 채워

주시고 삶의 용기와 지혜를 다시 얻게 하여 주옵소서.

주님이 저희 마음에 오시면 저 밝은 하늘이 열리고, 주님의 빛이 저 넓은 대지를 비추는 것처럼 죄와 슬픔과 고뇌는 사라지고, 활기찬 생명의 능력이 저희의 심령 속에서 용솟음쳐 오르리라 믿습니다.

주님! 이 시간도 나약한 사람의 힘으로 어찌 할 수 없는 상황 속에서 주님의 은총과 도움의 손길을 바라는 많은 생명들이 있사오니 붙들어 주옵소서.

사랑이 식어가는 삭막한 현실 속에서 주님이 축복하신 이 나라의 국정을 맡은 많은 위정자들과 또한 밤낮을 가리지 않고 뜬 눈으로 휴전선을 지키는 국군 장병들, 나라의 앞날을 위하여 배움의 터전에 서 있는 많은 대학가의 젊은 지성인들과, 아직도 어두운 세상에서 빛을 찾아 방황하는 많은 생명들, 그들도 다 저희의 형제이오니 주님! 사랑과 능력으로 보살펴주옵소서.

저희 주 예수 그리스도의 이름으로 기도드리옵나이다. 아멘.

저희의 생명을 오늘도 지켜주신 전능하신 하나님 아버지! 저희의 생명을 죽음에서 구속하신 사랑의 주님, 인자와 긍휼로 기쁨의 면류관을 씌우시고 저희의 부정한 입술을 정하게 하셔서 이 땅에 예수 그리스도를 보내어 구속의 사역을 완성케 하심으로 다 이루었다는 고백이 있게 하심을 감사합니다.

저희들도 예배의 승리를 통하여 하나님의 뜻을 이루어 가는 복을 허락하여 주옵소서.

주님을 모른다고 부인했던 베드로처럼, 주님을 팔았던 유다처럼, 생활 속에서 주님을 부인하고 팔았던 저희들을 십자가의 은혜로 용서받게 하여 주옵소서. 경건의 모양은 있사오나 경건의 능력이 없습니다. 저희들에게 성령으로 충만케 하셔서 능력 있는 삶을 살게 하옵소서.

주님 저희에게 새로운 힘을 허락하사 저희가 회개함으로 오직 주님의 나라를 위하여 전도하며 사랑하며 헌신함으로 하나님께 영광 돌릴 수 있도록 힘을 더하여 주시옵고, 주님 나라가 세계만방에 전파되게 하옵소서.

전능하신 하나님 아버지! 저희의 예배를 기쁘게 받아 주옵소서. 저희가 드리는 예물 또한 기쁘게 받으시고, 저희의 봉사 또한 기쁘게 받아주시기를 원합니다.

저희가 하나님께 예배를 드리는 손길 또한 복을 주시되 차고 넘치는 복을 허락하여 주시고, 하나님의 사역을 위하여 봉사하는 손길들 위에 복을 주시되 천국에 보화가 쌓이게 하여 주옵소서.

저희에게 믿음에 믿음을 더하시고, 사랑의 은사를 더하여 주사 저희가 오직 하나님의 사역을 위하여 헌신하게 하시며, 교우 된 저희가 서로 사랑하게 하여 주옵소서.

성령을 통하여 주시는 하나님의 말씀을 듣기를 원합니다. 읽는 자와 듣는 자, 그 가운데 기록된 대로 지켜 행하는 자에게 복이 있다고 하신 말씀처럼 지켜 행할 수 있는 결단과 믿음을 주옵소서.

예수 그리스도의 이름으로 기도드리옵나이다. 아멘.

천지 만물을 주관하시고 섭리하시는 전능하시고 영원하신 하나님 아버지. 오늘도 저희들에게 육신의 생명을 허락하시어 하나님 앞에 회개할 수 있는 기회를 주심에 감사합니다.

예수 그리스도를 통하여 죄사함을 받은 저희들의 삶 가운데 날마다 회개와 거듭남의 역사가 나타나게 하시고 매일매일 회개와 거듭남이 쌓여서 결국 하나님의 나라에 들어가는 데 부족함이 없는 자녀가 되게 하여 주시옵소서.

하나님 아버지. 저희들이 하나님의 아름다운 자녀다운 삶을 살지 못한 부분들이 많음을 고백합니다. 저희들의 마음과 생각으로 하나님의 마음을 아프게 해 드렸고, 사람들에게 상처를 주었으며 그로 인하여 주님의 가르침을 실천하지 못한 점 회개하오니 저희들이 주님의 말씀을 실천하여 귀한 열매를 맺게 인도하여 주시옵소서.

또 저희에게 거룩한 성일을 허락하셔서 영광의 하나님께 예배 드릴 수 있게 하시니 더욱 감사 드립니다.

주님. 그러나 저희들은 하나님의 은혜를 깨닫지 못하고 주님의 말씀대로 살지 못했습니다. 그리하여 주님을 향한 사랑이 식어졌고 믿음이 약하여 충성과 봉사를 다하지 못하였습니다. 이 시간 저희의 허물을 고백하고 회개하오니 저희의 죄를 사하여 주옵소서.

주님. 저희로 하여금 주님의 긍휼 안에서 소망을 가지게 하시고, 주님의 선하심 안에서 힘을 얻고 살아가게 인도해 주시옵소서.

하나님 아버지. 저희들의 가족 중에는 아직 주님을 영접하지 못하고 죄 가운데 사는 이웃의 형제 자매들이 많이 있습니다. 이 시간 저희들이 한 마음으로 기도하오니 저희 성도들의 모든 가족들이 주님을 영접하여 영생을 얻게 하시고 저희들의 가정이 구원의 방주가 되는 놀라운 주님의 은총을 내려 주옵소서.

하나님 아버지. 저희 교회를 세우시고 지켜 주시며 부흥케 하시오니 감사드립니다. 저희 교회를 지역 복음화에 사용하여 주옵소서. 하나님의 영광을 드러내는 교회로 세워 주옵소서. 주님의 놀라운 능력으로 저희들과 함께 하셔서 저희들을 신령한 말씀으로 인도하는 데 조금도 부족함 없는 능력 있는 종이 되게 하옵소서.

주님, 지금 이 세상은 밤과 같이 어둡고 험한 세상이오니 저희들이 어둠을 이기고 밝은 빛으로 승리하게 도와 주옵소서. 저희들에게 한량없는 은혜를 베풀어주옵소서.

예수 그리스도의 이름으로 기도드리옵나이다. 아멘

전능하신 하나님 아버지! 인류의 모든 역사의 주인되시며 한 나라를 세우기도 하시고 폐하기도 하시며 모든 민족 위에 그 이름을 뛰어나게도 하시고 사라지게도 하시는 여호와 하나님의 능력과 권능을 찬양합니다.

주님의 크신 뜻과 은총으로 이 나라를 지금까지 지켜주시고 역사를 이끌어 주심을 생각할 때 진정 감사드립니다.

이 땅에 수많은 나라와 인류가 있었지만, 그 인류들 중에 특별히 저희를 사랑하사 이 땅과 역사를 위협하고 무너뜨리려는 많은 악의 세력과 불의한 무력 앞에서도 지금까지 현존하는 것은 온전한 주님의 은총과 사랑이오니, 온 백성이 감사하며 찬양하게 하옵소서.

주님! 바라옵기는 이 나라의 국력을 주님께서 굳건히 붙잡아 주옵소서. 아직까지 이 땅에는 악한 세력과 전쟁의 위협이 사라지지 않고 있는 실정입니다. 주님! 그 모든 환란에서 지켜주시고 이 나라의 방패와 피난성이 되어 주시옵소서. 시온의 대로로 걸어가는 이 나라 앞에서 광명한 불기둥으로 인도하여 주옵소서. 사탄의 세력들이 호시탐탐 기회를 노리고 있는 저 사탄 세력들의 위협들을 주님이 돌담 되시어서 막아주시옵소서.

미디안을 치사 이김을 주신 여호와여!

사탄들이 하나님의 횃불과 우렁찬 말씀 앞에 놀라게 하시고 아버지의 말씀 앞에 무릎을 꿇게 하소서. 나라의 국력을 해치는 내부의 분열과 사리사욕과 불평들이 없게 하시고 온전히 한마음 한뜻으로 뭉치는 백성이 되게 하옵소서.

예수 그리스도의 이름으로 기도드리옵나이다. 아멘.

기도함으로 능력을 받으면 능력도 역사도 일어납니다. 성경에는 기도함으로 인한 능력과 역사에 대해 많이 기록하고 있습니다.

엘리야는 기도로 하늘에서 불이 떨어지게 했습니다. "이에 여호와의 불이 내려서…(왕상 18:38)" 3년 6개월 동안 오지 않던 비가 기도했을 때 내렸습니다. 기도로 하늘 문을 열고 닫은 사람입니다.

히스기야는 죽을 병이 들었지만 기도함으로 15년간 생명이 연장되었습니다. "…내가 네 기도를 들었고 네 눈물을 보았노라…(왕하 20:5)" 기도를 통해 타인도 고침 받게 할 수 있습니다. 여호와께서 히스기야의 기도를 들으시고 백성을 고치셨습니다(역하 31:20).

24일

평화의 주님! 구하옵기는 이 백성을 긍휼이 여기시고 구원하여 주옵소서. 모든 불의와 부정과 부패와 미신과 악에서 벗어나게 하옵소서. 이 나라에 사는 모든 백성들이 나라를 사랑하고 겨레를 아끼는 뜨거운 열정으로 가득차게 하여 주옵소서.

주님! 저희들이 서로 믿고 서로 도와주며, 마음과 뜻과 힘을 합하여 건설하는 인류가 되게 하옵소서. 아름다운 강토, 좋은 기후와 풍요한 자원을 허락하는 이 나라를 힘모아 지키고 가꾸어서 세계열강을 이끌게 하옵소서.

이 나라 국력을 담당한 이들과 교육을 담당한 이들이 정의를 사랑하며 이 나라의 발전과 백년대계를 위해 노력하게 하옵소서. 특히 온 인류의 영혼을 전능하신 하나님의 은총으로 함께 하옵소서. 온 인류가 위로 하나님을 사랑하게 하시고 저희들이 이웃을 저희들의 몸과 같이 사랑하게 하옵소서.

저희들이 윤리 도덕적으로 바로 서고 바른 마음과 바른 생활과 바른 신앙을 갖게 하여 주시길 빕니다. 그리하여 온 인류가 죄의 사슬에서 벗어나게 하시고 각 분야에서 참된 부흥발전과 희망이 있는 인류가 되게 하옵소서.

여호와를 저희 하나님을 삼는 나라가 되게 하여 주옵소서. 그리고 더 나아가 이 세계의 모든 나라들에게 복음의 빛이 비추는 주님의 나라가 되게 하옵소서. 모든 나라로 하여금 주님의 평화를 배우게 하여 주시기를 빕니다.

하나님의 평화의 사절로서 온갖 노력을 다하게 하옵소서.

주님! 강물같은 평화가 저희에게만 아니라 온 누리에 가득 차게 하여 주옵소서.

이 세상 모든 사람들이 사랑과 화해의 정신을 갖게 하시며 모든 민족들이 한가족처럼 함께 살게 하시어 정의가 깃든 평화를 이루게 하옵소서. 그리하여 저희에게 주신 구원을 늘 찬양하게 하옵소서.

예수 그리스도의 이름으로 기도드리옵나이다. 아멘.

25일

전능하시고 영생하시는 하나님! 하나님의 율법을 무시하고 공의를 무시하며 자기네의 힘만 믿고 자신의 힘으로 전쟁을 일으키는 사탄의 무리들이 있습니다. 고백하오니 그들이 죄를 회개하게 하시고 용서해주옵소서.

은혜로우신 하나님 아버지.

지금도 민족갈등, 종교갈등, 이념갈등으로 많은 나라들이 분쟁으로 인해 전쟁을 하고 있습니다. 이런 전쟁으로 인하여 수많은 젊은 생명들이 자신들의 신념을 지키기 위해 목숨을 버렸으며 수많은 재산이 불에 타서 하루아침에 재가 되었나이다. 가족들은 뿔뿔이 흩어져 생사조차 모른 채 이산가족이 되고 말았으니 주님이시여! 온 인류가 사는 땅의 아픔을 주님께서 위로하시고 친히 보살펴주옵소서.

주님! 지금도 자국의 이익만을 좇는 세계 물결 속에서 정치적 · 경제적으로 혼란한 상태에 빠져있습니다. 주님! 어려운 국가들이 난국을 타개하기 위해 있는 그들을 불쌍히 여기시어 완악하고 교만한 생각을 버리고 공의로우신 주님께 매달려 의지하는 그날에 이 땅에서 정치 경제의 불안과 전쟁의 공포가 사라지고 오직 평화와 공의만이 이 땅에 가득하게 하소서.

인간의 생각으로 모인 무리를 흩어지기도 하며 분열되어 있는 무리를 다시 모이기도 하시는 전능하신 아버지! 인류 내전의 현실 앞에서 애통해 하고 있는 난민들을 긍휼히 여기사 저희 인류의 염원인 평화를 하루 속히 이루어주시옵소서.

언제까지 인류가 전쟁의 위협 속에서 떨며 두려워하고 평화를 모른 채 안타까운 나날을 보내야 합니까? 언제까지 이 인류를 사망의 그늘에 방치해 두셔서 방황하게 만드시렵니까? 주님! 이 인류에게 내리신 진노를 거두어 주시고 방황하는 이 난민을 긍휼이 보시어 평화를 주시옵소서. 주님의 사랑으로 감싸주시옵소서.

세상이 험악해질수록 저희는 누군가의 보호를 원하게 됩니다. 저희의 보호자는 오로지 영원하신 하나님밖에는 없다는 것을 알고 있습니다. 저희를 긍휼이 보시어 저희를 보호하여 주시옵소서.

저희의 죄를 용서하시고 대신 돌아가신 저희 주 예수 그리스도를 통하여 하나님께 용서를 구합니다. 주님의 저희의 죄를 용서하여 준 것 같이 저희도 이웃의 잘못을 용서하는 성도가 되게 하여 주시고 이웃에게 봉사를 하고는 그 결과에 대하여 바라거나 기대는 어리석음을 범하지 않게 하옵소서.

예수 그리스도의 이름으로 기도드리옵나이다. 아멘.

전지전능하신 저희의 수호신이신 하나님. 악마는 저희의 수고를 비웃고, 저희의 지혜를 조소하지만, 저희가 기도할 때에는 악마들은 두려움에 떤다는 것을 알고 있습니다. 기도는 인간의 능력으로는 할 수 없는 것을 할 수 있기 때문입니다. 주님 저희의 기도를 기쁘게 받아주시어 악마들이 두려움에 떨어 주님을 두려워하는 것 같이 저희도 두려워하여 유혹에 빠지지 않게 하여 주시옵소서.

이웃을 내 몸같이 사랑하라 하신 주님. 남을 위한 기도는 저희에게 큰 유익임을 알고 있습니다. 남을 위해 하나님께 심부름하는 대가로 돌아오는 수고비는 상상할 수 없을 정도의 은혜가 있다는 것을 저희들은 너무나 잘알고 있사옵니다. 죄 지은 저희들을 위해 목숨까지 버리신 주님을 생각하면 저희가 남을 위해 기도하는 것은 그리 대단한 것도 아닌 것을 잘 알고 있습니다. 남을 위해 기도하는 것은 곧 자신을 위해 기도하는 것보다 더 큰 은혜를 주시는 것도 잘 알고 있습니다. 그러나 남을 위한 기도로 주님의 은혜를 바라고 하지는 않습니다. 오직 주님이 보여주신 사랑에 대하여 감사함에 주님을 따라할 뿐입니다. 주님 저희의 기도를 예쁘게 받아주시어 감사하옵니다.

저희의 영원한 산성이시오 피난처가 되시는 여호와 하나님! 저희를 사랑하사 아름다운 나라를 주셨고 이 땅에 살게 함에 감사와 영광을 드리나이다.

자비하신 주님이시여, 특별히 인류의 평화를 위해 국방을 담당하고 있는 젊은 군인들과 각급 지휘관을 위하여 기도하오니 그들에게 믿음을 주시고 능력으로 그들을 사로잡아 주옵소서.

주님이시여, 그들에게 하나님을 의지하는 믿음을 갖게 하옵소서. 인간의 지혜나 무력이나 힘이 아니라 주님을 의지하며 주님의 복음으로 무장하게 하옵소서. 평화유지군이 한 사람도 빠짐없이 주님을 믿고 영생을 얻게 하시며 주님을 대장으로 모시고 사는 귀한 믿음을 갖게 하시옵소서. 복음의 군대와 믿음의 군대가 되게 하시며, 그들이 들고 있는 총칼 외에 믿음의 방패를 들게 하시고 소망의 투구와 진리의 검을 들게 하옵소서. 믿음으로 미디안 대군을 물리쳤던 기드온 300명의 용사가 되게 하옵소서.

주님, 군 복음화를 위하여 군목들에게 백 배의 지혜와 능력을 더하시어 이 일을 효과적으로 수행하게 하옵소서. 모든 성도들이 전군의 그리스도화를 위해 기도로 물질로 군목들을 돕게 하여 주시옵소서.

예수 그리스도의 이름으로 기도드리옵나이다. 아멘.

27일

할렐루야 여호와 하나님을 찬양하나이다. 오늘도 저희에게 호흡을 허락하시고 찬양의 능력을 허락하신 하나님께 감사드립니다. 무엇을 말하고 무엇을 노래해야 할지 모르던 저희에게 찬양의 축복을 주심을 감사드립니다.

찬양을 받으시기에 합당하신 하나님 아버지!

성가대를 위해 기도드립니다. 어떤 환경에서도 끊임없이 찬양하기를 원합니다. 저희들의 입술이 찬양을 하게 되었다는 감격 앞에 늘 찬양의 삶을 살기를 저희들은 원합니다. 간구하옵나니 이 일을 위하여 찬양할 수 있는 힘을 주시옵소서.

아름다운 목소리, 쉼 없는 열심, 그리고 이 모든 것 위에 구원에 대한 끝없는 감격을 주시옵소서. 세상 모든 사람들이 찬양을 잃은 삶을 산다고 할지라도 저희들의 형상은 오직 구원의 주님을 찬양하며 살 수 있도록 힘을 허락해 주시옵소서.

오늘도 저희의 입술과 목소리를 통하며 영광 받으신 하나님!

찬양하는 저희로써 입술의 아름다운 열매를 맺기를 원합니다. 순간의 생활 속에 더러운 샘물을 솟아내는 입술이 되지 않기를 원합니다.

기쁨을 노래하며 은혜를 즐거워하는 오직 찬양의 샘물이고자 합니다.

비록 아름다운 목소리는 소유하지 못했다고 말할지라도 저희의 몸짓으로 찬양하며 저희의 호흡이 찬양하는 그 마음을 주님께서 아시오니, 저희의 찬양을 통해 여호사밧과 같은 승리의 생활되게 하옵소서.

저희들에게 있는 찬양의 힘도 입술의 힘도 오직 여호와의 열심이 만들어 주시옵소서. 저희들의 입술의 찬양과 마음의 묵상을 주님께서 기쁘게 받아주시기를 바라며 하나님을 영화롭게 하는 즐거운 생활되게 하옵소서. 또한 어떠한 환란의 풍랑이 불어와도 주님이 함께하심을 믿으며 찬송할 수 있는 성가대에게 성령의 충만을 주시옵소서.

생명의 문이신 주님. "그러므로 무엇이든지 남에게 대접을 받고자 하는 대로 너희도 남을 대접하라 이것이 율법이요 선지자니라(마태복음 7장 12절)" 말씀하셨습니다.

거룩하신 하나님, 신령한 은혜를 날마다 저희에게 베푸심을 감사드립니다. 믿는 자라고 하면서 실제 생활에 있어서는 믿음과는 달리 모순된 행동을 일삼아 온 죄를 용서하여 주옵소서. 가정과 교회와 사회에서 사랑과 이해보다는 비판과 판단이 앞설 때가 많사오니 주님, 저희의 성품을 변화시켜 주옵소서.

예수 그리스도의 이름으로 기도드리옵나이다. 아멘.

하나님 아버지 은혜를 감사합니다! 저희를 구원하심으로 기쁨을 이기지 못하시는 전능의 하나님의 사랑을 생각할 때 감사와 영광과 찬양을 드립니다. 저희들을 택하시고 부르셔서 하나님의 자녀가 되게 하신 것도 감사한데 예배의 자리에 나오게 하시니 또한 감사를 드립니다.

오늘도 신령과 진정으로 예배하는 자를 찾으시는 주님, 저희들로 하여금 아버지께서 받으시기에 합당한 예배가 되게 하여 주옵소서. 찬양 중에 함께 하시고, 기도 중에 응답하시며, 말씀 중에 은혜가 임하게 하옵소서. 예수 그리스도를 닮아가는 삶이 되게 하시고, 연약함을 만날 때마다 하나님께 기도할 수 있도록 하옵소서. 십자가의 은혜를 주셔서 용서하게 하시고, 주님의 고난에 동참하게 하시며, 주님 가신 길을 따라가게 하여 주옵소서.

나라와 국민을 위하여 기도하게 하시며, 모든 교회와 섬기는 저희 교회를 위하여 부르짖는 성도들의 기도에 응답으로 채워 주옵소서. 일곱 촛대 사이를 다니시면서 일곱 별을 붙들고 역사하시는 하나님을 믿습니다.

교회가 빛을 잃은 촛대가 되지 않게 하시고, 일곱 별이 빛을 잃지 않도록 도와주옵소서.

주님의 종들이 강단에 엎드리어 성도들을 위하여 비는 기도에 귀를 기울이시고, 레위인의 축복이 성도들에게 임하게 하여 주옵소서. 저희 교회 성도들을 붙드시고, 각자에게 맡겨진 은사의 분량에 따라 각 지체들이 협력하여 아름다운 선을 이루는 청지기가 되어 지체적인 사역을 감당하게 하시고, 모두가 하나님의 충실한 일꾼이 되게 하여 주옵소서.

하나님 아버지, 입사와 승진하는 성도들을 위해 기도드립니다. 입사한 성도는 상사를 잘 받들게 하시고 일을 할 때는 사람 앞에서 하는 것이 아니라 하나님 앞에서 하듯 진실하고 충성을 다하게 하옵소서. 또한 좋은 동료가 되게 하시고 아랫사람에게는 사랑으로 대하는 넉넉한 상사가 되게 하옵소서. 더욱 인정받는 사람이 되어 직장에서나 교회에서 없어서는 안 될 사람이 되게 하옵소서.

성가의 찬양을 받으시며, 그 입술들이 복되게 하옵소서. 각 기관마다 그리스도의 보혈로 충만케 하셔서 불같이 일어나며 부흥되게 하옵소서.

예수 그리스도의 이름으로 기도드리옵나이다. 아멘.

29일

은혜로우신 저희 하나님, 오늘 주님께서 사랑하시는 새 사업을 시작하는 성도들을 위해 기도드립니다. 개업을 하기 전에 먼저 하나님께 예배드림으로 감사와 영광을 돌리고자 하오니 이 예배를 받아 주시옵소서.

아브라함에게 복을 주시고 그가 경영하는 모든 일에 함께하사 창대케 하신 저희 하나님께서 개업을 하는 성도의 사업장에 복을 주시며 한 걸음 한 걸음 친히 인도하여 주옵소서. 모든 일을 주님께 맡기고 의지하는 마음으로 사업을 경영하게 하시고 오직 하나님이 함께 하실 때 모든 것을 이룰 수 있다는 신앙으로 행하게 하옵소서. 그래서 "네 시작은 미약하였으나 네 나중은 심히 창대하리라(욥기 8장 7절)" 하신 말씀이 사업에 그대로 임하는 복을 누리기에 부족함이 없게 하옵소서.

이같이 좋은 날을 허락하신 하나님께 감사하며 어렵고 힘든 일이 있을 때에라도 하나님의 뜻을 구하며 인내하게 하셔서 변함없는 하나님의 사랑을 만끽하게 하옵소서. 먹든지 마시든지 무엇을 하든지 하나님의 영광을 위해서 살게 하옵소서. 힘써 노력하여 사업의 씨를 뿌림으로써 기쁨의 열매를 풍성히 거두게 하옵소서. 개업과 더불어 범사가 잘되는 은총을 베풀어 주셔서 하나님의 영광 드러내게 하옵소서. 정직하고 성실하게 행함으로써 그리스도의 향기를 마음껏 날리게 하옵소서.

참 포도나무이신 주님. "너희가 내 안에 거하고 내 말이 너희 안에 거하면 무엇이든지 원하는 대로 구하라 그리하면 이루리라(요한복음 15장 7절)" 말씀하셨습니다.

진리의 말씀으로 날마다 저희를 이끄시는 주님, 오늘도 주님의 말씀 안에 거하도록 말씀으로 저희를 권고하심을 감사드립니다. 저희의 인생이 참 포도나무 되신 예수 그리스도의 말씀 안에 뿌리를 내릴 수 있도록 인도하여 주옵소서. 날마다 말씀의 가위로 저희들의 생활 속에 자를 것을 과감히 자를 수 있게 하옵소서. 저희가 많은 열매를 맺음으로 하나님께서 영광을 받으시고 저희는 예수 그리스도의 제자로 인정받을 수 있기를 원합니다.

저희를 택하사 친구라 일컬어 주신 주님, 주님께서 그 모든 좋은 것을 저희와 나누시기를 원하시오니 그 은혜에 무한 감복하옵니다. 이제 저희의 모든 것을 주님께 아뢰며 주님과 사랑의 교제를 더 두텁게 갖기를 원하오며, 늘 예수 그리스도 안에 거하기를 기도하옵니다.

거룩하신 주 하나님, 저희를 세상에 속하지 않게 하시고 예수 그리스도께 속하게 하신 것을 감사드립니다. 세상이 저희를 미워할지라도 낙심치 않게 하시고 오히려 기뻐하며 주님을 찬양케 하옵소서. 그 일로 저희의 믿음이 흔들리지 않게 하시고 오히려 적극적으로 예수 그리스도를 증거할 수 있게 하옵소서.

예수 그리스도의 이름으로 기도드리옵나이다. 아멘.

할렐루야, 주님을 찬양합니다! 부활하신 저희의 주님을 찬양합니다. 저희의 죄를 인하여 지신 십자가의 죽음에서 사망권세를 이기고 부활하신 주님을 찬양합니다. 하나님의 계획에 순종하셔서 하나님의 역사를 이루게 하신 주님을 경배합니다.

주님께서 부활하심으로 말미암아 저희에게 참된 부활의 소망을 주시고, 교회를 굳게 세우셨음에도 불구하고 저희들은 여전히 주님의 부활을 의심하여 널리 증거하지 못했던 의심 많은 연약한 존재들이었습니다.

시험을 이기신 주님. "이에 예수께서 말씀하시되 사탄아 물러가라 기록되었으되 ㄹ)주 너의 하나님께 경배하고 다만 그를 섬기라 하였느니라(마태복음 4:10)" 하셨습니다.

만물의 주인이신 하나님 아버지, 아버지에 의해 이 세상에 있는 모든 존재들이 유지되며, 성령의 도우심으로 이제까지 저희가 살고 있음을 믿고 감사를 드립니다.

광야와 같은 이 세상에 사는 동안 저희가 받는 유혹과 시련을 이길 힘을 주옵소서. 삼킬 자를 찾아 두루 다니며 우는 사자처럼 기회를 엿

보고 있는 마귀의 올무에 넘어지지 않도록 정신을 차리고 근신하여 기도하고 말씀에 순종하기를 힘쓰는 사람이 되길 원하오니 도와주옵소서.

부활의 주님! 주님이 사랑하시고 친히 세우신 교회도 부활의 소망으로 넘쳐나는 교회가 되게 하옵소서. 이 교회를 찾는 자마다 부활의 주님을 만나게 하시고 소망을 갖게 하는 교회가 되게 하옵소서. 다시 사신 부활의 주님을 찬양하며, 주님 앞에 드리는 이 예배에 주님이 함께 하실 줄 믿습니다.

또한 저희로 부활의 신앙으로 무장하게 하심으로 저희가 하나님의 영적 군사들이 될 수 있도록 인도하여 주옵소서. 저희에게 기쁨이 되신 주님을 찬양합니다.

거룩하신 하나님! 저희를 날마다 새로운 힘을 주시옵고 기도할 때 주님의 허락하신 기쁨이 충만하게 하여 주옵소서.

예배를 돕는 손길들을 기억하사 복 주시고, 저희들의 수고와 헌신이 헛되지 않게 하시고 부활하신 주님을 만나는 그날까지 계속적으로 헌신하며 봉사하는 복된 자들이 되게 하여 주옵소서. 예배의 시종을 성령께서 함께 하시옵고, 저희의 예배를 기쁘게 받아 주옵소서.

거룩하신 예수 그리스도의 이름으로 기도드리옵나이다. 아멘.

기적이 일어나는 365 매일기도문

7월
기도문

기도는 입술에 있는 것이 아니고
마음에 있는 것이다.
그러나 기도는 마음으로 하는 것이 아니고
입술로 하는 것이다.

거룩하신 하나님 아버지! 거룩하고 복된 성일을 맞이하게 하시고 삼위신의 임재하심 앞에 사랑하는 성도들이 모여 마음과 뜻을 모아 아버지를 예배하게 하심을 감사드립니다. 원하옵기는 이 시간이 가장 엄숙한 시간이 되게 하시며 이 교회가 땅 위에서 가장 존귀한 장소가 되게 하시고 이 자리가 얍복 강가가 되게 하시고 저희가 야곱이 되어 축복을 간구하게 하시고 또한 이 예배가 영적 예배가 되며 저희 모두 산 제물이 되게 하여 주옵소서.

하나님께서는 악한 아합 왕 시대에서도 하나님을 경외하는 자들을 항상 남겨 놓으신 것을 기억합니다. 이제 이 혼란한 나라와 교회에도 그들을 일으키시옵소서.

그들로 혼란에 빠진 나라를 건지는 종들로 사용하옵시고, 제 역할을 하지 못하고 있는 교회들을 새롭게 또 새롭게 주님의 뜻에 합당한 교회로 빛과 소금의 직분을 감당하는 교회로 세워주시옵소서. 저희가 하나님의 말씀을 들을 때에 저희로 하여금 저희의 부족하고 연약한 것들이 발견되게 하시옵소서. 저희의 죄악 된 모습들이 드러나게 하시옵소서. 살아계신 말씀의 능력으로 드러난 죄악을 이기는 이 시간이 되도록 역사하여 주시옵소서.

예수 그리스도의 십자가 보혈로 말미암아 사망에서 생명으로 옮긴 바 된 저희들의 생명이 다시는 흔들리고 넘어지지 않도록 꼭 붙들어 주시옵소서.

성령의 하나님! 이제 이 성회 가운데 더욱 충만하게 강림하셔서 성령의 충만한 은혜로 침체된 저희의 생명이 크게 소생함을 받아 영육간에 새 생명을 회복하게 하소서.

아버지 하나님! 구하옵기는 모든 병자와 영혼에 고통받는 성도들을 굽어 살피사 그들을 사랑으로 감싸주시고 고통 가운데서도 주님의 살아 계심을 깨닫고 믿음을 지키게 하옵소서. 주님! 저들에게 영육 간에 새 건강을 허락해 주시기를 기도합니다.

평화의 주님!

나라와 인류를 위하여 기도합니다. 이 나라를 고난의 위기에서 건져주시고 백성들로 하여금 사신 우상을 버리고 하나님께로 돌아와 주님만을 의지하게 하시며 그리스도를 믿음으로 조국의 평화를 위해 기도하게 하여 주소서. 하나님! 주님의 종을 세워주셨으니 영역을 칠 배나 더하여 주시고 이 교회에 들어올 때와 이 예배를 마치고 나갈 때에 성도들의 심령이 확실히 달라짐을 기대하며 체험하게 하옵소서.

예수 그리스도의 이름으로 기도드리옵나이다. 아멘.

찬양과 경배를 받으시기에 합당하신 하나님 아버지! 지난 한 주간 동안 죄악 속에 빠져 있던 저희 영혼들에게 값없는 사랑과 한량없는 은혜를 베풀어 주시어서 이렇게 건강한 모습으로 이 시간까지 생명을 연장시켜 주신 하나님 아버지께 진심으로 감사를 드립니다. 오늘 이렇게 거룩한 주님의 날을 맞이하여 좋은 일기를 허락하시고 주님께 엎드려 경배와 찬양을 드릴 수 있는 크신 은혜를 주심에 감사드립니다.

사랑의 하나님 아버지!

주신 은총이 한없이 크고 소중한데도 주님의 자녀인 저희는 주님의 말씀과 성령의 향기로 세상을 살며 빛과 소금의 역할을 해야 하건만 주님의 사랑을 잊은 채 정욕과 물욕에 빠져 세상과 타협하며 한 주간을 지내왔음을 자복하고 회개하오니 아버지여! 이 시간 갈보리 십자가 보혈의 공로로 저희들의 죄를 사하여 주시고 저희들의 어리석음과 벌레만도 못한 언행심사를 용서하여 주시옵소서.

좋으신 하나님 아버지!

이 시간도 게으르고 해이해진 저희의 심령이 회복되는 시간이 될 수 있도록 도와주시고 이 시간도 병마와 싸우며 고통 속에 있는 성도들을 만왕의 왕이시며 만병의 의사이신 아버지께서 위로하시고 친히 고치시사 속히 자리에서 일어나 건강한 삶으로 회복되는 지체들이 되게 하여 주옵소서.

이제 주님의 뜻하신 가운데 주님께서 친히 이 나라를 통치하시사 주님 기름 부으시고 세우신 위정자들에게 솔로몬에게 주신 지혜보다 갑절의 지혜를 주시고 기도로써 나라를 이끄는 겸손한 국가의 위정자가 되도록 인도하옵소서.

그리스도를 배교하는 나라의 지하교회에서 목숨을 걸고 신앙을 사수하는 형제들을 통하여 자유를 찾을 수 있도록 주님께서 역사하여 주옵소서. 무엇보다도 올해 저희 교회 성도들은 야베스의 근심 없는 축복으로, 이삭의 갑절의 축복으로 주님의 축복을 받는 한 해가 될 수 있도록 은혜를 주옵소서.

전능하신 하나님 아버지!

오늘 예배를 기억하사 주님 안에서 영과 진리로 참 예배를 드리며 또한 주님을 영광스럽게 하는 아름다운 성도의 교제의 시간이 되게 하시고 오직 주님께 영광 돌리는 기쁨의 시간이 되게 하옵소서. 성령의 강한 임재가 흐르는 은혜의 시간이 되게 하여 주시옵소서.

이 모든 말씀을 십자가에 죽으시고 부활하셔서 영원히 저희와 함께 하시는 예수 그리스도의 이름으로 기도드리옵나이다. 아멘.

3일

인자하신 하나님 아버지. 죽을 수밖에 없는 우리의 생명이 되시며, 신실한 자들의 빛 되시는 거룩하신 하나님 아버지. 주님의 영광을 찬송합니다.

저희들에게 복된 날을 허락해 주셔서 하나님을 찬양하며 예배하게 하시오니 무한 감사합니다.

저희들이 이 세상을 살아가면서 저희들을 이 땅에 보내신 하나님의 뜻이 무엇인지 분별하여 그 뜻을 따라 행하며, 하나님의 일이 어떠한 것인지 올바로 깨달아서 하나님의 일을 이루어 드리는 복된 성도가 되게 하시옵고, 하나님을 향한 저희들의 믿음이 곧 천국으로 가는 지름길임을 알고 하나님 말씀의 길보다는 인간들의 기준인 성공이란 옆길로 가는 어리석은 선택을 하지 않도록 인도하여 주시옵소서.

인자하신 주님. 이제 저희들이 지은 모든 죄를 고백하고 뉘우치오니 저희들의 죄와 잘못을 용서하여 주옵소서.

저희들은 주님의 마음을 닮지 못하고 허영과 시기와 미움으로 가득 찬 생활을 하였고 서로 사랑하라고 하셨던 주님의 가르침을 멀리하고 저희들의 욕망대로 살아왔습니다.

주님! 저희들의 모든 허물을 용서해 주시고 주님의 보혈로 씻어 주시옵소서. 그리하여 저희들이 주님을 믿는 성도로서 본분을 다할 수 있는 귀한 믿음을 허락하시옵소서.

주님, 저희들의 눈을 밝게 하시고 저희들의 이웃과 형제들에게 이 복음을 전하기에 부족함 없게 하옵소서.

전능하신 하나님 아버지. 믿음이 연약한 심령들에게는 강하고 담대한 믿음을 허락하시고 말씀에 갈급하고 굶주린 심령들에게는 말씀의 충만을 허락하옵소서.

여러 가지로 세상에 시달리며 고민과 근심에 빠져 있는 성도들이 있사오니 그들의 무거운 짐을 주님께서 대신 맡아 주시옵기를 바라옵니다.

사랑으로 당신의 백성을 다스리시는 하나님. 저희 교회가 온전히 하나님의 영광을 드러내는 교회가 되게 하시고 이 세상에서 빛과 소금의 역할을 감당하며 많은 생명을 주님께로 인도하게 하옵소서.

또한 성령이 교회 제직자들과 함께 하셔서 영육 간에 신령함과 강건함을 주시고 맡겨진 일들을 수행할 때 부족함 없게 인도하옵소서.

저희들이 드리는 이 예배가 형식이나 습관대로 드리는 것이 아니라 감사와 찬양이 넘치는 예배가 되도록 주님께서 친히 인도하여 주시옵소서.

예수 그리스도의 이름으로 기도드리옵나이다. 아멘

4일

천지 만물을 창조하시고 만세 전부터 저희를 택하시고 부르셔서 하나님의 자녀가 되게 하시고, 믿음으로 성장케 하셔서 오늘 예배의 자리까지 나오게 하신 은혜로운 하나님 아버지 감사합니다.

오늘 주님께 드리는 예배를 기쁨으로 찬양하시어 영광을 받아 주옵소서. 기도할 때 복된 시간이요, 은혜가 넘치는 시간이요, 깨닫는 시간이 되게 하여 주옵소서.

거룩하신 하나님! 세상 가운데 세상과 더불어 살면서 저지른 죄와 허물을 회개하오니 용서하여 주옵소서. 십자가만 바라보고 살아가겠노라 하면서도 작은 유혹에 쉽게 흔들리며 살았습니다. 아직도 죄들이 저희 안에서 왕 노릇함을 깨닫습니다. 통회하고 자복하오니, 주님 저희를 정결케 하시고 깨끗케 하셔서 세상을 이길 힘을 허락하여 주옵소서. 죄의 종이 되지 아니하도록 은혜 가운데 살아가며 주님께 영광 돌리는 삶이 되게 하여 주옵소서.

열매 맺지 아니하는 나무마다 불에 던져 태우라 말씀하신 하나님 아버지, 오늘도 열매 맺는 삶을 위하여 주님의 고난에 적극적으로 동참하면서 살기를 원하는 저희들을 붙잡아 주시고, 세상의 빛과 소금으로 살아가는 믿음의 권속들이 다 되게 하옵소서.

사람을 지으시고 보시기에 참 좋았더라 하신 말씀처럼, 하나님 보시기에 아름다운 성도가 되게 하시고, 저희로 주님의 사랑을 실천하게 하시고 이웃을 위하여 기도하게 하여 주옵소서.

이웃의 아픔으로 인하여 주님의 고난을 기억하사 저희로 그들에게 도움의 손길을 펼 수 있는 긍휼의 마음을 허락하여 주옵소서. 믿지 않는 이웃을 볼 때, 그들에게 복음을 전하게 하옵소서.

저희를 구속하여 주신 예수 그리스도의 이름으로 기도드리옵나이다. 아멘.

은혜와 사랑이 충만하신 거룩하신 하나님 아버지! 하나님의 역사와 모든 만물을 창조하시고 보시기에 심히 좋았더라 감탄하신 능력의 하나님 아버지 감사합니다.

세상의 푸르름과 같이 저희들의 신앙도 새로워지게 하여 주옵소서. 주님의 고난과 피 흘리심으로 새 생명을 얻었나이다. 주님께서 고난의 쓴 잔을 받지 않으셨더라면 저희들은 여전히 죄의 종노릇하면서 마귀의 자식으로 살았을 것입니다.

하지만 저희 대신 주님이 질고를 지시고 징벌을 받으시고 찔림과 상함을 받으셨기에, 저희가 나음을 입었고 죄 사함 받고 구원을 소유한 축복된 자녀로 살게 되었음을 믿고 감사합니다. 십자가에 달리셨던 주님을 기억하고, 주님의 그 위대하신 사랑에 늘 감사하며 주님을 사모하는 저희들이 되게 하여 주옵소서.

사랑의 주님! 저희 속에 있는 죄악의 쓴 뿌리들을 제거시켜 주시고, 주님을 위해 아낌없이 사랑을 표현하여 향유를 부은 마리아처럼, 온 마음으로 주님을 섬기며 찬양하는 저희들이 되게 하여 주옵소서.

입술로 다른 이를 정죄하지 않게 도와주시고 마음으로 이웃을 미워하며 시기하고 질투하지 않도록 주님께서 친히 붙들어 주시기를 기도드립니다. 저희의 입술이 하나님의 거룩한 영으로 사로잡히게 하시고, 저희가 무릎으로 더욱 주님께 가까이 갈 수 있도록 인도하여 주옵소서.

주님의 피 묻은 십자가를 언제나 사랑하고 자랑하게 하시고, 주님께서 받으셨던 고난의 쓴 잔을 이제 저희가 받게 하여 주옵소서. 주님의 사랑을 기억하며 다른 이들의 가슴에도 주님의 사랑을 심을 수 있도록 축복하여 주옵소서.

주님의 피로 사신 교회를 축복하시어 외식하는 교회가 되지 말게 하시고, 진정으로 주님의 이름을 드높이고 죄악의 사슬을 풀어 영원한 생명과 자유를 주신 주님을 정성을 다해 찬양할 수 있는 교회가 되게 하여 주옵소서.

예수 그리스도의 이름으로 기도드리옵나이다. 아멘.

세상의 모든 죄를 용서하시는 하나님. 죄와 허물로 죽었던 저희를 살리시어 소망이 있게 하시니 감사합니다.

저희가 도움을 청할 때 저희의 도움이 되시며, 인생에게 의지할 수 없을 때 저희의 소망이 되시는 거룩하신 하나님! 오늘도 하나님을 바라보며 나왔사오니 위로와 소망을 주옵소서.

이 땅의 곳곳마다 부활의 기쁨이 충만하게 하시고, 거룩한 주일을 맞이하여 주님의 전에 나아와 살아계신 하나님을 찬양하며 영광 돌릴 수 있도록 이끌어 주신 은혜에 감사합니다.

오늘의 봄 햇살처럼 하나님의 빛이 온 세상에 비추시어 어두움이 물러가게 하시고 공의로우신 하나님의 정의가 이 땅을 덮도록 하여 주시고, 악의 권세가 물러가게 하여 주옵소서. 원망과 시비가 사라지게 하시고, 위선의 허물들이 벗겨질 수 있도록 인도하여 주옵소서.

한 주간 동안 알고 지은 죄도 있사옵고 모르고 지은 죄도 있습니다. 용서하여 주시고, 혹이나 저희의 생활 속에 남을 용서하지 못한 것이 있다면 용서하여 주옵소서.

게으름과 나태함으로 살아가며 교만한 마음과 자신을 자랑하는 못된 습관들을 버리게 하시고 성령의 아홉 가지 열매를 맺는 은총을 허락하여 주옵소서.

사랑의 주님! 가정의 어려운 문제와 경제적인 문제로 고민하며 힘겨워하는 성도들을 기억하시기를 원합니다. 괴로울 때 십자가 고난을 승리로 이겨내신 주님을 바라보게 하시고, 죽음까지도 물리치신 주님의 능력을 의지하여 새 힘을 얻게 하여 주옵소서.

병마와 싸우며 고통 중에 있는 성도들도 있사오니, 병 낫기를 간구하며 부르짖는 자에게 못 고칠 질병이 전혀 없으신 치료의 하나님께서 깨끗하게 치료하여 주시기를 원합니다. 저희의 삶 전체를 주님 앞에 맡기고 사는 저희들이 되게 하여 주옵소서.

예배의 시종을 주님께서 인도하시오며 거룩하신 예수 그리스도의 이름으로 기도드리옵나이다. 아멘.

세상의 시작과 끝을 주관하시는 하나님. 낮에는 구름기둥으로 밤에는 불기둥으로 이스라엘 백성을 인도하신 전능하신 하나님 아버지의 은혜와 사랑을 감사하며 찬양을 드립니다.

이스라엘의 오랜 절망을 깨고 애굽의 신을 멸하심으로 선민을 구원하신 것 같이 이 시간도 저희들을 건지시며 구원하심을 믿고 감사를 드립니다.

질병 가운데 치유를 받으며 환난 가운데 용기를 얻고 절망 가운데 건짐을 받으며, 어둠의 세상 가운데 구원을 받게 하심을 감사합니다. 오늘도 세상에서 실패한 심령에게 오늘 예배를 통하여 능력과 권능의 하나님을 체험하게 하여 주옵소서.

입을 열어 구원을 찬미할 때 기쁨의 노래가 되게 하시고, 승리하는 예배가 되게 하여 주옵소서. 오늘 예배를 받으시옵소서.

저희의 찬양 중에 거하시는 사랑의 하나님 아버지! 세상에서 상하고 찢긴 심령들이 예배를 통하여 구원의 감격을 얻게 하시고, 하나님의 살아계심과 동행을 깨달을 수 있도록 은총을 허락하옵소서.

저희를 인도하시는 하나님! 주님 앞에 복종하는 저희들에게 저희 마음대로 행하지 않게 하시고, 저희의 모든 일들을 감찰하시며 인도하셔서 주님의 지팡이와 막대기로 안위하여 주옵소서.

저희는 다 양 같기에 그릇 행하다가 왔습니다. 각기 제 길로 가다가 죄인 된 모습으로 주님께 왔습니다. 아버지의 주권을 인정하지 못한 불신앙을 용서하여 주옵소서. 주님과 친밀하여 지고 가까이 하며, 성도의 교제에 승리하는 예배가 되게 하여 주옵소서.

성도들을 위하여 간구합니다. 질병과 영혼의 질병에서 놓임 받게 하옵소서. 가난에서 부요함으로 허락하시고 사업이 형통하도록 경영을 주장하여 주옵소서. 가정을 지켜 주옵소서. 자녀들을 붙들어 주옵소서. 오늘도 증거되는 말씀을 힘 있게 의지하여 승리하게 하옵소서.

예수 그리스도의 이름으로 기도드리옵나이다. 아멘.

사랑이 많으신 저희 하나님 아버지. 찬양과 영광이 세세토록 아버지께 있나이다. 죽을 수밖에 없는 저희들을 사랑하시되, 독생자이신 아들까지 내어 주심으로 죄 용서 받게 하셨사오니 감사를 드립니다. 구원의 은혜를 감격하며 저희의 모든 정과 욕심을 십자가에 못 박게 하시고, 그리스도를 믿는 믿음 안에서 살아갈 수 있도록 힘을 더하여 주옵소서.

한 주간을 되돌아 볼 때 죄와 허물이 많았음을 고백합니다. 세상과 짝하여 살면서 달콤한 유혹들을 뿌리치지 못하여 타협하며 하나님의 영광을 가렸사오며, 저희의 마음을 지키지 못하였음을 용서하여 주옵소서. 주님 뜻대로 산다고 하면서도 저희의 뜻을 앞세운 것들은 회개하오니 용서하여 주옵소서.

오늘 예배를 통하여 주시는 말씀으로 생각과 마음으로 지은 죄, 물질로 지은 죄, 불의함으로 하나님의 영광을 가린 모든 것들을 회개하게 하옵소서. 저희의 회개를 받아주옵소서.

나라에 어려움들이 많습니다. 정치가 정상화 되도록 인도하시며, 경제가 회복되게 하시고, 세계의 복음화가 속히 이루어지게 인도하옵

소서.

저희 교회 권속들에게 영육간의 강건함을 주셔서 저희 교회가 세계 복음화를 이끌어 나가시기에 부족함이 없도록 도와주시며, 저희 온 성도들이 함께 힘을 다하여 주님의 나라를 세워갈 수 있도록 믿음과 은혜를 허락하여 주옵소서.

영적인 침체를 벗어나게 하시고, 성령의 충만하심으로 다시 기도로 뜨거워지는 교회와 성도들이 되게 하옵소서. 전도를 위해 눈물로 기도하며 애쓰는 성도들이 있는 줄 아오니 전도의 열매들이 많이 맺히게 도와주옵소서. 저희들의 수고와 성령의 역사하심으로 늘 승리하는 예배가 되게 하시고 교회가 더욱 든든하게 세워지게 하옵소서.

예수 그리스도의 이름으로 기도드리옵나이다. 아멘.

저희를 지으시고 보시기에 참 좋았더라 말씀하신 하나님 아버지! 오늘도 저희를 아버지 앞에 불러주신 은혜에 감사합니다. 벅찬 감격과 감사로 예배를 드리게 하시고 오늘도 진정으로 회개하는 자의 친구가 되시는 하나님의 은혜를 감사합니다. 성결한 심령으로 승리하게 하옵소서.

이제껏 성결한 삶을 살기에 게을렀던 저희를 용서하시고, 깨끗한 심령으로 저희의 마음을 새롭게 하셔서 주님께서 받으시기에 합당한 심령이 되게 하옵소서. 늘 새로움으로 거듭나게 하시고, 저희들 뿐만 아니라 진실로 하나님을 찾는 모든 이 나라 백성들이 겸손함으로 주님의 나라와 의를 구하게 하여 주옵소서.

또한 이 땅이 주님의 뜻 안에서 자유롭게 하시고 나라의 모든 위정자들이 주님을 두려워하는 자들이 되게 하셔서 공의를 나타내게 하여 주옵소서. 오늘 예배에 참석하지 못한 성도들을 기억하여 주옵소서.

육신의 질병을 가진 주님의 백성과 직장을 잃은 주님의 백성, 물질이 없어 어려움을 당하는 주님의 백성들과, 해외에 나간 이들이 어두움의 세력의 어려움을 당하지 않도록 인도하여 주옵소서.

또한 주님의 몸 된 교회를 위하여 사명을 감당할 임원들과 일꾼들이 뽑혔사오니 임명된 모든 일꾼들이 맡은 직임에 충성을 다하도록 축복해 주옵소서. 주님의 부르심의 은혜로 일꾼 되었사오니 교만함과 나태함으로 주님의 영광을 가리는 일이 없도록 삶을 주장하시며 열심이 변치 않도록 지켜주옵소서. 서로가 뜨겁게 사랑하고 전도함으로 부흥하게 하여 주옵소서.

예배를 통해 저희에게 새로운 빛으로 살아갈 수 있는 은혜를 허락하심을 감사하오며 새 다짐과 새 소망을 드리는 저희의 예배를 받아주시고 영적인 풍요를 내려주옵소서. 아버지께는 영광 돌리고 말씀을 듣는 저희에게는 이김이 되는 승리의 날들이 되게 하옵소서.

예배의 시종을 주님께서 인도하여 주시오며 예수 그리스도의 이름으로 기도드리옵나이다. 아멘.

저희의 구원이시며 생명이신 사랑의 하나님! 이 시간도 영광과 감사와 찬양을 주님께 드립니다. 오늘도 주님의 은혜를 찬송하며, 구속의 은혜를 감사하며, 영원히 송축하는 주님의 자녀들이 되게 하여 주옵소서.

저희를 성결케 하시는 하나님 아버지! 추악한 죄의 형상을 가지고 주님 앞에 엎드립니다. 저희의 힘과 능력으로 되지 못하는 죄의 사유하심이 오직 주님께 있음을 고백합니다. 헤아릴 수 없는 은혜 가운데 살면서 원망과 불평으로 살아온 모든 죄를 용서하여 주옵소서. 주님의 크신 능력으로 저희의 마음을 강하고 뜨겁게 하사 마음을 새롭게 하시고 말씀을 따라 살게 하여 주옵소서.

은혜와 사랑이 충만하신 하나님! 주님 은혜를 더욱 사모하게 하시기를 원합니다. 저희의 마음과 생각을 감찰하시는 하나님께 저희의 생각과 위선을 버리게 하옵소서. 용서하시는 하나님 저희의 있는 모습 그대로 나아갑니다.

주님의 자비를 믿고, 주님께서 저희를 받으실 줄로 믿고 나아가오니 저희를 긍휼히 여겨 용납하여 주옵소서. 빛 되신 주님의 길에서 결코 떠나지 않는 생활을 할 수 있도록 도와주옵소서.

특별히 저희 교회에 속한 모든 직책들을 붙드셔서, 심령이 늘 새롭게 하셔서 소망과 새로운 능력을 허락하시고 청지기의 사명을 잘 감당할 수 있도록 도와주옵소서.

오늘도 저희에게 말씀을 전하시는 성령을 붙들어 주시고, 전하는 말씀에 갑절의 능력을 더하셔서 저희들의 심령이 새로워지는 시간이 되게 하여 주옵소서.

또한 아버지! 예배를 준비하며 돕는 손길들이 있습니다. 주님의 특별하신 은혜가 있기를 원하오며 저희가 드리는 찬양을 기쁘게 받아주옵소서. 예배를 통하여 진정한 회개와, 용서의 기쁨과 말씀의 은혜가 충만케 하옵소서!

예수 그리스도의 이름으로 기도드리옵나이다. 아멘.

11일

 루야 사랑의 하나님 아버지! 오늘 세상 가운데 세상과 더불어 죄악 속에 살다가 죄인의 모습으로 하나님 아버지께 나왔습니다. 이 시간 저희의 죄악을 용서하여 주시고 저희의 예배를 받아주옵소서. 고난과 역경이 끊이지 않는 세상을 살아야 하는 저희들에게 힘과 용기를 주옵소서.

오직 여호와를 앙망하는 자는 새 힘을 얻으리니 독수리의 날개 치며 올라감 같을 것이라고 했사오니 저희에게 새 힘을 주시며, 주님을 앙망하며 경외하는 믿음을 허락하여 주옵소서. 저희의 삶이 여호와의 영광을 위하여 드려질 수 있도록 인도하여 주옵소서.

은혜와 자비가 풍성하신 하나님! 하나님의 은혜를 사모합니다. 영혼이 잘 됨 같이 범사에 잘 되고 강건케 될 줄 믿사오니 늘 성령의 충만함을 허락해 주옵소서. 상처 입은 영혼을 주님의 손길로 치유하여 주시고 연약한 심령은 강하게 하시므로 주님의 자녀로써 세상의 세파에 휩쓸리지 않도록 담대함을 주옵소서. 주님 앞에 엎드린 저희의 심령을 굽어 살피사 상한 마음을 치료 하여 주시고 주님의 사랑으로 인도하여 주옵소서.

저희의 심령을 통찰하시며, 저희의 앉고 일어섬을 아시는 주님께서 저희의 삶의 모든 필요를 알고 계시는 줄로 믿습니다. 육신의 연약함으로 고통받는 이들을 보살피시고 치유해 주시기를 원합니다. 나는 이스라엘의 치료의 하나님이다 하셨사오니 믿음으로 나아가 성숙한 믿음의 사람으로 거듭나게 하옵소서.

주님의 말씀을 선포하는 성령을 도우셔서 저희를 향하신 하나님의 뜻을 바로 깨닫는 은혜의 시간이 되게 하시고, 말씀을 듣는 성도들의 마음 밭을 준비되게 하셔서 말씀의 씨앗이 떨어질 때 백 배의 열매가 맺혀질 수 있도록 축복하여 주시고 저희의 심령에 회개의 참된 열매도 맺게 하여 주셔서 주님의 섬김과 사랑이 저희 안에서 온전히 이루어지기를 기도드립니다.

예배의 모든 것을 주님께 맡기오며, 저희를 죄악에서 구원해 주신 예수 그리스도의 이름으로 기도드리옵나이다. 아멘.

할렐루야 긍휼이 풍성하신 전능하신 하나님! 저희를 사랑하셔서 하나님의 형상으로 빚으시고 귀한 주님의 자녀로 삼아주신 은혜를 감사하며 경배와 찬양과 영광을 돌립니다. 오늘도 주님이 주시는 은총으로 살게 하심을 감사합니다. 죄로 말미암아 죽을 수밖에 없는 죄인들을 대속의 은혜를 통하여 주님 앞에 나와 예배드릴 수 있도록 허락하심에 감사합니다.

그리스도 안에서 온전히 자라가야 할 저희의 삶의 모습이 아직도 어린 아이와 같고 육에 속한 자와 같이 이기적이고 세상적인 욕심에 지배당하고 있습니다. 받는 것이 주는 것보다 복되다고 하셨지만, 아직도 주는 것보다 받는 것을 좋아하는 저희의 삶을 용서하여 주시고, 성령님께서 주님을 닮아가는 삶으로 인도하여 주옵소서. 그래서 저희의 삶에서 맺어지는 성령의 열매를 통하여, 그 향기를 통하여 하나님께 영광이 되고 많은 사람들을 주님께 인도하는 놀라운 역사가 끊임없이 일어나기를 간절히 원합니다.

특별히 저희를 산 제물로 바치오니 받아주셔서 온 세상을 구원하기 위한 도구로 삼아 주옵소서. 오늘도 신령과 진정으로 예배하는 자를 찾으시는 주님께 저희 자신을 온전히 드리오니, 주님의 한량없는 은혜로 채워 주옵소서. 저희들의 연약한 심령이 오직 주님의 광대하신 섭리 속에 강하고 담대할 수 있도록 은혜 내려주옵소서. 순서순서마다 주님께서 친히 인도하여 주셔서 성령 충만한 예배가 되게 하여 주옵소서.

저희 교회가 부흥함으로 사회가 살아나고 냄새나는 곳에 소금이 되게 하시고 어두운 곳에 밝은 빛이 되게 하여 주옵소서.

저희를 구원하시는 예수 그리스도의 이름으로 기도드리옵나이다. 아멘.

> 기도로 하나님의 뜻을 바꿀 수 있습니다. 여호와께서 범죄한 백성을 진멸하시기로 작정하셨다가도 모세의 기도로 돌이키사 용서하셨습니다(출 32:7-14).

　저희의 찬양을 받으시기에 합당하신 하나님! 세상에 살면서 상처 받은 저희의 영혼들을 주님의 거룩한 존전으로 불러주심을 감사 드립니다. 죄 속에서 살던 저희가 주님의 대속하심을 감사하며 주님 앞에 다시 모였나이다. 저희의 찬양과 경배를 받으시고 저희를 진리의 빛으로 인도하여 주옵소서.

　하나님! 저희의 온전치 못한 섬김을 용서하여 주옵소서. 이 세상의 무엇보다도 누구보다도 나를 더 사랑하느냐고 물으시는 주님 앞에, 담대히 주님 저희가 주님을 사랑하나이다 고백할 수 있는 믿음과 은혜를 더하여 주옵소서. 주님을 사랑함으로 이웃을 전도하게 하시고, 주님을 사랑함으로 저희의 성품이 변화되는 역사가 있게 하옵소서.

　저희에게 능력을 주시는 사랑의 하나님 아버지! 오늘 말씀과 기도를 통하여 능력을 얻게 하시고 진정한 회개의 역사가 이루어지게 하셔서, 주님을 위하여 헌신하는 복된 시간이 되게 하옵소서.

　소돔과 고모라 같은 세상이지만 곳곳에 사랑을 나타내고 심어야 할 곳이 많습니다. 사랑을 베풀기에 지극히 인색한 저희의 마음을 변화시켜 주옵시고, 주님의 사랑을 실천할 수 있는 저희가 될 수 있도록 인도하여 주옵소서.

저희들의 믿음이 연약하여 주님의 도우심을 간구하오니 그리스도의 빛을 세상에 발하게 하시고 주님의 거룩한 백성으로 세상에서 승리할 수 있도록 힘 주시고 능력 주시기를 원하옵나이다.

깊은 슬픔과 고통 속에서도 십자가의 주님을 생각하며 저희의 보잘것없는 고난과 슬픔으로 인해 좌절하지 않도록 믿음을 주옵소서. 절망이 엄습할지라도 새로운 심령으로 거듭나게 하시는 주님의 능력을 의지하게 하여 주옵소서.

오늘도 예배를 인도하는 성령의 은혜를 갑절로 입히시고 저희의 혼과 영혼과 관절을 찔러 쪼개는 능력을 주셔서 성령의 충만한 은혜의 시간이 되게 하여 주셔서, 부족한 저희들이 하나님께 더 가까이 갈 수 있는 귀한 예배의 시간이 되게 하여 주시고, 말씀에 열매 맺는 귀한 시간 되게 하여 주옵소서.

저희의 능력이 되시는 예수 그리스도의 이름으로 기도드리옵나이다. 아멘.

자비로우신 아버지 하나님! 저희는 주님의 은총이 아니면 단 하루도 이 세상에 존재할 수 없는 연약한 인간들입니다. 주님은 저희의 허물을 사하시며 저희의 상처를 싸매 주시는 주님이십니다. 저희가 있는 그대로 주님 앞에 나올 때에도 저희를 용납하시고, 저희는 의롭지 못할지라도 그리스도의 공로로 저희를 의롭다 하시는 너그러우신 사랑으로 인하여 감사드립니다.

저희의 마음은 탐욕으로 가득 찼으며 저희의 손은 무고한 자의 피로써 더럽혀졌나이다. 저희는 저희의 생활에서 공과 사를 분간하지 못하며 남의 손해를 저희의 유익으로 삼은 불충한 청지기들입니다. 더욱더 국가의 공직을 맡고 있으면서도 사사로운 친분이나 연고 관계로 정직한 행동을 하지 못하는 가장된 죄인들입니다.

국가공무원들을 위해 기도합니다. 그들로 하여금 세례 요한의 전도를 들은 세리와 군인들이 가슴을 치며 "저희가 무엇을 하리이까?" 하고 묻던 그런 회개와 반성의 자세를 가지게 하옵소서.

정한 세 외에는 녹징하고 말고 사람들에게 강포하지 말며 무소하지 말고 받는 녹봉을 족한 줄로 아는 정직하고 청렴한 공무원이 되게 하옵소서. 국민을 위한 정책을 결정하고 집행해 나갈 때 모든 부처가 한 마음으로 일치되게 하시고 위로는 하나님의 뜻에 합당하고 아래로는 국민의 뜻에 맞는 정부가 되게 하여 주옵소서.

국가와 흥망성쇠가 자신들의 손에 달려 있음을 자각케 하소서. 개인의 사소한 허영심과 사리사욕으로 인하여 국민을 위한 전진에 멈춤이 없게 하시고 국가 번영을 위하여 성실히 일하도록 도와주옵소서.

모든 공무원들이 투철한 국가관을 가지고 국민 앞에 봉사하는 자세를 갖게 하옵소사 정직하고 청렴한 공무원상을 확립함으로써 국민으로부터 신뢰받는 공무원이 되게 하옵소서.

맡은 자에게 구할 것은 충성이라 하였사오니 저들이 참으로 국가를 위하여 충성하는 공무원이 되게 하옵소서. 국민에게 군림하는 자가 아니라 봉사하는 자가 되게 하옵소서. 변화시키시는 주님. "그들 앞에서 변형되사 그 얼굴이 해 같이 빛나며 옷이 빛과 같이 희어졌더라(마태복음 17장 2절)" 말씀하셨습니다.

주님, 저희는 하나님 나라의 삶을 살고 있으나, 아직 완전한 하나님 나라의 삶이 아니기 때문에 이 세상의 법과 의무를 이행해야 함을 압니다. 모순과 갈등, 부조리, 부도덕이 판을 치고 있는 현실을 살고 있습니다. 하지만 겸손과 청빈과 절제의 모습을 지니고 하나님의 뜻을 드러내며 살고자 하오니 힘을 주옵소서.

하나님의 뜻 안에 자신을 철저히 복종시킴으로 주님의 마음에 합당한 일을 꾀할 수 있길 바라오며, 예수 그리스도의 이름으로 기도드리옵나이다. 아멘.

　　온 우주를 주관하시는 저희의 하나님! 이 넓은 우주와 엉클어진 인생사에서 하나님의 법도를 벗어난 것은 하나도 없음을 저희들은 알고 있습니다. 저희가 아무리 하나님의 품을 빠져나가려고 하여도 하나님께서 저희의 길을 가로 막으시며 저희를 이끄사 의의 길로 인도하심을 진심으로 감사드립니다.

　저희는 하나님의 법을 즐거워하며 살아야 할 터인데 탕자처럼 아버지 품을 벗어나려고 하는 못된 습성을 가지고 있습니다. 바라옵기는 저희를 경책하여 주시고 저희의 그릇된 길을 버릴 수 있는 용기를 주옵소서.

　의와 공의의 하나님! 민주국가에서 국민의 권리와 주권을 공평하게 다스리는 사법부를 주시고 온 국민을 보호하여 주심을 감사합니다.

　저희의 권리와 안녕을 위하여 법을 좀더 공정히 집행하여서 보다 밝고 명랑한 사회를 건설코자 수고하는 사법부에 속한 모든 공무원들에게 민첩한 판단력과 명철을 주시어 어느 누구도 억울한 일을 당하지 않게 공정한 판결을 하도록 은총을 내려주시옵소서. 뇌물이나 권력이 개입하여 공의를 굽힐 수 있사오니 공의의 하나님께서 이를 지키시고 주관하여 주옵소서. 법을 맡은 자들이 모두 공의의 하나님을 두려워하며 편법과 사리사욕으로 스스로 법을 짓밟는 자들이 되지 않도록 하시고 항상 바로 감당하게 하여 주셔서 국민의 국가법에 대한 신임도가 하락되지 않도록 공의의 손으로 그들을 붙잡아 주시옵소서. 그리하여 온 국민이 사회질서가 확립된 명랑한 가운데 안심하고 자유로이 권리를 누리며 화평한 삶을 갖게 하옵소서.

주님! 유능한 법관들을 많이 배출하여 솔로몬과 같은 지혜를 주셔서 그들로 하여금 거짓이 참으로 둔갑해서 진실이 거짓에게 짓밟힘을 당하는 억울한 일이 없게 하시고 그들의 과중한 업무도 감당할 수 있게 건강도 허락해주시옵소서.

공의의 심판주이신 주님. "제구시쯤에 예수께서 크게 소리 질러 이르시되 엘리 엘리 라마 사박다니 하시니 이는 곧 나의 하나님, 나의 하나님, 어찌하여 나를 버리셨나이까 하는 뜻이라(마태복음 27장 46절)" 말씀하셨습니다. 죄인을 구원하시기 위해 친히 고난 받으신 주님, 저희가 지금까지 얼마나 많은 죄를 지었는가를 후회하는 것이 아니라 주님께서 저희의 죄를 용서하실 것을 믿으며 솔직히 고백합니다. 또한 예수 그리스도는 저희의 구주가 되시고, 저희의 주인이 되심을 믿습니다. 이제는 마음과 생각과 행동으로 죄 범하지 않도록 도와주시고, 사단의 화살에 맞지 않도록 하나님의 전신갑주로 무장하며 살겠나이다.

친히 저희의 죄를 담당하신 예수 그리스도를 본받아 살기를 원하옵고, 예수 그리스도의 이름으로 기도드리옵나이다. 아멘.

사랑의 하나님 아버지! 누구든지 어린 아이처럼 낮아지고 순수해지지 않으면 결단코 천국에 들어가지 못하리라고 어린 아이들을 중앙에 세우시고 훈계해 주시던 주님의 말씀을 기억하면서 어린이의 친구이신 예수 그리스도의 이름을 받들어 기도드립니다.

예수 그리스도가 세상에 계실 때 어린이를 사랑하사 그 크신 사랑의 품에 안으시고 축복해 주심같이 병상에 있는 어린 생명들도 주님의 품에 품어주시옵소서. 주님께 나온 어린 아이의 머리에 안수하시던 그 능력의 오른손으로 병들어 아픔을 호소하는 어린이들의 머리에 안수하사 깨끗하게 고쳐주옵소서.

주님이 세상에 보내신 어린이오니 주님께서 보호하사 장래 좋은 사람이 되어 하나님께 영광을 돌리게 하옵소서. 주님이 자라나실 때에 건강하셨듯이 이 생명들도 주님처럼 몸에 건강의 복을 내리소서. 예수 그리스도가 어렸을 때에 지혜로우셨던 것처럼 병상에 있는 아이들도 지혜있게 자라게 하소서.

그리고 하나님의 은총으로 아이들의 귀한 생명을 감싸주옵소서. 치료하는 의사들의 머리와 손에 재능을 더하셔서 아직 좌우도 분별치 못하는 어린이의 몸에서 병의 근원을 확실히 찾아내게 하시고 완전히 치료하게 하소서. 병든 어린아이를 위해 기도하는 부모들의 간구를 들어주시며 위로하소서.

먼저 자신들의 생활 속에서 아직 해결하지 못한 잘못이 없는가를 철저하게 찾아내는 믿음이 아픔을 통하여 하나님 앞에 바로 서게 하시고, 어린 자녀를 위하여 힘있게 무릎 꿇을 수 있게 하옵소서.

아버지의 긍휼하심이 크십니다. 아픈 어린이로 온전케 하사 온 가정의 기쁨이 되게 하시고 교회의 큰 일꾼이 되게 하시기를 원하며, 나라의 초석이 되게 하시기를 바라는 저희의 간절한 소망을 이루어주옵소서.

섬김의 본이신 주님. "인자가 온 것은 섬김을 받으려 함이 아니라 도리어 섬기려 하고 자기 목숨을 많은 사람의 대속물로 주려 함이니라(마가복음 10장 45절)" 말씀하셨습니다.

고난과 섬김의 본을 친히 육체로 보여주신 하나님, 저희가 주님 앞에 설 때 언제나 어린아이처럼 순수하고 진실한 모습을 갖게 하옵소서. 그리하여 어린아이를 뜨겁게 사랑하셨던 주님의 사랑의 마음을 읽을 수 있게 하옵소서. 주님, 저희의 마음이 때 묻지 않은 순박한 마음으로 존속되기를 소원합니다.

이 땅에 사는 동안도 하나님 나라의 질서를 준수하길 다짐하오며, 예수 그리스도의 이름으로 기도드리옵나이다. 아멘.

전지전능하시며 인간의 공의와 진리가 되시는 하나님 아버지! 저희 나라를 세워주시고 지금까지의 역사에서 지켜주시며 특별히 민주주의 국가로 세워주시고 법치국가로 이끄셔서 모든 백성들이 법 앞에 평등하게 살게 하시니 감사합니다.

주님이시여! 인간의 법의 근본 원천이 주님의 거룩하신 말씀이며 가르침이라는 것을 저희가 깨닫게 하옵소서. 주님께서는 저희들에게 십계명을 주시고 실천하게 하였지만 저희들은 믿음이 약하고 마음이 정결치 못하여 많은 죄를 범하며 살아가고 있사오니 회개하게 하시고 새로운 결심을 갖게 하옵소서.

헌법을 세우신 하나님 아버지!

아무리 훌륭한 법일지라도 그 법을 집행하는 사람의 양심이 비뚤어져 있고 하나님을 경외할 줄 모른다면 그것은 돼지에게 진주를 던지는 격이오니 법규 집행자들의 심령에 주님께서 찾아가셔서 공의로운 법규 집행을 하도록 인도해 주시며 그들의 마음속에 주님을 경외하는 믿음이 싹 터서 주님이 원하시는 바대로 법을 집행할 수 있는 은혜를 내려주시옵소서.

특별히 주님께서 그들을 법률 집행자로 택하여 쓰시는 그 뜻을 깨달아 모든 권한을 주님께 돌리며 주님께서 사회 질서를 유지하기 위해 자기들을 도구로 쓰시는 것뿐이라는 겸손한 자세로 이 백성을 공의롭게 다스려 나가는 주님의 종들이 되게 하옵소서.

이 시간 저희가 드리는 이 기도가 저희의 마음속에 일반 사회의 법 제정과 그 준법정신을 기리고 다지는 것보다 주님의 준엄한 법도를 되새기는 계기가 되게 하옵소서.

주님께서 인도하여 주셨으니 앞으로도 주님의 법으로 다스려주옵소서. 세상의 법 이전에 저희들이 주님의 말씀, 율법, 교훈대로 생활하는 믿음을 갖게 하시고 이 나라가 인간적인 법에 의해 통치되는 것이 아니라 높고 귀한 주님의 법에 의해 통치되게 하셔서 죄악, 거짓, 다툼이 없는 화평의 나라가 되게 하옵소서.

주님께서 예배의 시종을 지켜 주시고 앞으로의 모든 계획과 순서들을 지켜 주실 줄 믿사옵고 예수 그리스도의 이름으로 기도드리옵나이다. 아멘.

십자가에서 흘리신 예수 그리스도의 보혈의 은총에 감사드립니다. 그뿐만 아니라 상한 갈대와 같이 꺼져가는 불처럼 연약하고 보잘 것 없지만 꺾지 아니하시고 끄지 아니하시고 천하와도 바꿀 수 없는 귀한 생명을 주님께로 인도하는 교사의 사명을 감당케 하여 주심을 진심으로 감사드립니다.

모든 교사의 모범이 되신 주님!

저희에게 예수 그리스도의 마음처럼 진실로 영혼에 대한 끊이지 아니하는 사랑의 마음을 부어주시며 가르치며 연구하는 일에 충성되이 임할 수 있도록 성령을 통하여 부어주옵소서. 인간의 이성과 과학 그리고 합리적인 사고방식이 하나님의 말씀보다 우위에 서서 이 세상을 지배하려는 이 세대에 저희는 과연 어떻게 하나님의 말씀을 가르쳐야 하겠습니까?

저희는 무력하기에 다만 하나님의 전지전능하신 도움만을 필요로 하고 있사오니 저희 심령을 붙드사 하나님의 말씀에 대한 확신과 그리스도 예수께 대한 믿음으로 주님의 어린 양들을 먹이며 돌볼 수 있도록 도와주옵소서.

세상을 모든 악에서 벗어나게 하시는 하나님.

정결케 하시는 주님. "그가 이 작은 자 중의 하나를 실족하게 할진대 차라리 연자맷돌이 그 목에 매여 바다에 던져지는 것이 나으리라(누가복음 17장 2절)" 말씀하셨습니다.

한 영혼을 천하보다 귀하게 보시는 주님, 저희의 실수와 과오로 혹은 고의적으로 남을 넘어뜨릴까 염려되오니 저희를 붙잡아 주옵소서. 형제가 죄를 범하거든 경계하고 회개하거든 용서할 수 있게 하옵소서. 저희 마음속에 형제를 진정 위하는 마음이 떠나지 않기를 원합니다.

정결케 하시는 주님, 저희를 진리의 말씀으로 정결케 하옵소서. 십자가를 기꺼이 지고자 하는 믿음을 주옵소서. 하나님의 나라에 대한 바른 인식을 갖고 하나님의 통치에 늘 복종할 수 있게 하옵소서.

이 말세에 저희가 종말론적인 바른 삶의 자세를 갖고 하나님의 거룩한 일을 이루어 드리기를 원하옵고, 예수 그리스도의 이름으로 기도드리옵나이다. 아멘.

19일

한 사람의 영혼을 천하보다도 더 귀히 여기시는 하나님 아버지! 아버지께서 뜻이 계셔서 이곳에 하나님의 교회를 세워 주시고 이 교회를 더욱 부흥케 하심을 진심으로 감사드립니다. 또한 몸의 지체와 같은 구역마다 충성스러운 종들을 세우시사 구역을 돌보며 성도들의 가정을 심방하고 봉사하게 해 주시니 감사합니다.

각 구역을 맡아서 수고하는 권찰들에게 하나님께서 특별한 은총으로 함께하시사 그들이 사명을 잘 감당하도록 힘과 능력을 주시옵소서. 파수꾼과 같은 구역장들이 교회의 울타리인 구역을 잘 돌보며 이리 떼로부터 양들을 잘 지키는 일들까지 소홀함이 없도록 지혜를 주시옵소서.

전능하신 아버지 하나님!

각 구역의 권찰들이 성령 충만한 종들이 되게 하시사 기도하며 전도하는 성실한 청지기가 되게 하시옵소서. 그들이 모일 때마다 성령님께서 함께하시사 은혜로운 모임이 되게 하시고, 교회의 유익과 성장을 가져오는 창조적인 모임이 되도록 성령께서 역사하여 주옵소서.

각 권찰들의 가정을 지켜주시고 그 생업 위에 축복하시사 주님의 사역을 감당하기에 영육 간에 부족함이 없도록 인도하여 주시옵소서.

아버지 하나님! 일선의 권찰들이 살아 움직이는 만큼 비례해서 교회가 부흥하며 성장하겠사오니 저희들에게 굳센 믿음 주시어 행여나 그들의 발걸음이 멈추지 않게 하시고, 그들의 기도의 단이 허물어지지 않도록 인도하시옵소서.

말씀의 교회 앞에 모이기를 힘쓰며 구역 안의 성도들이 각별히 사랑을 돈독히 함으로써 구역의 성장과 함께 교회가 성장하도록 도와주시옵소서.

근심을 거두시는 주님. "지금은 너희가 근심하나 내가 다시 너희를 보리니 너희 마음이 기쁠 것이요 너희 기쁨을 빼앗을 자가 없으리라(요한복음 16장 22절)" 말씀하셨습니다.

진리의 성령을 보내셔서 지금까지 저희를 인도해 주시는 주님, 저희가 성령을 의지함으로 자립신앙을 소유할 수 있게 하옵소서. 그리하여 능력 있는 복음의 일꾼으로 주님께 더욱 헌신할 수 있기를 원합니다.

성령님께서 저희의 잘못을 책망하셔서 모든 것을 깨닫게 하시고 주님께서 주시는 힘과 용기로 담대히 주님의 일을 할 수 있게 하옵소서.

예수 그리스도의 이름으로 기도드리옵나이다. 아멘.

찬양과 경배를 받으시기에 합당하신 하나님 아버지! 지난 시간 동안 죄악 속에 빠져있던 저희 영혼들에게 값없는 사랑과 한량없는 은혜를 베풀어주시어서 이렇게 건강한 모습으로 이 시간까지 생명을 연장시켜 주신 하나님 아버지께 진심으로 감사를 드립니다.

오늘 이렇게 거룩한 주님의 날을 맞이하여 좋은 일기를 허락하시고 주님께 엎드려 경배와 찬양을 드릴 수 있는 크신 은혜를 주심에 감사드립니다.

사랑의 하나님 아버지!

주신 은총이 한없이 크고 소중한 데도 주님의 자녀인 저희는 주님의 은혜를 잊고 살 때가 있습니다.

좋으신 하나님 아버지!

이 시간도 게으르고 해이해진 저희의 심령이 회복되는 시간이 될 수 있도록 도와주옵소시고 이 시간도 병마와 싸우며 고통 속에 있는 성도님들을 만왕의 왕이시며 만병의 의사이신 아버지께서 그들을 위로하시고 친히 고치시사 속히 자리에서 일어나 건강한 삶으로 회복되는 지체들이 되게 하여 주옵소서.

전능하신 하나님 아버지!

오늘 예배를 기억하사 주님 안에서 신령과 진정으로 참 예배를 드리며 또한 주님을 영광스럽게 하는 아름다운 성도의 교제의 시간이 되게 하시고 오직 주님께 영광 돌리는 기쁨의 시간이 되게 하옵소서.

이 모든 말씀을 십자가에 죽으시고 부활하셔서 영원히 저희와 함께 하시는 예수 그리스도의 이름으로 기도드리옵나이다. 아멘.

> 기도로 우리의 소원을 이룰 수 있습니다. "구하라 그리하면 너희에게 주실 것이요…(마 7:7)", "…구하라 그리하면 받으리니 너의 기쁨이 충만하리라(요 16:24)." 기도는 개인의 소원, 가정의 소원, 교회의 소원을 이룰 수 있습니다.

영원토록 경배와 찬양을 받으시기에 합당하신 하나님 아버지! 삭막한 세상 속에서도 날마다 말씀을 통하여 내려주신 하늘의 신령한 은총으로 인하여 감사를 드립니다. 사랑의 하나님 아버지! 세월의 흐름 속에서 저희의 겉사람은 날마다 후패할지라도 저희의 속사람은 날마다 성령으로 거듭나게 하여 주옵시고 강건케 하여 주옵소서.

뒤돌아보니 은혜 입었노라 하면서도 저희들의 입술은 부정했고, 자만심에 불순종의 나날을 보내기도 했습니다. 날마다 입술로는 "주님! 주님!" 했지만 진실한 고백과 믿음의 삶을 살지 못하고 힘겨운 이웃들도 잘 돌보지 못하였음을 고백하오니, 이 시간 저희 모두를 용서하시고 말씀의 능력과 성령의 역사로 새롭게 하옵소서.

이 시간도 저희들은 주님 앞에 빈 손 들고 왔습니다. 빈 마음 가지고 왔습니다. 그러나 이 자리를 떠날 때는 하늘의 은총과 능력의 말씀을 가지고 일어날 수 있게 하옵소서. 이 시대에 필요한 자로 세워주시고 이 시대를 변화시키는 자로 훈련시켜 주옵소서. 하나님과 사람을 사랑하고 자연과 생명을 사랑하고 어린아이처럼 순수한 믿음으로 살게 하옵

소서.

사랑의 하나님 아버지!

십자가에서 흘리신 주님의 핏값으로 세우신 저희 교회가 주님의 형상을 닮기를 원합니다. 실패한 자가 힘을 얻고 상처받은 자가 치유되며 낙심한 자가 소망을 발견하는 교회가 되기를 원합니다. 모든 성도들이 그리스도 안에서 풍성한 삶을 누리며 성령의 열매를 맺을 수 있도록 도와주옵소서. 아버지의 거룩한 뜻이 하늘에서 이룬 것 같이 저희 교회를 통하여 풍성하게 이루어지게 하옵소서.

교회 안의 모든 직분자들이 항상 겸손으로 성도들을 섬기는 모범을 보이도록 새 힘을 주시고, 또한 가정들마다 모든 일이 형통케 하여 주시고, 어려운 일들이 잘 해결되게 하여 주시고, 고통 가운데 신음하는 성도들에게 새 힘을 주옵소서. 특별히 이 나라와 국민을 주님께서 굳건하게 붙들어 주옵소서. 아직도 우상 숭배하고 복음을 받지 못한 사람들에게 저희가 복음을 전하여 주는 축복을 주옵소서.

이 시간도 병으로 고통당하며 실직으로 아파하며 가난으로 가슴 졸이는 외롭고 소외된 주님의 백성들에게 은혜를 베풀어주옵소서.

예수 그리스도의 이름으로 기도드리옵나이다. 아멘.

영광과 존귀와 찬양을 받으시기에 합당하신 아버지 하나님! 세상의 마지막 날에 권능과 능력으로 구름을 타고 오실 약속의 하나님 아버지를 바라보며 오늘도 간절한 마음으로 기도를 드리오니 영광을 받아주옵시고 함께하여 주옵시고 언제나 불꽃같은 눈동자로 주님의 몸 된 교회를 살피시며 일곱 금 촛대 사이에서 주님의 귀한 사자들을 붙들어 주시는 줄 믿사오니 크신 능력으로 함께하여 주시옵소서.

환난 중에도 더 큰 은혜를 체험케 하시는 아버지 하나님!

지금도 하나님을 말씀을 전파하기 위해 세상에 많은 개척교회들을 위해 기도드립니다.

죽으면 죽으리라는 큰 믿음의 각오로 생명을 내맡기고 기도하여 나라를 구한 믿음의 여종 에스더처럼 오늘도 보이지 않는 교회의 제단 뿔을 부여잡고 눈물 흘리는 많은 주님의 종들이 있사오니, 주님! 함께하여 주시옵시고, 특별히 개척의 어려운 환경 속에서 사방팔방 발을 동동 굴리며 가슴 조여 부르짖는 많은 성도들에게 반가운 기도의 응답과 축복의 떡으로 함께하여 주시옵소서.

살아계신 하나님 아버지! 아무도 선뜻 결단 내리기 어려운 개척의 길을 나서서 오직 하나님만 의지하며 부르짖는 몸 된 교회들에게 광야의 고난이 결코 헛되지 않으므로 장차 받게 될 영광의 면류관을 바라보게 하여 주시고, 주님 오시는 그날까지 끝까지 인내하는 교회와 주님의 종들이 되게 하여 주시옵소서.

죄인을 부르시는 주님. "내가 의인을 부르러 온 것이 아니요 죄인을 불러 회개시키러 왔노라(누가복음 5장 32절)" 말씀하셨습니다.

거룩하시고 전능하신 주님, 죄인으로서의 참된 자아를 발견하오니 저희 인생의 분명한 방향과 사명을 주옵소서. 저희 자신을 위해 고기 낚는 인생보다 하나님의 영광을 위해 사람을 취하는 복된 인생이 되게 하옵소서.

허례허식하는 자를 엄하게 책망하시는 주님, 저희가 낡은 전통이나 율법적인 생각에 얽매여서 형식만을 따르는 건조한 사람이 아니라, 새 포도주이신 예수 그리스도를 모시고 저희 안에 활활 타오르는 불길을 가진 영적 삶을 살기를 원하오며, 예수 그리스도의 이름으로 기도드리옵나이다. 아멘.

영광과 찬양을 받으시기에 합당하신 은혜의 하나님 감사합니다.

온 우주 만물이 주님께 경배하는 오늘 이 귀한 시간을 기억하게 하시며 저희를 이 귀한 자리에 성회로 모이게 하신 은혜를 감사하며 주님께 영광을 돌리옵나이다.

사랑의 하나님! 너희도 거저 받았으니 거저 주어라 하신 말씀을 져버리고 저희의 욕심을 따라 한 주간을 살았던 것을 회개합니다. 용서하여 주옵소서. 이처럼 게으르고 핑계대기를 좋아하는 저희의 죄악을 깨닫게 하시고 자복하는 시간 되게 하옵소서.

하나님! 저희의 입술로 범죄치 않게 하시고, 저희의 생각이 범죄치 아니하도록 날마다 동행하여 주시기를 간구합니다. 너희는 성도의 구별된 삶을 살아라 하시며 저희와 함께 하시는 하나님 아버지, 세상과 구별되어 성결하게 하시고 하나님의 백성으로 세상을 이길 수 있는 은혜를 허락하여 주옵소서.

주님의 핏값으로 세운 몸 된 저희 교회 또한 십자가의 사랑을 받은 사람들이 그 정신으로 살려고 모인 곳이오니 세상적인 욕심에 사로잡혀 세속에 물들어 가는 교회가 되지 말게 하시고, 주님의 말씀대로 살아가는 것을 즐거워하고 자랑하는 교회가 되게 하옵소서. 소망이 끊어진 이 시대에 십자가의 사랑만이 새 소망이 된다는 것을 저희들이 발견할 수 있도록 주님의 십자가를 힘써서 증거할 수 있는 생활 속의 증인들이 되게 하옵소서.

주님의 사랑으로 믿지 않는 이웃에게 복음을 증거할 수 있도록 입술의 권세를 허락하시고, 저희의 손과 발로 사랑을 실천할 수 있도록 능력을 주옵소서. 저희로 하나님 사랑의 증인이 되게 하시며 저희의 삶 속에서 역사 하시는 하나님의 능력을 증거할 수 있는 믿음을 허락하여 주옵소서.

또한 저희에게 하나님의 말씀을 전할 성령과 함께 하사 저희가 그 말씀으로 인하여 삶이 변화되게 하시고, 생각과 마음이 변화되게 하여 주옵소서. 저희로 하나님의 사람이 되기를 결단할 수 있는 믿음을 허락하여 주옵시고, 날마다 도우시는 주님의 은혜가 함께 하옵소서.

저희의 예배를 기쁘게 흠향하시기를 간구하오며, 예수 그리스도의 이름으로 기도드리옵나이다. 아멘.

죄 지은 저희를 사랑하는 하나님. "하나님을 사랑하는 자 곧 그의 뜻대로 부르심을 입은 자들에게는 모든 것이 합력하여 선을 이루느니라(로마서 8장 28절)" 하신 은혜의 주 하나님, 영광과 찬양과 경배를 돌립니다. 인간을 사랑하사 예수 그리스도를 대속으로 십자가에 내어주시고, 사랑으로 저희를 구속하신 은혜를 감사합니다.

저희의 심령이 이 시간도 주님만을 향하게 하시고, 주님이 고난을 당하실 때 외면했던 베드로와 제자들 같이 주님을 부인하는 삶을 살아가지 않도록 저희를 지켜 주옵소서. 저희들의 죄악이 주님을 순간순간 부인하오니 용서하여 주옵소서. 멸망 가운데 죽을 수밖에 없었던 저희들을 구속하시기 위해 이 땅에 오셔서 고난을 당하신 주님을 기억하오니, 저희의 삶을 성령님께서 지키시고 저희의 길을 인도하여 주옵소서.

거룩하신 하나님 아버지! 저희에게 악을 행하는 자들을 주님께 맡길 수 있는 믿음과 지혜를 허락하시고, 심판하시는 권한이 하나님 아버지께 있음을 인정할 수 있는 저희들의 믿음이 되게 하옵소서. 세상의 죄악 가운데 버림받을 수밖에 없던 저희로 하나님 나라의 일꾼 삼아 주심을 감사합니다. 맡겨진 사명마다 힘과 정성을 다하여 충성함으로 잘 감당케 하여 주옵소서.

지금도 어려움에서 넘어지고 쓰러지는 많은 성도들을 기억하시고 주님을 믿는 믿음과 소망과 긍휼을 베푸사 다시금 승리할 수 있도록 은혜를 베풀어 주옵소서. 저희가 고난을 당할 때 주님의 고난을 기억하게 하시고 그 안에서 감사가 끊이지 않게 하여 주옵소서. 사랑의 하나님 저희의 예배를 기쁘게 받아 주시고, 저희의 예배를 통하여 주님께 영광을 돌리게 하시며, 주님께 찬양을 드리게 하시며, 주님께 봉사를 드리게 하여 주옵소서.

사랑의 하나님, 성령의 역사하심으로 붙드사 주님과 교통하는 역사가 일어나게 하시고, 연약한 저희가 하나님의 음성을 듣는 귀한 시간되게 하여 주옵소서. 저희의 죄가 드러나게 하셔서 회개하며 통회하는 시간이 되게 하옵소서.

예수 그리스도의 이름으로 기도드리옵나이다. 아멘.

25일

교회의 몸이 되시고 이치가 되시는 하나님 아버지! 수년 전 이곳에 터를 닦으시고 저희 교회를 세워주시고 혼탁한 세상 속에서도 저희 교회가 잘 박힌 못같이 흔들리지 않고 계속 성장해 온 것을 진실로 감사드리오며, 저희 교회를 섬기는 사람들과 믿음의 권속들이 모여 예배를 드리게 해 주심을 진심으로 감사드립니다.

눈물로 씨를 뿌리는 자는 기쁨으로 단을 거둔다는 말씀대로 저희 교회가 초창기에 몇 명의 성도가 눈물로 겨자씨를 심듯이 말씀의 씨앗을 뿌렸더니, 이제는 그 겨자씨가 자라서 공중에 나는 새가 깃들만큼 성장 부흥되었으니 이 은혜를 무엇이라 형용할 수 없습니다. 오직 저희들은 주님의 크신 능력과 섭리에 감사할 뿐입니다.

진리의 본체가 되시며 길이요 생명이신 주님! 저희 교회는 해야 할 일이 너무나 많이 있습니다. 주님께서 저희 교회 창립 당시 당부하신 구원의 방주로서의 사명을 성실하게 감당하여 노아홍수 때 유일하게 생활의 터전이 되었던 노아의 방주처럼 심판 날에 구원받을 자를 모으는 구원의 방주가 되도록 해야 하겠으며, 길을 잃고 이리저리로 헤매는 세상의 심령들에 길을 가르쳐 주는 등대가 되어 저 천성을 향하여 힘차게

갈 수 있는 안내를 할 수 있게 해 주옵소서.

또한 이 자리가 도피성이 되게 해 주옵소서. 죄에 쫓기는 심령들이 이 자리에 들어와 사유를 받을 수 있게 해 주옵소서. 또한 저희 교회에서 부르는 찬송 소리가 울려 퍼지고 기도의 불이 꺼지지 않으며 전도의 열기가 식지 않는 교회가 되고 말씀과 성령이 충만한 교회가 되어서 양적으로 질적으로 더욱 부흥 발전하는 교회가 되어 하나님께 영광 돌리며 저희 온 성도들의 가슴 속에 기쁨이 넘치게 인도하여 주시옵소서.

선한 것을 더하여 주시는 주님. "너희는 먼저 그의 나라와 그의 의를 구하라 그리하면 이 모든 것을 너희에게 더하시리라(마태복음 6장 33절)" 말씀하셨습니다.

은밀히 저희의 모든 것을 보시고 계시는 하나님 아버지, 사람의 눈만을 의식하느라, 참된 가치를 보고 계시는 하나님을 망각해온 죄를 용서하여 주옵소서. 오직 하나님만을 의지하는 신실한 심령으로 하나님의 의만 나타내게 하옵소서. 하나님 아버지에 대한 믿음과 아버지의 주권을 철저히 인정하는 생활태도에서 벗어나지 않게 하옵소서.

예수 그리스도의 이름으로 기도드리옵나이다. 아멘.

26일

저희를 사랑의 마음으로 내려다보시는 하나님. 하나님께서는 저희의 기도가 얼마나 우아하고 균형이 잡혔으며, 얼마나 내용이 다양해야 하는지를 조금도 헤아리지 않으십니다. 또 저희의 기도가 얼마나 감미로운 목소리로 진행되고, 또 얼마나 논리적으로 연결되어야 하는지도 전혀 개의치 않으심을 알고 있습니다. 하나님은 저희의 마음의 기도소리를 듣고 계시기에 저희의 진정어린 구원을 듣고 계시리라 알고 있습니다.

주님, 저희가 무엇을 감추고 무엇을 숨길 수 있겠습니까. 저희 흉을 덮어주고 저희의 죄를 용서하여 주시는 주님 감사합니다. 찬양합니다. 오직 저희의 구원이며 저희의 생명이신 주님. 저희가 주님의 사랑을 온 인류에게 전도할 수 있도록 능력을 주시옵고, 열정을 주시옵소서.

살아있으시고 온 세상을 다스리시는 주님. 이 세상에는 아직도 주님의 사랑을 기다리는 민족들에게 저희의 손을 빌려 그들에게 은총 베풀어 주시옵소서. 하나님의 자비가 온 인류에게 퍼질 수 있도록 저희의 능력도 함께 키워 주시옵길 간절히 간구합니다.

죄를 미워하시는 주님. "너희가 성경에서 영생을 얻는 줄 생각하고 성경을 연구하거니와 이 성경이 곧 내게 대하여 증언하는 것이니라(요한복음 5장 39절)" 말씀하셨습니다.

위로의 주 하나님, 저희 주변에는 위로받기를 거절하며 홀로 살아가는 사람, 다시 희망을 갖는 것을 포기하며 새로운 일에 도전해 보지 않고 주어진 대로만 살아가는 사람이 많사오니 이들을 저희가 주님께로 인도할 수 있게 하옵소서. 이들 모두가 주님 안에서 삶의 소망과 새로운 생명을 얻게 하여 주옵소서.

생명과 심판의 권세를 가지신 주님, 저희는 영생을 얻었고 심판에 이르지 아니하며, 사망에서 생명으로 옮겨졌음을 믿고 감사드립니다. 이 놀라운 은혜를 생각하며, 하나님의 뜻을 행하고 하나님을 높이기에 더욱 힘쓰기를 원합니다. 장차 다가올 심판의 날에 부끄러운 구원이 되지 않도록 저희를 경책하여 주옵소서.

죄를 미워하시는 주님, 저희에게는 죄를 미워하는 동시에 좋아하고 사모하는 마음이 숨어 있사오니 이 죄인을 불쌍히 여기사 죄악을 이길 수 있는 힘을 주옵소서. 정직한 마음으로 주님을 찾사오니 더욱 믿음 주옵소서.

저희가 말씀을 믿고 일어나 걸어가기를 원하옵고, 날마다 새 힘을 주시는 예수 그리스도의 이름으로 기도드리옵나이다. 아멘.

변함없는 사랑으로 저희를 돌보시며 사랑하시는 하나님, 오늘 생일을 맞이하는 성도들을 위해 하나님께 예배드리게 하시니 성도를 대신하여 진심으로 감사드립니다.

지나온 날들을 돌이켜볼 때 주님을 섭섭케 한 일들도 많았지만 그러나 변함없으신 주님의 사랑으로 붙들어 주셔서 감사드리며 앞으로의 날들을 소망 가운데 설계하는 시간이 되게 하시어 더욱 풍성하고 복된 날들이 되게 하옵소서. 더욱 강건하게 하시며 성령으로 충만하게 하셔서 마지막 날까지 주님과 동행하는 삶을 살게 하옵소서.

마음은 하나님의 뜻대로 살겠다고 수없이 다짐하지만 저희 인생은 너무도 연약합니다. 도와주시옵소서. 어두움을 만날 때 빛 가운데로 인도하셔서 어두움에 거하지 않게 하시고, 욥과 같은 환란을 만날 때 지혜와 인내를 주셔서 주님의 은혜 가운데 머물게 하옵소서.

어머니의 품처럼 편안한 하나님.

어린아이는 가슴에 품은 생각을 기도하지 못합니다. 다만 울음을 터뜨릴 뿐입니다. 그러면 어머니는 그 울음소리 속에서 아이의 배고픔을 알게 됩니다. 기도는 이와 같은 것이라 생각합니다. 어린아이는 울면서 세상에 태어납니다. 마찬가지로 기도도 그 양식이나 규칙을 배우는 것이 아니라, 새 생명의 원리 자체로부터 자동적으로 흘러나오는 것입니다.

기도하지 않는 것은 교만입니다. 말을 배우지 못한 어린아이가 배고픔을 엄마에게 애원하는 방법은 오로지 울음밖에는 없습니다. 마찬가지로 저희들도 하늘나라에 가보지 않았기에 오로지 천국으로 가는 방법은 기도밖에는 없음을 잘 알고 있습니다. 예수 그리스도를 통한 기도는 천국으로 가는 유일한 방법인 기도를 저희가 한순간도 잊지 않고 살게 하여 주시옵소서.

사랑의 하나님, 해마다 맞는 생일이 주님 보시기에 더욱 아름다운 날들이 되게 하시며, 하나님의 보호하심과 인도하심 가운데 항상 거하게 하옵소서. 오늘 이후 다시 시작하는 날들이 기도와 경건한 삶이 되게 하셔서 하나님과 이 성도 간에 사랑의 띠가 견고하게 매여져서 어떠한 바람에도 넘어지지 않게 도와주시옵소서.

다 같이 즐거워하며 복 받기를 원하는 성도들의 생일이 오직 하나님께만 영광과 존귀를 돌리는 날이 되게 하소서.

예수 그리스도의 이름으로 기도드리옵나이다. 아멘.

저희의 구원이요, 산성이요, 바위요, 방패가 되시는 하나님 아버지! 저희 교회에 오셔서 감사와 영광과 존귀와 찬양을 받아주셔서 감사합니다. 저희들이 긴 세월 동안 있는 힘과 노력, 땀 그리고 물질을 바쳐 주님의 집을 지어 아버지 앞에 봉헌하였습니다. 이 교회는 살아계신 하나님, 임마누엘 되신 하나님의 표적이옵니다.

이 교회는 인간의 손으로 지어졌으나 하나님께서 부리신 손길들과 기물들로 지어졌음을 저희는 알고 있습니다. 이 교회는 하나님의 백성들의 믿음의 결실이요 기도의 산물이옵니다.

이 교회는 하나님 아버지께서 친히 임재하시고 하나님이 부르신 백성들을 만나시는 곳이옵니다. 이제 이 교회에서 기도하고 예배하며 드나드는 자마다 하나님을 만나게 해 주옵소서. 기도의 응답을 받게 해 주시옵소서. 죄인은 회개하고 병든 자는 고침을 받고 복을 구하는 자는 합당하신 하나님의 복을 받게 해 주옵소서. 주님의 재림이 임박한 때에 이 교회를 이 자리에 허락하신 하나님의 시대적인 사명도 깨닫게 하사 이 시대를 향하여 이 교회가 감당해야 할 선지자적인 사명도 감당하기에 부족함이 없게 해 주시옵소서. 간구하오니 봉헌하는 이 교회를 받으시고 하나님 보좌가 여기에 좌정하여 주시어, 주님, 저희들을 만나 주시고 하나님을 만난 자만이 감당하는 신령한 생활과 하나님의 자녀로서의 늠름한 생활이 그대로 저희에게 이루어지게 하옵소서. 아울러 하나님을 모신 자만이 감당할 수 있는 시대적인, 사회적인 모든 책임을 잘 감당하는 성도들이 될 수 있도록 인도하여 주옵소서.

저희들에게 날마다 새 힘을 공급하시는 하나님, 사업에서 쓴잔을 마시고 고통 중에 있는 성도를 위해 기도합니다. 열심히 일하고 애써 왔으나 허무한 결과를 보게 된 성도에게 긍휼을 베푸시고 재기의 용기를 주시옵소서. 일의 흥망성쇠는 오직 하나님께만 있는 것을 깨닫고 다시 일어서게 하옵소서. 저희의 진정한 성공은 주님을 위해 사는 길이며 사업의 번영과 물질의 축복은 아브라함처럼 하나님의 명령에 따라 믿음으로 결단하고 순종하는 사람들에게 주어지는 것임을 알게 하옵소서. "주신 이도 여호와시요 거두신 이도 여호와시오니 여호와의 이름이 찬송을 받으실지니이다(욥기 1장 21절)"고 한 욥의 믿음을 본받게 하시고 하나님을 원망하는 죄를 짓지 않게 하옵소서. 밤새 고기를 잡기 위해 힘썼으나 한 마리도 잡지 못하고 지쳐 그물을 씻는 제자들을 격려하시고 많은 고기를 잡게 하신 하나님, 성도들에게 같은 은혜를 베풀어 주옵소서. 오늘의 실패가 좋은 체험이 되게 하시고 오히려 겸손한 자를 세우시는 하나님을 더욱 의지하는 깨달음이 있게 하옵소서.

예수 그리스도의 이름으로 기도드리옵나이다. 아멘.

사랑 많으시고 은혜로우신 하나님 아버지, 저희 성도들의 가정에 주님의 은혜에 감사드립니다.

이사를 하는 성도를 위해 기도합니다. 가정을 축복하셔서 새 집을 마련하고 이사하게 하심을 또한 감사드립니다. 이사하는 성도의 가정에 복 주시고 하나님의 은혜와 사랑이 충만케 하옵소서.

하나님 아버지, 아브라함이 처소를 옮길 때마다 먼저 예배를 드림으로 하나님께 영광돌린 것과 같이 이사하는 성도의 가정도 이곳으로 이사를 하고 먼저 하나님께 예배를 드리게 되오니 하나님 영광 받으시고 이사한 성도의 가정을 기쁘게 받아 주옵소서. 기도할 때마다 자녀문제, 직장문제, 사업문제, 건강문제, 물질문제들이 응답받게 하시고 영육간에 강건함으로 지켜 주시옵소서.

"네가 네 하나님 여호와의 말씀을 순종하면 성읍에서도 복을 받고 들에서도 복을 받을 것이며 네가 들어와도 복을 받고 나가도 복을 받을 것이니라"고 하셨습니다.

참으로 이사한 성도의 가정이 하나님의 말씀에 순종함으로 이런 복을 받아 누리는 가정이 되게 하시고, 그 자녀들이 또한 세계 모든 민족

위에 뛰어나는 복을 받게 하옵소서. 이제 이곳에서 새로운 이웃들과 사귈 때에도 이웃에게 그리스도의 사랑을 전하고 믿지 않는 자들에게 그리스도의 향기를 마음껏 나타내게 하옵소서.

하나님, 이사한 성도의 가정에 복이 되게 하시고 함께 예배드리는 모든 성도들에게도 같은 은혜와 복이 임하게 하옵소서.

인자하시고 진실하신 하나님 아버지! 이 교회를 이 자리에 세우심은 이 주위의 지역사회에 사명이 있는 줄 압니다. 이 교회가 하나님의 뜻을 소홀하지 않게 해 주옵소서. 저희들 모두가 주님을 바라보면서 신령한 세계가 밝아진 연후에 주위를 돌아보면서 사랑을 베풀 일이 무엇인지를 깨달아 봉사할 수 있게 해 주옵소서.

하나님 아버지, 이제 성도를 돕는 손길을 허락하시고 성도가 만나는 사람마다 격려와 위로를 베풀게 하옵소서. 경제불황으로 같은 처지에 있는 사람들이 많습니다. 같은 은혜를 베풀어 주시옵소서.

예수 그리스도의 이름으로 기도드리옵나이다. 아멘.

저희의 위로가 되시며 친구가 되시는 주님, 이 시간에도 주님이 사랑하시는 성도가 원치 않는 질병으로 인해 입원하게 되어 기도드립니다.

사랑의 하나님, 사랑하는 성도의 병든 상처를 어루만지사 치료하여 주옵소서. 이전보다 더 강건하고 완전함으로 치료하여 주옵소서. 고통과 아픔을 통해서 주님의 뜻을 깨닫게 하시고 병상에서 오히려 주님과 더 가까워지는 더 깊은 교제가 있게 하옵소서. 영육이 함께 강건해지게 하옵소서.

간병하는 가족들에게도 건강 주시며 지치지 않게 하옵소서. 도우시는 하나님의 손길을 체험하게 도와주시옵소서. 병원 의사들의 손길을 붙드사 지혜를 주셔서 실수 없이 잘 치료하게 도와주시옵소서. 성도가 하루속히 건강이 회복되게 하셔서 주님 영광 받으시옵소서. 같은 병실의 모든 환자들에게도 빠른 치료의 은혜를 주시옵소서.

자비하신 하나님 아버지!

주는 곧 부활과 생명과 진리이심을 믿고 간구드립니다. 오늘 이 땅에서 주님의 일에 충성하다가 주님의 부름을 받아 소천하신 성도를 위하여 기도드립니다.

거룩하신 하나님 아버지! 이제 믿음의 경주를 다하고 주님의 품안에 안긴 성도를 주님의 사랑과 위로의 손길로 안아주시고 이 땅에서 겪은 아픔과 환난과 외로움을 위로하여 주시옵기를 간구하옵나이다. 하나님의 섭리를 따라 이 땅에서 저희들에게 신앙과 생애의 큰 복을 보여주셨나이다.

자비하신 하나님 아버지! 소천한 성도와 이별하고 슬픔과 안타까움에 잠겨 있는 유족들을 위로하여 주시옵소서. 지금은 말할 수 없이 슬프고 안타깝지만 마지막 나팔소리에 부활하여 다시 만나 볼 소망으로 인하여 위로받게 하옵소서.

소천한 성도가 하나님 품에 있음을 기억하게 하시고 마음을 안위하게 하옵소서.

사망권세를 이기시고 부활 승천하사 천국의 소망을 갖게 하시는 하나님께서 모든 것을 주관하실 줄 믿사옵고 부활의 첫 열매가 되시고 믿는 자에게 영생의 보증이 되어주심을 믿사옵니다.

예수 그리스도의 이름으로 기도드리옵나이다. 아멘.

사랑의 하나님 아버지! 죄인들을 책망하고 꾸짖기보다는 불완전함과 연약함을 감싸주시고 사랑으로 상처를 어루만짐으로써 죄인들로 하여금 눈물을 흘리며 기도하게 하시는 사랑이 풍성하신 하나님 아버지!

이 시간 저희 여성 성도들이 아버지께 헌신예배를 드리기 위하여 마음과 정성을 한데 모아 귀하고 복된 시간을 허락하신 주님께 먼저 감사와 찬송을 드립니다.

자비로우신 주님!

여전도회를 위해 기도드립니다. 일찍이 저희 여전도회를 사랑하여 주셔서 주님을 위한 여러 가지 사업을 계획하게 하여 주셨지만 저희는 가정과 자녀를 위한다는 핑계로 전도를 소홀히 하였나이다.

하나님 아버지시여!

주님께서 이 세상에 계실 때에 지극히 연약한 여성들을 사랑하시고 돌보셨사오니 이 시간 성도들에게 임하셔서 저희의 연약하고 가날픈 여성 성도들에게 심령 위에 새로운 생명력과 힘을 주옵소서. 그리하여 이 험한 세상과 싸워 이기는 믿음의 승리자들이 되게 하옵소서.

주님께서 제자들의 발을 씻겨 주신 그 섬김의 자세를 저희 성도들이 다 본받아 다른 사람을 섬기며 사랑으로 감싸 주는 믿음의 여인이 되게 하여 주시옵소서. 민족을 구원한 에스더와 같은 믿음을, 가문을 구한 아비가일과 같은 강한 의지를 저희 여전도회 성도들에게 허락하여 주시옵소서.

주님! 이 시간 특별히 간구하옵기는 저희 교회 여전도회가 계획한 여러 가지 사업들을 믿음으로 실행해 나갈 수 있는 힘을 주옵소서. 저희 교회 여전도회가 행하는 여러 가지 사업들을 통해서 믿지 않는 사람들이 큰 감동을 받게 하여 주시옵소서.

하나님 아버지!

저희들의 가정을 주관해 주시고 집안의 주인이 되시어 주님을 머리로 한 가정이 되게 하옵소서. 늘 사랑과 평화가 넘쳐서 작은 천국을 이루게 하시며 기도와 찬송이 끊임없이 울려 퍼지는 믿음의 가정들이 되게 하옵소서. 성도들이 자녀와 남편을 섬길 때, 믿음과 신앙 안에서 섬기게 하시며 믿음의 어머니, 신앙적인 아내가 되도록 은혜 내려주옵소서.

아직도 믿지 않는 성도들의 가족들이 하루 빨리 주님 앞에 나와서 복된 주님의 말씀을 깨닫고 새 사람이 되는 놀라운 역사도 이루어 주소서. 이 시간 성도들이 정성을 다하여 주님께 영광을 돌리며, 주님을 위해 사는 여성 성도들로 결단하는 시간이 되게 하옵소서.

예수 그리스도의 이름으로 기도드리옵나이다. 아멘.

기적이 일어나는 365 매일기도문

8월
기도문

하나님과 같이 있기를 바라는 것은 기도밖에 없다.
그래서 기도는 하나님과 함께 있다는 것으로
무엇에서든 당신을 지켜줄 수 있다는 것이다.

하나님 아버지! 저희 교회를 축복해 주심을 감사드립니다. 사랑하는 자녀들이 주님의 몸인 이 교회에 등록하여 세례받고 각종 훈련으로 성장하며, 주님의 말씀에 순종하여 거룩하게 주일을 지키며, 저희의 모든 것이 주님이 주신 것임을 인정하여 십일조와 각종 헌물을 드리며, 주님이 저희를 위해 죽으심을 고백하며 주님의 거룩한 성찬예식에 참여하여 주님의 고통에 참여하고 또한 주님의 살과 피를 먹고 마시는 놀라운 은총을 주심을 감사드립니다.

참여하는 심령마다 성령의 임재가 넘치게 하시고 천국에 대한 소망으로 가득차게 하옵소서.

하나님 아버지!

저희 모두는 주님의 몸인 교회에 붙어 있는 가지인 것을 믿습니다. 교회에 붙어 있는 가지마다 많은 열매를 맺으며, 주님의 제자가 되며, 저희의 소원을 들어주시겠다고 약속하신 주님! 주신 말씀에 순종함으로 복에 복을 주시고 저희의 기도의 소원이 응답받는 놀라운 기도의 기간들이 되게 하시며, 새롭게 비상할 수 있는 힘과 능력을 허락해 주옵소서.

또한 특별히 이 나라와 국민을 위하여 기도하오니 주님께서 많은 위정자들에게 놀라운 지혜와 사랑과 은총을 더하여 주옵시사 임직하는 동안 나라가 태평하고 평안으로 축복받는 귀한 세월 되게 하옵소서. 비록 지금은 이렇게 경제 위기로 많은 어려움을 겪고 있지만 주님의 축복으로 많은 축복을 주실 줄 믿습니다.

하나님 아버지!

이 자리에 가난과 질병과 환란 중에 고통받고 있는 주님의 자녀들이 있습니다. 주님을 간절히 사모하며 주님만을 의지하는 이들의 간절한 소원을 들어주시고 응답하여 주옵소서.

이제 남은 예배 시간도 온전히 성삼위 하나님께서 영광을 받아주실 줄 믿사옵고 이 모든 말씀을 저희 주 예수 그리스도의 이름으로 기도드리옵나이다. 아멘.

자비하신 하나님 아버지! 저희를 하나님의 형상대로 지으시고 지혜와 능력과 자비가 가득하신 거룩하시며 위대하신 아버지께 찬양과 감사와 영광을 드립니다.

저희들은 주님의 백성이라 부를 가치도 없는 죄인들이었지만 주님께서는 저희들을 사랑해 주시고 독생자 예수 그리스도를 통하여 보혈의 피로써 저희를 깨끗케 하시는 주님의 은혜에 감사드립니다.

주님의 은혜와 사랑을 사모하며 더럽혀진 심령을 씻음받고 상한 심령을 위로받고자 찾아온 불쌍한 심령들을 주님의 따뜻한 손으로 어루만져 주시어 자비를 베풀어 주시옵소서.

주님의 고귀한 피로 사신 저희 교회를 성별하여 주셔서 주님의 크신 일을 감당하는 교회로 삼아주시고 저희 교회에 믿음과 소망이 샘솟고 예수 그리스도의 사랑으로 모든 성도가 서로 사랑하고 교제하는 교회로서 부족함이 없게 하옵소서. 저희 교회 위에 하늘의 영광과 베푸신 축복이 넘치게 하시어 온전히 하나님의 영광을 드러내는 교회가 되게 하옵소서.

사랑의 주님!

친히 주님께서 기름 부어 세워주신 교회의 각 기관들도 유명무실한 기관이 되지 말게 하시고 주님께서 주관하셔서 생동하는 기관들이 되게 하시옵소서.

저희들이 몸과 맘을 다하여 드리는 이 예배가 주님께 찬양되기를 바라옵고 이 예배를 통하여 주님의 은총 속에 주님과 만나는 시간이 되게 하옵시고 이 예배에 동참한 온 성도들이 은혜의 단비, 사랑의 단비, 소망의 단비, 진리의 말씀의 단비를 흡족히 받아 마시게 하옵소서.

이 모든 말씀을 저희 주 예수 그리스도의 이름으로 기도드리옵나이다. 아멘.

3일

사랑의 하나님 아버지! 사람을 사랑하시되 끝까지 사랑하시고 영원한 영생으로 인도해 주신 사랑의 하나님 아버지! 오늘도 설레이는 마음으로 예배를 준비함을 진심으로 감사드립니다.

전지전능하신 능력의 하나님 아버지!

오늘 하루도 주님을 영화롭게 할 수 있도록 독수리가 날개 치듯 새 힘을 주시고 새로운 은혜의 말씀으로 큰 변화를 얻게 하여 주시옵시며 또한 한 주간 동안의 모든 잘잘못들을 주님 앞에 내려놓고 눈물로 회개하는 저희들의 메마른 심령에 크신 평안과 은총으로 함께하여 주시옵소서.

사랑이 많으신 아버지 하나님!

주님께서는 저희들이 완악한 진토임을 먼저 아시고 저희들의 행위대로 갚지 아니하시고 오직 주님의 보혈로써 용서하심을 감사를 드립니다. 능력이 크신 하나님 아버지, 저녁에는 울음이 있을지라도 아침에는 기쁨이 오게 해 주리라 하신 주님의 말씀 안에서 오늘도 이렇게 큰 기쁨으로 예배를 드리오니 함께하여 주시옵소서.

전능하신 하나님! 먼저 이러한 저희들의 어리석은 모습을 용서하여 주옵소서. 주님의 철저한 간섭하심으로 이제 저희가 새로운 자세로 변화되는 시간을 맞게 하옵소서.

바울 사도가 타고 가던 배가 유라굴로라는 광풍을 만났을 때 그 배에 탄 사람이 모두 죽음 앞에 떨며 아우성쳤지만 조금도 흔들림이 없었던 바울 사도의 믿음의 모습을 기억합니다.

저희들도 먼저 믿음의 모범을 보이신 바울 사도의 모습을 닮아가게 하옵시고 광풍 이는 배 안에서도 요동치 않으시던 주님을 본받게 하옵소서.

예수 그리스도처럼 바울처럼 하나님 안에서, 진리 안에서 흔들림 없이 사는 사람이 되게 하옵소서. 그리하여 이 어려운 세대 속에서도 주님의 구원의 손길이 있을 것이라는 놀라운 하나님의 계시의 메시지를 전하게 하옵소서.

천지를 창조하신 하나님 아버지!

이 하루도 온전한 봉사와 섬김의 자세로 만나는 사람마다 주님의 사랑으로 대하게 하시고 진정한 삶의 제물로 주님께 드리는 귀한 하루가 되게 인도하여 주시옵소서.

예수 그리스도의 이름으로 기도드리옵나이다. 아멘.

사랑이 많으신 하나님. 저희의 근심을 기쁨으로 변화시켜 주시는 하나님 아버지의 크신 사랑과 은혜를 감사하오며, 오늘도 찬양예배로 모였사오니, 저희들의 예배를 받아 주옵소서.

저희의 기쁨과 즐거움을 감사의 노래로 드리기 위해 찬양예배로 모였사오니, 이 시간 드리는 찬양에 하나님의 은혜가 있게 하시며, 찬양 중에 주님의 능력이 임하게 하여 주옵소서.

바울과 실라가 옥중에서도 찬양했사오며, 다니엘이 기도할 수 없는 중에도 기도하며 하루에 세 번씩 감사한 것을 알고 있습니다. 저희의 믿음이 환경에 지배받지 않으며 절대 믿음으로 하나님을 찬양하게 하옵소서. 하나님의 전능하심을 믿사오니 저희를 찬양의 도구가 되게 하여 주옵소서.

불의와 적당히 타협하며 사는 세속의 종이 되지 않게 하시며, 뿌리를 잃은 갈대처럼 세상에 떠다니는 어리석음을 범치 않게 하옵소서. 염려가 바뀌어 기도의 제목이 되게 하시고, 한숨이 변하여 찬양이 되게 하옵소서.

구하라. 만약 저희가 구하는 대로 받지 못한다면, 찾으라. 만약 찾는 데도 받지 못한다면, 그때는 두드려라. 두드리는 것은 오직 기도뿐임을 저희는 알고 있습니다. 전지전능하신 하나님께서 저희가 원하는 것 무엇인들 못 들어 주시겠습니까. 믿음의 반석에서 기도는 확신이며 현실인 것을 저희는 너무도 잘 알고 있습니다. 저희는 늘 주님과 함께 하여야 하오니 저희를 긍휼이 보아 주시옵소서.

모든 것을 주관하시는 하나님.

이 나라와 교회를 위해서 간구하오니, 정치의 혼란과 경제의 어려움으로 불안한 백성들의 마음을 위로하여 주시고, 저들에게 평안을 주사, 신음하는 국민에게서 소망이 되게 하옵소서. 저희가 주님를 향하여 더욱 기도하게 하시고, 죽어 가는 영혼들을 불쌍히 여기는 긍휼을 주옵소서.

예수 그리스도의 이름으로 기도드리옵나이다. 아멘.

저희를 보호하시는 하나님 아버지! 신실된 주님의 일꾼인 사찰들을 위해 기도드립니다. 이제까지 하나님 앞에서 언제나 꾸밈이 없고 거짓이 없는 일꾼이었습니다. 보이지 아니하는 하나님을 눈앞에 모시고 섬기듯이 더러워진 교회당을 청소할 때마다 그들의 마음속에 있는 성전도 깨끗하게 청소할 수 있게 믿음을 주셨사오니 감사합니다.

어느 청소부는 지구의 한 모퉁이를 깨끗하게 할 수 있으니 얼마나 자랑스럽냐고 자신 있게 말하기도 했습니다만 사찰이 하나님의 집안 구석구석 남이 못 보는 먼지를 털어낼 때마다 성도들의 마음 구석에 있는 죄의 요소도 함께 사라지게 해 주옵소서.

교회의 미화를 위해 기물들을 정리할 때마다 저희의 복잡한 심령을 주님 앞에 가지런히 정리하여 주님 보시기에 참으로 아름답고도 평온한 마음가짐이 되게 해 주옵소서. 그리하여 이 온화하고 정리된 마음으로 교회에 드나드는 성도들을 대하게 해주옵소서.

슬픔과 고민거리를 안고 찾아온 성도들이 사찰의 손에 의해 꾸며지고 정리된 교회에 들어와 기도할 때 모든 근심걱정이 사라지고 하늘에서 내려오는 주님의 평화를 맛볼 수 있게 해 주옵소서.

예배당을 떠나는 성도들의 얼굴이 기쁨과 평화로 가득 차게 해 주옵시고, 믿지 아니하는 사람들이 구경을 왔다가도 감동을 받을 수 있는 건물로 다듬어지게 하는 은총을 사찰에게 내리시옵소서.

남이 알게 모르게 구석에서 봉사하는 사찰의 노고가 하늘나라에 상달되어 하늘나라 갈 때 영원한 상급이 저희들의 위로가 되게 해 주옵소서.

여호와를 찬양하라. "내 영혼아 여호와를 송축하라 내 속에 있는 것들아 다 그의 거룩한 이름을 송축하라(시편 103편 1절)" 하신 주님. 저희의 입술을 벌려 주님의 은혜를 찬양할 수 있도록 하시니 감사합니다. 이 시간 주님을 사모하며 모였사오니 은혜가 충만한 시간이 되게 하옵소서. 예배를 통하여 하나님과 신령한 교제를 나눌 수 있는 귀한 시간이 되게 하시고, 성도들 간에도 사랑으로 넘치는 교제가 이루어지게 하여 주옵소서.

특별하신 하나님의 섭리 속에 이곳에 주님의 몸 된 교회를 세워주셨으니, 주님의 사랑을 실천하는 귀한 지체가 될 수 있는 믿음을 더하여 주옵소서. 저희에게 이웃을 돌아보게 하시고, 굶는 자와 추위에 떨고 있는 자들을 살펴 돌아볼 수 있는 귀한 복을 허락하여 주시며, 주님의 거룩한 백성으로 변화될 수 있도록 그들에게 주님을 증거하게 하여 주옵소서. 예수 그리스도의 이름으로 기도드리옵나이다. 아멘.

저희를 긍휼이 보시는 하나님. 저희의 영혼을 어루만져 주셔서 새롭게 하시는 하나님 아버지 감사합니다. 아침부터 이 황혼의 시간까지 주님 앞에 드려지게 하시니 감사합니다. 때를 따라 주시는 은혜로 이 시간도 충만하게 채워 주옵소서.

여호와를 가까이 함이 저희에게 복이 될 줄로 알기에 기도하오니, 중심을 보시는 주님께서 축복된 삶으로 인도하여 주옵소서. 욕심에 이끌려 그릇된 길로 빠지지 않도록 인도하시며, 저희의 교만으로 아버지의 영광을 가린 모든 것을 용서하여 주옵소서. 성도로 옷 입었사오니 거룩한 삶을 살아갈 수 있는 은혜를 허락하여 주옵소서.

저희들의 모든 것을 아시는 하나님. 저희의 부족을 채워주시고, 모자란 것들마다 풍성한 은혜로 채워주옵소서. 어리석음을 고백하오니 지혜를 주옵소서. 우는 자들과 함께 울게 하시고, 웃는 자들과 함께 즐거워하게 하시며, 원수의 넘어짐을 기뻐하지 않도록 인도하시고, 원수 갚음을 주님께 맡길 수 있는 믿음을 주옵소서.

하나님! 저희의 입술을 친히 주장하사 저희로 예수 그리스도의 참된 제자로서 살게 하시고, 온유하고 인내하며 사랑으로 주님을 증거할 수 있는 저희가 될 수 있도록 함께 하여 주옵소서.

존귀하신 하나님! 저희의 몸과 재물과 재능을 드리게 하시고 하나님이 받으시는 산 제물 되게 하옵소서. 성가대의 찬양이 영혼 깊은 곳에서 나오는 곡조가 되게 하시고 찬양이 메아리 칠 때마다 비둘기 같은 성령이 하늘로부터 내리게 하옵소서.

저희에게 영혼의 만나를 내려 주옵소서. 말씀의 기갈 때문에 은혜가 떨어지지 않도록 인도하시고, 주님의 전에 들어가며 나가며 신령함을 얻을 수 있도록 붙들어 주옵소서.

저희들의 마음 밭이 옥토가 되게 하시고, 주님을 순종할 때 백 배의 결실을 할 수 있도록 복 내려 주옵소서. 말씀 없이는 사단의 유혹을 이길 수 없습니다. 세상도 이길 수 없습니다. 죄악도 이길 수 없습니다. 말씀이 저희를 다스리도록 충만함을 주옵소서.

모든 영광을 받아 주시기를 원하오며, 항상 저희를 도우시는 예수 그리스도의 이름으로 기도드리옵나이다. 아멘.

7일

무한한 은혜를 주시는 하나님. 주님을 사모하는 자를 만족케 하시며, 주린 영혼에게 좋은 것으로 채워주시는 그 크신 사랑을 생각할 때 감사합니다. 저희에게 일찍이 믿음을 주셔서 말씀과 예배를 통하여 하나님 아버지를 만나게 하시니 감사합니다.

하나님께 나올 때만 순종하며, 생활 속에서는 경건의 모양만 남아 있는 저희들을 용서하여 주옵소서. 피리를 불어도 춤추지 않고 애곡하여도 가슴을 칠 줄 모르는 세상을 한탄하면서도 저희 또한 감각 없는 자가 될까 두렵사오니, 은혜를 충만히 받는 시간이 되게 하옵소서.

문제가 해결되게 하시며, 질병이 치료되고, 답답한 심령이 새 힘을 얻는 복된 시간이 되게 하여 주옵소서. 영적인 눈이 열리게 하사 신령한 세계를 바라보게 하시며, 믿음의 시야를 넓게 가짐으로써 주님의 세계를 바라보며 살아가는 복된 삶이 될 수 있도록 은혜 내려주옵소서.

빛이 되신 주님. "이같이 너희 빛이 사람 앞에 비치게 하여 그들로 너희 착한 행실을 보고 하늘에 계신 너희 아버지께 영광을 돌리게 하라 (마태복음 5장 16절)" 말씀하셨습니다.

만복의 근원이신 하나님, 저희가 이 세상에 살고 있으면서 이미 하늘나라의 복을 누리며 살게 하시니 참으로 감사합니다. 저희의 내적인 마음과 영혼의 상태가 이 신령한 복을 누리며 살기에 합당케 하옵소서. 저희에게는 아무런 의가 없사오니 주님의 의와 평강과 희락으로 채워 주옵소서.

"너희는 먼저 그의 나라와 그의 의를 구하라(마태복음 6장 33절)"고 하신 주님의 가르침을 너무나도 잘 알고 있지만, 떠나지 않는 고통으로 인하여 늘 경직된 삶을 살 수밖에 없는 연약함을 불쌍히 여겨 주시기를 원합니다.

모든 죄악 된 습관들을 믿음으로 물리치게 하시고, 모든 어려움을 믿음으로 극복하게 하시며, 믿음의 주님, 또 온전케 하시는 예수 그리스도만 바라보고 살아가는 성도들이 되게 하옵소서. 달음박질 하여도 곤비치 아니하고, 걸어가도 피곤함을 모르는 성도들이 되게 하여 주옵소서.

예수 그리스도의 이름으로 기도드리옵나이다. 아멘.

저희를 날마다 사랑하시는 하나님! 부족한 저희의 인생을 버려두지 아니하시고 주님의 백성으로 불러주셔서 빛과 진리 가운데로 인도하여 주시고 하나님 자녀 삼아주시니 감사합니다.

오늘도 예배를 드리는 가운데 성령의 위로가 있게 하시고, 성령을 통하여 주님의 말씀을 받을 때에 위로부터 내리시는 계시의 은총을 충만히 받는 시간이 되게 하여 주옵소서.

기관마다 세우신 귀한 주님의 종들을 기억하시고, 직책들을 통해서 주님의 교회가 반석 위에 튼튼히 세워지게 하시며, 주님의 나라가 날마다 확장되는 역사가 있게 하여 주옵소서. "맡은 자들에게 구할 것은 충성이라(고린도전서 4장 2절)"고 하셨으니, 주님께서 주신 직분으로 인하여 더욱더 눈물을 흘리며 무릎을 꿇는 자들이 되게 하옵소서.

하나님은 저희들의 기도가 얼마나 진실하고 간절한 마음에서 우러나오는 것인지를 주목하신다는 것을 알고 있습니다. 하나님께서 나약하고 어리석고 죄많은 저희들을 긍휼히 보시어 저희가 상하고 애통해하는 마음을 극진히 사랑하시니 감사합니다. 저희는 그런 하나님을 위해 늘 감사기도 합니다. 감사기도가 늘 생활이 되어야 하기에 감사기도는 선택이 아니라 의무라는 것을 잊지 말게 하여 주시옵소서.

가난하여 굶주리며 추위에 떠는 이웃들을 불쌍히 여기시고, 그들에게도 따뜻한 주님의 손길이 전달되게 하여 주시고, 모두가 잘 살고 더불어 행복하게 사는 복지사회와 정의사회가 구현될 수 있도록 복 내려 주옵소서.

예수 그리스도의 고난을 기억함으로 그들을 사랑하게 하시며, 그들의 필요를 공급할 수 있는 복을 허락하여 주옵소서. 세상의 빛과 소금의 역할을 충실히 감당함으로 하나님의 영광을 드러내게 하옵소서.

예수 그리스도의 이름으로 기도드리옵나이다. 아멘.

9일

찬양을 받으시기에 합당하신 하나님 감사합니다. "호흡이 있는 자마다 여호와를 찬양할지어다(시편 150편 6절)" 말씀하신 하나님 아버지의 성호를 찬양하게 하심을 감사합니다. 하나님의 크신 은혜의 단비가 메마른 저희의 심령을 촉촉이 적셔 주시기를 원합니다.

사랑의 하나님. 저희의 죄로 인하여 멸하지 마시고 의인의 길로 저희를 인도하시고, 저희의 죄인 된 습성을 버릴 수 있는 지혜와 힘을 허락하여 주옵소서.

주님의 피 흘리심과 주님의 고난을 기억하게 하시며 주님의 고난에 동참할 수 있는 믿음을 주옵소서. 저희로 믿지 않는 가족을 구원할 수 있도록 능력을 더하여 주옵소서. 가족의 구원을 위하여 눈물로 간구할 수 있는 믿음을 주옵소서. 믿음의 가정들이 먼저 온전히 복음화 되도록 역사하여 주옵소서.

이 시간, 찬양 중에 거하시는 하나님을 만나는 체험이 있게 하시고, 찬양으로 하나님께 영광 돌리는 복된 시간이 되게 하옵소서. 저희 교회가 늘 건강한 교회가 되어 말씀으로 새롭게 되고, 성령으로 뜨거워지며, 기도로 역사가 끊이지 않으며, 찬양이 살아있는 역동적인 교회가 되게 하옵소서.

언제 어디서든 자주 기도함을 잊지 않게 하여 주시옵소서. 기도는 영혼의 호흡이요, 하나님께 드리는 저희의 제물이기 때문입니다. 기도는 어려울 때도 하여야 하지만 흥겨울 때도 하여야 한다고 생각합니다. 주님 저희의 기도를 기쁘게 받아주시어 항상 겸손한 삶을 살게 은총 내려 주시옵소서.

찬양 중에 질병이 치유되게 하시고, 근심이 해결되게 하시며, 사단이 떠나가는 역사가 있게 하옵소서. 찬양 중에 변화 받아 세상을 이기기에 부족함이 없도록 채워 주옵소서.

예수 그리스도의 이름으로 기도드리옵나이다. 아멘.

은혜의 하나님. 하나님의 은혜로 부름 받은 저희들이 감사와 찬양 중에 예배를 드리오니 기뻐 받아주옵소서. 하나님의 형상대로 지음을 받았으니, 날마다 주님의 성품을 닮아가게 하여 주옵소서.

저희들의 죄악을 회개하오니 십자가의 보혈로 용서하여 주옵소서. 죄의 쓴 뿌리로 인하여 고통하는 저희들을 도우셔서 죄와 결별하게 하시고, 진리의 말씀으로 충만히 채우셔서 자유케 하여 주옵소서. 저희의 입술의 포악을 그치게 하시고, 불의의 손을 회개하게 하시며, 거룩한 삶이 되게 하옵소서.

저희의 싸움은 혈과 육에 대한 싸움이 아닌 것을 아오니, 원수 갚음을 주님께 맡기고, 어두움의 세력을 예수 이름으로 물리치게 하여 주옵소서. 어두움이 그치고 새날이 오기를 기다리는 저희들의 상한 심령을 아시는 하나님, 저희를 향하신 연단이 지나고 하나님의 응답과 복이 임하게 하옵소서.

저희를 사랑하시는 하나님 아버지!

제자의 발을 친히 씻기시어 스스로 섬기는 자의 본을 보여주시며 어린이들이 가까이 옴을 용납하시며 그들을 위해 기도하셨던 겸손하신 예수 그리스도처럼 먼저 자신이 교사라는 직분에 앞서 참된 인간으로서의 진실함을 소유할 수 있도록 도와주옵소서.

내가 교사이니까 무엇인가를 나타내야 하겠다는 교만한 마음을 버리고 다만 예수 그리스도의 역사하심만을 나타낼 수 있게 하옵소서.

두렵고 떨리는 마음으로 항상 자신을 돌아보며 복음에 합당한 생활을 해 나갈 수 있게 하옵소서. 잃어버린 한 마리의 양을 찾아 갖은 고생을 하며 그 양을 찾은 저희의 목자이신 예수 그리스도처럼 저희에게 맡겨진 영혼을 위하여 주님 앞에 끊임없이 기도하며 진실되게 사랑할 수 있는 마음을 허락하옵소서.

하나님의 말씀을 들을 때마다 깨닫게 하시고, 기도하게 하시고, 순종으로 받기에 부족함이 없도록 복 주옵소서. 저희를 날마다 쳐서 복종하게 하시고, 하나님의 뜻이 이루어지게 하옵소서. 성령으로 충만케 하시고, 은사로 충만케 하셔서 지체로서의 사명을 온전히 감당하게 하여 주옵소서. 갑절의 영감과 능력을 주옵소서.

예수 그리스도의 이름으로 기도드리옵나이다. 아멘.

찬양과 영광 가운데 거하시는 참 좋으신 저희의 하나님. 세상에 빠지고 향락에 취하여 주님을 부인할 수밖에 없었던 저희들을 예수 그리스도의 십자가로 용서하여 주시고 구원하시니 감사를 드립니다.

이제는 주님 안에서 새로운 삶의 목표와 비전을 가지게 하시며, 아버지를 향한 사랑과 믿음을 버리지 않도록 강건케 하옵소서. 예수 그리스도의 장성한 분량까지 자라나도록 도와 주옵소서.

저희 교회에 은혜를 주셔서 모든 심령들이 예배를 사모하여 모이게 하시고, 모일 때마다 은혜와 믿음으로 충만히 채워지게 하옵소서. 성도들의 가정을 위하여 기도하오니 부부가 하나 되게 하시고, 자녀들에게 지혜와 건강을 주셔서 가정이 건강함으로 믿음 안에서 평안을 누리게 하옵소서. 저희 교회가 모든 교회에 본이 되게 하시고, 믿음의 동역자들을 많이 허락하여 주셔서 세계복음화의 주역이 되게 하옵소서.

기도 없는 하루는 축복 없는 하루이며, 기도 없는 일생은 능력 없는 일생입니다. 하나님과 보낸 한 시간은, 인간과 보낸 일생만큼의 가치보다 더 의미가 있습니다. 주님께 저희 성도들과 함께 하는 이 기도가 저희들에게는 축복이 되고 주님께는 은혜의 감사의 시간이 되어 어여쁘게 받아주시는 주님께 감사드리옵니다.

이 시간도 주님 능력의 손길로 함께하여 주시고, 모든 성도들이 이 시간도 말씀을 통하여 모든 성도들이 다 함께 은혜 충만하게 하옵시사 주님의 말씀이 저희들의 길이 되게 하시고, 저희의 생명이 되게 하시고, 또한 저희들의 소망이 되게 하여 주시옵소서.

이 시간 이 거룩한 예배 가운데 사탄이 틈타지 못하게 성령 하나님 함께하시고 예배를 마치는 시간까지 오직 성삼위 하나님께서 영광을 받아주시옵소서.

오늘도 하나님의 말씀을 들을 때 아멘으로 순종하게 하시고, 행함으로 열매 맺을 수 있는 은혜를 주옵소서. 저희들의 삶이 시험에 들지 않도록 은혜주시고, 주님의 사랑으로 충만케 하여 주옵소서. 한 주간도 믿음 안에서 승리하게 하옵소서.

예수 그리스도의 이름으로 기도드리옵나이다. 아멘.

저희의 피난처 되시는 주 하나님! 저희를 다시 하나님의 전에 불러주신 은혜에 감사합니다. 저희의 예배를 받으시고, 저희의 허물로 인하여 정죄하지 마시고, 저희의 부끄러움으로 인하여 외면하지 마옵소서. 저희를 성결하게 하심으로 오직 하나님의 성호를 찬양하기에 부족함이 없도록 해 주옵소서.

경배 받으시기에 합당하신 하나님 아버지! 모든 피조물들이 영광의 주님을 찬양할 수 있도록 깨우쳐 주시고, 저희로 주님을 이웃에게 증거할 수 있는 믿음을 더하여 주옵소서.

저희의 입술이 주님의 기사와 이적을 전하게 하시고, 저희의 발걸음이 하나님의 긍휼이 필요한 곳에 하나님의 약속의 말씀을 전하게 하시고, 저희의 생각이 온통 주님의 나라를 향한 삶을 영위할 수 있도록 복 주옵소서. 주님의 핏값으로 사신 영혼들을 위하여 서로 헌신하게 하시고, 저희에게 그들을 용납할 수 있는 믿음을 더하여 주옵소서.

오늘 이 저녁 무지한 저희에게 하늘의 비밀을 알게 하시고, 그 말씀으로 인하여 하나님의 나라를 더욱 사모하며 주님의 재림을 기다릴 수 있도록 은혜를 주옵소서. 예배를 위하여 봉사하는 모든 손길들 위에 복 주시고, 저들의 수고로 하늘의 창고에 보화가 쌓일 수 있는 복을 허락하여 주옵소서.

　오늘 할 일이 아무리 많더라도 하루를 시작하는 처음은 기도하며 보내야 한다는 것을 알면서도 바쁘다는 핑계로 또는 시간이 없다는 핑계로 주님께 감사기도를 놓치는 저희를 용서하여 주시옵소서.

　이 세상의 시작과 끝은 주님께서 주관하심을 잘 알고 있습니다. 저희의 하루의 시작이 늘 주님과 함께 시작하고 주님과 함께 잠자리에 들어섬을 잊지 않는 성도가 되게 하여 주시옵소서.

　항상 저희의 곁에서 지켜주시는 주님, 오늘도 이 자리 나와 주님께 감사기도를 드릴 수 있게 하여 주심에 감사기도 드립니다.

　저희를 죄에서 구원하신 예수 그리스도의 이름으로 기도드리옵나이다. 아멘.

저희의 반석이시오 구원이신 하나님! 모든 지각에 뛰어난 하나님의 평강이 그리스도 예수 안에서 저희의 마음과 생각을 지키심을 받고 감사와 영광을 돌립니다.

세상으로 눈을 돌린 채 주님을 잃어버린 때가 너무도 많았습니다. 구원의 주님을 찬양하며, 오직 주님만이 저희의 반석이 되심을 고백하오니 저희를 긍휼이 여겨 주옵소서. 바로 지금 회개하게 하시고 순종으로 헌신하게 하여 주옵소서.

저희의 찬양을 기뻐 받으시는 여호와 하나님!

찬양으로써 하나님께 영광 돌리게 하심을 감사드립니다. 하나님께서는 인간들의 감사의 찬양을 기뻐하시는 줄로 분명히 믿습니다.

불신과 불의로 오염된 현대사회 속에서 진실과 찬양을 행할 수 있는 저희의 문은 이미 닫혀졌으며 입과 귀도 역시 폐쇄되었습니다. 그러나 하나님께서는 저희의 영혼을 주관해 주시어서 하나님의 성호를 찬양할 수 있게끔 하시는 줄로 믿습니다.

시편 기자는 "온 땅이여! 여호와께 즐거이 부를지어다. 기쁨으로 여호와를 섬기며 노래하면서 그 앞에 나아갈지어다(시편 100편 1~2절)"라고 여호와의 성호를 찬양하였습니다. 사도 바울도 "시와 찬송과 신령한 노래들로 서로 화답하며 너희의 마음으로 주께 노래하며(에베소서 5장 19절)"라고 증거하였습니다.

아버지 하나님! 성가대를 위하여 기도드립니다.

저희는 여호와의 성호를 찬양할 만큼 진실하지도 거룩하지도 못합니다. 주님의 발자취를 온전히 뒤따르지도 못합니다. 주님의 영광을 드높이기보다는 주님의 영광을 얼마나 많이 가리웠습니까?

그러나 주님께서는 저희에게 찬양할 수 있는 사명을 허락하여 주셨으니 입술의 열매를 맺기 원합니다. 저희의 입술로만 하는 찬양이 아니라 저희의 믿음으로 마음속 깊숙한 곳에서 우러나오는 찬양이 되게 하옵소서. 세상을 기쁘게 하기보다는 하나님을 기쁘시게 해드리고 온 성도들에게 은혜를 끼칠 수 있는 감사의 찬양을 드리는 성가대원이 되게 하옵소서.

거룩하신 예수 그리스도의 이름으로 기도드리옵나이다. 아멘.

때를 따라 은혜를 내리시는 하나님 아버지! 구원의 역사를 친히 이루어 가시고 일방적인 은혜로 쓰실 종들을 세우시는 주님의 섭리를 찬양드립니다.

특별히 오늘은 그 행위가 복음적이고 여러 성도들의 모범된 여종들을 세우는 경사스러운 권사들을 위해 기도드립니다. 훌륭한 권사를 저희 교회에 허락하여 주심을 진실로 감사드리옵나이다. 주 하나님 아버지! 사랑하는 주님의 딸들이 주님의 교회를 몸바쳐 정성들여 섬기고자 이 자리에 머리 숙여 다짐하고 있습니다.

아버지 하나님! 이 시간에 귀한 직무를 받는 권사들의 가슴 속에 성령으로 충만케 하여 주셔서 이 직분은 결코 자기만의 명예도 영광도 아닌 것을 알게 하여 주옵소서. 그리고 그들은 마리아처럼 주님의 종이오니 주님의 뜻대로 하옵소서. 주님께 몸과 마음을 드리려 헌신코자 다짐하고 있사오니 받아주시고 주님의 도구로 삼으시고, 주님의 백성들이 사랑의 손길을 기다리고 있는 처처마다 보내어 주옵소서.

많은 심령들이 안방에서 울고 있고, 혼자서 고민하고 남몰래 갈등하고 있는 이웃들에게 주님의 사랑을 가지고 찾아가고 주님의 위로를 가지고 찾아가고 주님의 평강과 축복을 가지고 찾아가야 할 주님의 발이요 주님의 입이요 주님의 손인 줄을 알게 해 주옵소서.

주님. 이들이 이 귀한 직무를 감당할 때에 먼저 주님을 사랑하는 가슴, 주님의 십자가의 은총에 감격한 뜨거운 가슴이 있어야 되겠습니다. 그리하여 교회의 덕을 세우며 또한 교역자들을 도와서 주님의 말씀과 은혜의 사역이 교회의 곳곳에 미치게 하시며 불신자들에게까지 덕을 끼치게 하시옵소서. 이 권사들의 헌신적인 믿음의 실천을 통하여 저희 교회를 다시 한 번 새롭게 하시고 세상을 섬기는 새로운 모습으로 변하게 해 주옵소서.

이 권사들에게 맡은 바 직무를 잘 감당할 수 있도록 건강을 허락하여 주시며, 그 가정 위에도 축복하셔서 물질적으로 풍요롭게 해주옵소서. 자녀들도 지혜롭게 총명하여 예수 그리스도를 닮아가며 친구들과 이웃 사람들에게 덕을 끼치는 모범된 자녀들이 되게 은혜 베풀어 주옵소서.

주 하나님 아버지! 평생을 주님께 의지하고 교회를 위해 헌신 봉사하는 귀한 권사들을 통하여 영광을 거두어 주시며, 그 심령에 성령으로 은혜와 기쁨이 충만하게 하시옵소서.

자비하신 주님, 이 세상은 비록 죄로 오염되어 있지만 여전히 하나님의 깊은 관심과 사랑의 영역 속에 있음을 믿습니다. 미천한 저희를 택하신 족속이요 왕 같은 제사장이요 거룩한 나라요 주님의 백성으로 삼아 주셨사오니, 저희에게 주신 빛을 사람 앞에 비추게 하여, 저희로 하늘에 계신 아버지께 영광을 돌릴 수 있는 거룩한 사명과 의무를 감당할 힘을 주옵소서. 예수 그리스도의 이름으로 기도드리옵나이다. 아멘.

15일

거룩하신 하나님 아버지! 주님의 사랑과 능력과 지혜를 찬송하나이다. 저희를 긍휼히 여기사 평화의 기쁨을 주셨으니 감사를 드리나이다.

하나님 아버지!

저희가 과거 어둠의 역사를 산 것은 주님의 말씀대로 살지 못하고 서로 사리사욕에 눈이 어두웠으며 온 백성과 위정자들이 한마음으로 뭉치지 못한 죄 때문임을 솔직히 고백하오니, 저희들의 고백을 들으시고 이 국민을 불쌍히 여기사 용서해주셔서 감사합니다.

어려움으로부터 구원받기 위해 기도 외에 여러 가지 방법을 강구하는 것은 잘못된 신앙임을 잘 알고 있습니다. 참된 신앙은 오직 한 가지 방법, 곧 필요할 때마다 하나님 앞에 나아가 지혜를 달라고 기도하는 방법만을 따르는 것이라 생각합니다. 세상의 모든 것을 주관하시는 주님. 어찌 주님께 드리는 기도보다 더 좋은 방법이 있겠습니까. 때로 세상물정에 휩쓸리어 어리석은 생각을 하는 저희를 붙잡아 주시옵소서.

능력의 하나님 아버지!

주님께서는 이 백성의 아픔을 외면치 않으시고 평화의 기쁨과 감격을 허락하셨고 어두운 역사를 밝은 빛으로 인도하셨으니 그 자비하심과 은혜를 찬송하옵고 감사드리나이다.

전능하신 아버지시여!

이 나라의 독립과 해방을 위하여 피와 땀과 목숨을 다 바쳐 투쟁하고 숨져간 많은 선조들의 영혼을 주님께서 위로하시고 후손들에게 축복을 내려주옵소서.

그러나 아직도 주님의 참사랑에 보답을 하지 않고 서로 반목하고 사는 국민들을 볼 때 참으로 부끄럽고 죄송합니다. 그러나 회개하는 국민들도 많이 있사오니 불쌍히 여기시고 용서하옵소서.

온 국민이 더욱 뜨겁게 주님을 사모하여 성령의 인도 속에서 축복된 삶이 되게 하옵소서. 이 나라에 온전한 자유와 평화를 주옵소서.

예수 그리스도의 이름으로 기도드리옵나이다. 아멘.

16일

거룩하신 하나님 아버지! 은혜와 사랑을 감사드립니다. 아버지 하나님의 경륜과 섭리에 따라 교회를 세우시고 복음의 확신과 교회 부흥과 발전을 위해 제도를 만드셔서 오늘 주님의 제단을 위하여 봉사할 충성된 일꾼인 저희 교회 집사를 위해 기도드립니다.

예루살렘 교회에 지혜와 성령이 충만한 일곱 집사를 세우신 그대로 오늘 저희 교회의 집사로 세워 주셨사오니, 그 직분 감당할 능력과 지혜와 충성된 심령을 허락하여 주시고 순교하기까지 직분에 충성했던 스데반과 같은 종들이 되게 도와주옵소서.

성령으로 충만케 하셔서 이 교회가 집사님들을 통하여 섬김과 사랑으로 넘치게 하옵소서. 또한 저들이 구제와 섬김으로 주님의 교회를 섬길 때에 하나님의 은혜로 충만케 하옵소서. 그리고 교회의 각종 부서를 맡아 봉사하며 성도들의 신임과 존경을 받게 하시며 깨끗한 양심에 믿음의 비밀을 간직한 자들이 되게 하여 주시옵소서.

집사로 갖추어야 할 인격을 잘 갖추어 책망할 것이 없는 무흠자가 되게 하시고, 성령과 말씀의 지혜도 충만케 하셔서 주님의 복음도 자신

있고 담대하게 증거할 수 있는 능력도 허락하여 주시옵소사, "이제 육체의 남은 때는 육체의 소욕대로 살지 않고 하나님의 영광을 위하여 살리라 내 건강도 내 지혜도 내 열심도 내 시간도 내 노력도 내 물질도 하나님의 영광을 위한 도구로 삼으리라"고 마음 깊이 맹세하고 결단하며 굳게 다지는 시간되게 해 주시옵소서.

그리고 이들을 통하여 교회에 그동안 하지 못했던 일들이 한 가지씩 그대로 이루어가는 종들이 되도록 권고하여 주옵소서. 이와 같은 귀한 직무를 감당하기에 필요한 것이 무엇인지는 아버지만 아십니다.

다섯 달란트 맡길 만한 사람에게 그렇게 맡겨주셨고 두 달란트 맡길 종에게는 그렇게 맡겨주신 것처럼 이들에게도 달란트를 맡겨 주셨사오니, 잘 감당할 수 있는 지혜와 능력과 역량 그리고 물질적인 환경과 사업환경과 가정환경, 사회환경을 보장해 주옵소서.

아버지 하나님! 초대교회에 세우셨던 일곱 집사들처럼 영광은 하나님께, 부흥과 발전은 교회에 있게 하옵소서. 모든 성도들의 심령에 윤택과 은총을 입는 데 영향을 줄 수 있는 종들이 되게 하옵소서.

그리고 저희들의 기도가 과연 하나님의 뜻에 합당한가를 검토해 보기를 원하옵고, 예수 그리스도의 이름으로 기도드리옵나이다. 아멘.

살아 계신 임마누엘이신 하나님 아버지! "너희는 가서 모든 민족을 제자로 삼아 아버지와 아들과 성령의 이름으로 세례를 베풀고 내가 너희에게 분부한 모든 것을 가르쳐 지키게 하라(마태복음 28장 19~20절)"고 하신 말씀에 순종하여 이 시간 주님을 그 마음 가운데 진실로 받아들이고 주님과 교회 앞에서 신앙 고백을 하는 성도들이 세례를 받을 때에 삼위일체되신 하나님께서 이 자리에 임재하시고 세례받는 이들에게 임하셔서 주님과 연합하는 이 귀한 예식이 그저 인간에 의한 단순한 형식으로 그칠 것이 아니라 성령의 불로 심령을 깨끗이 씻어 주시어 온전히 새로워지며 주님의 사랑으로 명실공히 인정될 수 있게 인도하옵소서.

세례를 받는 이들이 이 귀한 시간에 크신 은혜로 충만케 하시며 이 순간을 숨이 다하는 날까지 결코 잊지 않게 주님께서 강한 영상으로 새겨주옵소서. 세례 예식을 통하여 새 생명을 주셨사오니, 그 생명이 약동하여 끊임없이 성장해 나가며 극히 작은 겨자씨가 자라서 큰 나무가 되어 새들이 그 가지에 둥지를 틀고 깃들듯이 크게 장성해질 수 있게 역사하여 주옵소서.

주님! 세례를 받은 이들이 모든 죄악을 버리고 주님의 가르침과 본을 따라 살기로 서약을 했습니다. 그리고 교회의 관할과 치리에 복종하고 교회에 덕을 세우는 일에 힘쓰며 성도로서의 의무와 권리를 바르게 행사하기로 서약을 합니다. 이 서약이 영원토록 변치 말게 하옵시고 그리스도의 형상을 이루기까지 해산하는 수고를 아끼지 말게 하옵소서.

새 역사를 창조하시는 주님. "너희 아버지의 자비로우심 같이 너희도 자비로운 자가 되라(누가복음 6장 36절)" 말씀하셨습니다.

적극적으로 양들의 생명을 보살피시는 주님, 저희는 비록 부족하고 실수가 많을지라도 예수 그리스도를 배우고 따르는 생활을 하길 원합니다. 그동안 소극적으로 신앙생활한 것을 회개하오니 용서와 사랑을 베풀어주옵소서.

영원한 안식을 주실 주님, 저희가 새로운 피조물로 인정을 받게 되고 영원한 안식의 삶을 현재의 삶 속에서도 맛볼 수 있는 자가 되게 하옵소서. 거룩한 주님의 날, 하나님께 대한 예배는 물론이고 보다 적극적이고 구체적으로 선한 일을 행하고 남에게 사랑을 베풀 수 있게 하옵소서.

예수 그리스도의 이름으로 기도드리옵나이다. 아멘.

아버지 하나님! 오늘도 주님의 백성을 인도하사 학습을 받게 하시는 은혜와 사랑과 섭리에 감사와 찬양을 드리나이다.

은혜로우신 아버지, 이 시간에 성령으로 처음으로 교회에 온 이들에게 조명하여 주셔서 이들의 영혼에 광명이 있게 하시며 세상을 내려다보고 높은 차원에서 감격을 찾을 수 있도록 도와주옵소서.

성경을 하나님의 말씀으로 받으며 매일의 영혼의 안식으로 삼고 주일을 성수하며 주님 안에서 성도들과 사랑의 교제를 나누며 주님의 율례와 법도를 익혀가게 하시옵소서. 물로써, 성령으로써 옛 사람은 죽고 새 사람이 되는 거듭남을 체험케 하옵소서. 성령이 충만하고 그리스도를 덧입기까지 장성하도록 해 주옵소서.

그리고 믿음 좋은 분들의 본을 받아 믿음이 성장하게 하시고 이웃에게도 본이 되어 저들로 하여금 하나님을 믿는 사람의 사람됨이 어떻게 변화되어 가는지를 깨닫게 하옵소서.

하나님 아버지! 오늘 학습을 받는 모든 성도들로 인하여 영광을 거두어 주시며 그와 일생토록 동행하여 주시옵소서. 이들이 주님을 모시고 살아갈 때 벅찬 환희와 기쁨을 누리게 하시옵소서.

신령한 세상을 보여주시는 주님. "곧 보게 되어 하나님께 영광을 돌리며 예수를 따르니 백성이 다 이를 보고 하나님을 찬양하니라(누가복음 18장 43절)" 말씀하셨습니다.

아들까지도 죽는 데 내어 주시며 사랑하시는 하나님, 죄인들의 기도를 들어주심을 감사드립니다. 저희에게 항상 기도하고 낙심치 않는 믿음을 주옵소서. 끊임없이 인내심을 갖고 기도드릴 수 있게 하옵소서. 하나님 앞에 두렵고 떨림과 통회하는 심정으로 기도하는 사람 되게 하옵소서. 감사가 아닌 뽐내고 과시하는 기도를 하지 않도록 저희들의 입술을 주장하옵소서.

신령한 세계를 계시해 주시는 주님, 심오한 영적 세계를 볼 수 있는 눈을 뜨게 하여 주옵소서. 세상일에는 둔하고 주님을 아는 지식에 예민할 수 있게 하옵소서. 매사에 주님은 이럴 때 어떻게 하실까 생각하며 처신할 수 있게 하옵소서.

나날이 온전을 향해 성숙해 가기를 원하옵고, 예수 그리스도의 이름으로 기도드리옵나이다. 아멘.

19일

은혜로우신 아버지, 주님의 은혜를 얻어 하나님을 아버지라 부를 수 있게 된 것에 늘 감격하나이다. 하나님의 위엄과 자비와 영광이 만방에 드러나길 소원합니다. 저희의 생각이 언제나 저희 자신의 유익이 먼저가 아니라 하나님을 향한 영광이 우선될 수 있게 하옵소서.

온 우주 만물의 주인이신 하나님, 저희가 가진 모든 것은 하나님께로부터 온 것임을 믿습니다. 저희가 소유하고 있는 물질을 다스리지 못하여 결국 돈과 함께 멸망을 받을까 조심하게 하옵소서. 하나님이 주신 모든 것으로 선한 일에 열심을 내며 이웃을 구제하는 일에 더욱 힘쓸 수 있게 하옵소서.

인생 항로에 선장되시는 주님. "썩을 양식을 위하여 일하지 말고 영생하도록 있는 양식을 위하여 하라 이 양식은 인자가 너희에게 주리니 인자는 아버지 하나님께서 인치신 자니라(요한복음 6장 27절)" 말씀하셨습니다.

선한 목자 되시는 주님, 저희가 주님의 목자적 심정을 배우기를 원합니다. 이 시대의 유리방황하는 무리들을 보고 민망히 여기는 태도를 갖게 하옵소서. 저희들에게 나아가 생명의 말씀을 나누어 줄 수 있는 말씀의 사람으로 세워 주옵소서. 저희들에게 있는 것을 다하는 헌신적 자세를 갖게 하여 주옵소서.

살아계신 능력의 하나님 아버지!

청년의 때에 창조주를 기억하라고 말씀하신 주님의 말씀을 이 시간도 가슴에 새기며 진정으로 깊은 회개와 감사로 무릎 꿇었습니다. 험악한 세월 속에서 시간을 아껴서 하늘의 귀한 상급으로 축복해 주시며 온전한 말씀의 거듭남으로 바로 세워져 선한 청지기의 역할을 감당케 하시고 교회의 요긴한 모퉁잇돌로서 쓰임 받을 수 있도록 함께하여 주시옵소서. 오직 주님께서는 모든 일들 위에 능하신 여호와시오며 모든 신들 위에 뛰어나신 능력의 신이시오니, 피끓는 젊은 청년들에게 뜨거운 주님의 사랑과 믿음으로 함께하셔서 참된 헌신으로 21세기의 큰 비전을 펼쳐 나가는 놀라운 은혜를 베풀어 주시옵소서.

전지전능하신 능력의 하나님 아버지!

물가에 심겨진 푸른 나무들처럼 한창 성장하는 단계에 있는 저희 교회 청년회 위에 더욱더 뜨거운 성령의 역사로 함께하여 주시고 초대교회처럼 성령의 열매가 풍성케 하여 주시고, 질적으로 양적으로 놀라운 부흥의 역사가 일어날 수 있도록 크신 은혜로 인도하여 주시옵소서.

예수 그리스도의 이름으로 기도드리옵나이다. 아멘.

세상을 품으시는 주님. "내가 비옵는 것은 그들을 세상에서 데려가시기를 위함이 아니요 다만 악에 빠지지 않게 보전하시기를 위함이니이다(요한복음 17장 15절)" 말씀하셨습니다.

세상 만민을 품고 계신 하나님 아버지, 극진하신 사랑을 감사드립니다. 주님께서는 십자가를 지셔야 하는 고통스런 현실 가운데서도 하나님을 영화롭게 하고자 하신 소원으로 가득 차 계심에 감탄하나이다. 저희도 주님께서 저희에게 주신 사명을 완수함으로 하나님을 영화롭게 할 수 있는 사람이 되게 하옵소서.

진리이신 주님, 저희를 주님의 진리로 거룩하게 하옵소서. 저희가 주님의 말씀을 따라 삶으로써 세상과 구별된 삶을 살 수 있게 하옵소서. 주님, 오늘 이 시대는 본이 없는 시대이오니 이런 시대에 저희가 본을 보이는 삶을 살아가게 하옵소서. 저희가 기도할 때마다 저희들의 소망을 하나님께 두며 구한 바 좋은 것들을 받기를 기대하옵니다.

저희들이 아침 일찍, 저녁 늦게, 오랜 시간 동안 기도하지 못하기에, 복음은 느린 속도로 머뭇거리며 늑장을 부리고 있다는 것을 알고 있습니다. 모든 것의 시작과 끝을 주님께 감사기도 드리는 것을 우선시 하는 생활의 자세가 되게 이끌어 주시옵소서. 온 세상에 주님의 복음을 전달할 수 있도록 저희를 부지런한 주님의 일꾼으로 만들어 주시옵소서.

하늘에 계신 하나님!

하늘에 속한 영적 축복만이 진정한 축복이 됨을 믿습니다. 저희에게 무엇보다 저희들의 영혼이 번영하는 복을 주옵소서. 그러기 위해서 먼저 하나님을 알고자 간절히 사모하는 태도를 취하게 하옵소서. 어떤 경우에도 세상과는 다른 삶의 원리와 방법을 갖고 살아가게 하옵소서.

예수 그리스도의 이름으로 기도드리옵나이다. 아멘.

기도를 시간적으로 보면 성경에는 이렇게 말씀하십니다. "새벽 오히려 미명에 예수님께서 일어나 한적한 곳으로 가사 거기서 기도하시더니(막 1:35)", "아침에 주께서 나의 소리를 들으시리니(시 5:3)", "정오에 내가 근심하여 탄식하리니 여호와께서 내 소리를 들으시리로다(시 55:17)", "…저물매 거기 혼자 계시더니(마 14:23)", "이때에 예수께서 기도하시러 산으로 가사 밤이 맞도록 하나님께 기도하시고(눅 6:12)", "밤중쯤 되어 바울과 실라가 기도하고 하나님을 찬미하매…(행 16:25)"

만왕의 왕이시요 만주의 주이신 하나님 아버지! 영원히 죄와 허물 속에서 죽었던 저희들을 사랑하셔서 날마다 선한 길로 인도하여 주시고 또한 이렇게 구별하여 주사 저희들에게 축복으로 거룩한 성일을 허락하셔서 신령과 진정으로 예배드릴 수 있게 하심을 감사드립니다.

무엇보다도 간절히 기도하오니 이 시간 저희들이 하나님과 신령한 깊은 교제를 갖게 하시고, 거짓 없이 진실된 하나님의 마음으로 신령과 진정으로 예배하게 하여 주시옵소서.

사랑의 하나님 아버지!

이제까지는 저희는 하나님 앞에서 교만하여 스스로 판단자가 되었고 입술로만 주님을 잘 섬긴다고 했던 허물들을 범하였사오니 주님께서 은총을 베풀어 주시어 이제는 남을 격려하며 행함으로 섬기는 저희 모두가 되게 하여 주옵소서. 어려움 속에 빠져있는 국민을 불쌍히 여기시고 긍휼이 여겨 주시옵소서. 저희의 생각만 올바르다는 교만을 용서하여 주시옵소서.

남을 용서하고 이해해 주며 허물을 같이 기도하며 사랑으로 감싸주는 저희 모두가 되게 하시고 실패했어도 좌절하지 않으며 패자부활전에서 승리하는 삶이 되도록 도와주옵소서.

영원히 살아계신 하나님 아버지!

저희 교회를 이 자리에 세워주시고 이제까지 사랑하시고 날마다 저희의 계획보다 넘치도록 채워주신 주님! 올 한 해의 간절한 비전에도 놀라운 축복의 은혜로 채워주시옵소서. 근심이 없는 야베스의 축복으로 넘치게 하여 주시옵소서.

무엇보다도 온전히 남은 기도 시간들도 오직 주님의 성령이 이끄시는 방향으로 이끌어 가게 하옵시고 참석하여 기도하는 많은 성도들이 한 가지로 모두 다 응답받는 기적의 시간들이 되게 하여 주시옵소서.

특별히 주님 주신 지혜로 모든 성도들이 온전히 순종하고 기도하며 나아갈 수 있도록 인도하여 주옵소서.

사랑의 하나님 아버지!

온 천하보다도 한 생명을 귀하게 여기시는 주님! 올해는 한 사람이 한 영혼을 주님 앞으로 전도하여 하나님의 나라가 놀라운 부흥이 일어나게 하시고, 가정들마다 부부가 하나 되고 가족들이 하나 되어 온전히 믿음의 가정들로 세워지게 하여 주시옵소서.

살아계신 저희 구주 예수 그리스도의 이름으로 기도드리옵나이다. 아멘.

땅 끝까지 이르러 주님의 증인이 되라고 명하신 주님! 이 시간 저희 남전도회 헌신예배를 드릴 수 있도록 귀한 은총을 베풀어 주심을 감사와 영광을 드립니다. 주님! 이 예배를 아벨의 제사처럼 하나님 아버지께서 기쁘게 받으시어 영과 진리의 헌신예배가 되게 하여 주옵소서.

주님! 감사하옵기는 수많은 사람들은 세상 어두운 길로 향하고 있지만 허물진 죄인들을 택하사 하나님의 백성으로 삼으시고 하나님을 섬기는 아들로 택하여 주심을 무어라 형언할 수가 없나이다. 이 시간 부름 받은 자로서의 소명감이 생기게 하여 주시기를 원합니다. 베드로를 부르시듯 저희 하나하나를 불러주옵소서. 저희들은 주님의 부름을 따라 베드로처럼 세상의 미련을 버리고 주님을 따라나서게 하옵소서. 주님을 세상의 무엇보다 더 사랑하지 않고는 주님을 따른다고 할 수 없는 것도 잘 압니다.

사랑이 많으신 주님! 이 시간 저희 성도 한 사람 한 사람으로 하여금 주님을 이 세상에 있는 그 누구 그 무엇보다도 더 사랑한다고 고백할 수 있게 해 주옵소서. 특별히 남전도회 성도들은 복음의 기수로서 청지기의 사명을 다하여 사랑이 메마른 이 땅 위에 사랑을 실천하고자 하는 뜨거운 열정을 주옵소서.

하나님 아버지! 하나님의 오른손을 힘차게 뻗어 죄악의 공해가 막심한 삶의 현장에서 신앙으로 승리할 수 있는 놀라운 역사가 나타나게 저희의 기도를 들어주시고 저희들의 삶을 주관하여 주옵소서. 이 시간 헌신예배를 드리는 귀한 복음의 역군들에게 성령의 능력과 지혜와 명철을 허락하여 주옵소서.

그리하여 주님의 몸이 된 교회를 위하여 봉사하는 일과 흩어져 삶의 현장에서 복음을 전하는 일, 사랑을 실천하는 일, 그 외에 무슨 일을 하든지 하나님의 영광을 위하여 일하는 귀한 존재가 될 수 있도록 인도하여 주옵소서. 이 시간도 말씀 속에서 심령의 갈증을 풀 수 있도록 흡족한 은혜의 단비를 내려 주옵소서. 이 은혜를 간직하고 증인으로서 사명을 다하는 모든 성도들이 되게 하옵소서. 주님! 저희의 헌신과 봉사가 저희 나라와 세계 복음화에 큰 힘이 되도록 역사하여 주옵소서.

해방자이신 주님. "이에 예수께서 이르시되 네 칼을 도로 칼집에 꽂으라 칼을 가지는 자는 다 칼로 망하느니라(마태복음 26장 52절)" 말씀하셨습니다.

인류의 진정한 해방자이신 주 하나님, 주님을 기쁘시게 하기보다 노엽게 할 때가 더 많았던 이 죄인을 용서하여 주옵소서. 하나님의 섭리는 그 어떤 방해 세력에도 불구하고 이루어짐을 믿습니다. 오늘 이 사단의 흉계가 극에 달할지라도 하나님의 뜻에 순복하며 굳건히 서게 하여 주옵소서. 예수 그리스도의 이름으로 기도드리옵나이다. 아멘.

하나님 아버지 감사와 영광을 드립니다. 저희 나라 땅에서 예수 그리스도를 구주로 믿고 고백하며 섬기는 모든 성도들을 주님의 품으로 안아주시니 감사드립니다.

백여 년 전 순교의 씨앗으로 인해 믿음의 열매들을 맺게 하시며, 이제 복음을 수출하는 나라로 바뀌게 하심도 감사드립니다. 하지만. 아직도 이 나라의 백성들 중에는 하나님을 모르고 사는 사람들이 있습니다. 그런 사람들을 불쌍히 여기셔서 온전히 주님만 섬기는 나라가 되게 하옵소서. 요나의 외침으로 니느웨 성 전체가 구원을 받았던 것처럼, 이 땅에도 회개의 역사가 다시 일어나 온 백성이 주님 앞으로 돌아오는 영광스런 광경을 저희로 보게 하여 주옵소서. 그리하여 세계에서 예수 믿는 사람이 제일 많은 나라, 선교사를 제일 많이 파송하는 나라, 하나님이 주는 복을 가장 많이 받아 누리는 나라가 되게 하옵소서.

저희를 택하시고 부르시는 하나님 아버지!

감사와 영광을 드리옵니다. 세상에 수많은 사람이 사는데 그중에서도 가장 보잘 것 없고 미천한 저희들을 부르사 주님의 몸이 된 교회를 섬길 수 있는 직분자로 세워주시고 일하게 하시오니 감사드립니다. 주님의 몸이 된 교회에는 믿음과 성의와 열매를 가진 많은 지체들이 필요하기에 소명에 응하는 종들을 세우시고 맡은 자들에게 소명을 감당함으로 온전한 헌신이 이루어지게 하사 맡겨진 복음사역에 희생과 봉사로 충성하게 하기를 간구합니다.

초대교회 집사들과 같이 성령 충만한 제직이 되게 하시고 지혜가 있으며 믿음이 경건하고 진실하여 모든 사람으로 하여금 칭찬받는 제직들이 되게 하소사 교회를 사랑하는 마음을 주시고, 아끼고 봉사하고 싶은 마음이 늘 생기게 해 주시고, 몸과 마음을 온전히 바쳐 봉사하고 헌신할 수 있어 교회에서 꼭 필요한 일꾼들이 다되게 하여 주옵소서.

하나님 아버지! 저희 교회 제직들로 하여금 더 나아가서 세상 속에서도 소금과 빛의 사명을 다할 수 있게 하시고, 주님의 빛을 증거하는 제직들이 다 되게 하시고, 만나는 사람마다 그리스도를 증거할 수 있게 하시고 그 자리가 곧 복음 증거지가 되게 하옵소서. 그리하여 교회가 부흥되어 하나님께 인정받는 교회로 세워져가게 하옵소서. 오늘 이 예배를 통하여 이와 같은 다짐과 은혜의 시간이 되게 하여 주시고 말씀을 증거해 주실 주님의 종들과 순서를 맡은 모든 분들에게도 은혜와 축복을 내려주옵소서.

저희 나라를 다스림에 있어 위정자들이 하나님의 지혜를 얻어 다스리는 위정자들이 되게 하시며, 공무원들이 국민을 내 형제와 같이 나라 일을 내 일과 같이 봉사하는 공무원이 되게 하여 주시옵소서. 무엇보다 하나님 제일주의로 살아가는 복음의 대국이 되게 하여 주시옵소서.

예수 그리스도의 이름으로 기도드리옵나이다. 아멘.

찬송과 영광을 세세 무궁토록 받으시기에 합당하신 하나님 아버지! 성가대 헌신예배를 받아 주옵소서.

저희 교회에 주님을 찬양하는 성가대를 주신 것을 감사하나이다. 저들이 헌신할 때 헌신을 받으시고 사람만 기쁘게 하지 않고 하나님의 마음을 기쁘게 해 드리는 영가를 부르게 하옵소서.

찬송은 정직한 자가 마땅히 드릴 노래라고 했으니, 저희 교회 성가대의 찬양을 들어주소서. 성가대가 부르는 찬양이 사람에게는 영감을 전하게 하시며 구속받은 은총의 감격과 하나님의 영광을 송축하는 찬양이 되어 하나님께 크게 영광 돌리게 하옵소서.

즐거운 소리를 아는 백성은 유복한 자라 하신 주님!

저희를 항상 찬미의 예배를 드리게 하시며 평생에서 영원까지 시와 찬미와 신령한 노래로 저희 삶 속에 감동이 충만하고 하늘 영광의 찬양을 화답하는 송영이 되게 하옵소서. 저희의 생활도 찬송의 기쁨과 찬양의 감동으로 가득 채워주시고, 환난과 핍박 중에서도 쉬지 않는 노래가 계속 되게 하여 주옵소서.

이렇게 건강한 모습으로 축복해 주신 하나님 아버지, 오늘 이 시간에도 하나님의 귀한 말씀을 듣고 서 있는 선교사를 더 큰 능력으로 붙들어 주시옵소서. 말씀을 듣는 저희들 귀가 열리고 또한 심령에 변화가 일어나는 귀한 시간이 될 줄로 믿습니다. 지금까지도 건강하신 모습으로 늘 겸손하신 모습으로 하나님의 말씀 선포 사역을 감당하시는 귀하신 선교사 가정과 가족들을 주님께서 붙들어 주시길 간구드립니다.

이제 주님께 예배드리는 이 시간 예배를 도우며 주님께 영광 돌려드리며 늘 성령으로 충만케 하옵시며 이 시간도 이 예배 가운데 주님의 영광으로 임재하실 줄 믿습니다.

주님! 간구하옵기는 사울 왕이 악신 들려서 고통당할 때 수금 타는 다윗의 찬양이 악신을 몰아낸 것처럼 저희 교회 성가대가 찬양을 부를 때마다 성도에게 붙었던 악신이 물러가는 영력 있는 찬양이 되게 하시고, 병상에서 일어나지 못하는 환자에게나 슬픔과 고통을 안고 실의에 젖어 살아가는 모든 이에게 주님의 자비와 소망의 기쁨과 구원의 여망이 전해지게 하옵소서. 그리하여 주님의 영광이 높이 드러나게 하소서.

예수 그리스도의 이름으로 기도드리옵나이다. 아멘.

25일

　　인자하심과 긍휼하심이 풍성하신 하나님 아버지! 주님의 놀라우신 은혜와 사랑을 찬양드리나이다. 이 시간 교회의 각 지체인 구역을 돌보시는 구역장들과 권찰들이 정성을 모아 헌신의 제단을 쌓도록 인도하시니 감사하옵니다. 주님께서 이 예배에 임하시고 크신 축복 내려주옵소서.

　　거룩하신 주님이시여, 주님께서는 보잘것없는 저희들에게 귀한 직분과 사명을 주셨지만 저희들은 아버지의 거룩하고 높으신 뜻을 알지 못하고 맡겨진 직분을 소홀히 생각하여 충성되지 못한 것이 많이 있사옵니다. 이 시간 저희들이 게으름과 불충을 회개하고 고백하오니, 모든 죄를 사하여 주시옵기를 바라옵고 원하옵나이다.

　　주님이시여, 이 시간 간절히 기도하옵는 것은 저희 구역 권찰들에게 각 구역에서 주님의 사랑하는 자녀들과 그 가정을 잘 돌보며 위로하고 격려하며 권면할 수 있는 능력을 허락해주옵소서. 저희 성도들이 맡은 구역에는 믿음이 약한 자들도 있고 새로 신앙생활을 시작한 초신자도 있사오며, 여러 가지 문제로 고민하는 성도들도 있사오니 저희 구역 권찰들이 뜨거운 사명감으로 그들을 돌보고 위로하는 데 게으르지 않도록 도와주옵소서.

하나님 아버지!

저희들의 각 구역들을 주님께서 축복하셔서 구역의 발전을 통하여 저희 몸이 된 교회가 크게 부흥하여 지역사회와 이 나라에서 주님의 영광을 드러내며 구원의 방주로서 역할을 감당하는 데 부족함 없게 축복하옵소서. 세우신 모든 구역장 권찰들의 영과 육의 건강을 주시고 가정을 평안을 주시며 생업에 번창을 주옵소서. 그리하여 늘 감격과 감사 속에서 기쁨으로 일하게 도와주옵소서.

오늘 드리는 이 예배가 저희들에게 기쁨이 되며 주님께는 크신 영광을 드리는 예배가 되게 하옵시고, 예배의 시종을 주님께 맡기옵니다.

예수 그리스도의 이름으로 기도드리옵나이다. 아멘.

길이요, 진리요, 참 생명이 되시는 거룩하신 하나님 아버지! 저희들을 주님의 거룩한 백성으로 삼아주시고 교사의 직분을 주셔서 어린 생명들에게 영원한 주님의 말씀을 가르치고 생명의 길로 인도할 수 있게 하시니 감사와 찬송과 영광을 돌리옵니다.

하나님 아버지! 저희들은 너무나 큰 주님의 은혜와 사랑을 받았으나 깨닫지 못하고 맡겨진 임무에 충실치 못한 것이 많이 있사오니, 저희들의 불충한 죄와 나태함을 용서해주옵소서. 이 시간 헌신의 제단을 주님께 바치오니 다시 한 번 저희들이 충성을 다짐하며 결심을 새롭게 하는 귀한 시간으로 인도하여 주옵소서.

하나님 아버지! 저희 교회 교사들을 위해 기도드립니다. 저희 교회 교사들이 맡아서 지도하는 어린 생명들을 위하여 간구하오니, 한 생명도 실족함 없이 주님의 품 안에서 말씀을 좇아 자라나는 훌륭한 인격이 되게 하시고 주님의 큰 일을 감당하는 일꾼들로 자라게 축복하여 주옵소서. 악하고 험한 세상에서 자칫 죄악에 물들까 두렵사오니, 주님께서 그들과 친히 동행하시어 밝은 빛으로 인도해 주옵소서. 저희 교회 학교를 위하여 수고하시는 제직자들에게도 충만한 은혜를 주셔서 부족함 없이 지도하게 도와주시고 교사들의 가정과 사업과 학업의 여러 조건들도 주님의 일을 하는 데 합당케 허락하시옵소서.

주님! 오늘 저희 교회 성도들의 인도로 혹은 자진해서 이 자리에 처음 나와 함께 예배드리는 분들도 있습니다. 아직은 복음을 접하지 못하여 주님을 알지 못하고 교회나 예배에 대해서 서먹서먹해하고 당황해하고 있지만 약한 자를 들어 강한 자를 부끄럽게 하시는 주님께서 그들의 심령에 역사하시어 주님을 사모하는 믿음과 주님을 따르는 열심을 주시고 나중된 자가 먼저 되는 놀라운 변화가 일어나게 하옵소서.

주님의 말씀을 증거하기 위해 택하신 주님의 종에게 축복과 능력을 허락하셔서 은혜의 말씀이 되게 하시며 성령의 감동으로 가득 찬 말씀이 되게 하옵소서.

주님의 교회를 위하여 이모저모로 수고하는 모든 분들의 노고를 주님께서 살펴 주시고 크신 은혜와 사랑을 주옵소서. 또한 저희 교회가 아버지께서 명하신 귀한 복음의 사역을 크게 감당하게 하시고, 저희 교회를 통해서 주님께 영광 돌리며 늘 새롭고 놀라운 역사가 일어나게 하옵소서.

이 예배를 드릴 때 저희들이 마음과 정성이 총동원되는 은혜의 시간이 되게 하시고 참여치 못한 성도들의 사정도 주님께서 아시오니 지켜주옵소서. 마치는 시간까지 주님께서 주장하여 주시고 홀로 영광 받아주시옵소서.

예수 그리스도의 이름으로 기도드리옵나이다. 아멘.

생명의 대주재이시며 살아계신 하나님 아버지! 근심하는 소리를 들어주시고 원수의 두려움에서 저희 생명을 보전하여 주신 주님의 크신 은혜에 감사드리옵니다. 이 시간도 주님을 사모하여 이렇게 주님의 존전에 올라왔사오니 주님의 오른손으로 저희를 붙들어 주시고 저희 심령이 주님의 날개 그늘에서 즐거이 주님을 찬양하게 하여 주시옵소서.

하나님 아버지! 지난 날 세상 부귀와 안일을 좇아 주님의 길과 명령을 저버리고 저희 자신의 이기심에 사로잡혀 이웃을 사랑하지 못하고 괴롭혔던 죄를 주님께 다 아뢰고 고백하오니 저희의 죄와 허물을 용서하여 주시옵소서. 저희의 이 모든 죄를 기억하지 마옵시고 주님만이 가진 정결로 저희를 정결케 하시며 주님 보시기에 기쁘고 선한 것만을 행하도록 저희를 인도하여 주옵소서. 날마다 저희들과 동행하여 주시는 주님! 주님만을 의지하며 주님께로 피하오니 저희를 도와주시옵소서. 주님의 빛으로 저희를 비추사 평안 중에 거하게 하시며 저희가 주님의 전능하신 손으로 보호를 받을 수 있도록 인도하여 주시옵소서.

구원의 하나님이시여! 저희 상한 심령에 은혜의 단비를 흡족히 내려

주시옵소서. 순결한 마음과 정직하고 곧은 심성과 선한 의지와 거룩한 양심과 영적인 강건을 저희에게 허락하시사 책망 받을 것이 없는 생활을 할 수 있도록 인도하여 주시옵소서. 저희는 부족하나 주님의 사랑은 한이 없으며 저희는 나약하나 주님의 팔은 능력이 있사옵나이다. 저희는 범죄하기 쉬우나 불길 같은 성령은 저희의 모든 죄악을 다 태우고도 남음이 있나이다. 주님! 저희 가운데 역사 하셔서 저희 마음을 주장하여 주시어 저희 마음을 성령으로 뜨겁게 감동시켜주시옵소서.

저희의 피난처 되시는 주님! 이 시간 저희들이 여러 가지 문제와 어려움들로 인하여 찢긴 심령으로 주님께 나아왔사오니, 저희들의 마음을 짓누르는 이 모든 문제들을 주님께서 맡아주시고 마음의 평안을 허락하여 주시옵소서. 주님! 저희들이 주님께 부르짖는 이 모든 간구에 귀를 기울여 주시고 저희의 소원을 모두 들어주시옵소서.

이 시간 특별히 간구하옵기는 저희들이 세상적인 일에 매여 종노릇하지 않고, 의로운 일을 위해 주님께 간구하고 매어달리는 믿음의 자녀가 되게 하여 주시옵소서. 저희들이 주님의 십자가만을 붙들고 선한 싸움을 싸우게 하여 주시옵소서. 저희의 모든 일들을 주님께 맡기오니 주님께서 친히 담당하여 주시옵소서. 이 밤도 저희의 모든 일들을 주님께 맡기오니 주님께서 친히 담당하여 주시옵소서.

예수 그리스도의 이름으로 기도드리옵나이다. 아멘.

28일

한없이 주시는 하나님 아버지! 죄악이 난무하는 이 땅에 의를 세우시고 이 죄인들을 구원하시기 위해 목숨까지도 아끼지 않고 버리신 주님의 그 놀라우신 사랑과 은혜에 무한한 감사를 드립니다.

그동안 주님의 보호하에 아무런 연고없이 지나게 하시며 또 이렇게 주님 앞에 제단을 쌓을 수 있도록 허락하여 주시니 감사하옵니다.

하나님 아버지시여! 주님께서는 저희들을 택하여 주시고 오늘까지 보호하시고 지켜주셨지만 저희들은 주님의 뜻을 깨닫지 못하고 죄악 가운데 살았습니다. 주님께서 저희들을 불쌍히 여기셔서 죄 가운데서 구해주시고 하나님께 충성된 삶을 살게 도와주옵소서. 또한 저희들은 늘 넘어지기 쉽고 주님의 뜻을 저버리고 살기 쉬우니 붙잡아주옵소서.

사랑의 주님!

저희 각 구역 식구들을 위하여 기도하오니 들어주옵소서. 저희 각 구역이 더욱 아버지께 인정받는 구역이 되게 하시고, 사랑과 평화가 끊임없이 돌아나게 하시옵소서. 그리하여 서로 사랑하며 모든 구역 식구들의 마음을 하늘과 땅 위에서 하나인 주님의 거룩하신 가족으로 묶어주옵소서. 저희 각 구역의 가정들을 하나님께서 돌보아주옵소서. 그리하여 여러 가지 문제를 걱정하여 기도하는 그들의 기도가 다 이루어지게 하옵소서.

특별히 기도하는 것은 여러 가지 처지와 환경에 따라서 함께 못하고 있는 성도들 있사오니, 어느 곳에 있든지 굳건한 믿음으로 살게 하셔서 기쁨의 소식이 늘 끊어지지 않게 도와주옵소서. 구역을 위하여 수고하시는 구역장과 권찰들을 더욱 축복하셔서 구역을 돌보는 데 부족함 없게 하시고 건강으로도 지켜 주옵소서.

하나님 아버지! 저희 교회에 속한 모든 구역을 주님께서 감찰하시고 지켜 주셔서 모든 구역들이 주님께 영광 돌리며 몸 된 교회를 섬기는 데 열심을 갖게 하시옵소서. 한 구역이라도 실족함 없게 하시고 모든 구역장들을 지켜주옵소서.

이 예배에 참석치 못한 식구들도 주님께서 친히 돌보아 주시며 저희 구역을 통하여 저희 교회가 발전하는 원동력이 되게 하옵소서. 시종을 주님께 맡기오니 주관하시옵소서.

예수 그리스도의 이름으로 기도드리옵나이다. 아멘.

저희의 구원자이신 하나님 아버지! 주님의 크신 사랑과 은혜에 머리 숙여 경배를 드리옵니다. 주님께서 저희에게 은혜를 주시는 중요한 방편으로 성찬식을 허락하여 주셔서 거룩한 예식을 거행함으로 잠든 영혼이 깨어나고 병든 심령이 소생하며 나태한 신앙이 새로워질 수 있는 귀한 기회로 삼을 수 있게 하시니 감사를 드립니다.

특별히 성찬예식을 통하여 주님을 믿기로 작정한 심령들이 이제는 교회 앞에서 공적으로 신앙을 고백하며 주님의 살과 피를 저희가 먹고 마심으로 주님의 고난에 동참하여 주님과 신비로운 관계를 이루어나갈 수 있게 축복해 주심을 진심으로 감사드립니다.

자비로우신 하나님 아버지!

지난 날도 아버지의 말씀에 순종치 않고, 아버지의 명령을 거역하고 아버지에게서 떠나 살아온 저희의 허물과 죄를 용서하여 주옵소서. 탐욕과 이기심으로 더럽혀진 저희들에게 베푸신 사랑을 헌신짝처럼 버리고 이웃을 미워하고 비방하며 마치 나 외에는 아무도 없는 것처럼 교만한 마음으로 살아왔나이다. 주님! 이와 같이 더러워진 심령으로 주님의 살과 피에 참여할 수 있으리오마는 저희의 죄를 묻지 않으시고 한결같은 사랑으로 감싸 주시는 주님의 한없는 자비에 의지하여 이렇게 나아왔사오니 주님의 피 묻은 손으로 저희의 떨리는 심령을 어루만져 주시옵소서.

주님! 주님께서 잡히시던 날 밤에 제자들에게 떡을 떼어 주시고 잔을 나눠주신 그 의식을 기념하라고 하신 주님의 명령에 따라 이렇게 식탁을 준비하였사오니, 성령께서 이 가운데 함께하여 주시옵소서.

저희가 떼는 떡으로 그리스도의 몸에 참예하고 저희가 나누는 잔으로 그리스도의 피에 참여하고자 하오니, 저희가 이 떡을 먹고 잔을 마실 때마다 그리스도의 고난을 상기하게 하여 주시옵소서.

이 시간 주님의 몸을 분별하지 못하고 살아온 저희의 가증된 삶을 깊이 회개하면서 떡과 잔을 받으려 하오니, 이 식탁을 통해서 저희 믿음이 날로 강건해지고 그리스도의 모습을 닮아가게 하여 주시며 주님의 한없는 은혜로 충만케 하여 주시옵소서.

예수 그리스도의 이름으로 기도드리옵나이다. 아멘.

　　자애로우신 하나님 아버지! 이 시간도 사랑하는 주님의 양떼들을 위하여 수고하시며 말씀을 준비하는 귀한 주님의 종들을 위하여 기도드리오니, 말씀을 선포하실 때마다 영역을 칠 배나 더하시고 사랑과 은혜로 더욱 충만케 하옵소서.

　날이 갈수록 메마르고 강퍅해져 냉랭한 저희들의 영혼 속에 권능과 능력의 말씀 선포로 굳게 닫힌 마음의 빗장을 열어 이른 비와 늦은 비의 은혜를 충만케 하여 주시고, 무엇보다도 특별히 원하옵기는 기름 부어 세우신 주님의 귀한 종들에게 가정의 평안과 건강으로 함께 하여 주옵시며 잃어버린 한 마리의 양을 위하여서도 참고 견디는 넉넉한 마음의 여유로 성령의 열매가 충만한 목회 여정이 되게 하시옵소서.

　사랑과 은혜가 풍성하신 하나님 아버지! 한 생애를 오직 복음 전파를 위하여 희생과 봉사를 아끼지 않으시는 전 세계의 많은 목회자들의 귀한 삶 속에 분명코 주님의 넘치는 위로와 축복이 함께하시는 줄 믿사오니 이 땅 위에서도 윤택한 삶의 축복으로 영광 받아주시옵소서.

　상한 갈대를 꺾지도 않으시고 꺼져가는 등불도 끄지 아니하시는 아버지 하나님! 오늘도 상하고 주린 영혼들의 아픔을 치유하기 위해 말씀을 선포하시는 귀하신 많은 목회자들의 가정과 교회 위에 놀라우신 주님의 사랑과 평안으로 충만하게 채워주소서.

임마누엘이신 하나님 아버지!

이 자리에 모인 모든 성도들에게 그리스도의 살과 피에 참예하는 은총을 내려 주시며, 그리스도의 고난에 동참하는 믿음도 허락하여 주시옵소서. 그리스도의 십자가의 고난을 바라보면서 저희의 괴로운 현실을 극복해 나가며 그리스도를 따르는 데서 생겨나는 여러가지 어려움들을 이겨내게 하여 주시옵소서.

성도들이 새롭게 믿음의 결단을 하며 복음의 증거자로서의 사명도 새롭게 인식할 수 있도록 인도하여 주시며, 주님의 고난의 현장에서 모두 도망쳐버린 것과 같은 죄를 저희는 범하지 않도록 믿음으로 무장시켜 주시옵소서. 예배의 순서 위에 성령님께서 역사하시며 참여한 모든 성도들이 은혜 받고 돌아갈 수 있게 역사하여 주옵소서.

예수 그리스도의 이름으로 기도드리옵나이다. 아멘.

선택받은 백성들의 힘이 되시며 보호자가 되시는 여호와 하나님 아버지! 하나님께서 선물로 주신 귀한 자녀들을 이제까지 건강과 믿음으로 성장하게 하시니 감사합니다.

평화를 위해 군에 입대한 젊은 청년 성도를 위하여 간절히 기도하오니 모든 훈련과 임무를 충실하게 수행할 수 있는 튼튼한 육체와 건전한 정신을 허락하옵소서. 그리하여 주어진 과업을 능히 감당하며 모범된 생활을 주님의 사랑으로 하는 자들이 되게 하옵소서.

주님, 바라옵기는 투철한 사명과 믿음을 주셔서 그들의 땀과 충성이 나라의 평화를 지키는 초석이 된다는 것을 언제나 명심하게 하시며 믿음으로 무장시켜서 어려운 일이나 감당키 힘든 시련들도 주님께서 함께 하심을 깨달아 이겨내게 하옵소서.

그리하여 의무를 다할 때에는 몸도 마음도 성장하여 주님께 칭찬받는 신실한 용사가 되게 하옵소서. 유혹과 시험에 빠지기 쉬운 때에 늘 여호와를 경외하게 하시고 정결한 생활로 인도해주옵소서.

만군의 하나님 아버지!

나라와 인류를 위하여 군인으로 나설 청년들의 앞길을 주님께서 동행하여 주시옵소서. 고된 훈련 중에서도 믿음의 순결을 지키며 애국심으로 맡은 일에 충성하게 하시고 다윗처럼 신앙의 용사가 되게 하시어 군생활을 마치고 돌아올 때에는 정금 같은 믿음을 지닌 하나님의 용사가 되게 하여 주시옵소서.

외롭고 힘들 때마다 하나님이 함께하심을 기억하며 요셉과 같이 꿋꿋하게 믿음의 길을 가게 하시옵소서. 일심으로 군무에 집념하게 하시고 사심을 가지거나 비겁하거나 그의 마음이 약해지지 않게 하시고 건강한 몸을 주시고 어떠한 실수도 범하지 않게 항상 도와주시옵소서.

하나님 아버지! 자녀를 군으로 보내며 염려와 근심하며 기도하는 부모 성도를 기억하여 주시옵소서. 자녀를 바라보면서 어리고 부족하여 염려되고 근심하는 것이 부모의 마음이오나 하나님께 의뢰하고 안심하며 보내는 믿음을 더하여 주시옵소서. 주님께서 그 안타까운 마음을 위로하시며 그 간절한 기도를 기억하여 주시옵소서.

그리하여 온 인류가 하나님의 돌보심과 인도하심을 받아 하나님 나라의 참 백성이 되게 하옵소서. 온 세계가 그들로 인하여 하나님의 평화를 누리게 하소서.

저희 주 예수 그리스도의 이름으로 기도드리옵나이다. 아멘.

기적이 일어나는 365 매일기도문

9월
기도문

성공을 원한다면 그것을 향해 달리지 말고,
매일매일 하나님께 감사기도를 하라.
그러면 당신은 저절로 성공하게 될 것이다.

거룩하시고 사랑이 많으신 하나님 아버지! 오늘도 이렇게 건강한 모습으로 거룩한 성일을 맞이하여 하나님의 거룩한 존전에서 예배로 영광 돌리게 됨을 진심으로 감사드리오니 이 예배를 받아주옵소서.

아버지 하나님!

이제 뜨겁던 더위도 한풀 꺾이고 기도와 말씀 읽기에 좋은 계절이 왔사오니 저희들은 더욱더 기도와 전도와 봉사에 전력을 기울이도록 새 힘을 주시옵소서.

주님을 더욱더 열심히 섬기고 싶고 또한 사랑하며 더 많은 봉사와 구제도 하고 싶어 하오니 긍휼히 여기사 이 예배를 받아주시옵시며 또한 크신 은혜를 베풀어 주시옵시고 또한 저희들 비록 사마리아와 유대 땅 끝까지 복음을 증거하는 삶이 되지 못할지라도 이웃과 친척들에게 빛과 소금의 진실한 사랑으로써 전도하는 삶이 되게 하옵소서.

특별히 이 시간 이 나라와 인류의 앞날을 위하여 기도하오니 더욱더 믿음 안에서 하나님의 지혜와 깊은 기도 속 성령의 이끄심으로 귀한 정부를 이끌어 갈 수 있도록 주님께서 새로운 힘을 주시옵시고 오직 하나님의 기뻐하시는 자랑스러운 나라가 되도록 은총을 주시옵소서.

살아계신 하나님 아버지!

이 시간에도 병으로 고통받는 많은 환우들과 또한 아직도 복음을 듣지 못한 채 생을 마감하는 그들의 아픔을 기억하사 저희들이 나가서 속히 복음의 증거자로 많은 이들에게 복음을 증거케 하여 주옵소서.

또한 이 시간 간절히 바라옵기는 저희 교회의 세우신 모든 기관들을 굳건히 붙들어 주셔서 서로 협력하고 사랑하는 아름다운 성도의 교제가 되게 하옵소서. 봉사와 전도와 구제의 역할을 원활하게 담당하는 온전한 공동체가 되게 하여 주시며 하나님의 크신 권능과 성령의 역사로 함께해 주시옵소서.

예수 그리스도의 이름으로 기도드리옵나이다. 아멘.

저희의 모든 삶을 주관하시며 사랑하시는 주님! 복있는 사람은 악인의 꾀를 좇지 아니하며 죄인의 길에 서지 아니하며 오만한 자의 자리에 앉지 아니한다 하였사오니 그 말씀을 따라 오늘은 이렇게 온전히 교회에서 예배를 드리게 됨을 진심으로 감사하여 감사와 찬양과 영광을 주님께 돌립니다. 그러나 뒤돌아보니 세상에 살면서 저희들의 아집과 고집으로 말씀대로 순종하지 못하였음을 깨닫고 회개하오니, 주님! 이 시간 저희의 모든 죄를 주님의 보혈로 정결케 하옵소서.

왕 중의 왕이신 하나님 아버지!

이 시간 특별히 이 나라와 인류를 위하여 기도하오니 주님께서 이 나라와 인류를 긍휼히 여기사 모든 위정자들이 하나님을 두려워하게 하시고 하나님의 말씀으로 바로 서게 하시며 지혜롭게 하셔서 모든 난관을 잘 극복해 나갈 수 있도록 하옵소서.

주님께서 사랑하시는 성도들이 이제 새로운 희망을 가지고 주님을 향하는 놀라운 복음의 비전을 꿈꾸게 하시고 소망을 가지게 하여 주시옵소서.

또한 교회의 모든 기도 제목들이 하루 속히 아름답게 이루어지게 하시어 주님이 원하시는 더 큰 사역들을 능히 감당하기에 부족함이 없게 하옵소서.

특별히 세우신 선교사가 변함없이 늘 신원을 강건케 하고 말씀을 선포할 때마다 성령의 능력과 담대함으로 증거할 수 있도록 주님의 오른팔로 강권적으로 붙잡아 주옵소서. 또한 기도를 할 때에도 성령님 함께 하시어 많은 은혜가 넘치게 하시고 날마다 심령들이 변화받고 기도가 응답되는 놀라운 은혜의 나날로 이끌어 주시기를 간구드립니다.

사랑의 주님!

이 시간도 저희가 말씀을 들을 때에 온전한 종의 낮아진 모습으로 겸손히 말씀을 받아 삶 속에 실천하여 축복의 열매를 맺게 하시고 날마다 심령의 밭이 옥토로 변화되어 아름다운 사랑의 꽃들을 피우고 성령의 열매들을 주렁주렁 맺게 하여 주시기를 간구드리오며, 이 시간 예배의 모든 절차를 성령께서 함께 하시옵고 저희 주 예수 그리스도의 이름으로 기도드리옵나이다. 아멘.

3일

빛이 신 하나님 아버지! 영 죽을 수밖에 없는 저희 인간의 생명이시며 신실한 자들의 빛 되시는 거룩하신 주 하나님 아버지! 하나님의 크신 영광에 대하여 감사와 찬송을 드립니다.

저희들에게 복된 날을 허락해 주셔서 하나님을 찬양하며 예배하게 하시오니 무한 감사합니다. 저희 예배가 영과 진리로 드릴 수 있게 하시고 하나님의 자비하신 구원의 은혜를 저희들에게 흡족하게 내려주시옵소서.

인자하신 주님!

이제 저희들이 지은 모든 죄를 자복하고 회개하오니 용서하여 주시옵소서. 주님, 저희를 용서하시고 주님의 긍휼 안에서 소망을 가지게 하시며 주님의 선하심 안에서 힘을 얻고 살아가게 인도해주옵소서. 그리고 주님을 믿는 성도로서 본분을 다할 수 있는 귀한 믿음을 허락하시옵소서.

이 시간 예배를 드리오니 주님께서 기쁘게 받아주시고 이 찬양을 통하여 저희들이 마음을 밝게 하시고 저희들이 이웃과 형제들에게 이 밝음을 전하기에 부족함 없게 하시옵소서.

전능하신 하나님 아버지!

이 시간 예배드리는 모든 성도들에게 함께하셔서 믿음이 연약한 심령들에게는 강하고 담대한 믿음을 허락하시고 말씀에 갈급하고 굶주린 심령들에게 말씀의 충만을 허락하옵소서. 여러 가지로 세상에 시달리며 고민과 근심에 빠져있는 성도들이 있사오니 그들의 무거운 짐을 주님께서 대신 맡아 주시옵기를 바라옵니다.

또한 물심양면으로 헌신 봉사하는 여러 제직들의 손길을 기쁘게 받아주시고 한없는 은혜로 그들을 축복해 주시고 앞으로도 더욱더 주님께 헌신 봉사하여 자칫 나태해지기 쉬운 신앙생활에 박차를 가하여 이 교회가 날로 부흥 발전케 인도하시옵소서.

주님께서 이 예배의 시종을 주관하시고 계획과 순서를 지켜주실 줄 믿사옵고 저희를 구원해 주신 예수 그리스도의 이름으로 기도드리옵나이다. 아멘.

기쁨과 평안과 안전을 보장하시는 하나님 아버지! 오늘 하루도 주님의 은택을 입어 주일을 성수하게 하시며, 주님을 사모하여 찬양과 말씀의 자리에 나오게 하심을 감사합니다.

찬양 중에 임하시는 아버지 오늘 저희의 찬양으로 영광 받으시며, 성도들에게 충만한 은혜의 시간이 되게 하여 주옵소서. 황소를 드림보다 찬양의 제사를 기뻐하신다고 말씀하셨으니, 저희들의 입술이 찬양의 입술이 되게 하옵소서.

의뢰하는 자의 하나님이 되시는 주님! 오늘 성도들이 주님 앞에 나와 부르짖는 기도를 들어주옵소서. 마음의 상처는 싸매어 주시고, 믿음의 시련을 당하는 성도들에게 위로와 응답을 주옵소서. 영적인 시험에 빠진 성도들을 기억하시고 건져주옵소서.

의인의 간구를 기뻐하시는 하나님! 저희의 성품이 성결하여지도록 인도하여 주옵소서. 죄를 미워하게 하시고, 어둠을 물리치게 하여 주옵소서. 남을 정죄하지 않게 하시고, 선으로 악을 이기게 하여 주옵소서.

사랑 많으시고 은혜로우신 하나님 아버지, 저희에게 좋은 일을 주셔서 기쁨을 나누며 하나님을 찬양하게 하시고 이 시간 하나님 앞에 예배드리게 하시니 진실로 감사를 드립니다. 하나님의 자녀인 성도를 더욱 강한 하나님의 손으로 붙들어 주셔서 항상 새롭고 능력 있는 삶을 살게 도와주옵소서.

모든 성도들이 일하는 직장이 주님을 통하여 복을 받게 하시며 이 직장에서 주님의 말씀을 생명력 있게 전파할 수 있게 도와주시옵소서. 이제 하나님의 일에도 충성하여 하나님 앞에 더욱 인정받는 하나님의 일꾼이 되게 하옵소서.

예수 그리스도의 이름으로 기도드리옵나이다. 아멘.

주린 영혼을 만족케 하시며 찬양 받으시기에 합당하신 주님! 하나님의 선하시고 기쁘신 뜻을 찬양합니다. 저희에게 향하신 하나님의 신실하심이 크고 영원하심을 믿습니다. 항상 하나님의 뜻을 겸손하게 받아들이며, 세상으로 향하는 저희의 의지와 욕심을 십자가에 못 박게 하여 주옵소서.

성령께서 저희의 삶 가운데 임재하사 매일의 삶을 주관하시고 지켜주옵소서. 저희로 하여금 감정과 육체의 소욕을 따르지 않고 주님의 인내를 받을 수 있도록 도와주옵소서. 실수한 심령을 따뜻한 사랑으로 품을 수 있게 하시고, 하나님의 위로와 평강을 전하게 하여 주옵소서.

사람들이 하나님께서 성경을 통해 말씀하신다는 사실을 염두에 두지 않을 때, 하나님께서는 기도를 통해 그들이 말하는 것을 별로 기억하지 않으신다는 것을 알고 있습니다. 오직 저희 주님 예수 그리스도를 통해서 하나님께 기도를 할 때 하나님께 통할 수 있음을 알기에 여기 모인 저희들은 두 손 모아 예수 그리스도의 이름으로 하나님께 기도드리옵니다.

사랑의 하나님! 저희들로 하여금 주님의 사랑을 전하는 사명을 감당하게 하시고, 더욱 큰 믿음을 허락하사 주님의 사랑의 복음을 세상에 전하는 귀한 영혼들이 되도록 하여 주옵소서.

주님의 놀라우신 복음의 능력을 믿고 의지하여 기도하오니, 저희에게 주님의 크신 권능으로 사마리아와 땅 끝까지 이르러 증인이 되라고 하신 주님의 사명을 감당하는 복을 더하여 주옵소서. 주님의 백성 된 본분을 지켜 행하게 하심으로 저희의 삶이 주님께 예배가 되게 하여 주옵소서.

저희를 구원하신 예수 그리스도의 이름으로 기도드리옵나이다. 아멘.

거룩하신 하나님! 오늘 주님께 나와서 경배와 찬양을 드리게 하신 은혜를 감사합니다. 하나님이 창조하신 만물들이 겨울잠에서 깨어나 활동을 시작하듯이 저희의 신앙도 새롭게 돌아나게 하옵소서.

가을비 같은 성령의 단비를 내려주사 메마른 심령을 해갈하게 하옵소서. 저희 영혼에 따사로운 주님의 자비와 사랑을 베푸시어 용서받고 풍요한 삶을 살게 하여 주옵소서.

혼란스러운 세대 속에서 주님의 교회를 통하여 은혜를 공급받게 하시니 감사합니다. 주님께 열심을 품고 순종으로 섬기게 하시며, 천국에 소망을 두고 주님의 몸 된 교회를 사랑하며 봉사하게 하옵소서.

잎만 무성한 무화과처럼 열매 없는 삶이 되지 않게 하시고, 성령의 아름다운 열매들이 맺히게 하심으로 온전히 하나님을 찬양할 수 있는 복을 허락하여 주옵소서. 저희를 강하고 담대하게 하사 세상을 이길 수 있는 힘을 허락하여 주시며, 저희로 주님의 향기를 풍기는 성도들이 되게 하여 주옵소서.

저희가 감사하는 삶을 생각하면 하나님께 감사할 일이 많이 있음을 알게 됩니다. 최악의 상황에서도 감사할 줄 알아야 진짜 감사가 무엇인지 아는 것입니다. 주님께 감사함을 잊지 말아야 저희의 삶이 행복해질 수 있습니다. 작은 것 하나도 주님의 은혜가 없이는 이루어질 수 있는 게 없습니다. 주님은 저희의 모든 삶을 관장하시는 분이라는 것을 잊지 않고 살아야 합니다. 주님께서 저희의 기도를 기쁘게 받아주시옵길 바라옵니다.

이 시간 예배를 통하여 저희의 심령이 새롭게 거듭나는 복을 허락하여 주옵소서. 예배에 참여한 모든 심령들이 말씀을 통하여 은혜를 충만히 받고 돌아갈 수 있도록 주님께서 도와주옵소서. 하나님께만 영광 돌리는 시간이 되게 하옵소서.

저희를 사망에서 생명으로 옮기신 예수 그리스도의 이름으로 기도드리옵나이다. 아멘.

전능하신 하나님! 저희의 연약함을 강하게 하시는 주님의 은혜를 감사합니다. 하나님의 말씀을 의지하여 하나님의 전으로 나아와 저희의 연약함으로 고백하게 하심을 감사합니다.

예수 그리스도의 은혜로 저희가 죄 사함 받아 의롭다 인정 받았사오니, 주님의 사죄와 구속의 은혜에 감사를 드립니다. 이 시간 하나님께 드리는 예배가 향기 넘치는 산 제사가 되게 하여 주옵소서. 예비하신 은혜를 넘치도록 받은 시간이 되게 하여 주옵소서.

생명의 주인이 되시는 주님! 지난 한 주간을 돌이켜 보건대, 저희는 주님이 주신 생명의 감사함을 잊고 살았음을 고백합니다. 생명은 죄와 죽음과 함께 할 수 없음을 깨닫사오니, 이제 주님의 영원한 생명을 저희에게 허락하사 죽어 가는것들로부터 새로워지게 하옵소서.

사랑의 주님!

성령으로 역사하시고 인도하셔서 더욱 새로운 삶이 될 수 있도록 인도하여 주옵소서. 무엇보다도 자기를 비워 종의 형체를 가져 사람과 같이 되셔서 십자가에 달리시기까지 인간을 사랑하신 주님을 본받게 하시고, 항상 자신을 순종시키며 아버지의 뜻을 따름으로 하나됨을 실천하신 예수 그리스도를 본 받아 성도들과 온전히 연합할 수 있게 하옵소서.

오늘도 말씀에 귀를 기울여 듣는 모든 자들이 성령의 역사하심을 체험하고 은혜 받는 시간이 되게 하여 주옵소서.

죄에서 떠난 삶이란 하나님에게서 떠난 것 자체가 이미 죄라는 것을 잊지 말아야 합니다. 죄는 인간을 타락시키며 마침내 파멸에 이르게 하는 것입니다. 저희는 죄에서 떠나야 합니다. 그러기 위해서는 주님 곁에 항상 머무르려고 노력하여야 합니다. 그것은 오직 기도밖에는 없습니다. 주님과 항상 같이 할 수 있는 기도생활을 열어주심을 감사드립니다.

예수 그리스도의 이름으로 기도드리옵나이다. 아멘.

사랑과 은혜가 충만하신 하나님. 지난 한 주간도 주님의 사랑 가운데 보호함을 받고 은혜 가운데 살다가 오늘 예배를 드릴 수 있도록 은혜 내려주시니 감사를 드립니다. 지난 삶을 돌아보며 믿음으로 살지 못함을 자백하오니 용서하여 주옵소서.

주님께 나올 때마다 참된 쉼을 허락하여 주시고, 성령께서 함께 하심으로 주님이 맡겨주신 사명을 깨닫고 충성을 다하는 증인들이 되게 하여 주옵소서.

저희의 눈이 오직 주님만을 바라볼 수 있게 하여 주시고, 저희의 심령이 가난하여 주님만을 바라게 하옵소서. "내게 능력 주시는 자 안에서 내가 모든 것을 할 수 있느니라(빌립보서 4장 13절)" 하셨으니, 주님의 능력을 의지함으로 굳건하게 살아갈 수 있는 저희들이 되게 하여 주옵소서.

죄악을 이기는 삶을 살기 위해서는 죄에 대한 최고의 승리는 기도라는 것을 알아야 합니다. 기도만이 오직 하나님의 능력으로 죄와 싸워 이길 수 있습니다. 주님과 함께 할 때 저희는 모든 것을 승리할 수 있습니다.

주님, 감사합니다. 오늘도 주님 곁에 저희가 있게 함을 감사드립니다. 전지전능하신 주님 곁에 있음이 얼마나 축복받은 은혜인지 저희는 잘 알고 있습니다. 주님을 흠숭하나이다. 찬양하나이다. 주님은 저희의 등불이며 생명수입니다. 하루도 주님의 보호 없이는 살 수 없음을 잊지 않도록 하옵소서.

저희 교회로 하여금 구원의 복음이 온 인류에게 전해지게 하옵시며, 기도로 새 역사를 일구는 기도하는 공동체가 되게 하여 주옵소서. 주님의 마음과 성령의 능력이 이 땅에 충만하기까지 영적인 공동체로 사명을 다할 수 있는 교회가 되게 하여 주옵소서.

이 시간, 말씀을 듣고, 깨닫고, 결단하게 하셔서 행함으로 승리하게 하시고, 상처받은 심령들이 치유 받는 시간이 되게 하옵소서.

예수 그리스도의 이름으로 기도드리옵나이다. 아멘.

성령을 충만케 하심으로 권능을 허락하시는 하나님 아버지! 저희에게 새 생명을 허락하신 주님을 찬양합니다. 생활 가운데 그리스도의 증인이 되게 하시며, 이 예배에 나와 다시 충만 받게 하심을 믿고 감사를 드립니다

사랑의 하나님!

저희의 죄에 대해서는 완전히 죽게 하시고, 주님의 의에 대하여는 온전히 새로운 인격과 신앙을 갖춘 변화된 사람이 되게 하옵소서. 오는 한 주간을 말씀을 의지하고 살게 하여 주옵소서.

이 시간 신령과 진정으로 드리는 예배가 되게 하여 주시고, 하나님 홀로 영광 받으옵소서. 예배가 저희의 생활의 토대가 되어 강퍅해지고 거칠어진 저희의 심령을 순화시키는 윤활유가 되게 하여 주옵소서. 저희 모두를 하나님의 영으로 뜨겁게 감동시켜 주사 말씀으로 은혜 받고 새로운 각오와 결심으로 신앙의 무장을 하게 하여 주옵소서.

하나됨을 위하여 간절히 기도하신 주님!

저희도 주님의 사랑 안에서 아름다운 동역자들이 되게 하여 주옵소서. 가정에도 조화를 이루며 아름다운 동역이 있게 하시고, 이 사회도 자신만을 생각하는 주장들이 무너지고 상대를 높이고 상대의 영광을 위해서 서로 봉사하는 아름다움이 있게 하여 주옵소서.

이 시간 예배드리는 가운데 보혜사 성령님이 친히 운행하심을 믿사옵고, 예수 그리스도의 이름으로 기도드리옵나이다. 아멘.

> 기도를 시기적으로 보면 어려울 때 기도해야 합니다. 성경에 보면 야곱(창 43:14), 모세(출 32:32), 다윗(삼하 22:7), 히스기야(왕하 19:16)는 어려울 때 기도했습니다. "환난 날에 나를 부르라 내가 너를 건지리니 네가 나를 영화롭게 하리로라(시 50:15)", "이에 베드로는 옥에 갇혔고 교회는 그를 위하여 간절히 하나님께 빌더라(행 12:5)".

합하여 선을 이루시는 전능하신 하나님! 오늘도 저희를 죄악 된 세상에 버려두지 않으시고 주님의 전으로 인도하여 주시고, 풍성한 은혜의 기쁨을 맛보게 하시니 감사합니다.

예배를 드릴 때에 주님의 은혜와 사랑으로 가득 덮여지게 하시고, 진리의 말씀으로 가득 채워 주옵소서. 오늘 거룩하신 주님의 교회에 참여한 저희들에게 용기와 힘을 주셔서, 신앙에 역행하는 것을 단호하게 거절하고, 믿음에 일치하는 것만을 확고하게 따라가게 하여 주옵소서. 주님의 말씀으로 날마다 무장을 하지만, 변화되지 않은 모습을 긍휼히 여기사 용서하여 주옵소서.

주님의 몸 된 교회도 주님의 사랑을 전하기 위하여 선교에 힘을 낼 수 있도록 축복하여 주옵소서. 국내 선교와 세계 선교에 힘쓸 수 있도록 이끌어 주시고, 세계 복음화를 위해서 앞장서는 교회들이 되게 하여 주옵소서. 기도로 믿음의 역사를 일으키며, 믿음의 좋은 소문을 낼 수 있는 교회들이 되게 하여 주옵소서.

온 인류가 하나님 앞에서 방종함을 용서하여 주시고, 이제 방종의 꿈에서 깨어나 정신을 차리게 하시고, 진정으로 온 인류가 살 길은 주님 앞에 돌아와야 한다는 것을 깨닫게 하여 주옵소서.

믿음의 생활로 자신의 존재를 잊지 않게 하여 주시옵소서. 믿음은 자신을 불신하고 하나님을 신뢰하는 것뿐임을 잊지 않게 하여 주옵소서. 신념이 아니라 신앙으로 사는 믿음의 생활을 살게 하여 주옵소서.

옳고 그름을 저희가 판단하는 게 얼마나 어리석은지를 저희는 잘 알고 있습니다. 세상의 모든 것을 주관하시는 주님의 능력을 안다면 저희는 겸손한 삶을 생활화하게 하여 이끌어 주시옵소서.

저희가 이루어 놓은 것은 모두 허상과 같습니다. 주님은 한순간에 모든 것을 가져가실 수 있다는 것을 잘 알고 있습니다. 주님이 주신 은혜에 보답하는 것은 오로지 주님을 찬양하고 감사기도 외에는 없음을 알기에 오늘도 주님전에 나와 감사드리옵니다.

예수 그리스도의 이름으로 기도드리옵나이다. 아멘.

살아 계신 주님! 아름다운 날씨와 생동하는 기쁨을 이 땅에 허락하신 주님께 영광을 돌립니다. 교회에 임하신 성령의 불길이 앞으로도 계속해서 타오르게 하시고, 저희의 심령이 온전한 변화를 이루게 하여 주옵소서.

새로운 성령의 힘으로 삶의 멍에를 짊어지게 하시고, 늘 주님을 향한 뜨거운 고백이 넘치는 신앙생활을 할 수 있도록 축복하여 주옵소서. 새롭게 거듭나는 삶을 주님의 인도하시는 길로 저희가 순종할 수 있도록 축복하여 주옵소서. 저희의 심령을 사로잡아 주셔서, 마음을 쏟고 영혼을 쏟으며 회개하지 아니하고는 견딜 수 없는 마음을 주시고, 주님의 자녀로서 맡은바 본분을 다할 수 있는 저희들이 되게 하여 주옵소서.

늘 깨어 기도하며 진리로 무장하고 주님의 말씀을 방패삼아 악한 세력들을 물리치고 승전가를 부르면서 전진할 수 있는 굳건한 믿음이 되게 하여 주옵소서. 오늘 주님께 참 예배를 드리기를 원하면서도 세상의 온갖 염려와 근심으로 인하여 무거운 마음으로 예배를 드리는 성도가 있는 줄로 압니다. 저희들의 답답한 마음들이 예배를 드리는 동안 주님의 평안으로 채워지게 하시고, 주님의 말씀으로 위로받게 하시며, 신앙의 힘을 얻어서 소망이 넘치는 생활이 되게 하여 주옵소서.

주님의 가르침대로 저희는 성숙한 신앙을 하여야 함에도 어리석은 저희가 때로는 교만한 생각으로 가질 때가 있습니다. 육체가 성장하듯이 영도 성장하게 은총 내려 주시옵소서. 영적 성숙의 목표로 매일 기도로 그리스도를 닮으려고 노력하게 하여 주시옵소서.

주님, 저희의 기도를 기쁘게 받아 주옵소서. 주님, 저희를 긍휼이 보시어 굽어 살펴 주옵소서. 저희는 미약한 존재입니다. 저희는 주님 밖에서는 아무것도 이룰 수 없는 존재들입니다. 주님께서 저희 마음의 주인이 되시어 저희가 악에서 구원받는 행동을 하게 하여 주시옵소서.

아직도 주님을 알지 못하는 많은 심령들이 주님의 은혜를 알 수 있는 기회를 허락하여 주옵소서.

예수 그리스도의 이름으로 기도드리옵나이다. 아멘.

꺼져가는 등불도 끄지 않으시며, 상한 갈대를 꺾지 않으시는 하나님 아버지! 저희의 갈급한 심령에 성령의 단비를 허락하여 주옵소서. 연약해진 믿음의 심지를 돋워주시고, 저희를 소생시켜 주시사 저희 마음의 잔에 성령의 생수가 넘치도록 은혜를 허락하여 주옵소서.

저희의 삶이 주님께 드려지는 예배가 되게 하여 주옵소서. 저희가 입술로 주님의 공의를 증거하며 저희의 삶이 성도 된 자의 본을 보일 수 있도록 믿음을 더하여 주옵소서.

특별히 이 시간 마음 가운데 믿음의 확신이 없는 성도들에게는 말씀을 통하여 확고한 믿음으로 덧입혀 주옵소서. 시험과 고난 중에 있는 성도들에게는 어려움을 이겨내는 말씀을 주옵소서. 질병으로 고생하는 성도들에게는 인간의 생사화복을 주관하시어 죽은 자도 살리시는 전능하신 하나님을 영접하도록 하여 주옵소서. 저희의 교만한 마음을 겸손하게 하여 주옵소서. 거짓에 찬 입술을 진실하게 하시고, 허영과 다툼으로 인한 생활을 변화시켜 주옵소서. 또한 형제와 자매에게 영광과 칭찬을 돌리는 낮은 자의 삶이 되게 하여 주옵소서.

이 시간 주님의 영이 냉랭한 저희의 가슴에 뜨거움을 주시고, 주님의 말씀으로 빈속을 채우며 주님의 위로로 힘을 얻어 하나님의 은혜가 저희의 심령 속에 충만하게 하여 주옵소서. 저희의 찬송과 영광을 받아 주옵소서.

기도는 오래 참고 기다리는 성도에게 큰 복을 주심을 믿고 있습니다. 저희 인간은 참지 못하여 손해를 보는 일이 많습니다. 하나님의 성령으로 오래 참음을 배워야 함에도 인간으로서는 참을 수 있는 한계가 있기 때문에 어리석은 행동을 하게 됨을 용서하여 주시옵소서.

기도로 바로 응답을 요구하는 어리석음을 짓지 않게 하여 주시옵소서. 주님의 생각을 인간의 생각으로 예단하는 어리석음을 용서하여 주시옵소서. 주님에 오로지 순명하는 지혜를 주시옵소서. 주님은 참는 자에게 더 큰 복을 내려주심을 믿기에 오늘도 주님께 저희 자신을 내려놓고 간절히 기도드리옵니다.

거룩하신 예수 그리스도의 이름으로 기도드리옵나이다. 아멘.

사람의 마음과 생각과 뜻을 감찰하시고, 운동력 있는 말씀으로 삶을 변화시키는 전능하신 하나님 앞에 경배와 찬양과 예배를 드립니다.

주님께서 허락하신 삶을 하나님의 소명으로 귀하게 여길 수 있는 진정한 용기를 허락하여 주옵소서. 저희의 예배를 기쁘게 받아 주옵소서. 저희 모든 성도들에게 하늘의 축복과 신령한 은혜를 허락하여 주옵소서.

긍휼의 하나님! 주님의 뜻과 말씀에서 벗어난 저희를 용서하여 주옵소서. 저희의 입술로 정죄하던 이웃을 위해 기도하게 하옵소서. 이 시간 저희의 영혼을 어루만지사 새롭게 하시고 잘못된 마음을 고쳐 주옵소서. 많은 거짓과 숨은 죄악과 저지른 죄들을 용서하여 주시고, 외로운 마음에 위로를, 병든 몸에 건강함을 허락하여 주옵소서. 저희의 절망스러운 가슴에 주님의 성령으로 소망을 주옵소서.

사랑 많으신 하나님 아버지, 하나님 앞에서 맺은 약속이 다시는 변개되는 일이 일어나지 않게 도와주시옵소서. 재혼한 성도를 위해 기도드립니다. 재혼을 하는 이들의 아름다운 가정을 위해 이들을 붙잡아 주시고 인도해 주시옵소서. 이들이 사람의 손을 하나님께서 잡아 주셔서 이별이 없는 온전함으로 서로를 지켜 나가게 하시고 동거동락하는 그날까지 더욱 강건하게 하여 주옵소서. 이들이 믿음의 하나님께서 택하시고 정하여 인도하셨음을 깨닫게 하시고, 이들이 이루는 가정을 통하여 믿는 가정에 본이 되게 하시고 기쁨이 되게 하시고 모든 민족 위에 뛰어난 가정이 되게 허용소서.

만날 때의 조심스러움과 사랑하는 마음이 시간이 지날수록 더욱 뜨거워지고 진실되게 하옵소서. 두 사람의 계획과 원하는 것들이 서로에게 소중하게 받아들여져서 서로에게 아픔이 되지 않게 하옵소서. 인간의 행복을 원하시는 하나님 아버지, 하나님의 풍성하신 은혜의 길로 저들을 인도하시며, 주님의 크신 사랑으로 지켜 주시옵소서. 날마다 하나님을 찬양하며 기쁨의 삶이 되게 하셔서 부부의 은혜의 샘이 이웃에게도 흐르게 하옵소서. 다시는 아픈 이별이 없게 인도하여 주시옵소서.

회복하시는 하나님! 하나님을 향한 저희의 첫 사랑을 회복할 수 있도록 도와주옵소서. 교회의 각 기관들을 주님의 오른팔로 강하게 붙드시기를 원합니다. 비전을 잃은 시대에 세속의 관점을 좇아 불경건한 마음이 없게 하시고, 더욱 힘써 활발하게 움직일 수 있는 교회가 되게 하여 주옵소서.

예배의 시종을 주님께서 인도하옵시며 거룩하신 예수 그리스도의 이름으로 기도드리옵나이다. 아멘.

거룩하신 하나님! 약속하신 메시아 예수 그리스도를 이 땅에 보내셔서 구속의 사역을 완성하심으로 말미암아 저희가 생명을 얻게 되었음을 감사합니다. 저희 감사의 예배를 받아 주옵소서.

사랑의 하나님 아버지, 영어의 몸이 되어 수감중에 있는 가족들을 위해 기도합니다. 그들이 어려운 중에서도 하나님을 기억하여 예배드리게 하심을 감사를 드립니다. 언제나 저희 곁에 계시며 저희의 모든 사정을 다 아시고 살피시는 하나님 아버지, 성도들의 가정의 아픔을 기억하시고 살펴 주옵소서.

사도 바울이 옥중에서 체험했던 신비스러운 믿음을 그들이 갖게 하옵소서. 지금은 답답한 중에 있지만 이 일이 신앙적으로나 가정적으로 또한 앞날에까지 유익이 되기를 간절히 원합니다. 그들에게도 성령께서 임재하셔서 신령한 하나님의 말씀을 통하여서 하나님의 위로의 소망의 말씀을 듣게 하소서. 모든 것이 합력하여 선을 이루게 하시는 하나님의 은총으로 날마다 하나님의 위로의 말씀을 듣게 하시고 기도로 소망을 갖게 하옵소서.

사랑의 하나님, 저희가 일상생활에서 법이 무엇인지 모르고 살아가는 때가 많지만 때론 이 같이 제약을 받을 때도 있습니다. 이 시간이 앞으로 흠 없는 생활을 하는 데 하나의 계기가 되게 하옵소서.

저희의 교만함을 고백하오니 용서하여 주옵소서. 오늘 이 시간 주님께 예배드리는 이 모습이 바로 십자가의 사랑 앞에 죄사함 받은 인생들의 삶인 것을 믿습니다.

주님 앞에 예배할 때마다 못 박혀 죽으신 주님을 기억하며, 주님의 몸 위에서 쏟아지는 십자가 보혈에 저희 영혼이 살아나는 은혜가 있게 하옵소서.

저희의 마음을 깨끗케 하사 주님의 영광을 보게 하여 주옵소서. 저희의 입술을 정하게 하사 저희로 하나님의 영광을 찬양하게 하여 주옵소서. 신령한 귀를 열어 주사 진리의 말씀을 듣게 하여 주옵소서. 온 심령이 새롭게 창조되고 피곤한 육신이 치유함을 얻을 수 있는 귀한 시간이 되기를 원합니다. 저희를 향하신 선하심과 인자하심을 찬양합니다.

주님 홀로 영광 받으시기를 원하오며, 예수 그리스도의 이름으로 기도드리옵나이다. 아멘.

할렐루야! 찬양과 경배를 받으시기에 합당하신 하나님 아버지. 여호와로 즐거워하게 하시고, 하나님으로 기뻐하게 하시니 감사와 찬양을 돌립니다. 영광을 받으옵소서. 하나님의 말씀을 사모하여 이곳에 오게 하시고, 저희의 마음을 하나님의 은혜를 사모하는 갈급한 심령으로 허락하심을 감사합니다. 저희로 하나님의 말씀으로 인하여 복을 받게 하시고, 그 약속의 말씀으로 소망을 갖게 하심으로 세상을 이기는 복을 허락하여 주옵소서.

거룩하신 하나님! 이 시간 회개하며 기도하오니 생활 속에 하나님을 부정하고, 기도 없이도 할 수 있으리라 생각하였던 모든 불신앙을 용서하여 주옵소서. 믿음 없는 것만 한탄하지 않게 하시고, 하나님의 말씀을 부지런히 읽고 듣고 새겨서 믿음이 더하여지게 하여 주옵소서. 오직 여호와를 신뢰함으로 저희의 마음이 정결케 되기를 원하오며, 저희의 마음이 깨끗케 됨으로 하나님의 성호를 찬양하도록 하여 주옵소서. 저희의 모든 것들을 친히 주장하시기를 원합니다. 저희의 기도를 들어 응답해 주옵소서.

교회에서 시므온처럼 늘 주님을 사랑하는 마음으로 어린 영혼들을 위해 눈물의 기도탑을 쌓게 하옵시고, 청소년들에겐 지혜와 명철을 주시어 말씀 안에서 슬기롭게 자라 모세처럼 사무엘처럼 귀한 하나님의 사람들로 성장시켜 주옵소서. 교회를 세울 수 있게 도운 모든 하나님의 권속들을 일일이 살펴주시고 복을 내려주시옵소서.

이 험한 세상에 주님의 지체된 저희 교회들이 복음의 증인으로서의 역할을 감당할 수 있도록 하시고, 저희가 믿음의 본을 보임으로 처음 믿는 지체부터 정체되어 있는 지체까지 주님의 은혜를 사모하며 찬양할 수 있도록 은혜를 주옵소서. 오직 주 여호와를 앙망하는 자 새 힘을 얻으리니 독수리의 날개 치며 올라감 같을 것이라 하셨으니, 여호와 주 하나님을 앙망하는 은혜를 날마다 더하여 주옵소서.

또한 고통과 어려움이 있는 가정도 있사오니, 이런 때일수록 고난도 유익이 된다는 성경말씀을 굳게 의지하고, 저희의 목자 되셔서 좋은 것을 주시기를 원하는 주님만을 의지하게 하여 주옵소서. 이 나라를 주님 사랑하여 주시고, 복된 나라가 되게 하여 주옵소서.

예수 그리스도의 이름으로 기도드리옵나이다. 아멘.

흔들리는 자에게 반석이 되시며, 쫓기는 자에게 요새가 되시고, 위험을 당한 자를 건지는 여호와 하나님의 은혜를 감사하오며, 존귀와 영광을 드립니다.

모세가 손을 들 때 아멜렉을 파하고 이스라엘을 이기게 하신 하나님, 기도할 때 승리가 보장되는 줄 믿습니다. 온 교회와 성도들이 기도로 무장되게 하옵소서. 만물의 마지막이 가까웠으니 그러므로 깨어 근신하며 기도하게 하여 주옵소서.

저희 교회를 축복하시어 매일 새벽 교회가 차게 하여 주옵소서. 매일 저녁 눈물의 간구가 있도록 은혜를 주옵소서. 어려움을 기도로 이길 수 있도록 축복하여 주옵소서. 목회자의 사역을 기도로 동역하게 하시고, 기관장들의 헌신을 기도로 돕게 하여 주옵소서.

이웃을 정죄하지 않게 하시며 그들을 위하여 눈물로 기도와 간구를 올리게 하옵소서. 저희 교회가 시대말의 시대적인 사명을 감당하게 하옵소서. 선지적인 사명을 허락하심으로 세상을 깨우게 하여 주옵소서. 하나님께로 돌이키게 하시되 복음을 바로 외치게 하여 주옵소서. 빛과 소금의 사명을 감당하게 하옵소서. 그리스도의 향기가 나게 하소서.

이 시간에 말씀이 선포되어질 때에 주님의 음성을 듣게 하시고, 그 말씀 따라 살아가게 하옵소서. 오늘도 찬양 중에 함께 하시고, 기도에 응답을 주시며, 증거되는 하나님의 말씀에 변화 받는 은혜를 주옵소서.

이 땅에 복음의 씨를 주시고 자라게 하신 하나님 아버지!

교회를 크게 성장시켜 주신 은혜를 진심으로 감사드립니다. 주님! 온 인류를 기억하여 주옵소서. 온 인류가 하나님의 축복 속에서 구원받는 인류가 되게 하여 주옵소서. "여호와를 자기 하나님으로 삼는 백성은 복이 있도다(시편 144편 15절)"고 하신 말씀을 기억하오니, 온 인류를 바로 이런 인류로 삼아주옵소서. 불의와 폭력이 끊이지 않고 죽음의 세력이 난무하는 이 땅에 복음화 운동이 크게 일어나기 위해서 온 교회가 복음의 깃발을 높이 들게 하소서. 모든 주님의 종들이 삶을 통해 복음을 증거하게 하옵소서. 모든 성도들이 근신과 절제와 순종의 생활로 어두운 이 땅에 복음의 밝은 빛이 비추게 하사 그리스도의 사랑을 전파하게 하옵소서.

옛날 요나의 외침을 들은 니느웨 성이 왕으로부터 어린 아이에 이르기까지 모든 남녀노소가 재를 뒤집어쓰고 회개했던 것처럼 이 나라의 최고 지도자를 위시해서 온 백성 한 사람 한 사람이 눈물로 회개하고 하나님 앞에 돌아와서 하나님을 찬양하며 하늘의 시민이 되게 하옵소서.

예수 그리스도의 이름으로 기도드리옵나이다. 아멘.

만복의 근원되시는 하나님 아버지! 개업을 하는 성도를 위해 기도드립니다. 성도가 사업을 시작하도록 인도하시며 오늘 믿음의 권속들을 초청하여 감사 예배를 드릴 수 있도록 하심을 감사드리옵나이다.

하나님 아버지! 요셉의 손길 위에 복 주시어 그 하는 모든 일이 형통하였고 아브라함이 경영하는 모든 일에 함께하사 창대케 하신 것처럼 오늘 개업하는 성도와 그 가정 위에와 사업 위에 복 주시어 형통케 하시옵소서.

경영의 성패가 인간의 꾀에 있지 아니하고 하나님의 방도에 따라 행하는 데에 있음을 기억하여 정직과 성실과 기도로 시종일관 이 사업을 경영함으로 "네 시작은 미약하였으나 네 나중은 심히 창대하리라(욥기 8장 7절)" 하신 말씀 따라 유수한 사업체가 되어서 하나님께 영광을 돌리게 하시옵소서. 그리고 사업 중이라도 주일을 성수하며 주님을 열심히 섬기며 십일조의 의무를 다하여 모든 성도들의 모범이 되게 하여 주시옵소서.

하나님 아버지! 때로 어려움과 고통을 만날지라도 그때마다 주님께서 도와주시며 더욱 믿음으로 살게 하여 주시옵소서. "눈물을 흘리며 씨 뿌리는 자는 기쁨으로 거두리라(시편 126편 5절)" 하신 말씀을 항상 기억하게 하셔서 힘써 노력하며 지금은 눈물로 사업의 씨를 뿌린다 할지라도 기쁨으로 많은 열매를 거두게 축복하여 주시옵소서. 그리하여 재물이 창고에 가득함 같이 하나님의 창고에도 신앙의 알곡으로 가득 채우게 도와주시옵소서.

성도의 새로운 사업 위에 주님의 축복의 손길이 늘 함께하시기를 간절히 원하옵니다.

말씀으로 능력을 행하시는 주님, 저희가 주야로 주님의 말씀을 묵상하여 말씀으로부터 오는 위로와 평안을 누리며, 참으로 세상이 알지 못하는 신령한 능력을 힘입어서 날마다 승리하는 삶을 살 수 있게 하옵소서.

'나를 따라오라'고 하시는 저희의 주님, 주 되시는 예수 그리스도의 뜻에 따라 저희 자신의 모든 것을 포기하는 결단력을 갖기를 원하나이다. 지나간 시절의 잘못된 가치관과 삶에서 돌이키는, 전 인격의 몸부림으로 살기를 간절히 원하오며, 예수 그리스도의 이름으로 기도드리옵나이다. 아멘.

은혜로우신 하나님 아버지! 양로원을 위해 기도드립니다. 험난한 인생길을 지나며 마지막 여생을 양로원에서 보내는 어른들이 있습니다. 하나님 아버지! 야곱이 험한 세월을 보냈다고 고백한 것처럼 이분들도 많은 격변의 세월 속을 걸어왔습니다. 이제 남은 여생은 편히 보내도록 도와주시기를 기도합니다.

가족을 떠나 한곳에 모여 지낼 때에 말벗도 있고 외로움도 달랠 수 있겠지만 한편으로는 외로움과 불편함도 많을 줄 압니다. 주님께서 위로하시며 무엇보다 하나님의 은혜를 더욱 깊이 생각하며 영원한 아버지의 나라를 더욱 사모하게 하여 주시옵소서. 육신의 장막은 쇠약해져 가고 낡아져 가지만 속사람은 날마다 강건하여지고 소망이 충분한 가운데에 살게 하여 주시옵소서.

사랑의 아버지 하나님!

양로원을 운영하며 헌신 봉사하는 원장과 직원들을 위로하시며 수고를 기억하여 주시옵소서. 경로사상이 사라져 가는 이 시대에 귀한 사업을 감당할 때에 어려움도 많을 줄 압니다. 저희 주님께서 필요한 물질과 인력과 자재들을 때에 따라 공급하시며 곤란을 당하지 않도록 도와

주시기를 간절히 기도드리옵니다.

용서의 주님. "너희가 각각 마음으로부터 형제를 용서하지 아니하면 나의 하늘 아버지께서도 너희에게 이와 같이 하시리라(마태복음 18장 35절)" 말씀하셨습니다.

천국을 유업으로 허락하신 하나님, 천국 시민다운 모습을 갖추지 못한 저희의 죄를 용서하여 주옵소서. 저희가 진정 겸손한 사람이 되어 저희 자신을 과대평가하거나 지나치게 과소평가하지도 않게 하옵소서. 성령의 도우심을 받아 교만해지는 마음을 날마다 쳐서 복종시킬 수 있기를 원하오니 받아주옵소서.

예수 그리스도의 이름으로 기도드리옵나이다. 아멘.

저희의 생각하는 것에 넘치도록 채워 주리라 하신 아버지 하나님!

오늘날 이 어려운 경제 난국 속에서도 저희 청년들이 꿈과 희망을 가지고 주님을 섬겨 나가게 하시고, 마땅히 이 시대와 교회가 요구하는 큰 믿음의 인물들로 배출되게 하옵소서.

인생의 항로의 선장 되시는 주님, 저희 인생의 항해 가운데 광풍이 끊임없이 찾아오고 있습니다. 광풍을 만날 때 오히려 저희들의 신앙이 성장하는 계기가 되게 인내력을 주옵소서. 산 믿음, 큰 믿음으로 현실을 해결해 가는 능력의 사람으로 변화시켜 주옵소서. 나날이 믿음이 더 성장하여 예수 그리스도를 더욱 깊이 알아가게 하옵소서.

영원한 참 만족을 주시는 주님, 저희가 지금까지 인생을 살면서 잘못된 동기로 인생을 살았던 때가 많았습니다. 이제는 썩는 양식을 위해서 일하지 아니, 하고 영생하도록 있는 양식을 위해 일하는 사람 되길 원합니다. 주님께서 저희에게 참 만족의 길을 늘 제시하여 주옵소서.

신령 되신 주님. "그런 즉 깨어 있으라 너희는 그날과 그때를 알지 못하느니라(마태복음 25장 13절)" 말씀하셨습니다.

만유의 주인이신 하나님, 아무것도 아닌 이 죄인에게 재능과 기술과 재산과 지혜와 시간과 기회들을 풍성히 주심을 감사드립니다. 이 모든 것이 저희 것이 아니므로 하나님의 뜻대로 사용하기를 원합니다. 하나님이 저희에게 주신 은사를 잘 살리고 활용해서 하나님을 섬기는 사람으로 살게 하옵소서.

등불이 되신 주님, 밤이 깊고 모두 졸며 자는 때에 저희를 매순간 깨우쳐 주옵소서. 평안한 시대일수록 조심하며, 낙심하지 않도록 성령께서 늘 함께 하옵소서. 저희 등과 저희 기름을 저희가 준비하는 신앙적 자립심을 주옵소서. 무엇보다 기름 곧 신앙의 내용은 결코 빌려올 수 없다는 것을 명심하게 하옵소서. 등잔 곧 신앙의 형식만 갖춘 불 꺼진 신앙이 되지 않도록 저희를 깨워 주옵소서.

다시 오실 주님, 저희는 그날에 오른 편 사람이 되기를 원합니다. 그날을 기다리며 이웃을 섬기고 사랑을 실천하며 서로 돕고 살아가게 하옵소서. 주님께서 이미 저희에게 베푸신 신령한 은혜를 남들에게 내어줌으로 더욱 풍성해지는 복을 내려 주옵소서.

대접받기보다는 대접하기를 좋아하는 성품을 갖기 원하옵고, 예수 그리스도의 이름으로 기도드리옵나이다. 아멘.

구원의 하나님, 저희의 중심을 주관하사 하나님을 기쁘시게 해드릴 것에 관해 진지하게 하여 주옵소서. 늘 하나님 앞에 선 단독자로 선택과 결단을 바로 하기를 원합니다. 이 땅에 사는 날 동안 저희 자신의 자존심과 명예만을 세우지 말게 하시고, 하나님의 뜻과 영광만을 생각할 줄 아는 겸손과 지혜를 주옵소서.

궁극적인 승리를 주시는 주님. "마음을 다하고 목숨을 다하고 뜻을 다하고 힘을 다하여 주 너의 하나님을 사랑하라(마가복음 12장 30절)" 말씀하셨습니다.

택한 자에게 사명을 주시는 하나님, 저희 죄인은 택함을 받고도 사명을 망각하고 살 때가 너무 많습니다. 때로는 사악하고 비겁하며 정직하지 못할 때도 있었사오니 이 모든 죄를 용서하여 주옵소서. 저희는 주님의 종이 되었사오니 주님을 위하여 고난과 박해와 죽음을 각오할 수 있는 사람 되게 하옵소서.

궁극적인 승리를 가져다 주실 주님, 하나님이 맡기신 일을 위해 많은 환난과 핍박을 받고 심지어 순교하게 될지라도 승리는 주님께 있음을 믿습니다. 주님께서는 믿는 자에게는 귀하고 보배로운 산 돌로 나타나시지만 믿지 않는 자에게는 부딪히는 돌과 거치른 반석으로 나타남을 믿습니다. 항상 살아있는 모습을 보여줄 수 있길 원합니다.

산 자의 하나님이신 주님, 저희를 부활신앙의 토대 위에 굳건히 세워 주옵소서. 저희가 가진 명예나 지위보다도 그리고 부나 권세보다도 심지어 저희의 가족이나 친지들보다 더 하나님을 사랑하길 원하오니 주님의 사랑으로 저희를 강권하여 주옵소서. 저희는 열심히 산다고 하지만 저희로 인해 다른 사람이 가슴 아파하는 일이 없게 하옵소서.

예수 그리스도의 이름으로 기도드리옵나이다. 아멘.

중대한 일이 있을 때 기도해야 합니다. "가롯 유다를 대신할 사도를 뽑기 위해 기도하였습니다.(행 1:24-26)", "교회 집사 선택(행 6:5-6)", "바나바와 사울을 파송하기에 앞서 기도하였습니다(행 13:1-3)".

사랑이 많으시고 은혜로우신 하나님 아버지, 이제까지 저희들의 생명을 안전하게 보호해 주신 은총을 감사드립니다. 사랑하는 성도 중에 원하지 않는 교통사고를 만나 고통 중에 있는 성도를 주님께서 붙들어 주시고 일으켜 세워주시기를 간절히 원합니다. 심령을 평안케 하시고 다친 곳들을 주님의 손으로 안수하셔서 고쳐 주시옵소서.

교통사고가 성도의 신앙을 견고히 할 수 있는 훈련의 기회가 되게 하옵소서. 어렵고 힘든 가운데서 주님의 은혜를 찬양하는 복을 허락하셔서 성도로 하여금 가족이나 친구들이 그리스도인의 모습을 보게 하시고, 성도들에게는 은혜가 넘치게 하시며, 불신자들에게는 전도가 되게 하옵소서.

또한 성도를 담당한 의료진에게 지혜를 더하셔서 검사의 바른 결과가 나오게 하옵소서. 사람의 힘으로는 치료가 불가능하다는 판정되더라도 하나님의 도우심으로 치료의 은혜를 주옵소서. 이전보다 더 온전하고 완전하게 회복시켜주셔서 주님의 이름으로 기뻐 찬양하며 아버지의 영광을 노래하게 하옵소서. 저희들에게 베푸신 문화적 혜택을 유용하게 사용할 수 있는 지혜를 주시고 사람의 생명을 귀하게 여겨 조심해서 운전하게 하옵소서. 사고를 낸 가해자에게도 함께하시어 불신자이면 하나님을 만나는 기회가 되게 하옵소서. 경찰과 보험관계자들 그리고 교통사고와 관계된 모든 이들과도 함께하시어 시비가 없게 하옵소서.

영혼의 치료자이신 주님. "예수께서 여자에게 이르시되 네 믿음이 너를 구원하였으니 평안히 가라 하시니라(누가복음 7장 50절)" 말씀하셨습니다.

영혼과 육체의 완전한 치료자이신 주님, 주님은 모든 허물과 죄와 사망으로부터 능히 모든 인간을 구원하실 수 있는 능력의 구세주이심을 믿습니다. 저희가 주님의 능력을 의지하고 말씀에 근거한 마음으로 살게 하옵소서. 아울러 예수 그리스도를 상관으로 모시고 그 명령에 절대 복종코자 하는 예수 그리스도의 좋은 군사로 서게 하옵소서.

인간의 마음을 깊이 이해하시고 위로하시는 주님, 저희를 불쌍히 여겨 주옵소서. 저희가 살았으나, 관 속에 누워있는 청년과 같습니다. 저희를 말씀으로 일으켜 세워 주옵소서. 저희가 스스로의 무가치함과 무능력을 알고 주님의 권위를 절대적으로 의지합니다.

살아계신 주님, 세례 요한과 같이 메시아의 길을 예비하는 사명인의 위대한 인생을 살 수 있도록 도와주옵소서. 그리하여 어두운 이 시대를 지키는 선구자가 되어 하나님의 구원의 빛을 이 땅에 나타내길 원합니다. 정치, 군사, 경제, 교육, 문화 등 이런 모든 분야가 할 수 없는 근원적 문제를 주님께서 풀어 주옵소서.

예수 그리스도의 이름으로 기도드리옵나이다. 아멘.

충성된 자를 부르시는 주님. "주인이 이르되 내가 너희에게 말하노니 무릇 있는 자는 받겠고 없는 자는 그 있는 것도 빼앗기리라(누가복음 19장 26절)" 말씀하셨습니다.

사랑의 하나님 아버지! 보육원의 아이들을 위해 기도드립니다. 하나님 아버지! 어린 시절부터 부모님을 떠나 아픔을 당하며 자라야 하는 어린 생명들을 기억하시며 긍휼을 베풀어 주시옵소서.

그들의 심령에 굳센 의지를 주시며 강인한 생활력을 주셔서 훌륭한 사회의 일꾼들로 자라게 해 주시옵소서. 부모가 없음을 인하여 슬퍼하지 않게 하시며 원장과 직원을 가족으로 생각하며 친구들을 형제자매 같이 여기며 사랑 중에 자랄 수 있게 무엇보다 하나님 아버지께서 보호하시며 사랑으로 인도하여 주시옵소서.

은혜로우신 하나님 아버지! 특별히 보육원 원장과 직원들을 위로하시며 힘을 더하여 주시옵소서. 주님께서는 고아와 간부들을 불쌍히 여기시며 돌보라고 하셨는데 실제로 그 명령을 실천하는 그들의 아름다운 마음과 손길을 인도하여 주시옵소서.

또한 이 보육원이 운영하고자 할 때에 필요한 모든 물질도 풍족히 허락하여 주시옵소서. 보육원이 사회에 알려져서 아직 저희 주위에 버림받아 고통하며 지내는 불쌍한 어린 생명들을 수용하여 돌보게 해 주시옵소서.

죄인을 찾아오시는 주님, 사랑의 하나님, 저희가 주님께 나아갈 때 달려가는 열심, 적극적인 자세, 세상 것을 버리는 결단을 갖게 하옵소서. 예수 그리스도를 사모하는 심정으로 뜨겁게 하옵소서. 그리스도를 만난 뒤에 열매를 맺을 수 있는 사람 되게 하옵소서. 주님을 사랑하기 위해 환경을 극복할 수 있게 하옵소서.

우주 만물의 주인이신 주님, 다 주님의 영광을 드러내기 위해서 지음 받은 것을 믿습니다. 저희 자신도 주님께 영광 돌려 드리기 위해 지음 받은 피조물입니다. 저희 생명을 주님으로부터 받았사오니 하늘나라를 막연히 기다리는 안일한 삶이 아니라 충성스럽게 살고자 힘쓰겠나이다. 아무리 작은 것이라도 주님이 주신 일에 최선을 다하는 사람 되게 하옵소서.

사랑과 평화로 다스리는 주님, 오늘의 세계를 영적인 눈으로 볼 수 있는 안목을 갖게 하옵소서. 저희가 지금 살고 있는 이 도시를 보면서 주님을 슬프시게 하고 있는 일이 무엇인가 살펴볼 수 있게 하옵소서. 저희가 하나님의 공의를 무시하지 않게 하시고 회개하는 인류가 되게 하옵소서.

예수 그리스도의 이름으로 기도드리옵나이다. 아멘.

23일

주님의 거룩한 날, 신령한 젖을 먹게 하옵소서. 또 한 주간 세상에서 일하며 살아갈 때 주님의 은혜로 영육이 강건하여 보람되고 승리하는 삶이 되게 하옵소서. 세상에서 죽어가는 불쌍한 영혼들을 구원하시는 하나님의 일꾼이 되게 하옵소서. 주님을 위해서라면 고난도 피하지 않게 하옵소서.

예배 시간은 저희들의 삶에서 가장 존귀한 때입니다. 마음을 열고 겸손한 자세로 말씀을 듣게 하옵소서. 그 말씀이 저희 발에 등이요, 저희 길에 빛이 되게 하소서. 이 예배가 처음부터 마지막까지 성령의 감동으로 영과 진리 그리고 경건한 순종의 시간이 되게 하옵소사 지난 한 주간 동안 알게 모르게 지은 모든 죄들을 귀하신 보혈로 씻으시고 용서하여 주심에 감사와 찬양을 드립니다.

때를 따라 일하시는 주님. " 예수께서 이르시되 내 때는 아직 이르지 아니하였거니와 너희 때는 늘 준비되어 있느니라(요한복음 7장 6절)" 말씀하셨습니다.

때를 따라 일하시는 주님, 하나님이 주시는 때를 기다리며 순종하지 못하고 서두르고 조급해 한 저희의 불신앙적 태도를 용서하여 주옵소서. 지금 저희에게 주어진 기회에 최선을 다하며 맡은 일에 충성을 다하겠나이다. 하나님의 뜻과 방법 하나님의 때를 따라 행동하는 저희가 되게 하여 주옵소서.

공의의 하나님, 오늘날은 공의와 판단이 사라진 시대입니다. 많은 사람들이 거짓과 형식과 물질과 권력에 사로잡혀 있나이다. 하오나 교회와 성도들은 이렇게 되지 않도록 주님 지켜주옵소서. 참으로 하나님을 경외하고 사랑하며 사람을 존중하고 사랑하는 마음을 교회와 성도 모두에게 주옵소서.

빛과 진리 되신 주님, 저희가 주님의 진리를 알기 위해 주님을 더욱 의지합니다. 목마른 사슴이 시냇물을 찾듯 주님의 진리를 사모하오니 주님의 진리로 저희를 채우소서. 주님께서는 복되며 기쁜 소식을 주었으니 이제도 이 복음으로 저희를 충만케 하옵소서. 그리하여 믿음과 성령의 사람으로 이 불의한 세대를 살아가게 하옵소서.

예수 그리스도의 이름으로 기도드리옵나이다. 아멘.

저희에게 기도의 응답은 단지 신앙이 아니라 일상생활이 되게 하시어 저희를 실험에 들지 않게 하옵소서. 저희의 기도대로 세상이 되지 않더라도 주님을 원망하지 않습니다. 이는 주님께서만 아실 수 있는 깊은 뜻이 있기에 그대로 순명하겠나이다.

저희는 주님의 깊고 넓으신 뜻을 알지 못합니다. 오직 저희 주 하나님 아버지를 흠숭하고 따를 뿐입니다. 저희가 주님의 높으신 뜻을 알 수는 없지만 주님 저희를 기도를 긍휼이 보시어 저희를 굽어 살펴보시리라 믿습니다. 주님께 무엇을 바라는 기도가 아닌 감사의 기도로 이끌어 주시옵소서. 매순간 주님께 감사기도를 드리는 것이 저희 행복임을 일깨워 주시옵소서.

진리의 왕이신 주님. "예수께서 대답하시되 내 나라는 이 세상에 속한 것이 아니라 만일 내 나라가 이 세상에 속한 것이었더라면 내 종들이 싸워 나로 유대인들에게 넘겨지지 않게 하였으리라 이제 내 나라는 여기에 속한 것이 아니니라(요한복음 18장 36절)" 말씀하셨습니다.

영원하신 하나님 아버지, 저희로 하여금 이 세상에서 영원한 나라를 목적 삼고, 그 나라를 위하여 갈 수 있게 하신 것을 감사드립니다. 저희가 이 땅에 사는 동안 세상 것에 연연하지 않도록 붙잡아 주옵소서. 모든 일에 하나님의 뜻을 찾고 그 뜻에 순종하는 삶을 살아갈 수 있게 하옵소서.

믿음을 귀하게 보시는 주님, 저희가 신앙생활을 한다고 하지만 아직 저희 자신을 신뢰할 때가 너무도 많습니다. 그러다 실패하고 좌절하기가 일쑤입니다. 때로는 저희가 자신을 보호하고자 함으로 두려움에 사로잡혀 주님을 부인할 때도 많습니다. 앞으로는 모든 일에 기도로 준비하고 시험을 이기게 도와주옵소서.

진리의 왕이신 주님, 저희의 일평생이 썩지 않고 쇠하여지지 않는 영원한 나라 하나님의 나라를 위해 바쳐지기를 원합니다. 언제나 진리의 음성을 들을 수 있고 진리를 알 수 있도록 지혜를 주옵소서.

영원한 주님의 나라를 사모하오며 예수 그리스도의 이름으로 기도드리옵나이다. 아멘.

사랑과 은혜와 능력이 무한하신 하나님 아버지! 주님의 백성들을 특별히 사랑하여 주시어서 이 거룩한 날을 구별한 성일로 정하시고 저희로 이른 아침부터 이 시각까지 하나님을 찬양하고 경배하게 하시니 진심으로 감사드립니다.

날마다 주님 앞에서 온전한 헌신을 다짐하며 기쁨으로 예배드리길 기뻐하는 저희들의 믿음을 귀하게 여겨 주시옵시어 믿음으로 말씀을 받게 하여 주시옵소서. 기도드릴 때마다 저희가 세상에서 지은 모든 더러운 죄를 생각나게 하시고 회개케 하시어 예수 그리스도의 보혈로써, 십자가에서 흘리신 보배 피로써 깨끗하게 하여 주시옵소서.

저희의 연약함을 굽어 살피시고 긍휼히 여겨주시옵시고 아버지의 인자하심과 자비하심으로 저희를 불쌍히 여기시옵소서.

진리이신 하나님 아버지! 하나님은 영이시라 하셨사오니 저희들이 신령한 영으로 예배하게 하여 주시옵시고 진리로 예배하게 하여 주시옵시고 존귀와 영광 받으시고 성령의 충만함으로 임하여 주시옵소서.

이 시간에 지혜와 계시의 영으로 말씀을 비춰주시고, 깨닫게 하옵시며 하나님을 알게 하옵시고, 이 세대를 본받지 말고 하나님의 선하시고 기뻐하시고 온전하신 뜻이 무엇인지 알게 하여 주시옵고, 받은 은혜대로 주님의 뜻 행하는 자 되어 살게 하옵시고, 세상에 나가서 진리의 말씀을 증거하는 삶을 살게 하소서.

복음을 증거할 때에 믿음의 증거가 나타나는 삶 되게 하옵소서. 성령께서 저희 영 속에 충만히 임하셔서 저희 마음을 부드러움으로 감동하여 주시고 저희의 삶을 온전히 섬김의 삶으로 드릴 것을 다짐하고 결심하는 복된 시간 되게 하소서.

저희 교회가 지역에 죽어가는 많은 영혼들을 구원하는 구원의 방주가 되게 하옵소서. 진리의 등대, 생명수의 샘 근원이 되어 하나님의 신령한 역사가 나타나는 교회가 되게 하옵소서.

하나님께 올바른 순종함으로 아름답게 섬기며, 하나님의 인도하심 가운데 신령한 삶을 사는 성도들이 되게 하옵소서.

오늘 이 시간을 복되게 하옵시고 주님의 성령의 능력을 체험케 하옵소서. 성령의 감동하심이 이곳에 가득하고 충만케 하옵소서.

십자가에서 죽으심으로 저희를 구원하시고 부활 승천하시어서 다시 오실 주 예수 그리스도의 이름으로 기도드리옵나이다. 아멘.

세상을 창조하신 하나님 아버지! 말씀 한 마디로 천지를 창조하신 전능하신 하나님께 영광을 돌립니다. 주님께서 주신 입술로 찬양하게 하시고, 마음으로 찬양하게 하시고, 영으로 찬양하게 하옵소서. 그리하여 저희의 찬양을 통해 아버지께서는 영광을 받으시며, 저희에게는 진정한 감사와 기쁨이 넘치게 하옵소서. 이 시간도 저희가 영과 진리로 예배할 뿐만 아니라 주님의 말씀을 세계만방에 널리 전할 증인의 사명도 깨닫게 하여 주소서.

주님 안에서 서로 사랑하며 특별히 약한 지체들을 향한 참된 사랑도 감당하라고 하셨습니다. 주님, 저희가 이 여러 가지 주님께서 맡기신 일들을 잘 감당하게 하옵소서. 그리하여 주님의 교회가 놀라운 말씀의 실행자가 되어 세상 앞에 빛처럼 드러나게 하시고, 소금처럼 녹아지게 하소서.

하나님 아버지! 이 예배 시간에도 성령의 기름 부으심으로 생명의 말씀을 보내주셔서 저희의 심령이 말씀으로 회복되고, 상처가 치유되며 새 힘을 얻는 놀라운 시간이 되게 하옵소서. 험난한 세상의 한복판에서 복음의 순례자로 살아가는 저희 교회가 참으로 온 인류의 구원의 방주가 되게 하시며 참된 피난처가 되게 하실 줄 믿습니다. 성삼위 일체께서 주님의 몸 된 교회와 예배를 거룩하게 해 주실 줄 믿습니다.

하나님 아버지! 이 나라의 앞날을 주님께서 붙드시고 축복하사 날마다 복음으로 축복받는 나라가 되게 하옵소서. 예수 그리스도 안에서 저희의 삶이 진정으로 주님께 헌신하는 삶이 되기를 원합니다. 이 시간 섬세하신 성령께서 역사하셔서 언약한 저희들로 온전케 하옵소서.

하나님 아버지! 지금 저희가 사는 세상은 마치 폭풍을 만난 배같이 이리저리 요동치며 휩쓸리고 있습니다. 그 배 안에서 공포에 떨며 아우성치는 승객처럼 저희도 지금 절규하며 죽음과 무가치와 혼동의 세력 속에서 떨고 있는 자들도 많습니다.

마지막 때에 썩어질 물질을 좇아 허덕이며 허망한 권력을 향해 질주하고, 하나님의 뜻과 어긋난 명예를 차지하기 위하여 몸부림치기도 합니다. 이 태풍이 몰아치는 세상에서도 저희가 섬기는 하나님이 저희를 능히 구원해 주실 것이라는 확신을 얻게 하옵소서. 의미 없이 돌아가는 세상을 좇아 영원한 사망 속에서 죽어갈 신세가 되지 말게 하시고, 주님의 놀라운 은혜로 구원 얻는 믿음, 새 생명의 역사가 일어나는 체험을 하게 하옵소서.

저희가 드리는 이 예배가 하나님이 받으시는 새 역사의 제사, 몸으로 드리는 진정한 산제사 될 줄로 믿습니다. 이 모든 말씀을 오직 저희 주 예수 그리스도의 이름으로 기도드리옵나이다. 아멘.

만복의 근원이신 하나님 아버지! 감사와 찬송과 영광을 하나님께 돌려드립니다. 오늘 복되고 거룩한 주일을 맞이할 수 있도록 건강과 생명을 지켜 주신 아버지 하나님께 진심으로 감사를 드립니다.

높고 귀하신 하늘 보좌를 떠나서 저희들의 죄와 허물 때문에 십자가에서 죽으시고 피흘려 주셔서 영원한 속죄를 허락하신 주님께 경배를 드리오며, 세상 끝날까지 늘 함께해 주시겠다고 약속하신 보혜사 성령님! 지금 이 시간 갈한 저희 영혼 속으로 환영하여 모셔들입니다.

이 시간 모든 영광을 성삼위 하나님께 드리오니 받아주시고 죄많은 저희들 불쌍히 여기사 하나님 자녀로 삼아주신 하나님께 감사하는 자세로 하나님 자녀답게 살아가게 하시고 또한 그렇게 거룩한 모습으로 살지 못하였음을 이 시간 회개하오니 용서하여 주시기 원합니다. 이제는 모든 무거운 죄 짐을 다 주님 앞에 내려놓고 평안한 마음으로 주님께 찬양드리며 살아갈 수 있도록 성령님께서 도와주소서.

감사를 받으시기에 합당하신 하나님의 축복으로 이제는 그 찌는 듯 뜨겁던 무더위도 거의 다 지나가고 결실의 계절 가을을 맞이하게 되어서 더욱더 감사를 드립니다. 이 아름다운 계절의 풍성함처럼 저희의 신앙도 충실한 알곡의 결실을 맺도록 성령님의 도우심을 이 시간 기도드리오니 주님 앞에 설 때에 부끄럽지 않도록 아름다운 믿음의 열매들이 주렁주렁 맺게 하여 주시길 간절히 바라옵니다.

살아계신 하나님 아버지!

주님의 십자가 그 귀한 보배 피로 세우신 이 지상의 수많은 교회들을 주님께서 붙들어 주시고 그중에서도 특별히 저희 교회를 사랑하여 주시고 날마다 강건하게 세워지는 부흥의 축복을 허락하여 주시며 성도들의 가정 가정을 섬세하게 간섭하시고 복을 내려 주시기를 간절히 소원합니다.

무엇보다도 온 세상에 날마다 끝없이 전해지는 전쟁과 기근과 많은 사건 사고들 속에서도 저희 많은 성도들의 가정들을 무사히 지켜 주신 하나님께 감사드리오며, 거룩하신 예수 그리스도의 이름으로 기도드리옵나이다. 아멘.

사랑과 은혜가 충만하신 하나님 아버지! 지난 한 주간도 저희를 지켜 주셔서 은혜 중에 살게 하시다가 다시금 주님 앞에 나와 예배드리게 하시니 감사합니다. 저희의 예배가 신령과 진정으로 드려지는 영적인 제사가 되도록 인도하여 주옵소서.

여러 모습으로 부족한 저희들을 또 다시 인도하여 주시니 감사합니다. 저희들의 그릇된 생각과 실언, 실수가 있었던 시간들을 회개하오니 용서하여 주옵소서. 속된 삶을 살 수밖에 없는 연약한 저희들을 용서하시고, 무거운 죄악들을 깨끗케 하시어 정결된 삶을 살아갈 수 있도록 인도하여 주옵소서. 저희에게 믿음을 주셨지만 저희는 믿음대로 살지 못했습니다. 저희가 십자가의 은혜를 의지하여 통회하오니, 성령의 권능을 내리셔서 인간의 정욕은 죽고 예수 그리스도의 구속의 은총만이 충만하게 하옵소서.

국가와 국민과 이웃을 위하여 기도드립니다. 저희가 살아가는 인류는 아직도 서로 다른 사상과 이념을 가지고 살아가고 있습니다. 반드시 온 인류의 평화가 이루어지게 하시고, 환난과 전쟁의 아픔이 치유되게 하여 주옵소서.

저희 교회도 부흥케 하시되 더욱 건강하고 성숙한 교회가 되게 하옵소서. 저희 교회가 전 세계를 복음화시키는 주역이 되게 하시고, 세계에 흩어진 교회들이 주님 안에서 하나 되어 복음의 빛으로 감당케 하옵소서.

저희 교회와 각 선교 기관, 교육 기관을 강건케 하셔서 주어진 사명을 감당하게 하시며, 당회와 제직회의 효과적인 정책 결정과 시행을 통하여 온 교회가 크게 성장하게 하옵소서.

성도들이 소원을 가지고 기도하는 모든 일들이 이루어지게 하시고, 결단한 마음이 변치 않게 하시고, 계획한 일들이 성취되게 하옵소서. 저희에게 마음의 평강, 가정의 화목, 교회의 부흥 그리고 나라의 평화를 주옵소서.

예수 그리스도의 이름으로 기도드리옵나이다. 아멘.

창조 주 하나님! 하나님의 형상대로 지음을 받은 피조물들이 이곳에 모여 창조의 위대하심과 섭리를 찬송합니다. 저희들을 받아주옵소서.

은혜의 하나님! 저희에게 믿음의 눈을 뜨게 하셔서 저희의 삶을 돌아보게 하시고 헛되고 잘못된 것들을 진실하게 주님 앞에 고백하게 하여 주옵소서. 주님의 은혜로 하나님의 사랑을 늘 증거하게 하시고, 저희의 믿음을 더욱 신실하게 하셔서 세상에서 빛과 소금의 역할을 감당하게 하여 주옵소서. 주님의 거룩하심을 나타내는 십자가의 군병이 될 수 있도록 은혜로 더하여 주옵소서.

숨 쉬지 않고 사는 사람이 있다면, 기도하지 않고 하나님을 뵈는 그리스도인도 있을 것입니다. 하오나 사람이 어찌 숨을 쉬지 않고 살 수가 있겠습니까. 저희가 어찌 주님께 기도를 하지 않고 단 하루도 살 수가 있고 주님을 뵐 수가 있겠습니까. 매일매일 기도하며 주님을 뵐 수 있게 하여주셔서 감사합니다. 주님을 찬양하나이다. 찬송하나이다.

기도는 인간이 숨을 쉬는 것 같다고 봅니다. 쉬지 않고 숨을 쉬어야 저희가 살 수 있듯이 주님께 매일매일 감사 기도를 드리는 기도는 삶을 지탱하는 유일한 도구입니다. 주님, 저희의 기도를 들어주시어 감사합니다.

거룩하신 하나님! 이 시간 주님의 거룩하심으로 저희가 주님의 몸 된 교회를 위하여 헌신하도록 축복하여 주옵소서. 주님의 자녀인 저희들이 주님의 몸 된 교회를 위하여 헌신하는 것이 큰 기쁨임을 깨닫게 하옵소서.

저희를 통하여 주님의 향기가 발하게 하시고, 주님의 사랑을 세상에 널리 전할 수 있도록 저희에게 복 주옵소서. 저희에게 더욱 큰 사명을 허락하시기 전에 작은 일에 순종하는 것을 알게 하시고, 작은 순종일지라도 하나님의 은혜를 체험하는 귀한 순종이 되도록 은혜를 더하여 주소서.

이 시간 선포되어지는 말씀으로 저희가 거듭나게 하시고, 주님의 크신 은혜가 풍성하게 저희에게 임하시기를 원하오며, 거룩하신 예수 그리스도의 이름으로 기도드리옵나이다. 아멘.

공의로써 세상을 다스리시는 하나님 아버지! 저희들에게 주신 이 아름다운 금수강산과 주님께 예배드릴 수 있는 자유와 함께 생활할 수 있는 사회를 주시니 감사하옵나이다.

살아계신 하나님!

어찌하여 이 땅에 사랑과 정의와 진리가 그 자취를 감추어가나이까? 진리와 정의를 사랑하시는 하나님께서 주신 이 나라에 정의가 구현되기를 간구하나이다. 이 땅에 정의를 다시 베푸시고 각 사람 마음이 정의를 사랑하고 그를 따라 살게 하시옵소서.

지금 이 사회는 골골마다 억울한 소리가 하늘에 사무치고 의인들이 자취를 감추며 진리가 비진리에, 정의가 불의에 구축을 당하며 빛이 어둠에 삼키워가고 있습니다. 하나님 아버지! 진리가 승하고 정의가 강하며 빛이 그 능력을 다하는 땅이 되도록 다시 빛을 밝혀 주시옵소서. 악이 머리를 들지 못하게 하시고 뇌물을 무능하게 하시고 정직한 자가 힘을 얻고 의인이 일어나 영화를 누르게 하시옵소서.

아직도 이 사회에는 인간들이 만들어낸 잘못된 제도들로 인해서 많은 사람들이 응당받아야 할 자기의 몫을 받지 못하고 억울함을 당하고 있습니다. 그러면서도 입을 열어 말하지 못하는 침묵의 대중들이 이 땅 위에 너무도 많이 있습니다.

그리고 아직도 이 사회에는 부정부패가 많고 허영과 이기적인 사치가 많으며 폭력과 범죄와 인신매매와 음란행위가 난무하고 있사오니, 주님께서 추해져가는 이 금수강산과 이 사회를 지켜주시고 주님께서 허락하신 순결한 신앙의 빛과 사랑이 넘치는 정의 구현의 사회가 되게 역사하여 주시옵소서.

영광을 주님께 돌리오며 예수 그리스도의 이름으로 기도드리옵나이다. 아멘.

기적이 일어나는 365 매일기도문

10월
기도문

기도는 축복으로 통하는 지름길이다.
그러나 기도가 없는 삶은
축복의 길로부터 멀어져 가는
고통의 가시밭길로 가는 것이다.

선으로 악을 이기시고 영광의 면류관을 받으신 주님! 악한 원수 마귀를 무찌르고 승리하신 선한 군대의 대장 되시는 주님께 찬양을 드립니다. 또한 이 시간 저희를 십자가의 군병으로서 선한 싸움의 대열에 서 있음을 자각하며 주님의 뒤를 따를 수 있도록 인도하여 주시니 진정으로 감사하옵나이다.

주님! 그렇지만 저희는 마음을 온전히 주님께 바쳐 주님을 따르며 주님이 가신 그 십자가의 길을 가려고 하지 않고 주님이 주시는 생명의 면류관만 받으려고 하는 패역한 죄인들이오니, 더러운 저희 심령을 주님의 보혈로 깨끗하게 하여 주시며 저희의 빈 마음을 성령으로 채워 주시어 이 거친 세파를 헤쳐나아가 주님의 보좌에 이를 수 있도록 인도하여 주옵소서.

주님! 이 나라에는 많은 군인들이 있고 최신형 무기도 많이 있어 사람들은 이러한 군사력을 믿고 안심하고 있지만 제 아무리 훈련이 잘 된 군사들과 최신형 무기들이 많이 있다 하더라도 주님이 허락하시지 않으면 전쟁의 위험을 떨쳐낼 수 없고 참혹한 사망의 늪에서 구원받을 수 없음을 깨달아 만물을 주관하시는 주님께만 소망을 두고 주님만을 의지할 수 있도록 저희들의 마음을 주장하여 주시옵소서.

특별히 군인들이 먼저 하나님의 뜻으로 전신갑주를 입고 믿음으로 방패를 삼고 진리로 허리띠를 삼고 구원의 투구와 성령의 검으로 단단히 무장하고 전진하는 하나님의 전사들이 될 수 있도록 인도하옵소서.

그들이 인간적인 계획에 의지하다가 악한 마귀의 전쟁 놀음에 희생되는 일이 없도록 주님의 말씀으로 덧입혀 주시고, 믿음을 가지고 이 땅의 평화를 담당하며 주님께 큰 영광을 돌릴 수 있도록 허락하여 주시옵소서.

예수 그리스도의 이름으로 기도드리옵나이다. 아멘.

자비하신 하나님 아버지! 하나님의 뜻이 하늘에서 이루어진 것 같이 땅에서 저희 교회를 통하여서도 이루어지기를 간절히 기도합니다.

이웃을 사랑하고, 섬기고, 봉사하고, 헌신함으로 빛과 소금의 역할을 다하게 하시어 저희 교회를 통하여 하나님의 나라가 이웃과 지역사회와 세상 모든 사람들에게 전파되기를 기도드리며 또 저희 교회가 하나님의 뜻을 알고 이루어 드리게 하옵소서.

말씀을 읽고 듣고 배워서 하나님의 참 뜻을 깨우쳐 알아 성장하고 성숙한 성도들이 되게 하시고, 기도하고 구하고 행하며 전도하고 선교하는 일에 최선을 다하게 하시어, 하나님의 뜻이 저희 교회를 통하여 이 세상 모든 민족에게 증거되게 하옵소서.

특별히 무더위 속에서나 추위 속에서나 변함없이 전도를 떠나는 선교사들을 보호하여 주시고 그들의 아름다운 마음과 봉사와 헌신을 통하여 주님을 모르는 많은 사람들이 주님을 알게 하시고 속히 주님 곁으로 돌아오는 놀라운 은혜를 주시옵소서.

선교사들이 복음을 들고 먼 길을 오갈 때 안전하게 하시고 다치거나 아프거나 시험에 들지 않도록 지켜주옵소서.

사랑하는 주님!

또한 지난날 저희 교회와 성도들에게 상처를 주고 힘들게 했던 사람들을 용서해주옵소서. 그리고 그들을 축복해주옵소서. 하나님! 이미 다른 사람들의 죄를 용서해 준 것 같이 저희들의 죄를 사하여 주시고 저희가 알지 못하는 죄까지도 용서하여 주시옵소서.

하나님! 저희 교회와 저희 성도들이 시험에 들지 않도록 동행하시옵소서. 마귀에게 시험당하지 않게 하시옵소서. 세상으로부터 시험당하지 않게 하시옵소서. 신앙생활에 시험 들지 않게 하시옵소서. 교회생활에 시험 들지 않게 하시옵소서. 물질로 시험당하지 않게 하시옵소서.

사람들로 인하여 시험 들지 않게 하시고 한 세상 힘겨운 삶에 지치거나 아프지 않도록 천군 천사로 저희 성도들을 지켜주시고 천사도 부러워 하는 귀한 교사의 사명을 주시어 맡겨진 어린 심령들을 위하여 기도하며 수고하는 귀한 교사들을 기억하여 주시어 크신 축복으로 베풀어 주시옵소서. 그들의 수고를 통하여 어린 새싹들이 귀한 천국 백성으로 아름답게 자라게 하시고 그들의 희생과 사랑으로 하나님의 나라가 확장되게 하옵소서.

예수 그리스도의 이름으로 기도드리옵나이다. 아멘.

천지의 대주재시며 언제나 저희와 임마누엘 함께하시는 하나님 아버지!

거룩하신 하나님 앞에 예배드리기에 너무나 부족한 저희들을 불러 주셔서 거룩한 이 예배의 자리에서 기도하게 하여 주시니 너무도 감사하여 영광과 존귀를 주님께 돌리옵니다.

이 시간도 주님 앞에 간절히 간구하옵기는 저희들이 드리는 이 예배가 형식적으로 모여서 드리는 예배와 기도가 되지 않게 하옵시고, 오직 예수 그리스도께서 십자가를 지심으로 저희가 얻은 구원의 감격과 기쁨으로 온 마음을 다하여 진정으로 드리는 영적 예배가 될 수 있도록 인도하여 주시옵기를 간절히 기도드립니다.

어느덧 이제 가을도 깊어가는 아름다운 10월이 되었습니다. 한 해를 시작하며 맘을 다져 먹던 시점이 엊그제 같은데 벌써 이렇게 가을이 깊어가고 또한 어느덧 결실의 계절이 되었습니다. 새해에 결심했던 많은 것들이 아직도 못 다 이룬 것들이 너무 많은데 벌써 이렇게 시간이 흘러갔습니다. 세월을 아끼라고 말씀하신 주님의 말씀을 다시 한 번 더 되새김질하면서 이제 결실의 계절을 맞이하여 저희에게 충만함을 주신 하나님께 다시 한 번 감사드리옵니다.

저희가 거룩하신 하나님의 몸이 된 교회의 한 지체로서 감당하여야 할 많은 것들을 과연 감당하였는지, 또 올해 마무리는 무엇을 감당하여야 하겠는지 기도하면서 준비할 수 있기를 원합니다.

주님의 크신 은혜를 듬뿍 받아 기쁨과 감사가 충만한 이 시간이 되도록 축복하여 주시옵소서. 이 예배를 드리는 저희 모두에게 거룩하신 하나님의 평강이 충만하게 임재하여 주시옵소서. 저희 영의 평강이 혼과 육에까지 끼치어져서 육체를 입고 사는 저희 모두가 하나님께서 주시는 평강으로 항상 하나님과 동행하며, 항상 기뻐하며, 항상 감사하며 살아갈 수 있도록 인도하여 주시옵소서. 또한 저희가 설혹 힘들고 어렵더라도 오직 주님으로 만족하며 기뻐할 수 있는 평강을 허락하여 주시옵소서.

이 시간 저희 모두가 감사로 드리는 이 예배를 주님 기쁘게 받아주시옵소서.

예수 그리스도의 이름으로 기도드리옵나이다. 아멘.

마음의 근심을 하나님을 믿음으로 맡기게 하시는 사랑과 능력의 주 하나님! 지난 한 주간도 주님의 은혜로 지켜 보호하시고, 오늘 이렇게 주님의 백성들이 함께 모여 주님 앞에 예배드릴 수 있도록 이끌어 주신 은혜를 감사드립니다.

은혜의 주 하나님! 지난날을 돌이켜 보면, 영적인 일을 우선하기보다는 썩을 양식을 위하여 몸부림쳤던 저희의 모습이었습니다. 세상의 욕심에 눈이 멀고, 더위에 짜증내기 일쑤였으며, 이웃을 위해 선한 일을 하지 못하고 오히려 귀찮아했던 저희들이었습니다. 영생하도록 있는 양식을 위해서 일하지 못했던 저희를 불쌍히 여겨 주옵소서. 오늘도 주님 앞에 아뢰는 허물이 다윗의 고백처럼 진정한 것이 되어서 주님의 긍휼과 용서를 받을 수 있게 하여 주옵소서.

저희를 새롭게 하심으로 찬양 받으시는 주님! 이제 저희가 주님 앞에 빈 마음으로 나왔습니다. 주님만이 저희 삶의 힘이 되시고, 주님만이 저희 삶의 인도자가 되어 주옵소서. 죄 씻음을 받고 감사와 감격에 찬 예배를 드리게 하여 주옵소서. 선포되어지는 말씀으로 모든 성도들의 심령에 뜨거움을 경험하게 하시고, 새 힘을 얻어 승리의 삶을 살아가도록 다짐하는 복된 시간이 되게 하여 주옵소서. 저희로 주님의 역사를 이끌어가는 도구로 삼아 주옵소서. 이 시간 예배를 통하여 온전히 영광 받으옵소서.

생명의 주인이신 하나님!

거룩하신 하나님의 뜻으로 주님의 딸에게 새 생명을 선물로 허락하시고 해산을 기다리게 하는 임신부를 위해 기도드립니다.

자비하신 하나님! 아기를 낳는 것은 인간에게 주어진 신성한 의무인 동시에 하나님께서 주시는 큰 축복임을 깨닫게 하시사 임신 중에는 흉하고 악한 것을 생각지 말게 하시고, 오직 주님의 말씀을 묵상하며 주님의 은혜를 입게 하시옵소서. 그 심령이 복중에서 은혜 입은 구별된 자로 잘 자라게 하셨다가 순산하게 하시옵소서.

주님의 딸은 기도하며 경건한 생활을 하여 새로 태어날 아기에게 좋은 영향을 끼치게 하시며, 건강도 조심하고 언행 심사 일거수 일투족의 전 생활이 깨끗하여 복중의 심령에게 복이 되게 하여 주시옵소서. 그 생명이 이 땅에서 태어날 때에 순산함으로 고통을 잊게 하시고, 아기는 하나님 앞에 큰 자가 되게 하시어 가정에 기쁨이 되게 하시고, 그로 말미암아 세상에 영광이 되게 하여 주시옵소서.

저희 주 예수 그리스도의 이름으로 기도드리옵나이다. 아멘.

거룩하신 하나님! 택하여 구원을 받은 아버지의 거룩한 백성들이 이 거룩한 교회에 모여 신령과 진정으로 예배를 드리오니, 이제 저희를 성령으로 거룩하게 하옵소서.

지난날의 저희 죄를 사하여 주시고, 저희의 허물을 가려 주시고 의의 옷을 입혀 예배드리기에 합당한 형상으로 거듭나게 하옵소서. 예배하는 무리들 속에 엎드린 저희를 돌아보옵소서. 거룩한 교회에 나아가기에는 아직도 사랑의 마음이 열리지 못하였고, 영적 빈곤이 드러나곤 하는 저희들이오나, 부족함을 깨닫고 머리 숙였사오니, 그냥 돌려보내지 마시고 주님의 사랑으로 채워주옵소서.

"생육하면서 번성하라(창세기 1장 28절)" 하신 은혜가 풍성하신 하나님 아버지!

어린 아기들의 엄마들과 그 가족들을 위해 기도드립니다. 아기의 출산함으로 기쁨을 나누었고 그동안 튼튼히 무럭무럭 자라게 하여 주시고 지금 이 시간에는 하나님의 축복 안에서 온 가족이 기쁨을 나누게 하심을 더욱 감사하오며 "자자식들은 여호와의 기업이요 태의 열매는 그의 상급이로다(시편 127편 3절)" 하신 주님께 오늘의 영광을 돌립니다.

자비로우신 하나님 아버지! 그들에게 복되고 기쁜 날을 주셔서 감사합니다. 지난 동안 아기를 심히 사랑하사 보호하시며 키워주심과 같이 앞으로도 온갖 병마와 재난으로부터 눈동자와 같이 보호하여 주시옵소서. 아기의 몸이 자라감에 따라 지혜와 믿음도 자라가게 하시옵소서. 아무리 악하고 패역한 이 세대라 할지라도 욕심으로 더러워지고 시기로 추하여지기 쉬운 인간의 마음이라지만 아기는 깨끗하고 어진 마음을 지니고 사람들과 하나님 앞에 사랑스러운 인물로 자라나서 하나님의 영광을 세상 중에 드러내는 하나님의 귀한 종이 되게 하여 주시옵소서.

은혜로우신 하나님 아버지! 아기를 낳고 지금까지 모든 수고를 감당하며 믿음으로 길러온 아기들의 부모를 축복하여 주시옵소서. 한나가 사무엘을 눈물의 기도로 키웠듯이 사가랴와 엘리사벳이 세례 요한을 말씀과 경건한 삶을 본보이며 키웠듯이, 모세를 낳은 요게벳이 유모 자격으로 어려움 속에서 키웠듯이 계속하여 아기를 믿음으로 양육하며 하나님의 귀한 일꾼이 되기까지 수고와 희생을 기쁨으로 감당케 하여 주시옵소서.

예수 그리스도의 이름으로 기도드리옵나이다. 아멘.

저희의 길을 평탄케 하시며, 형통케 하시는 하나님 아버지! 저희를 주님의 전으로 불러 거룩한 예배를 드리게 하신 은혜를 감사합니다. 주님의 귀한 은혜로 날마다 승리케 하심을 감사합니다. 저희의 찬양과 예배를 기쁘게 받아주시기를 간구합니다.

저희로 주님의 사랑을 늘 깨닫고 주님의 사랑 안에 거하게 하시고, 그 사랑 안에서 날마다 승리할 수 있도록 복 주옵소서.

신실하신 하나님! 지금껏 세상을 악하다고 말하면서 스스로는 선함을 자처했사오나, 주님 보시기에 얼마나 위선적이고 가식적이며 교만하고 회개할 줄 모르는 사람이었습니까? 의를 행하는 데 주저하며 행포를 행하는 불의한 백성이 바로 저희들임을 깨닫지 못하고 있었던 무지를 용서하여 주옵소서. 믿음으로 거듭나기 원하는 저희들의 간구를 들으시옵소서. 저희를 풍요케 하시고 주님의 사랑으로 소외된 이웃들에게 주님의 사랑을 나누어 줄 수 있도록 은총을 허락하여 주옵소서.

모든 산 자의 입술을 통하여 견양을 받으실 하나님 아버지!

노년을 맞이한 성도들을 위해 기도드립니다. 노년을 맞이한 성도들에게 갑절의 은혜를 더하여 주시옵소서. 그들의 지나온 삶의 여정에 많은 고난과 역경과 풍파 속에서도 굴하지 않고 정도를 걸으시며 위로하며 주님의 믿음을 가지고 주님의 축복 가운데 건강하게 살게 하셨고 슬하에 훌륭한 자녀들을 주셨고 생활에 물질의 축복도 주셔서 노년의 기쁨으로 맞게 하시니, 하나님의 은혜에 감사할 뿐입니다.

사랑의 하나님 아버지! 야곱의 말년처럼 그의 말년이 더욱 복되게 하시고 더욱 건강하게 하시고 더욱 신령하게 하시어 독수리가 날개 치며 올라감같이 그의 믿음과 건강과 용기가 용솟음치게 하셔서 지금까지 한 일에 갑절의 업적을 남겨서 좋은 열매를 드리게 하옵소서.

은혜가 많으신 하나님 아버지! 지금까지도 교회에 헌신 봉사하며 주님으로부터 받은 사랑을 이웃을 위해 베풀었지만 남은 여생도 주님을 위해 사는 삶이 되게 하시고 이웃을 위해 봉사하며 살게 하옵소서. 화살같이 빠른 세월 살아온 것보다 남은 여생은 더욱 값지게 더욱 보람 있게 더욱 빛나는 삶이 되게 도와주시옵소서.

예수 그리스도의 이름으로 기도드리옵나이다. 아멘.

사랑이 많으신 하나님 아버지, 하나님을 청종할 때마다 좋은 것을 먹이시며 기름진 것으로 즐거움을 허락하시는 아버지 앞에 감사와 찬양을 돌립니다. 저희 죄로 인해 마땅히 죽을 죄인들을 주님의 사랑으로 새 소망의 삶을 누리게 하신 하나님께 영광과 찬양과 감사함으로 경배드립니다.

주님 그동안 저희들의 삶을 고백합니다. 저희의 형제와 이웃들에게 무례히 행하고 미워했던 것과, 나 혼자만 선하다고 생각했고, 다른 사람을 어리석으며 모질고 악하다고 여겨왔던 과거를 용서하여 주옵소서.

위로와 소망의 하나님! 택함 받은 자녀로서 그 어떤 시련이 닥쳐 온다할지라도 언제나 주님의 크신 사랑과 능력을 신뢰하며 살아갈 수 있도록 하시고 주님의 사랑의 능력으로 하나님을 날마다 찬양하는 저희들이 되게 하여 주옵소서. 저희의 삶의 주관자가 되시는 주님께 온전히 의지할 수 있도록 은혜로 더하여 주옵소서. 저희의 연약함에 소망을 주시고 강하고 담대하게 하여 주옵소서. 저희가 주님의 나라를 바라보는 소망으로 세상을 이길 수 있도록 인도하여 주옵소서.

인간의 생사화복을 주관하시며 생명의 주인이신 하나님 아버지!

하나님의 귀한 뜻이 있어서 태에 열매인 하나님의 선물인 아이를 출산하게 하신 임산부를 위해 기도드립니다. 주님! 간절히 바라옵기는 이 어린 생명을 축복하셔서 아기 예수와 같이 그 지혜와 그 키가 자라가며 하나님과 사람에게 더욱 사랑스러워 가도록 인도하여 주옵소서. 그리하여 이 사회와 하나님의 역사에 귀하게 쓰임 받게 하옵소서.

또한 이 어린 생명이 가정의 희망이 되게 하시고 기쁨이 되게 하시고 행복의 근원이 되게 하옵소서. 사무엘의 어린 시절처럼 하나님의 말씀 중에서 자라게 하옵소서. 모든 병마와 재난으로부터 구원하여 주시고 주님의 손길 아래서 무럭무럭 자라게 하옵소서.

은혜로우신 하나님 아버지! 귀한 산모를 돌보아 주셔서 건강한 모습으로 출산하게 하심을 감사하옵니다. 해산에 이르기까지 온갖 수고와 아픔을 이겨낸 산모를 축복하여 주시고 산후 몸조리가 잘 되어 강건케 하시옵소서. 또한 아기를 주신 하나님의 뜻을 깊이 깨달아 하나님 앞에서 어머니의 역할을 다하게 도와주시옵소서.

이 아기를 양육할 산모에게 한나와 같은 믿음을 주시고 모세를 양육한 요게벳 같은 지혜를 주시옵소서. 거룩하신 하나님! 산모와 아기와 귀한 이 가정 위에 함께하시며 영광 거두어 주시옵소서.

이 시간 교회를 위하여 봉사하는 손길들을 주님 기억하시고, 주님의 사랑 안에서 날마다 승리할 수 있도록 은혜를 더하여 주옵소서.

예수 그리스도의 이름으로 기도드리옵나이다. 아멘.

교회의 몸이 되시고 역사를 진행하시는 하나님, 많은 사람들 중에 저희들을 자녀 삼으시고 그리스도의 좋은 군사가 되게 하셔서 주님을 기쁘게 하는 삶을 살아갈 수 있는 은혜를 주심을 감사합니다.

고난과 갈등의 구조 속에서도 화평을 위하여 애쓰게 하시고, 어둠의 세상 중에 빛이 되게 하시며, 부패를 허락지 아니하시려고 소금의 사명을 감당케 하시는 은혜에 감사를 드립니다. 죄로 인해 멸망을 받아야 마땅한 저희들을 사랑하사 독생자를 통한 대속의 은총을 베푸시고 희망이 없던 인간들이 이 은혜를 인하여 소망의 삶을 누리게 하셨으니, 아버지께 영광을 돌리는 자녀들이 되게 하옵소서.

사랑의 주님! 기도할 때 정결한 마음을 주시고 말씀을 들을 때 깨달음이 있게 하시며, 찬양 중에 기쁨이 있게 하여 주옵소서. 모일 때마다 주님의 사랑과 은혜가 넘치게 하시고 주님의 몸 된 교회를 세우고 가정을 주님의 말씀으로 세우는 성도들이 되게 하여 주옵소서.

특별히 저희들을 통하여 이웃들이 주님을 영접하게 하시고, 그리스도의 몸 된 교회로 나아오도록 하시고, 주님의 사랑을 가지고 복음을 증거하는 영혼들이 되도록 복 내려 주옵소서. 오늘 증거되는 말씀이 저희 앞의 등불이 되게 하셔서 한 주간을 인도 받기에 합당한 말씀이 되게 하옵소서.

지혜와 지식의 근본이 되시는 전능하신 하나님 아버지!

시험을 치르는 자녀들을 위해 기도드립니다. 택함을 받은 이 아들, 딸이 귀중한 시험을 치를 수 있기까지 지켜주신 은총을 진심으로 감사드립니다.

특히 저희 성도 자녀들 중에 시험을 치는 자녀들을 위해 기도드립니다. 저희 자녀들이 시험을 치르게 되었사오니 시종을 주님께서 주장하시고 보호해 주시옵소서. 주님, 시험을 위해서 최선의 노력을 다하며 애쓴 정성이 좋은 열매를 맺게 하셔서 주님의 자녀들로서 부족함이 없게 하옵소서.

예수 그리스도의 이름으로 기도드리옵나이다. 아멘.

여호와 하나님! 물 가운데 지날 때에 침몰치 않게 하시며, 불 가운데 지날 때에 타지 않도록 하시는 능력의 하나님께 감사와 찬양을 드리나이다. 위험할 때마다 저희들을 보호하시고 지키시며 안위하여 주옵소서.

사모하는 심령으로 주님 앞에 나와 경배와 찬양을 돌리게 하심을 감사합니다. 신령한 찬미의 제사가 되게 하시고, 찬양 중에 거하시는 주님을 만나는 복된 시간이 되게 하옵소서. 여호와의 이름을 높이며, 하나님의 얼굴을 구할 때에 기쁨이 충만하게 하옵소서. 마음의 간사와 여호와를 정죄한 죄악을 토설하오니 용서하여 주옵소서. 교만과 완악한 말로 의인의 길을 굽게 하였다면 용서받게 하옵소서. 정직의 영을 사모하게 하시고, 성결의 은혜를 받게 하여 주옵소서.

천지만물을 지으신 전능하신 하나님 아버지, 주님께서는 모든 성도들의 피난처가 되시고 저희의 믿음을 온전케 하는 산성이 되시는 줄 믿습니다. 하나님 아버지, 인생이란 한 번 왔다가 다시 돌아가는 것이 정한 이치요 육신은 흙으로부터 왔기에 흙으로 돌아가고, 영혼은 하나님으로부터 왔기에 하나님께로 가는 것이 마땅한 줄 압니다. 이 자리에 함께한 모든 심령들이 이런 이치에 어긋나지 않도록 도와주옵소서.

신령과 진정으로 예배하는 자들을 찾으시는 주님! 오늘 예배가 은혜의 시간이 되기를 원합니다. 성도의 간증에 은혜 받게 하시고, 선교단의 찬양에 은혜 받게 하시며, 성령의 말씀에 은혜를 주옵소서. 위로가 넘치는 예배가 되게 하여 주시고, 기쁨이 충만한 예배가 되게 하여 주옵소서.

성도의 교제에 승리하게 하옵소서. 주님 안에서 만날 때마다 사랑으로 문안하게 하시고, 모여서 기도하고 흩어져서 전도하게 도와주옵소서. 나눔의 신앙생활을 감당하게 하옵소서. 구원받는 이웃이 날마다 더하여지게 하옵소서.

예수 그리스도의 이름으로 기도드리옵나이다. 아멘.

죽은 자의 부활이 되시고 영원한 생명이 되시는 하나님 아버지, 하나님이 사랑하시는 성도가 주님의 부름을 받고 소천하여 슬픔을 당한 가정을 위하여 기도드립니다.

하나님, 간절히 구하옵기는 저희를 죄악과 사망에서 건져 주시어 의로운 생명을 얻게 하시고, 이로 말미암아 저희가 세상을 떠날 때에 주 안에서 평강과 영원한 복을 얻게 해 주옵소서.

모든 사람들이 승리의 부활에 참여하게 되는 때 저희들로 하여금 성도를 기쁨으로 만나게 하옵소서. 지금의 이별이 슬픔이긴 하지만 이별은 일시적인 이별인 것을 알게 하옵소서.

"너희는 마음에 근심하지 말라(요한복음 14장 1절)"고 하신 주님, 저희가 성도의 죽음만 생각하고 근심하지 않게 하옵소서. 성도가 믿음으로 승리한 천국 백성이 된 것을 믿습니다. "너희는 하나님을 믿으니 또 나를 믿으라"고 하신 주님, 하나님을 믿고 예수 그리스도와 영원한 소망의 나라를 믿게 해 주옵소서.

하나님, 이러한 때에 저희가 다시 한 번 인생이 나그네임을 알게 하는 기회로 삼고 저희가 믿음 위에 바로 설 수 있게 하옵소서. 안타깝지만 고인이 된 성도의 유족들을 위로하여 모든 절차와 준비를 잘하게 하옵소서.

    인간의 생사화복을 주관하시는 하나님 아버지, 죽은 자도 살리시고 무릇 살아서 주를 믿는 자는 죽지 아니하고 영원히 산다고 하신 하나님, 하나님 품에 편히 안겼으리라 믿고 감사를 드립니다. 유족들을 위로해 주옵소서.

    저희 인간들이 이 세상을 살다가 보면 알게 모르게 지은 죄와 허물들이 많이 있습니다. 또한 하나님의 뜻을 알면서도 주님 뜻대로 살지 못한 죄와 허물들을 용서하여 주시옵소서. 성도들 모두가 저희의 죄를 속죄하기 위하여 죽으신 예수 그리스도를 믿음으로 구원받게 하옵소서. 말씀을 통해서 유족들에게 위로하여 주시고 성도들과 조문객들에게도 은혜가 되게 하옵소서.

    거룩하신 하나님, 저희를 거룩한 말씀으로 가르쳐 주시고 하나님을 사랑하고 그 뜻대로 부르심을 입은 자들에게는 유익한 위로를 체험하게 하옵소서. 저희가 잠시 받는 슬픔은 장차 저희로 하여금 지극히 온전하고 영원한 영광을 얻게 하심인 줄 압니다.

    주님의 자비하심과 보호를 받게 하시고 영원한 생명의 약속을 위하여 즐거워하다가 주님의 영원한 하늘나라에서 기쁜 얼굴로 만나게 하옵소서.

    우리 주 예수 그리스도의 이름으로 기도드리옵나이다. 아멘.

시온에서 복을 허락하시는 하나님 아버지, 감사와 찬양과 영광을 돌립니다. 지난 시간 동안에도 세상에 살면서 주님을 기쁘시게 하지 못하고 저희들의 육신을 위하여 이기적인 욕망과 많은 죄악 가운데서 살아왔음을 고백하오니 용서하여 주옵소서.

오늘도 갈급한 심령으로 나아왔사오니 주님께서 저희의 기도를 응답하여 주옵소서. 하나님의 말씀대로 살아가는 믿음을 허락하시고, 삶 전체를 통하여 주님의 영광을 드러내며, 주님께서 명하신 대로 땅 끝까지 이르러 주님의 복음을 전할 수 있도록 은혜를 더하여 주옵소서.

나태하여 잠자는 영혼이 없게 하시고 주님의 명령에 순종하여 열매를 맺게 하여 주옵소서. 친히 교회의 머릿돌이 되셔서 지켜 주시고, 주님의 사랑과 진리와 은혜가 가득 찬 교회가 되게 하여 주옵소서.

찬양을 받으시기에 합당하신 하나님 아버지!

마른 땅 위에 이른 비와 늦은 비로, 뜨거운 날씨로 온갖 오곡백과가 성장하여 그 열매가 무르익을 수 있도록 도우시는 하나님 아버지께 감사를 드립니다. 이 나라와 성도들을 통하여 거룩히 여김을 받으시기를 원합니다. 장차 머지않은 날에 저희 국민의 가슴마다 하나님의 나라가 이루어지게 하시고 사랑과 희락과 행복이 샘솟는 활기찬 나라, 행복한 교회가 되어 이 나라의 모든 성도들이 행복한 예배를 드릴 수 있음을 믿고 감사를 드립니다.

저희 나라를 지금까지 지켜 주신 하나님 아버지! 무엇보다도 이 어려운 경제 속에서도 정치인들이 서로 합심하지 못한 채 서로 당파싸움에 휘말린 듯 안타까운 모습으로 세월을 보내고 있음을 보며 마음이 아파옵니다. 이제는 저들이 속히 하나님의 뜻을 받들어 국민의 뜻을 받들어 당리당략을 위한 정치에서 벗어나 대화와 타협으로 국가와 국민을 위한 정치를 하게 하시고, 특별히 지금의 많은 위정자들이 진실로 국민을 섬기는 위정자가 되게 하여 주시옵소서.

하나님이 귀하게 쓰는 종들에게 평강이 넘치게 하시고, 성령의 능력을 더하여 주옵소서. 말씀을 선포하실 때에 말씀이 성령의 검이 되어서 저희의 심령이 변화되는 생명의 만나를 허락하여 주옵소서. 병든 사회, 병든 인간, 상한 심령들이 말씀을 듣고 고침 받는 역사를 체험하기를 원합니다.

거룩하신 예수 그리스도의 이름으로 기도드리옵나이다. 아멘.

영광의 주 하나님! 주님의 교회에 모여 저희의 정성과 마음을 다하여 하나님 아버지께 찬양과 기도로 감사와 예배를 드리오니 기쁨으로 받아 주옵소서. 저희가 이 시간 하나님께 받은 모든 은혜를 감사하오며, 날마다 저희의 삶이 새롭게 되기를 원합니다.

저희의 영원한 산성이시오 피난처가 되시는 여호와 하나님!

저희를 사랑하사 평화를 주셨고 이 땅을 수호하기 위하여 국군 장병을 허락하시니 감사와 영광을 드리나이다.

자비하신 주님이시여, 특별히 이 나라의 국방을 담당하고 있는 젊은 군인들과 각급 지휘관을 위하여 기도하오니 저희에게 믿음을 주시고 능력으로 그들을 사로잡아 주옵소서.

주님이시여, 그들에게 하나님을 의지하는 믿음을 갖게 하옵소서. 인간의 지혜나 무력이나 힘이 아니라 주님을 의지하며 주님의 복음으로 무장하게 하옵소서. 전 군이 한 사람도 빠짐없이 주님을 믿고 영생을 얻게 하시며 하나님을 대장으로 모시고 사는 귀한 믿음을 갖게 하시옵소서. 복음의 군대와 믿음의 군대가 되게 하시며, 그들이 들고 있는 총칼 외에 믿음의 방패를 들게 하시고 소망의 투구와 진리의 검을 들게 하옵소서. 믿음으로 미디안 대군을 물리쳤던 기드온 300명의 용사가 되게 하옵소서.

주님, 군복음화를 위하여 군목들에게 백 배의 지혜와 능력을 더하시어 이 일을 효과적으로 수행하게 하옵소서. 모든 성도들이 전 군 그리스도 화를 위해 기도로 물질로 군목들을 돕게 하여 주시옵소서.

저희가 주님의 지체로서, 주님의 몸 된 교회를 위하여 마땅히 해야 할 일을 다하지 못하고, 열심히 섬기지 못하였으며, 의롭게 살지 못하였음을 회개하오니, 저희를 긍휼히 여기사 용서하여 주옵소서. 거짓된 세상에서 사는 동안 진리의 허리띠를 든든히 매게 하시고, 불의한 세상에서 신실한 삶을 살게 하옵소서.

성령의 불로 원치 않는 죄성과 정욕과 숨은 악을 태우사, 그리스도의 보혈로 깨끗케 하여 주옵소서. 어떠한 시련이 닥친다 하여도 절대 세상과 타협하지 않게 하시고, 십자가의 믿음으로 승리하는 저희들이 되게 하여 주옵소서.

지금도 살아 계셔서 함께 하시는 예수 그리스도의 이름으로 기도드리옵나이다. 아멘.

거룩하신 하나님! 오늘도 살아 역사하시는 주님을 찬양합니다. 저희들의 찬송과 감사와 용서의 기도를 들으시며, 마음과 뜻과 정성으로 드리는 예배를 받아 주옵소서.

은혜의 하나님! 분주한 세상 소리에 주님의 음성을 듣지 못했고, 화려한 세상의 환경에 영의 눈이 어두웠습니다. 이 시간 주님께 나아왔사오니 모든 허물을 말끔히 씻어 주옵소서. 손과 발 머리와 몸과 마음과 영혼도 하나님의 의의 보혈로 깨끗이 씻어 주옵소서. 저희의 거짓과 위선의 죄악을 씻어 주옵소서. 인자와 긍휼을 기다리는 심령에 주님의 위로의 손길을 베풀어주시고, 십자가의 보혈의 은총을 덧입는 시간이 되게 하옵소서.

소망의 하나님! 저희의 영혼이 주님의 은혜를 사모하며 하늘의 보좌를 우러러 경배합니다. 이 시간 말씀으로 은혜 받고 찬송으로 감동되고 기도로 새 힘을 얻게 하여 주옵소서. 성령 권능의 손으로 붙들어 주시고, 성도들이 하나님의 사랑으로 하나 되게 하옵소서. 저희의 믿음이 말씀과 진리로 날마다 바르게 성장하게 하시며, 주님께서 부탁하신 영혼구원의 사명을 잘 감당하게 하여 주옵소서. 어두워진 눈을 밝혀 주사 신령한 것을 보게 하시고 귀가 둔하여 듣지 못했던 주님의 음성을 듣기를 원합니다. 저희의 심령을 정결하게 하시고, 감사와 찬송하는 삶을 살게 하여 주옵소서. 주님의 영광이 오늘 예배에 충만하게 하옵소서. 예비하신 은혜를 주옵소서.

천국문을 열어주시는 하나님 아버지! 임종을 앞두고 회개의 눈물을 흘리는 성도의 죄를 말해 주시고 그 심령을 흰 눈처럼 맑고 깨끗하게 씻어주시어 그 성결한 영이 천국을 기업으로 얻게 하옵소서. 미처 깨닫지 못해 회개하지 못한 죄와 주님 앞에 바로 설 수 없는 죄가 혹시라도 있으면 십자가 보혈로 깨끗케 씻어 주옵소서.

주님 임종을 맞이하는 성도의 가족들의 안타깝고 슬픈 마음을 위로하여 주시기를 간절히 원합니다. 임종을 맞이하는 성도는 아버지의 품으로 가는 것을 마음의 위로를 삼게 하시고 부활의 영광 중에 다시 만날 것을 소망하며 위로를 얻게 하시옵소서. 또한 임종을 맞이하는 성도처럼 일생토록 믿음의 삶을 살도록 은혜 베풀어주시옵소서.

영원한 생명이 되시는 하나님 아버지! 온 천하를 얻고도 자기 목숨을 구원하지 못하면 아무 소용이 없사오니 임종을 맞이하는 성도의 천성을 향한 길을 지치지 않게 하시고 주님을 뵙게 될 시간에 슬기롭게 주님을 맞은 열 처녀 중 다섯 처녀처럼 견고하여 졸지 않게 하셔서 주님의 사랑의 품에 안아주시옵소서.

거룩하신 예수 그리스도의 이름으로 기도드리옵나이다. 아멘.

찬양과 경배를 받으시기에 합당하신 주님! 온 세상에 생명이 있는 것마다 주님을 찬양하도록 하옵소서. 저희들의 의지와 생각이 주님 앞에서 하나 되어 큰 믿음으로 성장하게 하시며, 그 믿음이 죽을 영혼도 살려내는 생명력이 넘치는 믿음이 되게 하여 주옵소서.

은혜의 주 하나님! 주님을 믿는 자는 죽어도 살겠다고 하신 말씀을 기억하고 있으면서도 저희는 죽음을 지나치게 두려워하고 있었습니다. 오늘 이 시간 슬픔과 탄식이 달아나는 은혜가 있게 하여 주옵소서. 저희가 때때로 신앙생활에서 실족할 때가 많이 있습니다. 죄악과 허탄한 것에 매인바 되어 주님의 자녀 된 모습을 늘 잃어버리고 사는 저희를 불쌍히 여기시고 용서하여 주옵소서.

거룩하시고 자비로우신 하나님 아버지!

주님의 영광과 부요하신 지식과 지혜를 찬양합니다. 오래 전부터 계획하고 준비해 왔던 성도와 자녀에게 영광스러운 합격을 하게 하시니 감사합니다. 그 수많은 경쟁자들 속에서 합격의 기쁨을 받는 것은 주님의 도우심인 줄 믿습니다.

사랑이 많으신 주님, 솔로몬에게 지혜를 주시고 다니엘과 그의 세 친구에게 이방 사람보다 십 배나 되는 지혜를 주셨던 주님께 더욱 겸손히 순종하면서 더 깊은 지혜와 더 높은 명철을 주시기를 기도합니다.

주님을 경외하므로 모든 교만과 불의에서 떠나게 하옵소서. 행여라도 방심하거나 자만하거나 자랑하지 않게 하시고 새로운 시작이라 생각하고 생활하며 주님의 교회와 선한 사업에 앞장서서 주님께서 출제하시는 시험에도 거뜬히 합격하는 영광을 맛보게 하옵소서.

사랑의 주님! 항상 주님 앞에서 경건한 생활의 모습이 되게 하시고 저희가 어떤 일을 하든지 먼저 주님을 생각하게 하셔서 주님께 인정받고 칭찬 받는 주님의 자녀가 되게 하여 주옵소서. 주님의 은혜를 흠뻑 받아 직장과 가정과 일터와 생활의 전 영역을 통해서 주님의 뜻을 나타내는 저희들이 되게 하옵소서.

예수 그리스도의 이름으로 기도드리옵나이다. 아멘.

할렐루야! 좋으신 하나님, 이 시간 저희의 예배를 받으시고 영원한 화평을 주시어 저희 모두가 영화와 기쁨을 누리게 하여 주옵소서. 저희에게 세상을 이길 수 있는 평안을 허락하여 믿음, 소망, 사랑으로 하나 되어 주님 앞에 나아가게 하옵소서.

긍휼의 주 하나님! 저희의 독선과 교만을 용서해 주시기를 원합니다. 주님은 하나 되기를 원하시고 친히 본을 보여주시었지만, 저희는 저희의 주장만을 앞세우며 고집하고 까다로움을 부렸습니다.

저희보다 나은 상대의 의견을 억지로 무시하였고, 스스로 자랑하는 일에 많은 시간을 쏟았습니다. 이웃과 함께 주님의 나라를 이루기에는 심히 부족한 몸임을 고백합니다. 용서를 구하오니 이 교만한 몸을 사하여 주옵소서.

특별히 주님의 교회가 분열이 가득한 이 사회를 성령으로 하나 되게 하시는 역사로 치료할 수 있는 교회가 되게 하시고, 미움과 다툼이 쉼 없이 일어나는 곳에 주님의 사랑을 심어줌으로써 한마음 한뜻으로 평화를 이룰 수 있는 역할을 감당하는 교회가 되게 하옵소서.

상한 심령을 위로하시고 치유하시는 주님. 상처 입은 심령들이 더 큰 설움을 안고 매일의 삶에 힘겨워하지 않도록 긍휼히 여겨주시기를 원합니다. 주님의 몸 된 교회를 위하여 충성하는 제직들을 기억하시고, 저희들의 수고를 통해서 온 교회가 성령으로 충만해지고 주님의 크신 영광이 드러나게 하옵소서.

예수 그리스도의 이름으로 기도드리옵나이다. 아멘.

> 병든 자가 있을 때 기도해야 합니다. "백부장이 병든 하인을 위해(눅 7:2-3)", "너희 중에 병든 자가 있느냐 저는 교회의 장로들을 청할 것이요 그들은 주의 이름으로 기름을 바르며 위하여 기도할지니라(약 5:14)."

성경은 목회자가 항상 설교해야 한다고 말하고 있지 않습니다. 항상 기도해야 한다고 말하고 있습니다. 기도야말로 성경말씀을 제대로 이해할 수 있는 방법임을 잘 알고 있습니다. 기도를 통하지 않고는 하나님과 영적 대화를 나눌 수 없기에 오늘도 주님 전에 나와 기도드립니다.

주님, 저희의 기도를 기쁘게 받아 주옵소서. 주님께서 몸소 보여주신 사랑을 저희가 실천할 수 있는 성도가 되게 하여 주시옵소서. 오늘도 주님의 전에 나와 기도하는 영광을 주셔서 감사합니다.

청춘으로 독수리같이 새롭게 하시는 능력의 주 하나님! 은혜와 사랑을 진심으로 감사드립니다. 오늘도 진실과 정성으로 드리는 예배를 받아주옵소서. 주님을 경배하며 찬양함으로써 하나님께만 영광과 찬송을 돌리게 하시고, 무한한 능력과 기쁨을 얻게 하여 주옵소서.

소외되고 불쌍한 사람들의 보호자가 되시며 그들을 사랑하시는 주님! 사랑과 관심이 필요한 자들을 용납하지 못하고 그들을 외면했던 저희를 용서하여 주옵소서. 그들의 아픔이 저희의 아픔이 되게 하시고, 주님의 사랑을 그들에게 증거할 수 있게 하여 주옵소서. 지난날의 어두운 삶을 용서하시고, 밝은 마음과 정직한 심령을 주옵소서. 게으른 생활을 용서하시고, 근면한 의지를 심어 주시며, 세속에 물든 습관을 고쳐주옵소서. 하나님의 선하시고 기뻐하시고 온전하신 뜻에 따라 살게 하옵소서.

만군의 하나님은 권능의 하나님이시니, 저희에게 능력을 허락하여 주옵소서. 마귀가 저희를 삼키려고 우는 사자와 같이 덤벼들어도 능히 물리치게 하시고, 그 어떤 어려움이 닥쳐와도 능히 이겨 나갈 수 있는 저희들이 되게 하여 주옵소서. 선한 싸움을 싸우고 달려갈 길을 마치고 승리의 면류관을 받게 하옵소서. 오늘도 성령으로 붙들어 주시고, 저희 모두가 말씀의 신령한 꿀을 먹기에 부족함이 없게 하옵소서.

예수 그리스도의 이름으로 기도드리옵나이다. 아멘.

심지가 견고한 자에게 평강으로 지키시는 하나님 아버지! 이 저녁에 주님의 전으로 모여 귀한 찬송과 영광을 주님께 드립니다. 주님의 사랑이 날마다 차고 넘치게 하시고, 날마다 새 힘을 얻도록 은혜 베풀어 주옵소서.

은혜의 주님! 저희가 영적 성장의 훈련을 게을리 하여 주님의 음성을 듣지 못했고, 주님께 날마다 간구와 기도로 겸손히 고백해야 할 것들을 지나쳤음을 고백하오니 용서하여 주옵소서.

저희가 주님의 부르심에 응하지 아니하고, 주님이 원하시는 일을 외면한 채 방황한 적이 많았나이다. 주님 안에 거한다고 하면서도 스스로의 생각을 앞세웠으며, 주님의 뜻을 구하여 알기 전에 제 뜻대로 행동한 어리석은 자들임을 고백합니다. 이제 돌이켜 후회의 눈물을 흘리는 저희들을 불쌍히 여기시고 용서하여 주옵소서.

은혜의 주님! 저희 양떼들을 양육하기 위하여 헌신하시는 주님께서 친히 붙들어 주시며, 솔로몬에게 주신 지혜를 저희에게 더하여 주셔서, 성경을 통하여 나오는 하나님의 말씀이 능력의 말씀이 되게 하시며, 완악한 심령이 그 말씀 앞에 엎드러지는 놀라운 역사가 일어나게 하옵소서. 이 시간 드리는 예배를 주님께서 받으시기를 원하오며, 예비된 하늘의 놀라운 은혜를 체험하게 하여 주옵소서.

　기도를 한 순간도 잊지 말아야 합니다. 기도는 저희에게 생생한 용기를 줄 것이며, 이것이 곧 교육이라는 사실을 잘 알고 있습니다. 저희 몸소 실천하는 기도 생활이야 말로 자녀들에게는 모범이 되고 이웃과 성도들에게는 합심이 되는 것을 너무도 잘 알기에 매일매일 기도로 주님께 감사 찬미하나이다.

　주님 저희의 죄를 용서하여 주시옵고 저희가 살아가는 데 주님의 은혜를 잊지 않게 하여 주시어 감사합니다.

　저희를 죄악에서 구원하여 주신 예수 그리스도의 이름으로 기도드리옵나이다. 아멘.

은혜로우신 주님! 주님의 전으로 나아오게 하신 은혜를 감사합니다. 저희의 삶에 주님을 향한 감사의 열매가 주렁주렁 맺히도록 하옵소서.

겸손의 주님, 저희들로 하여금 주님의 겸손을 본 받게 하여 주옵소서. 저희가 교만하여 주님의 이름을 더럽히지는 않았는지 저희 자신을 돌아보게 하옵시고, 주님의 겸손을 본받기를 원합니다. 믿음으로 주님을 기다리게 하시며 소망으로 주님을 바라보게 하여 주옵소서.

사랑한다고 말 하면서 미워하고, 존경한다고 말하면서 경멸하고, 믿는다고 말하면서 의심하며, 용서한다 하면서도 아직까지 형제의 허물을 기억하는 저희를 용서하여 주옵소서. 이제는 저희 자신을 깨닫게 하여 주옵소서. 누구보다도 자신을 먼저 알게 하시고 주님을 바로 알게 하여 주옵소서.

악마의 한 가지 관심은 그리스도인들이 기도를 하지 못하게 하는 것입니다. 악마는 기도 없는 성경공부, 기도 없는 봉사, 기도 없는 종교의식은 결코 두려워하지 않습니다. 저희가 시간이 없다. 바쁘다 라는 핑계로 주님께 감사기도를 잊고 산 적이 많습니다. 주님 저희가 어찌 주님의 은혜를 잊고 살겠나이까. 저희의 어리석은 행동 또한 용서하시는 주님. 매순간마다 주님의 은혜에 보답하는 것은 오직 주님께 감사기도밖에 없음을 잘 알고 있습니다. 사랑의 원천이며 용서의 근원이신 주님께 감사기도드립니다.

저희를 구원하시기 위하여 낡고 허름한 말구유에 오신 주님을 늘 생각하며, 이웃을 위하여 진정한 주님의 사랑을 베풀 수 있는 저희가 되게 하여 주옵소서.

겨울이 되면 더욱 추워하는 사람들이 있습니다. 따뜻한 겨울을 보낼 수 있도록 사랑과 온정의 손길이 넘쳐나게 하여 주옵소서.

예수 그리스도의 이름으로 기도드리옵나이다. 아멘.

존귀 하신 주님! 저희로 주님을 경외하게 하시며, 주님의 말씀으로 세상을 이기게 하신 은혜를 감사합니다. 주님을 찬양하며 주님을 위하여 시간과 예물을 드리게 하시니 감사합니다.

거룩하신 하나님! 저희의 죄악이 크고 중함을 느끼게 하시되, 용서받는 시간이 되게 하옵소서. 악한 때에 악함에 물들어 주님의 빛을 드러내지 못하였고, 믿지 아니하는 이들과 짝하며 믿음의 길을 잃어버렸습니다. 자비로우시고 은혜로우시며 노하기를 더디 하고, 인자하심이 풍부하신 주님, 저희의 못난 모습을 불쌍히 여기시고 용서하여 주옵소서. 저희의 마음이 깨끗하여져서 구속의 노래를 부르고, 감사 찬미하게 하옵소서.

소망을 잃은 사람들을 불쌍히 여겨 주옵소서. 무엇보다도 구원의 주님을 만남으로 주님을 믿고 의지하여 새 생명과 새 평안을 누리게 하여주시고, 하늘의 소망을 갖고 사는 복된 삶이 될 수 있도록 이끌어 주옵소서.

저희의 소망이 오직 주님께 있음을 고백하오니, 주님의 뜻이 무엇인지 깨달을 수 있는 귀한 복을 허락하시고, 주님의 선한 사업에 헌신하며 순종할 수 있게 하옵소서.

기도의 능력을 악마보다 더 확실하게 믿는 자는 아무도 없습니다. 악마는 기도하는 것이 아니라 기도로부터 고통을 받는다는 것을 알고 있기 때문입니다. 그러기에 저희는 기도를 매일 잊지 않고 해야 한다는 것을 잘 알고 있습니다. 그럼에도 어리석은 저희가 주님께 드리는 기도를 소홀이 한 적이 있습니다. 이런 저희를 사랑으로 감싸주시고 저희를 용서하시는 주님 감사드리옵니다.

이 시간 말씀을 통하여 저희에게 향하신 뜻이 무엇인지 알게 하시고, 약하고 상한 심령을 강하게 하시고, 치유하시는 은혜가 있게 하옵소서.

예수 그리스도의 이름으로 기도드리옵나이다. 아멘.

여호와께 돌아오는 자들의 회복을 약속하시고 보장하시는 신실하신 아버지께 감사와 경배를 올려 드립니다. 믿음으로 드리는 예배를 받으셔서 응답이 있는 시간이 되게 하옵소서.

주님! 저희가 주님의 선하신 계획에 순종하지 않았음을 고백하오니, 저희를 긍휼히 여겨 주옵소서. 저희를 죄에서 건지사 성도로 삼으셨으니, 이후로 저희가 죄와 타협하지 않도록 은총 베풀어 주옵소서.

저희가 늙어갈수록 기도를 더 많이 하여야 한다는 것을 알고 있습니다. 그러해야 하나님께 다가갈수록 주님께서 저희를 기쁘게 받아들이실 것이라는 것을 잘 알고 있습니다. 주님 죄 많은 저희가 이 세상을 삶을 멈추고 하나님 곁에서 천국의 기쁨을 맞게 하여 주실 줄 믿습니다.

사랑의 주님! 주님이 가정마다 허락하시는 사랑과 은혜에 감사합니다. 안정되고 평화스러운 가정이 될 수 있도록 축복하여 주옵소서. 가족 중 그 누구라도 질병으로 고생하지 않도록 돌보아 주시고, 다툼이 일어나지 않도록 함께 하시며, 화평이 깨어짐으로 고통스럽지 않도록 인도하여 주옵소서. 계획하는 일마다 평안 가운데서 이루어지게 하시고, 사랑이 넘치는 교제가 활발히 이루어지는 가정들이 되게 하여 주옵소서.

　주님의 보혈로 세우신 이 교회가 말씀이 충만한 교회가 되게 하시고, 주님의 사랑을 본받아 사랑이 식어가는 이 세대에 사랑의 빛을 나타내게 하시기를 원합니다. 이 시간 하나님께서 예비하신 하늘의 복을 충만히 내려 주옵소서. 그리하여 저희들의 마음 문을 활짝 열고 하늘의 복을 받는 시간이 되게 하여 주옵소서.

　예수 그리스도의 이름으로 기도드리옵나이다. 아멘.

저희의 예배를 기뻐하시는 하나님! 저희의 찬송과 영광을 영원히 받으옵소서. 저희와 항상 함께 하신 은혜에 감사합니다. 하나님의 은혜로 성소에 있게 하심을 감사합니다.

세상의 고달픔에 지쳐 고단한 심령으로 주님 앞에 나온 저희들에게 위로의 영으로 오시옵소서. 저희 모두 성령 충만한 사람이 되어 불신앙과 육신의 정욕들을 이겨내는 하나님의 능력 있는 자녀로 살아갈 수 있도록 복을 허락하여 주옵소서. 저희가 세상에서 주님의 증인으로 충성되게 하시고, 저희가 주님의 손과 발이 되어 세상을 변화시키는 역사가 일어날 수 있도록 함께 해 주시기를 간구합니다.

아무리 많이 배우고 들어도 성경의 깨달음이 없으면 아무런 유익이 없습니다. 성경의 주님 말씀에 깨달음이 없으면 어리석음에 머물러 있을 따름입니다. 인간이 가진 지식이 아무리 방대하다 하여도 하나님에 비하면 바닷가의 모래알보다도 못한 지식이며 안다고 한들 하나님께 경외하지 않고는 아무런 유익한 것이 없음을 알고 있습니다. 주님의 말씀인 성경을 읽고 기도하는 것만이 세상의 어떤 것보다 깨달음에 가까워지고 유익하다는 것을 잊지 않게 하여 주시옵소서.

예배를 위하여 여러 모로 봉사하는 손길들을 주님이 복 주시고, 날마다 승리하고 형통케 하여 주옵소서. 저희 성가대의 찬양을 받으시고, 하늘 문을 여시고 저희에게 은혜의 단비를 주옵소서.

저희가 더욱 공교히 찬양할 수 있는 은혜를 더하여 주시며, 저희의 헌신으로 하나님의 영광이 드러나게 하여 주옵소서. 특별히 저희에게 주시는 신령한 말씀들이 꿀 같은 귀한 생명의 만나가 되게 하여 주옵소서. 저희의 심령을 고치는 말씀이 되게 하여 주옵소서. 저희의 삶의 지표가 되게 하여 주옵소서. 귀한 말씀으로 세상을 이기는 권세를 허락하여 주옵소서.

예수 그리스도의 이름으로 기도드리옵나이다. 아멘.

때를 따라 은혜를 주시며, 믿는 자의 주가 되시는 여호와 하나님의 은혜를 감사합니다. 저희들을 눈동자처럼 보호하시다가 또 다시 배로 인도하시니, 은혜가 충만한 시간이 되게 하여 주옵소서.

벌써 결실의 달을 다 보내는 시점에 섰습니다. 저희가 새해를 시작할 때에 주님 앞에 결단했던 기도의 제목들을 상기하게 하셔서 믿음으로 재도전할 수 있는 담대함을 허락하여 주옵소서. 올해의 남은 날들을 주님의 풍성하신 은혜로 채워주시기를 기도드립니다. 사랑으로 동행하여 주옵소서.

이 시간도 주님 앞에 겸손히 머리 숙여 기도하오니, 저희를 긍휼히 여기시고 육신에 필요한 모든 것들뿐 아니라 경건 생활에 있어야 할 것도 충만하게 채워주시기를 원합니다. 저희는 주님이 기르시는 양이오니 주 안에서 평강을 얻기를 원합니다. 주님의 평강으로 안위하시고 굳은 마음으로 세워주옵소서.

은혜의 주님! 이 시간 특별히 간구하옵기는 저희 교회가 복음을 파종하는 일에 힘쓰도록 축복하여 주옵소서. 기도와 구제에도 힘을 써,

머리 되시는 주님의 명령에 순종하는 귀한 교회가 될 수 있도록 이끌어 주옵소서. 날마다 믿음의 역사가 나타나고 증거되는 복된 교회가 되게 하여 주옵소서.

하나님과 동행하면 세상에서 무서울 것이 없습니다. 사탄의 유혹도 세상의 고충도 모두 하나님과 동행한다면 두려울 것이 없습니다.

저희와 늘 함께 하시는 주님. 이 세상에 어려운 것이란 저희들이 마음이 하나님을 떠난 것이며, 하나님은 저희와 늘 함께 동행하고 계심을 기억하고 있습니다. 이런 저희를 용서하시고 저희의 기도를 기쁘게 받아주시는 하나님. 감사합니다.

예수 그리스도의 이름으로 기도드리옵나이다. 아멘.

십자가의 사랑을 보여주신 주님! 지난 시간 동안도 주님의 십자가의 은혜 속에서 평안함과 안식을 누리면서 지내다가 이 시간 주님께 예배와 기도의 시간을 주심을 감사드립니다. 저희를 빛과 생명의 자리로 옮기신 주님의 구속의 은혜를 찬양하고 영광 돌리게 하여 주옵소서.

은혜로우신 하나님 아버지! 세계 평화유지군들을 위해 기도드립니다. 그들이 한자리에 모여서 주님께 감사의 예배를 드릴 수 있는 시간을 주심을 감사하옵나이다. 주님! 그들을 위로하시며 그 심령에 하나님을 모시는 귀한 시간이 되게 하여 주시옵소서. 저희들은 그들의 수고로 말미암아 자유와 평화를 누리고 있사옵나이다.

저희들이 잠자리에 들 때에도 젊은 군인들은 초소에서 매복지에서 뜬눈으로 경계에 임하여야 합니다. 주님께서 특별히 젊은 군인들에게 은혜 베푸셔서 건강하게 군복무를 잘 감당케 하여 주시옵소서. 전우 간에 위로하며 뜨거운 사랑으로 맺어지게 하셔서 즐거운 병영생활이 되게 하여 주시옵소서.

하나님 아버지! 군인들을 지휘하는 군 지휘관들을 기억하시며 어렵고 힘든 일을 잘 감당할 수 있도록 건강과 지혜와 총명을 주시옵소서. 지혜로운 전술 전략을 개발케 하시며 부대 운영을 잘 감당하게 하여 주시옵소서. 특별히 부대장과 장교들의 명석한 판단력과 지휘 통솔력을 풍성히 허락하여 주시옵소서. 주님! 군 선교 사업에 종사하는 군목과 군종들에게도 은혜를 더하여 주시옵소서. 장병들에게 하나님의 사랑을 힘써 전하며 사명을 완수하게 하시옵소서.

거룩하신 하나님! 하나님의 사랑을 받고 살아가는 저희들이 부끄럽지 아니하도록 가정에서 성실하게 하시고, 사회에서 담대한 성도들이 되게 하여 주옵소서. 하나님이 주시는 귀한 은혜로 세상을 이길 수 있는 복을 허락하여 주옵소서. 또한 저희로 성도의 본분을 잘 감당하게 하시고, 저희의 삶이 하나님께 드려질 수 있도록 인도하여 주옵소서.

사랑의 하나님! 이 예배를 통하여 하나님의 거룩한 뜻을 온전히 깨닫는 시간이 되게 하여 주시고 성령님께서 저들의 마음과 뜻을 온전히 주장하사 아버지만을 향하게 하여 주옵소서. 저희의 마음을 정결하게 하셔서 하나님을 뵐 수 있는 복을 허락하여 주옵소서. 하나님께 기도드릴 때에 하나님 귀 기울여 들어주시고 응답하여 주옵소서. 놀라운 하나님의 사랑을 체험할 수 있는 귀한 믿음을 허락하여 주옵소서.

오늘도 생명의 말씀으로 저희를 붙들어 주옵소서. 구원의 복음을 힘 있게 선포하실 수 있도록 이끌어 주옵소서.

예수 그리스도의 이름으로 기도드리옵나이다. 아멘.

24일

할렐루야! 구하는 자에게 응답하시며 모든 두려움에서 건지시는 하나님의 크신 은혜를 찬양합니다. 이 시간 은혜 충만하게 하옵소서. 곤고한 자들이 부르짖을 때마다 들어주시며, 환란을 만난 자들에게 구원자가 되신다고 하셨으니, 위로와 응답으로 임하옵소서.

그동안의 허물과 죄악을 고백하오니 용서하여 주옵소서. 혀를 악에서 금하게 하옵소서. 입술을 궤사한 말에서 금하게 하옵소서. 악을 버리고 선을 행하게 하여 주시고, 화평을 찾아 따르게 하여 주옵소서. 여호와의 눈은 의인을 향하는 줄 믿습니다. 마음이 상한 자에게 가까이 하시는 줄 믿습니다. 중심에 통회하는 자를 구원하시는 줄 믿습니다. 저희들에게 은혜를 주시어 의인의 반열에 서게 하여 주옵소서.

은혜와 진리가 충만하신 하나님! 웃는 자와 함께 기뻐하게 하시며, 우는 자들과 함께 슬퍼하게 하여 주옵소서. 조롱하는 자를 용서하며, 비방하는 자에게 인내하게 하여 주옵소서. 선으로 악을 이기게 하시고, 사랑으로 미움을 극복하게 하옵소서. 억울한 순간들마다 십자가 달리신 예수 그리스도를 바라보게 하옵소서.

저희는 때로 잘못을 하여 피할 처소를 찾을 때가 있습니다. 세상에서 핍박받을 때에 하나님은 저희의 영원한 피난처가 됩니다. 하나님의 영원한 피난처는 하나님의 허락 없이는 누구도 들어올 수 없는 피난처이기에 저희는 안심할 수가 있습니다. 저희가 피난처에 갈 수 있는 방법은 단 한 가지밖에 없음도 잘 알고 있습니다. 그것은 오로지 주님을 향한 강력한 믿음과 기도밖에는 없음을 말입니다.

주님. 저희에게 피난처를 허락하여 주신 주님, 늘 함께 주님과 함께 있을 수 있는 방법은 기도이기에 오늘도 주님 전에 나와 기도드리옵니다.

사랑하는 성도들을 사단의 시험에 빠지지 않게 하시고, 사람의 유혹에 넘어가지 않도록 지켜 주옵소서. 상한 심령마다 생수 같은 말씀으로 위로받게 하옵소서.

예수 그리스도의 이름으로 기도드리옵나이다. 아멘.

은혜의 하나님! 분주한 세상 소리에 주님의 음성을 듣지 못했고 화려한 세상의 환경에 영의 눈이 어두웠습니다. 이 시간 주님께 왔사오니 몸도 마음도 영혼도 씻어 주옵소서. 지금 드리는 예배가 습관과 형식에서 벗어나 신령과 진정으로 드리는 영적인 예배가 될 수 있도록 도와주옵소서.

존귀하신 주님! 저희를 존귀하신 주님의 자녀로 삼아 주님의 전으로 불러주신 은혜에 감사하는 심정으로 저희의 이웃들을 돌아볼 수 있는 믿음을 허락하여 주옵소서. 저희의 삶이 주님께 드려지는 예배가 되게 하여 주옵소서. 저희의 모난 성품을 변화시키시고 저희의 마음에 주님의 사랑이 넘쳐나도록 복을 내려 주옵소서.

또한 이 세대에 진리를 찾고자 안타까워하는 심령들을 주님께로 인도할 수 있도록 지혜를 더하여 주옵소서. 저희의 입술이 주님의 사랑을 증거하기를 원하오니 주장하여 주옵소서. 저희의 발길이 닿는 그 어디에서나 주님의 복음을 증거 할 수 있도록 인도하여 주옵소서.

세상에서는 자기를 최대한 부각시켜야 출세를 합니다. 그러나 하나님 나라에서는 자신을 죽여야만 인정을 받습니다. 이 세상에서 출세하는 것은 순간이지만 하나님 나라에서 출세하는 것은 영원한 것입니다. 자신을 높이는 사람은 하나님 나라에 갈 수가 없음을 저희는 잘 알고 있습니다. 때로 세상의 출세에 어두워 잠시 주님을 잊고 사는 어리석은 죄를 지었습니다. 그러나 사랑이 많으신 주님은 저희가 속죄하고 반성하는 기도를 언제든지 들어주십니다.

영원한 평안을 주시는 하나님 감사합니다. 영원한 안식처로 저희를 인도하여 주시는 주님께 저희가 할 수 있는 것은 오로지 주님을 향한 감사기도밖에는 없음을 잘 알기에 오늘도 주님 전에 나와 감사기도 드립니다.

이 시간 주님의 성령의 권능으로 인도하시고 저희에게 귀한 말씀이 들려질 때마다 성령님께서 저희와 동행하시고 저희의 삶에 친히 간섭하심을 체험하는 귀한 시간이 되게 하시며, 믿음의 좋은 씨앗이 될 수 있도록 인도하여 주옵소서.

예수 그리스도의 이름으로 기도드리옵나이다. 아멘.

사랑의 하나님! 이 귀한 시간에 하나님의 전에 나와 하나님을 찬양하고 기도할 수 있는 자리로 이끌어주신 은혜에 감사합니다.

저희의 기도에 응답하여 주옵소서.

산 소망이 되신 주님. 저희가 주님을 경외함으로 세상을 이길 수 있는 귀한 복을 허락하여 주옵소서. 오직 주님만이 저희의 산성이요 저희를 구원하실 분이심을 고백하오니, 저희를 지켜 주옵소서. 저희의 삶을 주님께 맡기며, 저희의 미래 또한 희망과 확신으로 가득 찰 수 있도록 인도하여 주옵소서.

기쁨의 근원이 되시는 하나님! 저희에게 주님을 알게 하신 은혜를 감사합니다. 저희에게 주님을 찬양하게 하심을 감사합니다.

저희에게 주님을 사랑하게 하심을 감사합니다. 저희를 주님의 권위에 순종할 수 있는 귀한 믿음을 더하여 주옵소서. 저희로 주님만을 사모하며 주님만을 찬양할 수 있는 귀한 복을 허락하여 주옵소서.

주님의 평안을 찾기 위해 저희는 세상이 힘들수록 주님의 평안함을 구하게 됩니다. 세상이 주는 평안은 일시적일 수밖에 없습니다. 그러나 주님이 주시는 평안은 영원한 것을 저희는 잘 알고 있습니다. 주님 저희를 기도를 기쁘게 받아 주시어 영원한 평안을 주시옵길 간절히 간구합니다.

거룩하신 주님! 저희가 주님이 주시는 귀한 기쁨을 믿지 않는 영혼들과 나눌 수 있는 기회를 허락하심으로 주님의 나라가 더욱 확장될 수 있는 복을 허락하여 주옵소서. 저희에게 오신 기쁨의 주님을 증거할 때마다 성령의 역사하심으로 동행하여 주시기를 간구합니다.

저희의 삶을 주님께서 친히 주장하시기를 간구하며, 거룩하신 예수 그리스도의 이름으로 기도드리옵나이다. 아멘.

할렐루야! 거룩하신 하나님. 이 시간 저희의 모임에 성령을 허락하사 성결하게 하여 주옵소서.

낮은 자를 돌아보시는 주님. 저희가 회개하는 마음으로 기도하오니 용서하여 주시고, 은혜를 사모하게 하여 주옵소서. 겸손히 구하오니 저희에게 필요한 지혜와 힘과 권능을 은사로 내려 주옵소서.

소망이 되시는 주님! 주님께서 친히 만드신 가정마다 지켜주셔서, 이 혼란스럽고 앞길을 분별하기 어려운 시대 속에서도 평안을 잃지 않게 하시고 희망을 포기하지 않도록 인도하여 주시기를 원합니다.

경제 침체로 인하여 심한 슬픔 속에 빠져 있는 심령들을 주님의 은혜로 건져 주시고, 가뭄에 단비가 내리듯이 주님의 자비와 은총으로 봄날의 아름다운 꽃과 같이 생기가 가득한 사회가 되게 하여 주옵소서.

이 세상을 살면서 고난은 마이너스가 아닙니다. 오히려 마이너스를 플러스로 바꿀 수 있는 기회입니다. 신앙의 연단도 영이 더욱 성숙할 수 있는 기회를 주시는 주님의 은혜라는 것을 알아야 합니다.

기도로 응답을 바로 바라는 것은 익지 않은 과일을 먹는 것과 같습니다. 주님께서 기도의 때를 지정하여 주심을 알아야 합니다. 저희가 원하는 때보다는 주님의 원하시는 때를 기다리는 신앙을 하여야 합니다. 깊고 넓으신 주님의 뜻을 저희가 판단하는 어리석은 신앙은 사탄에 유혹에 빠지기 쉽습니다.

저희 교회로 하여금 이 땅의 피곤한 인생들에게 위로와 치유를 베푸는 소금과 빛의 역할을 감당하게 하시고, 교회의 지체된 저희가 바른 신앙, 성령의 능력으로 무장하여 가뭄으로 타들어 가는 영혼의 밭에 해갈의 기쁨을 주는 단비가 되게 하여 주옵소서.

말씀의 증거인 성령의 단비를 내리사 주님의 말씀으로 해갈되어지는 역사가 일어나게 하옵소서. 주님께 몸을 드려 헌신하는 모든 이들의 수고가 주 안에서 헛되지 아니하고, 주님의 향기가 나타나게 하옵소서.

예수 그리스도의 이름으로 기도드리옵나이다. 아멘.

자비하신 주님. 주님 지금도 죄를 짓고 감옥에 가 있는 불쌍한 영혼들을 살펴주소서.

그들이 어리석음을 일깨워주시어 다시는 죄를 짓지 않게 하여 주시옵소서. 주님 안에서의 삶이 얼마나 축복인가를 알려주시어 그들의 가정으로 무사히 돌아갈 수 있게 은혜를 베풀어 주시옵소서. 인간의 법보다 하나님의 율법이 더 무서움을 일깨워 죄를 범하지 않게 인도하여 주시옵소서. 바울처럼 어느 곳에 있든 하나님을 찾고 기도하는 삶의 행복을 알려 주소서.

세상의 모든 죄를 사하여 주시기 위해 저희를 대신하여 십자가에 돌아가신 주님을 알게 하여 주시어 그들이 출소 후에는 하나님 성전에서 기쁨의 기도를 할수 있도록 은총 주시옵길 간구합니다.

사랑의 하나님 아버지!

죄를 지어 교도소에 있는 죄인들을 위해 기도합니다. 주님, 한때 잘못으로 인하여 교도소 담장 안에 있는 형제들을 위해 기도드립니다. 이 형제들이 교도소에서 신체적으로 제약이 많고 부자유스러운 생활을 하고 있으나 마음에는 평안이 있게 하소서.

그들에게 중요한 것은 어떤 일을 만났냐는 것이 아니고 그 일을 어떤 태도로 받아들이느냐는 사실을 알게 하소서. 그리스도께서는 십자가 위에서도 사랑을 시행하시며 축복을 베푸셨나이다. 담 밖에 있는 가족들을 지켜주셔서 기쁨으로 만날 수 있는 날을 기다리며 위로를 나눌 수 있게 하소서.

주님! 그들의 형편이 세상의 표준으로 불우하다고 할 수밖에 없으나 오히려 더 큰 유익이 있게 하소서. 다시는 과오를 범하지 않겠다는 다짐을 새롭게 하시며 자유의 소중함을 깨달아 그곳에서 생활이 끝나면 육신의 자유를 잃을 일이 다시는 없게 하옵소서. 같이 고생하는 동료들의 사정에도 관심을 가질 수 있는 마음을 주소서. 넓은 의미에서 배우는 기회가 되게 하소서.

교화 업무에 종사하는 이들을 지키소사 피곤함을 씻어 주시고 부드러운 마음을 주셔서 이 형제들을 친절함으로 대하게 하소서. 그 친절함에 감화되어 새롭게 되는 분들이 늘어나게 하소서.

주님! 이와 같은 담장 안의 장소들이 하나둘씩 사라져서 이 장소가 학교나 그 밖의 좋은 목적을 위해 쓰일 수 있는 날이 속히 오도록 하시옵소서. 또한 죄를 지어 영어의 몸으로 갇혀있는 것을 안타까워하는 그들의 가족들에게도 건강과 희망을 잃지 않게 하시고 그들의 가정에도 주님의 은총으로 행복한 성가정이 되도록 도와주시옵소서.

이 모든 말씀 예수 그리스도의 이름으로 기도드리옵나이다. 아멘.

저희의 구원의 능력이신 하나님 아버지! 오늘 이렇게 영광스러운 주님의 교회를 위하여 헌신 봉사할 충성된 종인 장로를 세우게 하시니 감사합니다. 호렙산 아래서 방황하는 이스라엘 백성을 지도할 믿음의 기둥들을 세우신 그대로 오늘 많은 교인들 중에서 특별히 이들을 선택하여 이 교회의 장로로 세워 임직을 받게 해 주심을 진심으로 감사드립니다.

하나님 아버지! 이제 기름 부어 세우실 종들에게 성령의 기름 부으심이 충만케 해 주옵소서. 힘으로도 능력으로도 말게 하옵시고, 오직 하나님께 힘입어 교회를 섬기도록 권능을 덧입혀 주옵소서. 세움을 받은 저들이 섬김을 받으려 하지 않게 하시고 많은 사람을 위하여 섬기는 자들이 다 되게 해 주옵소서. 귀한 직분을 맡은 만큼 책임도 무겁사오니 인간의 지식과 힘이 아닌 성령에 힘입어 지혜와 겸손과 충성으로 교회를 받들게 하옵소서.

그리고 하나님의 원하시는 뜻이 무엇인지를 바로 보는 영안을 갖게 하시사 죽도록 충성을 다짐하는 시간이 되게 해 주시옵소서. 주님의 사역에 동참코자 할 때마다 어려움이 뒤따르고 십자가를 짊어져야 하는 고난이 때로는 있을 수 있으나 그때마다 엘리야처럼 기도로 극복할 지혜와 힘을 주시고 교회를 위해 봉사할 때에 여호수아와 갈렙같이 성도들을 승리와 성공으로 인도하게 하옵소서.

또한 이들이 이 놀라운 직무를 수행하기에 필요한 은총의 손길을 베푸사 가정적인 축복과 사업적인 축복을 더하시며 건강의 축복과 심령의 윤택을 더하여 주시고 자녀들도 주님의 길로 바로 가는 은혜를 베풀어주시옵소서. 인간의 명예나 영광을 위해서가 아니라 하나님의 영광과 하나님의 거룩한 뜻의 완성을 위하여 바치오니 활용하사 뜻만 이루어 아버지의 일이 부흥케 하옵소서. 이들을 통하여 이 교회가 과거에 하지 못했던 놀라운 일들을 해낼 수 있도록 능력을 칠 배나 더 하옵소서.

하나님, 이 세상이 죄로 관영하였습니다. 저마다 자신의 영광과 안락을 추구합니다. 이러한 때, 저희 국가가 방향감각을 찾을 수 있게 하시고, 모든 교회가 영적으로 쇠퇴하지 않도록 붙잡아 주옵소서. 그러기 위해서 먼저 그리스도인들이 자신을 갈고 닦는 데 힘쓰며, 매일의 생활이 자제와 절제의 생활로 일관되게 하옵소서.

예수 그리스도의 이름으로 기도드리옵나이다. 아멘.

의의 길로 인도하시는 하나님, 크신 섭리와 은혜 가운데 저희를 인도하시는 하나님, 저희에게 복된 가정을 허락하심을 감사드립니다. 먼저 가정 안에서 천국 시민으로서의 영광에 찬 생활을 향유할 수 있게 하옵소서. 온 식구의 마음과 뜻과 혼이 하나가 되는 복되고 즐거운 집이 되게 하옵소서. 불화와 갈등의 요인들이 주님께서 세우신 가정의 윤리와 법도 안에서 다 소멸되게 하옵소서.

지극히 거룩하신 하나님 아버지!

꽃처럼 예쁘고 사랑스럽고 귀여운 어린 아이들을 이처럼 성별해 주시니 감사합니다. 아버지께서 말씀하시기를 "어린 아이들이 가까이 오는 것을 금하지 말라(누가복음 18장 16절)"고 하시며 "누구든지 어린 아이들처럼 하나님 나라를 받들지 않고서는 하나님 나라에 갈 수 없다(누가복음 18장 17절)"고 말씀하신 아버지 하나님! 그러한 어린 자녀들을 많이 불러주셔서 유아세례를 받게 하심을 감사하오며 아버지의 섭리와 사랑을 인하여 찬양을 드리옵니다.

어린 아이들이 예수 그리스도의 피로 씻음 받고 성령의 새롭게 하는 은혜를 받아 지혜와 키가 자라가면서 하나님과 사람들에게 사랑을 받게 해 주옵소서.

아이들이 온전한 주님의 도구가 되기까지 쉬지 않고 기도하며 그리스도의 말씀과 은혜로 양육하기를 다짐하는 부모들의 믿음을 주시옵소서. 아이들은 하나님이 주신 선물임을 생각하고 인간의 욕심을 따라 양육치 말고 하나님의 율례와 법도로 훈계하며, 말씀으로 양육하여 하나님의 자녀로 키우는 책임을 다하는 부모님들이 되게 하옵소서.

어린 심령들이 부모님들의 기도 속에서 성령의 능력 안에서 믿음이 더욱 성장해 그리스도를 닮아가게 하시고, 모세나 디모데처럼 에스더나 룻처럼 훌륭한 하나님의 사랑으로 쓰임 받게 하옵소서.

어린아이와 같은 순수하고 겸손한 신앙을 원하시는 주님, 저희가 주님을 바로 따르기 위해 버려야 할 것이 무엇인지 때마다 일마다 자세히 가르쳐 주옵소서. 주님이 보시기에 부족한 것이 무엇일까 늘 생각할 수 있는 의식을 갖게 하여 주옵소서.

의의 길로 인도하시는 하나님 아버지, 저희가 예수 그리스도를 믿으면서도 세상을 좋아하기 때문에 세상 것을 놓지 않으려고 근심하며 슬퍼할 때가 많습니다. 성령이여 저희를 도우사 자신을 비우는 자, 정함 없는 세상의 재물에 소망을 두지 않고 하나님 나라에 소망을 두는 자가 되게 하옵소서.

예수 그리스도의 이름으로 기도드리옵나이다. 아멘.

사랑과 은혜가 풍성하신 아버지 하나님! 하나님의 은혜를 감사드립니다. 하나님께서 이곳에 주님의 교회를 세우시고 주님의 사업을 위하여 일꾼들을 또한 세우심을 감사합니다.

세우신 일꾼들이 주님의 교회를 위하여 봉사하며, 부르신 하나님께 충성하며, 맡겨진 바 하나님의 자녀로서의 사명을 감당하도록 힘과 능력과 지혜와 담대한 믿음을 주옵소서.

저희 교회에 세운 모든 직책들도 초대 예루살렘교회 일곱 집사와 같이 믿음과 지혜와 성령이 충만한 직원들이 되게 하여 주시고 교회의 모든 사업을 내 일같이 헌신 봉사함으로써 충성하게 도와주옵소서. 행여나 저희 교회 직책 가운데 니골라와 같은 직책이 나오지 않도록 인도하여 주옵소서.

하나님 아버지!

먼저 주님의 교회에 세운 직책들의 신원과 가정을 축복하여 주시어 몸 된 교회를 위하여 봉사하는 일에 조금도 지장되는 일이 없도록 하여 주시고, 기쁨과 즐거움 가운데 죽도록 충성하는 일꾼으로 삼아 주시어 마지막 날에 생명의 면류관을 쓰고 주님을 만나는 축복을 허락하여 주옵소서. 부르신 자를 강하게 하시는 주님 감사합니다.

심판주 되시는 하나님. "이러므로 너희도 준비하고 있으라 생각하지 않은 때에 인자가 오리라(마태복음 24장 44절)" 말씀하셨습니다.

세상 끝날까지 저희와 함께 하시겠다고 약속하신 주님, 주님의 섭리보다는 인간의 생각을 앞세우고, 하나님 나라의 영광보다는 교회의 화려함을 보아온 죄인을 용서하여 주옵소서. 저희의 영을 강하게 하사 더 이상 겉으로 드러나는 화려함과 웅장함에 마음을 빼앗겨 보다 중요한 것을 올바로 바라보지 못하는 경우가 없게 하옵소서.

심판주이신 하나님 아버지, 기근과 지진, 거짓 선지자와 사리사욕의 위정자로 성도들의 박해 등 말세의 징조를 봅니다. 주님, 이러한 때에 미혹에 빠지지 않도록 붙잡아 주시고 끝까지 참고 견딜 수 있는 힘을 주옵소서.

주 하나님, 갈수록 세상 일로 많이 얽혀 있어 신앙생활이 큰 위기에 처하게 됨을 괴로워합니다. 나라가 번영하고 교회가 부흥할수록 오히려 영적인 침체가 옴을 절감합니다. 아버지, 이러한 때에 성도의 사랑이 깊어지고 성도가 서로 돕고 보살피게 하시며, 복음 전파에 힘쓰고, 저 악한 종들처럼 살지 말고 재림 희망의 신앙을 간직하며, 욕심에 취하지 않고 방탕하지 않게 하옵소서.

예수 그리스도의 이름으로 기도드리옵나이다. 아멘.

기적이 일어나는
365
매일기도문

11월
기도문

기도의 역사가 일어나지 않는 것은
기도 횟수가 작아서 안 생기는 것이 아니라
기도를 하면서 기도를 의심하는 것이다.

은혜와 사랑이 풍성하신 여호와 저희들의 아버지 하나님이시여! 오늘도 거룩하고 복된 주님의 날입니다. 시간마다 저희들로 하여금 경건되게 예배하게 하시고 하늘에서 영혼의 만나를 적절하게 내려주시니 진실로 감사합니다.

인류의 역사는 에덴에서 시작하여 현재에 이르기까지 하나님께 영광을 돌리기보다는 범죄의 연속이었습니다. 주님께서 저희를 참아주셔서 더럽고 무거운 죄의 짐을 진 채로 감히 이 예배의 자리에 나아와 머리를 숙였습니다.

저희들이 겨자씨보다 작은 믿음이기 때문에 세상에서 사는 동안 피 흘리기까지 싸우지 못하였습니다. 힘을 다하여 사탄의 유혹을 극복하려고 했지만 믿음의 흰 세마포가 더러워졌습니다. 주님의 찢기시고 얼룩지신 상처를 안고 주님 앞에 나아왔습니다. 예수 그리스도의 피로 눈과 같이 희게 씻어주시고 아픔을 싸매어 주시옵소서.

사랑의 하나님 아버지!

간절히 구하옵기는 점점 추워져가는 계절 속에서 소외당하고 결식하는 많은 독거노인들과 노숙자들을 위하여 기도하오니 그들에게 더

나은 환경들을 열어주시옵소서. 스스로 고난을 이겨내고 일어나는 특별한 능력들을 부어주시옵소서.

전능하신 하나님 아버지!

이 시간에 예배를 돕는 많은 사역자들을 위하여 기도하오니 주님께서 크신 은총으로 함께하여 주옵시고 또한 이름 없이 빛도 없이 주님의 몸 된 교회를 섬기는 이들의 영혼 속에 크신 평강으로 임하여 주시옵기를 구하옵나이다.

저희들이 연초에는 뜨거웠던 믿음의 열정들이 이제 많이들 식어지고 나태해진 듯하오니 다시금 새롭게 맘을 추스르고 믿음의 끈을 동이는 은총을 베풀어주시옵소서.

어려운 성도들에게 날마다 필요한 모든 것들이 넘쳐나는 은총을 베풀어 주시옵기를 구하옵나이다. 저희들의 영혼 속에도 날마다 새로운 능력의 말씀이 귀하게 깨달아지게 하옵시고 주님의 말씀을 실천하여 승리할 수 있는 능력을 주시옵소서.

이 시간도 이 예배 가운데 충만하게 임재하신 좋으신 하나님 아버지 홀로 큰 영광 받으시옵길 비오며, 저희 죄를 사하여 주시기 위하여 십자가 위에서 피 흘려주신 좋으신 저희 구주 예수 그리스도의 이름으로 기도드리옵나이다. 아멘.

생명의 원천이신 하나님 아버지! 말씀으로 천지를 창조하시고 오늘도 살아 계셔서 영원토록 존귀와 영광을 받으실 아버지 하나님께 찬송과 경배를 드립니다.

지난 시간도 말씀대로 살기에 힘썼지만 연약한 인간이기에 또 넘어지고 쓰러지고 죄를 지은 모습으로 아버지 앞에 와서 자백하오니 용서하여 주시옵소서.

아버지께서는 "의인을 부르러 온 것이 아니요 죄인을 부르러 왔노라 (마가복음 2장 17절)"고 말씀하셨습니다. 그 말씀을 의지하여 이 시간 기도하오니 저희의 죄를 깨끗하게 씻어 주시고 정결한 마음으로 정성을 다하여 예배드릴 수 있도록 성령 하나님께서 역사하여 주시옵소서. 성령 안에서 새 힘을 주시옵소서.

하나님 아버지!

저희 교회를 오늘날까지 사랑하시고 복을 주심을 진심으로 감사를 드립니다. 하나님의 교회가 날마다 질적으로 양적으로 부흥하는 축복을 주시기를 간구드리오며 또한 날마다 선교의 지경이 확장되는 축복을 주실 줄 믿습니다. 주님께서 성도들의 가정과 직장과 사업장마다 큰 복을 주시고 믿음으로 승리케 하여 주시옵소서.

그리고 성도들의 영혼이 말씀으로 변화되고 평안 가운데 날마다 복음이 증거되는 축복을 허락하여 주시옵소서. 환란에 처한 성도들이 바울과 실라처럼 기도와 찬양으로 빌립보 감옥 같은 고난과 어려움들을 이기고 빛과 소금으로서의 사명을 감당하도록 능력을 주시옵소서.

이 나라 이 인류를 이끌어 가는 많은 위정자들이 주님의 능력으로 이 나라 국정을 이끌어 갈 수 있도록 솔로몬의 지혜를 베풀어 주시고 또한 넘치는 주님의 은혜를 베풀어 주시어 날마다 나라가 평안으로 찬양케 하여 주시옵소서.

전능하신 하나님 아버지!

예수 그리스도의 이름으로 기도드리옵나이다. 아멘.

말씀으로 천지를 창조하시고 만물을 다스리시는 하나님 아버지!

주님의 은혜로 이 하루도 오직 감사와 찬미로 예배드리게 됨을 진심으로 감사드립니다. 주님의 측량할 수 없는 광대하심과 놀라우신 능력을 찬양드리오며 한량없는 사랑과 자비로우심으로 독생자 예수 그리스도를 통하여 저희 죄를 용서받았음을 또한 감사드립니다.

영원히 죄로 인하여 죽었던 저희들을 이렇게 구원하실 뿐만이 아니라 하나님의 자녀로서 특권을 누리며 살게 해주심을 진심으로 감사를 드립니다.

뒤돌아보니 저희들의 모습이 거룩하지 않고 죄인의 모습을 따라 살아갈 때가 너무나도 많지만 그래도 끝까지 낙심치 않고 감사함으로 기도하는 삶으로 주님께 나아감은 예수 그리스도의 보혈의 공로에 의지함이니 저희들의 허물과 죄악된 모습을 용서하여 주시고, 성령의 충만한 은혜로 말미암아 하나님을 경외하는 아름다운 믿음의 삶을 살아갈 수 있도록 능력을 더하여 주시옵소서.

죄인 된 저희 자신에게는 하나님의 사랑을 받을 만한 선함이 없음에도 하나님의 무한한 사랑이 저희들을 감싸고 계심을 감사드립니다. 성령님! 이 시간도 저희 안에 충만히 임재하셔서 하늘 축복의 실체를 맛보게 하시옵시고, 그로 인해 저희들 안에 하나님의 사랑이 넘쳐 흘러 겸손한 삶으로 선한 일들을 찾아 행하게 하시고, 이 땅에 살면서도 항상 영원한 생명을 은총을 누리게 하옵시고 날마다 찬양하는 삶을 살게 하옵소서.

사랑하는 하나님 아버지!

오늘 이 시간에도 예배 가운데 말씀의 감동과 성도 간의 교제가 뜨거워지게 하시며 성령 안에서 풍성한 주님의 사랑을 체험케 하시옵소서.

살아 있는 영으로 드리는 아름다운 찬양과 기도로써 주님을 대할 때 저희들의 마음이 오직 주님만을 바라보게 하여 주시고, 예배 가운데 선포되는 주님의 귀한 말씀을 통해 저희들이 미처 깨닫지 못했던 과오들을 생각나게 하셔서 회개하여 주님 보시기에 합당한 열매를 맺는 삶을 살 수 있도록 도와주시옵소서.

저희들이 드린 간구 이상으로 더 좋은 것들을 예비하시고 허락하실 것을 믿사오며, 이 모든 말씀을 예수 그리스도의 이름으로 기도드리옵나이다. 아멘.

은혜로우시고 자비하신 하나님 아버지! 지금까지 입을 것, 먹을 것을 주시고, 베풀고 나눌 수 있도록 은혜 주신 것을 감사하오며, 또한 이토록 풍성한 결실을 얻을 수 있도록 복 주신 은혜를 감사하며 주님께 예배로 드리옵니다. 이 시간 저희들이 정성을 모아 드리는 이 예배를 받아 주시옵소서.

지난날을 돌이켜보건대, 하늘의 신령한 은혜와 양식보다 세상의 썩어질 양식을 구하였으며, 주님이 주신 귀한 은사와 복을 주님의 몸 된 교회를 섬기고, 이웃과 나누고 베푸는 데 쓰기보다는 저희의 자신의 만족과 쾌락을 위해 더 많이 썼으며, 감사보다 불평이 많았던 것 이 시간 주님의 보혈로 정케 하여 주시고 용서하여 주시옵소서.

복 주시기를 즐겨 하시는 하나님 아버지! 오늘 저희들이 드리는 감사의 예물을 기뻐 받으시기를 원하오며, 더욱 감사의 조건이 늘어가는 귀한 믿음이 되게 하여 주시옵소서. 그리하여 삶 속에서 소중한 열매를 더욱 더 많이 주님 앞에 드리게 하시옵소서.

자비하신 하나님 아버지! 돌아보건대, 저희 주변에 추수할 영혼들이 많이 있는데 그동안 영혼의 추수에 대하여 너무나 태만했던 저희들이었습니다. 이제는 더욱 영혼의 추수에 마음을 쏟을 수 있는 저희들 되게 하여 주시옵소서. 한 영혼이라도 더 주님께로 돌아올 수 있도록 생명의 복음을 힘써서 전파하는 저희들 되게 하여 주시옵소서.

긍휼이 풍성하신 하나님 아버지!

뜻하지 않은 재난으로 말미암아 일 년 동안 땀 흘려 지은 농사를 빼앗겨 버린 농민들을 기억하시고 긍휼을 베풀어 주시옵소서. 아픔을 딛고 새로 일어설 수 있는 용기를 더하여 주시고, 주님을 알지 못하는 이들에게는 믿음의 눈으로 만물을 조성하시고 다스리시는 창조주 하나님을 확실히 만나는 계기가 되게 하여 주시옵소서.

예수 그리스도의 이름으로 기도드리옵나이다. 아멘.

주님, 저희가 회개하는 삶을 살 수 있도록 도와주시옵소서. 회개는 저희 자신이 가는 길을 근본적으로 돌이키는 것을 의미합니다. 그리고 하나님 중심의 삶을 살아가는 것이라 알고 있습니다. 주님의 교회에서 모든 성도가 하나가 되어 회개하고 주님의 품 안에서 행복한 삶을 살 수 있도록 은혜 내려주심에 감사드립니다.

천사는 베드로를 감옥에서 나오게 하였지만, 천사를 나오게 한 것은 기도였다는 것을 알고 있습니다. 주님. 사랑합니다. 주님 찬미합니다. 오직 저희 주님만이 저희를 구원하여 주실 수 있음을 믿습니다. 항상 저희 곁에서 저희를 지켜주시는 주님. 저희는 주님의 은혜에 드릴 수 있는 것은 감사기도밖에 없사오니 주님 저희의 기도를 기쁘게 받아주옵소서.

때를 따라 은혜의 단비를 내려 주시고 보살펴 주시는 주님의 은혜와 사랑을 감사드립니다. 특별히 오늘은 예배를 드릴 수 있도록 은총을 베푸시니 감사드립니다. 이 시간 형식적으로 감사의 물질만 드리는 것이 아니라, 저희의 온 맘을 다 바쳐 주님을 기쁘시게 하는 은혜의 시간이 되게 하여 주시옵소서.

이 시간 특별히 간구하옵기는 저희 교회가 복음을 파종하는 일에도 힘쓰며, 기도와 구제에도 힘을 써서 주님의 명령에 순종하는 귀한 교회가 될 수 있기를 원합니다. 오직 주님의 영광만을 위하여 주님의 형체를 드러내기에 부족함이 없는 교회가 되게 하시옵고, 생명을 건지는 일에 최선을 다하는 복된 교회가 되게 하시옵소서.

목마른 영혼마다 생수가 되는 은혜의 말씀이 되게 하여 주시옵소서. 찬양으로 영광 돌리는 찬양대를 기억하시고, 입술의 찬양만이 아닌 영혼의 찬양이 될 수 있도록 성령께서 도와주시옵소서.

언제나 함께하시고, 이끌어 주시는 예수 그리스도의 이름으로 기도 드리옵나이다. 아멘.

용서의 하나님! 지난 주일간도 주님의 도우심 아래 안전하게 지내게 해주시다가 주님의 전으로 다시 불러주신 은혜에 감사합니다.

저희가 이 세상을 살아가는 동안에 시험과 환란 중에 주님을 망각하는 일이 없도록 도와주시고, 영적으로 건강하게 하여 주시고 육체적인 건강이 전부가 아님을 깨닫게 하여 주옵소서. 또한 물질의 축복이 전부가 아님을 깨닫게 하여 주옵소서. 믿음으로 부요케 하여 주시고, 주님을 아는 지식으로 충만하게 하여 주셔서 지혜롭고 겸손하게 하시고, 높아질수록 낮아지고, 가질수록 사랑을 베풀 수 있는 저희가 되게 하여 주옵소서.

세상이 어둡다고 탓하지 않게 하시고, 세상의 죄악과 부딪치는 어려움으로 하나님을 원망하지 않게 하여 주옵소서. 섬기는 본분을 지키게 하시고 성도다운 삶의 자세로 저희의 자리를 지키게 하여 주옵소서. 저희의 의지와 노력으로 고쳐지지 않는 성품이 변화되기를 원하오니 성령으로 변화시켜 주옵소서.

사랑과 자비의 하나님 아버지!

그동안 주님의 은혜와 넘치는 축복으로 교회가 부흥하였고 성장하였습니다. 이 시간은 어린 양들을 치시고 어린 양들을 먹이시기 위해 이 아름다운 예배를 드리게 하시니 감사하옵니다. 이 교회는 사람의 소유가 아니요, 하나님께서 주인이 되시어 저희 모든 성도들이 하나님의 성령의 은혜를 받는 장소로 사용되도록 도와주시기를 기도드리옵나이다.

교회를 통하여 사랑하는 자녀들이 날로 날로 믿음 안에서 자라나고 장성한 분량까지 이르게 해 주옵소서. 교회에서 주님의 말씀을 가르치고 주님이 원하시는 삶을 훈련시킬 훌륭한 일꾼들도 보내주시옵소서. 그리고 저희의 영혼을 교육할 모든 자료와 기구를 채워주시고 주님의 교육의 산실로 삼아주시옵소서.

저희와 자녀들이 이곳에 와서 그리스도의 인격과 성품을 배우고 익히며 주님과 같이 의롭고 성결하며 거룩한 종들이 되어 이 세대를 구원할 빛과 소금이 되게 하여 주시기를 기도드리옵니다.

하나님 아버지!

거룩하신 예수 그리스도의 이름으로 기도드리옵나이다. 아멘.

　　소망을 주시는 하나님! 아버지의 사랑과 은혜로 인하여 영광과 감사를 돌립니다. 죄에서 치유하는 그리스도의 능력 안에서 새로운 피조물이 되게 하시며, 성령의 인도하심을 따라 날마다 사명을 감당하는 저희들이 되게 하여 주옵소서.

　　사랑이 많으신 하나님! 지난날 마음과 뜻을 다하여 주님을 섬기지 못했음을 고백합니다. 주님께서 저희를 사랑하신 것 같이 서로 사랑하지 못했던 것을 고백합니다. 주님의 생명이 저희 영혼에 내재하지만 저희 욕망이 주님의 뜻을 거슬렀습니다. 저희를 긍휼히 여기시고 용서하여 주옵소서.

　　은혜로우신 주님! 오늘도 이 전에 나와서 주님 앞에 예배드리기를 원하는 저희들 가운데 삶에 지치고 시달린 심령도 있을 줄 압니다. 원치 않는 질병으로 인하여 고통에 신음하는 심령들이 있는 줄도 압니다. 힘든 일이나 직장생활로 힘겨워 하는 심령들도 있을 줄로 압니다. 여러 모양으로 고달픈 삶을 살고 있는 저들의 심령을 든든한 믿음으로 함께하여 주옵소서.

　　육신이 지치고 피곤하여 신앙생활에 게을러지기 쉽사오니 더욱 열심 있는 신앙생활이 이루어질 수 있도록 복 주옵소서. 성도의 귀한 본을 보이게 하시고, 저희들의 삶이 주님께 드려지는 귀한 예배가 되게 하여 주옵소서. 저희로 하나님의 선한 계획에 쓰임 받을 수 있도록 도와주옵소서.

하나님 아버지! 간절히 바라옵기는 시험을 통하여 마음에 상처를 받지 않게 하시고 신앙의 동요를 일으키지 않게 지켜주옵소서. 노력없는 결과를 추구하지 않게 하시고 땀이 없는 결실을 바라는 어리석음이 없게 하시며 뿌린 대로 열매를 거두는 정직한 마음을 주시옵소서.

추호라도 노력 없이 좋은 결과를 보는 것을 축복이라고 생각하는 일이 없게 하시며 오직 땀 흘려 애쓴 결과를 정직하게 취하고 기쁨으로 받아들이며 하나님께 감사할 줄 아는 자들이 되게 하옵소서. 시험의 시작부터 끝까지 주님께서 함께하셔서 당황하거나 실수하지 않게 하옵소서.

예수 그리스도의 이름으로 기도드리옵나이다. 아멘.

저희의 힘이 되신 여호와여 저희들이 주님을 사랑하나이다. 이 저녁에 저희의 발걸음을 주님의 교회로 인도하여 주심을 감사드립니다. 죄 많은 세상에서 주님을 잃어 지치고 힘들었던 영혼이 주님께 나아 왔사오니 저희를 품에 안아 주옵소서.

빈자리가 많이 있사오니 저들의 영혼을 주님 친히 인도하사 주님의 전으로 발걸음을 재촉하여 주옵소서. 저희들이 어디에 있든지 이 자리를 기억하게 하시고 주님께 나아오는 것을 즐거워할 수 있는 귀한 믿음을 더하여 주옵소서. 강함과 용기를 잃지 않게 하셔서, 늘 주님을 신뢰하는 복된 삶을 살아갈 수 있도록 하여 주옵소서. 말씀 듣기를 사모하는 심정으로 주님의 전으로 달려 나온 저희들에게 이 시간도 은혜 충만히 채워 주옵소서.

인간을 만드시고 그 인간을 통하여 찬양 받으시기를 기뻐하시는 하나님 아버지, 저희 모두가 즐거운 마음으로 예배를 드리게 하시니 진심으로 감사와 찬송을 드리옵나이다.

오늘 노년을 맞이한 성도들에게 갑절의 은혜를 더하시며, 그들의 신앙과 삶을 자녀들이 기리게 하시고 믿음의 대가 끊어지지 않게 하옵소서. 믿음으로 살기 위해 힘써온 날들이 자녀들에게 본보기가 되게 하옵소서. 이제까지 지켜주신 하나님께서 앞날도 인도하시고 지켜주실 줄 믿습니다. 앞으로의 삶이 더욱 아름답고 복되게 하시되 하나님께 인정받는 삶이 되게 하옵소서.

이들이 평생을 살아오는 동안 하나님의 뜻대로 산다고 하였지만 때론 자신의 생각이 우선이었을 때도 있었습니다. 모두 용서하여 주시고 남은 생애는 오직 주님만 위한 삶이 되게 하옵소서. 이제 더욱 강건하고 경건하게 하셔서 독수리의 날개 치며 올라감같이 그들의 믿음과 건강이 용솟음치게 도우시옵소서. 그리하여 하나님의 구원을 널리 알리는 일에 힘쓰게 하옵소서. 또한 가족과 교회와 국가를 위해 더 열심히 기도하게 도와주옵소서. 성도들의 평생을 지켜 주신 하나님, 앞으로도 성도들의 삶에 찬송과 감사가 끊어지지 않게 하시기를 원하옵니다.

저희들에게 세상이 알지 못하는 신령한 은혜를 채워주시고, 저희들로 인하여 주님의 교회가 든든히 일어나 역사를 이끌 수 있는 도구로 사용하시기를 원합니다. 오늘도 주님의 말씀이 선포되어질 때 심령들이 변화되기를 원하오니, 주님의 말씀을 확실하게 깨닫는 시간이 되게 하옵소서. 성령으로 저희를 인도하시고, 열매 맺는 말씀이 될 수 있도록 권세를 더하여 주옵소서.

예수 그리스도의 이름으로 기도드리옵나이다. 아멘.

저희의 삶을 하나님께 바치면, 하나님은 저희가 할 수 있는 것보다 더 위대한 일을 하신다는 것을 믿습니다. 주님을 믿고 의지하는 삶이야말로 이 세상에 가장 가치 있는 삶이라고 할 수 있습니다.

주님, 저희의 지난 잘못을 용서하여 주시옵고 오직 주님만을 바라보고 살 수 있는 강력한 믿음을 주시옵소서.

은혜가 충만하신 하나님! 저희의 삶을 인도하시고 지켜주시니 감사와 영광을 돌립니다. 저희의 찬송과 기도를 받으시고 저희가 드리는 예배가 하나님께는 영광이 되고, 저희 모두에게는 은혜가 되게 하옵소서.

평안의 주님! 저희는 오늘도 갈등과 불안과 염려 속에서 한시도 벗어날 수 없는 채로 주님 앞에 섰습니다. 저희의 작은 일에서부터 큰일에 이르기까지 그 모두를 주님께 맡기오니 선한 길로 인도하여 주옵소서.

긍휼의 하나님! 오늘도 복된 이 자리에 미참한 성도들이 있습니다. 저희를 긍휼히 여겨 주옵소서. 어려운 때일수록 세상의 지혜나 처세술을 따라 분주히 움직이는 성도들이 되지 않게 하시고, 주님께 간구하고 기도하는 일에 열정을 쏟음으로써 주님의 음성을 듣기에 즐겨하는 성도들이 되게 하여 주옵소서.

주님께서 세우신 일꾼들을 기억하시고, 자칫 열심이 식어지기 쉬운 이때에 넘어지는 믿음이 되지 않게 하시고 더욱 분발하여 주님의 상급을 바라보고 헌신과 충성을 다하는 복된 신앙이 될 수 있도록 함께하옵소서.

예수 그리스도의 이름으로 기도드리옵나이다. 아멘.

> 기도는 쉬지 말고 해야 합니다. "쉬지 말고 기도하라(엡 6:18, 눅 21:36, 막 4:38, 살전 5:17)."

죽을 수밖에 없는 저희를 살리신 은혜로우신 하나님, 오늘 이 기도를 통하여 저희의 영혼이 고침을 받고 소생되며 능력 받는 시간이 되게 하여 주옵소서. 그 피가 마음속에 큰 증거가 되게 하옵소서. 하나님과 교통하는 시간이 되게 하여 주옵소서.

저희의 지난날의 상처들은 보혈의 능력으로 해결 받게 하옵소서. 세상에 마음이 흔들릴 때도 있었고 주님의 기대대로 살지도 못했습니다. 하나님이 부여하신 사명에 최선을 다하지 못했습니다. 땅에 떨어지는 한 알의 밀알이 되지 못했습니다. 저희에게 주님의 거룩한 백성으로서의 삶을 살아갈 수 있도록 도와주시기를 원합니다.

주님의 일을 귀하게 여기며, 주님의 일로 최선을 다하는 충성스러운 성도들이 되게 하여 주옵소서. 주님 앞에 충성하는 귀한 일꾼이 되게 하여 주옵소서.

진리가 되시는 주님! 죄악과 물질의 노예로 병들어 가는 이 사회를 구하여 주시기를 원합니다. 정치, 경제, 사회, 문화 전반에 걸쳐 부정과 부패의 골이 깊어가고만 있습니다. 힘과 돈만 의지하지 않게 하시고, 정의 사회가 구현되며 복지국가가 건설되게 하여 주옵소서.

말씀을 전하시는 주님의 종을 기억하시어 하나님의 음성을 대언하실 때 주님이 붙들어 주시고, 불의 혀같이 갈라지는 능력의 말씀이 되게 하옵소서.

주님께 매일매일 기도하며 저희 자신의 몫을 다하면 주님께서 지금은 꿈에 불과한 그것이 실체가 되게 하실 것이라 믿습니다. 놀라운 주님의 은총이 펼쳐짐을 알고 있습니다. 오늘도 주님 앞에 나와 기도할 수 있게 하여 주심을 감사드립니다.

예수 그리스도의 이름으로 기도드리옵나이다. 아멘.

능력의 주님! 저희를 죄악에서 구원하사 하나님을 예배하며 찬양할 수 있도록 인도하여 주심을 감사드립니다.

저희의 연약함을 잘 아시는 주님께서 저희의 모든 것을 주관하여 주시고, 저희가 연약함으로 인하여 범죄치 않도록 하시고, 저희의 이기적인 마음과 교만함으로 저희의 이웃에게 상처를 주지 않도록 저희의 삶을 주장하여 주옵소서. 주님의 주권을 인정하여 온전히 주님만을 의지하는 저희가 되게 하여 주옵소서.

사랑의 주님! 저희로 하여금 주님의 성품을 닮아 사랑하게 하옵소서. 저희의 이웃들에게 주님의 자녀로서의 도리를 다하게 하옵소서. 날마다 주님을 닮게 하여 주시기를 원합니다. 날마다 저희 가운데 성령의 열매가 맺혀지게 하여 주옵소서. 순종하게 하시며, 친절하게 하시며, 봉사하게 하시며, 주님의 자녀로 부족함이 없게 하여 주옵소서. 십자가에서 고난을 받으사 저희가 구속을 받았사오니 저희가 저희의 삶 속에서 복음을 전하게 하옵소서.

저희를 구원하신 주님! 이 시간 삶의 어려운 문제들을 가지고 주님의 전으로 나아온 성도들이 있는 줄로 압니다. 저희의 기도를 들어 응답해 주옵소서. 저희의 문제를 주님 친히 안으사 저들을 자유케 하시기를 원합니다. 이 시간 기도하는 모든 심령들 위에 주님 친히 강림하사 저 심령들이 주님의 은혜를 충만히 입어 새 힘으로 세상을 이길 수 있도록 복 내려 주옵소서.

기도는 저희가 원하는 바를 얻는 쉬운 길이 아니라, 하나님이 원하시는 대로 되는 유일한 길인 것을 알고 있습니다. 널리 세상을 이롭게 보시는 주님의 뜻대로 하시옵소서. 저희는 오직 주님의 뜻을 따르겠나이다. 기복신앙을 바라는 믿음보다는 주님의 은혜에 감사함의 기도가 되게 하여 주시옵소서.

예수 그리스도의 이름으로 기도드리옵나이다. 아멘.

거룩하신 하나님! 이 시간 저희가 기도로 모였사오니 저희에게 주님의 은혜를 충만히 내려 주시기를 간구합니다.

용서의 하나님! 그러나 저희가 온전히 주님의 뜻대로 살지 못하였음을 고백하오니 용서하여 주옵소서. 주님의 사랑으로 세상을 이길 수 있도록 은혜를 더하여 주옵소서. 온전히 주님을 의지할 수 있도록 복 내려 주옵소서.

교회를 사랑하시는 주님! 이 땅 위에 흩어진 많은 주님의 교회들을 위해서 기도드립니다. 교회가 성장해 감에 따라 주님의 나라가 이 땅 위에 확장되어질 수 있도록 은혜를 더하여 주옵소서. 저희가 주님 나라의 증인이 될 수 있게 하시고, 저희의 모든 것을 주님 나라의 확장을 위해 드려질 수 있도록 하여 주옵소서.

저희를 섬김의 종으로 삼아주신 은혜를 감사합니다. 저희의 기도를 들어 응답해 주시고 죄악으로 인하여 시들어 버린 주님과의 관계가 다시금 향기 나는 꽃으로 피어 새로운 기쁨이 넘치는 귀한 시간이 되도록 인도하여 주옵소서.

기도는 저희를 깨끗이 하는 도구입니다. 또한 저희 자신에게 들려주는 설교입니다. 주님 저희가 드리는 기도를 받아 주시어 저희를 정결케 하여 주시옵소서. 기도를 함으로써 지난날을 반성하고 믿음을 굳건히 게 하옵시고 이웃을 사랑하고 용서하는 것이 참 행복임을 알게 하여 주시옵소서. 주님의 보혈로 저희의 더러운 마음을 씻어주시어 감사하옵니다.

저희의 예배와 기도를 기쁘게 받으시며, 하늘 문을 여시고 주님의 은혜를 부어 주옵소서.

예수 그리스도의 이름으로 기도드리옵나이다. 아멘.

정의로우신 하나님! 저희에게 아름다운 가을 하늘과 수확의 기쁨을 허락하신 주님의 사랑에 감사합니다. 주님이 기뻐하시는 영적인 열매를 더욱 알차게 맺을 수 있는 저희들이 되게 하여 주옵소서.

저희에게 평안과 기쁨을 주신 하나님! 자신의 너무도 많은 욕구와 만족만을 위해 살아가고 있는 저희들임을 발견합니다. 참되고 온유하고 겸손하게 살도록 가르쳐 주신 주님의 진리를 외면한 결과, 저희의 영혼은 날로 그 빛을 잃고, 방황의 길에 빠져서 갈팡질팡하는 삶을 살았나이다. 주님의 보혈로 저희의 죄를 씻어 주시고, 귀한 말씀 속에서 새 생명을 얻게 하옵소서.

사랑의 주님! 시대의 어려움을 아시는 아버지께 간구하오니, 어려울 때일수록 하나님을 붙들게 도와주시고, 인간의 한계가 믿음의 시작임을 인정할 수 있는 믿음을 주옵소서. 어둡고 혼탁한 세상에 타협하지 않게 하시고, 절대 믿음으로 하나님을 바라볼 수 있게 하여 주옵소서. 적당주의와 형식주의를 버리고, 사실적이고 역동적인 믿음을 주옵소서.

어느 때보다 세상에 그리스도의 진리가 필요하오니, 저희를 복음의 증인들이 되게 하소서. 저희의 입술이 주님 나라의 기쁨을 전하는 거룩한 입술이 되게 하시고, 주님의 증인으로 땅끝까지 이르러 복음을 전하는 입술이 되게 하여 주옵소서.

저희들에게 건강과 생명을 주셔서 오늘 거룩한 예배로 영광 돌리게 하시고 오늘도 이렇게 기쁨으로 찬양드리며 주님께 예배드리게 됨을 감사드립니다.

죄 가운데 죽었던 저희들에게 십자가 보혈을 통하여서 영원한 생명을 주시고 또한 영원토록 찬양드리게 하심을 감사드립니다. 죄와 허물로 영원히 죽었던 저희들을 십자가 위에서 피 흘리시고 구원해주신 그 은혜를 생각하면 저희들은 주님 앞에 감사와 찬양을 드리지 않을 수 없습니다.

주님 홀로 영광 받으시기를 원하오며, 거룩하신 예수 그리스도의 이름으로 기도드리옵나이다. 아멘.

귀한 날을 허락하신 하나님! 주님께서 저희를 기도하게 하시려고 부르신 것을 알게 하심을 감사합니다. 주님의 사랑으로 충만하여 주옵소서. 주님께서 저희에게 주신 사명을 감당하도록 인도하여 주신 것을 감사합니다. 주님의 은혜 가운데 늘 거하도록 은총 베풀어 주옵소서.

이제 얼마 있지 않아서 저희의 자녀들이 대학입시라는 큰 관문을 통과해야 하는 시기에 와 있습니다. 그동안 꾸준히 인내하며 학업에 전념하며 힘써온 시험 준비가 헛되지 않게 하시고, 기쁨의 열매를 맺을 수 있도록 함께 하옵소서. 성실하게 공부해온 학생들에게 평강과 담대함을 허락하시고, 마지막까지 최선을 다하게 하여 주옵소서.

은혜의 주 하나님! 믿음의 눈을 뜨게 하셔서 저희의 삶을 되돌아볼 수 있도록 하시고, 헛되고 잘못된 것을 진실하게 주님의 전에 고백하게 하시니 감사합니다. 무릇 여호와를 의지하고 의뢰하는 사람은 복을 받을 것이라 하셨으니, 저희가 주님을 의뢰하며 의지합니다. 주님의 은혜와 능력 속에서 언제나 살게 하시고, 믿음이 없는 세대에 더욱 큰 믿음을 갖게 하여 주옵소서.

이 시간 특별히 참석하지 못한 성도들을 위해서 기도드립니다. 어느 곳에 있든지 이곳을 기억하게 하시고, 잠시라도 주님께 기도할 수 있는 은혜를 허락하여 주옵소서. 이 세대는 주님을 멀리하도록 유혹하지만, 담대하게 뿌리치고 주님의 전으로 나아올 수 있도록 인도하여 주옵소서. 저희에게 믿음을 더하여 주옵소서.

저희들을 성령의 능력으로 붙들어 주시고, 많은 사람들이 시련을 겪는 이때에 소망의 메시지가 될 수 있도록 하여 주옵소서. 기도해야만 하는 이 절박한 때에 기도하기를 쉼으로 말미암아 믿음이 시들어가지 않도록 하여 주옵소서.

거룩하신 예수 그리스도의 이름으로 기도드리옵나이다. 아멘.

오늘도 보호하시고 지켜주시며 인도하신 하나님께 감사와 찬양을 돌립니다. 이 시간 저희의 마음 문을 활짝 열게 하시고, 하늘의 복을 받는 시간이 되게 하여 주옵소서.

주님의 은총 속에 살면서도 저희는 삶이 늘 괴롭고 힘들다고 불평만 했습니다. 주님의 보혈로 정케 하셔서 용서받은 기쁨으로 주님께서 원하시는 길을 걷게 하옵소서. 세상을 이길 지혜와 능력을 내려 주옵소서.

예배의 모든 순서를 맡아 주관해주옵소서. 어린 생명을 사랑하시며 축복주시기 원하옵니다.

천지 만물을 창조하시고 다스리시는 창조주 하나님 아버지!

저희로 아버지 되시는 하나님을 알고 그 뜻을 분별할 줄 아는 지혜를 주신 주님께 찬양을 드리옵니다. 죄로 인하여 죽을 수밖에 없는 저희를 사랑하시사 저희 심령을 생명수로 채워주시고 마음을 다하고 목숨을 다하고 뜻을 다하여 주 하나님을 사랑할 때 저희에게 큰 축복이 임하리라는 것을 깨우쳐 주신 주님께 감사를 드리옵니다.

하나님 아버지! 기도하오니 흩어져 있던 게으르고 나태해 있던 모든 성도들이, 시험에서 허덕이고 고민에 빠져있던 믿음의 권속들이 모두 주님의 거룩한 전에 나오게 하시고 사정과 형편에 따라 흩어진 모든 가족들이 총동원되는 은혜로운 주일이 되게 축복하옵소서. 그리하여 이 시간은 헤어져 있던 저희들의 마음을 더욱 충성하며 헌신하는 마음으로 변화시켜 주시고, 믿지 않던 이웃들이 주님을 믿음으로 구원의 은총을 입을 수 있는 시간이 되게 역사하여 주시옵소서.

또한 아버지! 주님의 피로 값 주고 세우신 이 교회가 말씀이 충만한 교회가 되게 하시고, 주님의 사랑을 본받아 사랑이 식어가는 이 세대에 사랑의 빛을 나타내게 하옵소서. 은혜 충만 말씀 충만 성령 충만한 교회가 되게 하시고, 저희 모두에게 성령의 충만함을 주셔서 죄악으로 병든 세상에 주님의 복음을 전하여 세상을 정결하고 깨끗하게 변화시키는 귀한 직분을 감당하도록 인도하여 주옵소서. 한 알의 밀 알이 되어서 세상에 구원의 소식을 전하고 만인에게 구원의 기쁨을 가져다주는 놀라운 역사를 이루게 하여 주옵소서.

이 시간 성경을 통해 나오는 말씀으로 듣는 저희에게 감동을 주시고, 믿음이 약한 심령에게 확고한 믿음과, 시험 중에 있는 심령에게 승리의 확신을 주셔서 더욱더 굳건한 믿음으로 무장할 수 있도록 도와주옵소서.

예수 그리스도의 이름으로 기도드리옵나이다. 아멘.

저희들과 함께 하시는 주님! 그동안 저희들을 은혜의 빛으로 인도하여 주시다가 주님의 전으로 다시 불러주셔서 주님과 대면할 수 있게 하시고 기도로 교제할 수 있도록 이끌어 주시니 감사합니다.

사랑이 풍성하신 주님, 저희는 저희 스스로의 힘으로는 저희의 신앙을 지킬 힘이 없음을 고백합니다. 결코 자기 신뢰에 빠지지 말고 주님만을 의지하는 믿음을 주옵소서. 십자가에서 찢기신 몸과 흘리신 피만이 저희를 구원하실 수 있음을 알고 감사할 뿐입니다.

고난을 달게 받으신 주님, 저희도 주님같이 하나님의 뜻을 따라 고난의 길도 달갑게 순종하게 하소서. 주님만이 온 우주의 영원한 왕이심을 믿습니다. 이 불완전하고 모순투성이인 저희들을 받으시고 주님 뜻대로 쓰옵소서. 모나고 일그러진 것을 다듬어 주시고, 이기적이고 기만적인 기질을 고쳐 주옵소서. 진리의 말씀을 담아 감당할 만한 인품을 가진 주님의 사역자가 되게 하옵소서.

용서의 하나님! 성령의 인도함 속에서도 쾌락을 사랑하기를 즐겨하며, 이생의 안목과 정욕을 좇아 살기를 즐겨했던 저희들을 긍휼히 여겨 주시고 용서하여 주시기를 원합니다. 더 이상 성령을 탄식하게 하는 죄악 된 일들을 하지 않도록 저희들의 심령을 성령의 능력으로 사로잡아 주시고, 경건하고 거룩한 삶을 살아갈 수 있게 하여 주옵소서.

은혜의 하나님! 이 시간도 주님의 전을 찾아 나온 성도들 중에 육신의 연약함, 질병의 무거운 짐을 지고 있는 성도가 있습니다. 주님께 간절한 마음으로 부르짖을 때 신음과 고통이 사라지고, 회복되고 치료되는 주님의 은총이 있게 하옵소서. 상한 심령 가지고 나온 심령들이 기도하는 가운데 주님의 위로하심과 격려하심 속에서 새로워지고 온전케 되는 역사가 있게 하옵소서.

이 시간도 주님의 몸 된 교회를 위하여 충성하는 이들을 통해서 주님의 나라가 확장되며, 복음이 전파되는 교회가 든든히 서 갈 수 있도록 하옵소서.

예수 그리스도의 이름으로 기도드리옵나이다. 아멘.

은혜의 주 하나님! 오늘도 주님의 보호하심 아래 평안을 맛보며 새 힘을 얻어 주님의 전으로 나아왔사오니 감사합니다. 신령과 진정으로 감사하고 찬양의 예배를 드리게 하옵소서.

믿음이 없어 세상을 바라보며 소망을 잃어 가는 저희들에게 소망을 갖게 하여 주옵소서. 세상의 헛된 유혹에 넘어가지 않게 하시고, 모든 일들이 주님의 주권 아래 있음을 알게 하여 주옵소서. 이생의 안목과 육신의 정욕을 충족하는 데 허비하지 말게 하시고, 이제껏 맺지 못한 성령의 열매를 풍성히 맺는 기간이 되게 하여 주옵소서.

불에 피운 향이 인간의 생명을 상쾌하게 하는 것처럼, 기도는 저희의 희망을 복돋우어 줍니다. 주님의 향기를 맛볼 수 있는 만나와 같습니다. 주님은 생명의 근원이며 사랑의 원천입니다. 저희가 주님 뜻을 따라 이웃을 사랑하고 주님의 사랑의 향기가 온 세상에 퍼져나갈 수 있도록 저희에게 마음에 사랑의 향기를 듬뿍 심어 주시옵소서.

나에게 귀 기울여 주시는 주님. "그러므로 내가 너희에게 말하노니 무엇이든지 기도하고 구하는 것은 받은 줄로 믿으라 그리하면 너희에게 그대로 되리라(마가복음 11장 24절)" 말씀하셨습니다.

만왕의 왕 되시는 하나님, 이 죄인을 구원해 주시기 위해서 높은 위엄의 보좌를 버리시고 스스로 낮아지신 은혜를 베풀어주신 것을 감사드립니다. 저희가 주님을 따른다고 하면서 저희 육신의 필요를 채우기 위해 따르는 것이 되지 않기를 원합니다. 겉만 화려하게 꾸미고 외식하면서 열매 맺지 못하는 인생이 아니라 성령의 풍성한 열매를 맺는 저희가 되게 하옵소서.

오늘도 탄식하는 세상을 봅니다. 도움을 구할 수 있는 대상을 몰라 더욱 방황하는 저들을 불쌍히 여기고 긍휼히 여기사 주님을 바라볼 수 있는 눈을 열어 주옵소서. 이 어렵고 힘든 때에 지친 삶을 도우실 분은 주님밖에 없음을 깨닫게 하옵소서. 방황하는 이 세대를 위하여 소망의 등대가 되는 교회가 되게 하여 주옵소서. 저희들 또한 주님의 자녀로서 빛을 발하게 하심으로, 어려운 이웃들에게 주님의 소망을 나누어 줄 수 있도록 인도하여 주옵소서.

소원의 항구로 인도하시는 예수 그리스도의 이름으로 기도드리옵나이다. 아멘.

성도의 길을 평탄케 하시는 하나님! 그동안 지켜주신 은혜를 감사합니다. 주님의 은혜로 올해도 이제 한 달 정도 밖에는 남지 않았습니다. 이 한 달을 주님의 영광을 위하여 헌신하도록 인도하여 주옵소서.

저희의 연약함으로 지은 죄들과 저희의 교만함으로 지은 죄들과 저희의 게으름으로 지은 죄들을 모두 용서하여 주옵소서. 주님의 은혜를 구하오니 저희의 기도를 들어 응답하소서.

사랑의 하나님! 저희에게 주님의 사랑을 전할 수 있는 손길을 허락하여 주시고, 저희가 주님의 성도의 본분을 잘 감당하도록 은총을 허락하여 주옵소서. 주님의 사랑을 모르는 많은 이웃들에게 주님의 긍휼하심과 사랑과 대속적 은혜의 복음을 전할 수 있도록 저희의 입술과 손과 발을 주장하여 주옵소서.

참 자유는 그리스도 안에서만 누릴 수 있습니다. 세상이 주는 자유는 조건적인 것이나, 그리스도의 자유는 무조건적이기 때문입니다. 오로지 믿음만 있으면 저희는 주님과 함께 참 자유를 누리게 됨에 주님께 감사드립니다. 오늘도 저희들에게 자유를 주시고 평화를 주시는 주님의 은총에 감사드립니다.

　또한 어두워져 가는 세상 속에서 어린 심령들을 주님의 법을 통하여 올바로 양육할 수 있기를 간절히 원하오니, 기쁨으로 하나님을 찬양할 수 있도록 함께하여 주시고 물심으로 풍성하여지길 원합니다. 복음 전도를 위한 많은 달란트를 가진 많은 사람들이 두 손을 들고 주님께 헌신할 수 있기를 원합니다.

　이 시간 예배를 통하여 새롭게 결단함으로써 한 해를 잘 마무리하는 귀한 시간이 되게 하시고, 주님의 사랑을 온전히 받아 전할 수 있도록 인도하여 주옵소서.

　예수 그리스도의 이름으로 기도드리옵나이다. 아멘.

사랑의 아버지 하나님, 주님의 은혜와 사랑을 감사합니다. 저희가 하나님 교회에 모였사오니 큰 은혜를 주시고, 저희의 허물을 용서하시며, 죄의 문제가 해결되게 하시고, 기도 제목이 응답 받는 시간이 되게 하여 주옵소서.

교회를 통하여 역사하시는 주님! 이 지역의 복음화와 주님을 기쁘게 하시기 위하여 이곳에 교회를 세우셨으니, 저희가 진리의 파수꾼이 되게 하시고, 사회의 소금과 빛의 역할을 다 할 수 있도록 인도하옵소서.

거룩하신 하나님! 이제 성탄절을 눈앞에 두고 있습니다. 저희에게 찾아오신 하나님의 사랑, 저희를 대신하여 죗값을 지불하신 그리스도의 피 묻은 십자가를 기억하게 하여 주옵소서. 겨울 추위가 계속되고 있습니다. 육신적으로도 준비 없는 겨울이 더욱 추울 수밖에 없듯이, 겨울을 준비하듯이 믿음을 굳게 하셔서 감사와 기쁨을 잃지 않는 복된 삶이 되게 하여 주옵소서.

날마다 주님의 은총 안에서 주님의 거룩하심을 묵상하며, 오늘도 죽을 수밖에 없었던 죄인을 십자가 보혈의 공로로 살려주심을 감사하여 찬양을 경배를 드리오며 또한 한 주간도 잘못 살아온 모든 것들을 주님 앞에 고백하여 회개합니다.

주님의 보혈로 저희의 죄를 용서하여 주옵시고 다시는 죄의 길에 서지 아니하는 복 있는 사람으로 살아가는 믿음의 사람이 되게 하여 주시옵소서.

예배를 통하여 증거되는 하나님의 말씀을 듣게 하시니 감사합니다. 오늘의 말씀을 통하여 깨달음과 큰 은혜를 받게 하여 주옵소서. 말씀 속에 저희 자신을 발견하게 하시고, 주님의 뜻을 깨달아 하나님께 영광을 돌리는 삶이 되게 하여 주옵소서.

예수 그리스도의 이름으로 기도드리옵나이다. 아멘.

저희의 목자가 되신 주님. 저희들을 광야와 같은 세상에 버려두지 않으시려고 주님의 푸른 초장으로 인도하시니 감사합니다. 하나님의 말씀을 받을 때마다 꿀과 송이꿀보다 더 단 말씀임을 체험하도록 하옵소서.

말씀이 갈급하여 모인 저희들에게 신령한 말씀의 은혜를 허락하셔서 믿음의 양식이 되게 하옵소서. 인간의 의지와 노력으로 실패했던 은혜의 생활이 하나님의 도우심으로 다시 회복되는 시간이 되게 하옵소서.

저희의 싸움은 혈과 육에 대한 것이 아니요 하늘에 있는 악의 영들과 어두움의 세력들임을 알면서도 혈기로 말미암아 마음을 지키지 못하여 늘 넘어지고 있습니다. 저희의 씨름의 대상을 바로 깨달을 수 있는 은혜를 주시며, 눈에 보이는 것 때문에 감추어져 있는 영적인 보화들을 잃어버리지 않도록 인도하여 주옵소서.

하나님이 저희에게 허락하신 은혜의 풍성함을 알고도 기도하기보다는 저희의 생각이 앞섰고, 사랑하기보다는 판단하며, 전도하기보다 정죄했던 저희들을 용서하여 주옵소서. 저희의 신앙이 세상 권세에 위축되지 않도록 도우시며, 세상을 변화시키는 능력 있는 그리스도의 종들이 되게 하옵소서.

교만한 자를 물리치시며 상한 심령을 받으시는 주님! 이 시간 상처 입은 심령들이 치유되기를 원하오니 위로의 말씀을 주옵소서. 권능 있는 말씀을 주옵소서. 하나님이 다스리시는 살아있는 말씀을 허락하여 주옵소서. 저희가 선교의 도구가 되기를 원합니다. 화평의 도구가 되기를 원합니다. 저희들이 가는 곳마다 그리스도의 빛이 드러나게 하옵소서.

예배 중심이며 하나님 중심의 삶을 살아가도록 인도하여 주옵소서. 공 예배에 승리함으로 생활예배에도 승리케 하옵소서. 오늘 예배를 통하여 기도하는 성도들의 소원이 이루어지게 하시고, 주님의 사랑의 음성으로 충만케 되어 돌아가도록 복 내려 주옵소서. 저희들의 귀가 복된 귀가 되게 하셔서 언제나 말씀을 들을 때마다 깨닫게 하여 주시고, 말씀을 행하는 믿음의 사람이 되게 하여 주옵소서.

예수 그리스도의 이름으로 기도드리옵나이다. 아멘.

사랑과 은혜가 충만하신 하나님! 저희에게 주님을 경외하며 주님을 찬양할 수 있게 하심을 감사합니다. 사랑이 충만하신 하나님 아버지. 저희의 연약함으로 하나님을 원망한 죄를 용서하시고, 공의의 주님을 기억하게 하옵소서.

저희의 고난으로 주님을 부인했던 죄를 용서하시고 저희를 위한 주님의 고난을 기억하게 하셔서 고난을 주님의 사랑으로 이겨낼 수 있는 믿음을 더하여 주옵소서. 돌아보면 하나님의 은혜요 사랑이었던 것을 기억합니다. 저희에게 건강이 있게 하시고, 생명이 있게 하심으로 오늘도 주님께 나왔사오니 받아주옵소서.

죽어가는 영혼들을 사랑하셔서 이곳에 교회를 세우심을 인하여 또한 감사하오니, 교회에 속하여 있는 저희 모두가 오직 하나님의 영광을 위하여 삶을 영위하게 하시고, 저희에게 주님의 빛과 사랑을 실천할 수 있는 지혜를 주옵소서. 저희가 하나님의 자녀로 세상에서 성별되어 승리할 수 있도록 믿음을 주옵소서.

저희 교회로 인하여 고난 중에 있던 사람이 평안을 얻게 하시고, 고통 중에 있던 영혼이 놓임을 받을 수 있는 거룩한 성소가 되게 하여 주옵소서.

또한 아버지 저희들의 이웃을 위하여 기도하오니, 주님의 보혈을 의지하여 그들의 영혼을 위하여 기도할 수 있는 저희가 되게 하시며, 저희의 사랑 없음으로 인하여 그들을 고난 중에 두지 마시고, 주님의 사랑을 실천할 수 있는 믿음을 더하여 주옵소서.

저희의 이웃과 믿지 않는 가족을 위하여 간구하오니, 그들의 영혼을 불쌍히 여기사 죄악 가운데서 해방될 수 있는 은혜를 허락하여 주옵소서. 저희가 그들에게 주님의 사랑을 실천함으로 전도의 문이 열리게 하시고, 저희들의 선한 행실이 복음을 심는 일에 유익되도록 인도하옵소서.

오늘 예배를 통하여 성령과 진리로 충만케 하시어 영감 있는 말씀을 증거하게 하시고, 들을 때 마음이 뜨거워지는 역사가 있게 하시옵소서.

예수 그리스도의 이름으로 기도드리옵나이다. 아멘.

모든 것을 승리케 하시는 하나님 아버지! 지난 시간도 하나님의 섭리 가운데 거하게 하시며, 저희로 하나님의 권능을 힘입어 승리하게 하시다가 주님의 전에서 거룩한 예배를 드리게 하심을 감사합니다. 신령과 진정의 예배가 되도록 도우시며, 응답이 있는 예배가 되게 하옵소서.

이 시간 드리는 찬양에 하나님의 영광이 나타나게 하시며, 저희들의 기도를 통하여 하나님의 뜻이 더 빨리 이루어지기를 원합니다. 저희의 입술에 감사가 넘치게 하시고, 하나님을 향한 헌신된 손길이 끊이지 않도록 도와주옵소서.

사랑이 많으신 아버지! 저희의 모든 허물과 절망과 좌절이 아버지의 도움으로만 해결될 수 있나이다. 사유하심의 은혜로 용서하여 주옵소서. 믿음으로 하나님 아버지의 보좌로 담대히 나왔습니다. 저희들에게 충만한 은혜를 주옵소서.

이 자리를 사모하면서도 함께 하지 못한 여러 성도들이 있습니다. 그들을 위하여 기도하오니 하나님을 힘 있게 섬길 수 있는 형편과 여건을 허락하시며, 믿음을 더하여 주옵소서. 저희의 삶이 하나님을 경배하는 생활이 되게 하시고, 하나님의 역사하심과 동행을 인정하는 삶이 되게 하옵소서. 성도들과의 교제에 승리하게 하시고, 사역자들과의 관계에 승리케 하셔서 하나님의 나라가 날마다 확장되게 하옵소서.

주님의 몸을 드려 희생하신 사랑을 배우게 하셔서 행함 가운데 봉사하며 헌신하게 하옵소서. 빛이 없는 곳에 빛이 되게 하시고, 썩어지는 곳에 소금이 될 수 있는 믿음을 더하여 주옵소서.

저희를 시험에 들지 않도록 주장하여 주시고, 하나님의 영광을 구하게 하옵소서. 저희의 연약함으로 죄 범하지 않도록 함께 하시길 원하오며, 거룩하신 예수 그리스도의 이름으로 기도드리옵나이다. 아멘.

거룩하신 아버지 하나님. 하나님께 예배를 드리며, 하나님을 섬길 수 있는 믿음과 환경을 허락하신 아버지께 감사와 찬송을 올려 드립니다. 매일 하시는 성령의 감동을 따라 감사와 기도가 끊이지 않는 주님의 제자들이 되기를 원합니다. 더 크고 위대한 이상을 주시되 영혼을 위해 기도하고, 헌신하고, 구령하는 전도의 삶을 살게 하여 주옵소서. 저희들의 생활이 예배가 되도록 인도하시며, 저희의 삶에 하나님의 나라가 이루어지게 하여 주옵소서.

저희의 마음이 성령의 전이 되게 하시고, 저희가 움직이는 교회가 되게 하셔서 범사에 하나님을 인정하고 찬미하는 믿음의 역사가 있도록 복 주옵소서. 저희의 마음이 순결하게 하옵소서.

하나님이 아니고는 채울 수 없사오니, 아버지의 사랑을 늘 갈급해 할 수 있는 마음을 주옵소서. 청결한 마음이 되게 하시고, 의에 주리고 목마른 자들이 되어 하늘나라의 기쁨으로 행복을 보장받게 하여 주옵소서.

먹고 마시는 것으로만 즐거워하지 않게 하시고, 하나님의 나라가 이 땅에 이루어져 가는 것으로 기뻐할 수 있는 주님의 마음을 주옵소서.

저희로 세상과 구별하사 거룩한 성도가 되게 하시며, 저희를 성결하도록 지켜주옵소서. 세상과 타협하게 마시고, 저희가 세상에서 승리할 수 있도록 권능을 허락하여 주옵소서. 주님의 나라가 이 땅에 이루어질 수 있도록 저희로 주님의 증인이 되게 하옵소서.

저희가 드리는 예배를 위하여 기도하오니 저희의 예배를 기쁘게 받아주시고, 저희들의 찬양으로 하늘 문이 열리게 하셔서 성령의 충만한 은혜를 받게 하여 주옵소서. 공교한 찬양으로 심령의 문도 열리게 하셔서, 주님의 고난을 기억하여 어떠한 어려움도 인내로 이겨낼 수 있도록 하시고, 용서하기 어려운 억울함도 견딜 수 있는 힘을 더하여 주옵소서.

예수 그리스도의 이름으로 기도드리옵나이다. 아멘.

저희의 모든 것을 주관하시는 하나님! 주님의 은혜를 사모하여 오늘도 이 자리에 모였습니다. 주님의 전으로 나아오게 하시는 은혜에 감사합니다.

저희가 세상에서 어두움에 있어 주님을 부인하는 일이 있었다면 저희의 죄를 용서하여 주옵소서. 알면서도 연약하여 저지른 허물들을 고백하오니 용서하여 주옵소서.

저희들의 목자가 되셔서 늘 지켜주시는 하나님! 오늘까지 지켜주신 은혜에 감사드리며, 늘 주님의 능력으로 승리케 하옵소서. 혹 광야의 이스라엘 백성들처럼 불순종하여 40년의 세월을 유리하지 않도록, 주님의 인도하심에 순종할 수 있는 힘을 주옵소서. 저희의 마음 밭을 옥토와 같게 하시어, 오늘 예배를 통하여 주시는 말씀에 열매를 맺게 하여 주옵소서.

지금 저희의 만족이 저희 스스로의 힘과 자랑이 되지 않게 하시고, 오직 주님만을 바라보며 순종하고 오직 주님만을 바라보며 영광 돌릴 수 있도록 은혜를 더하여 주옵소서. 신령한 것들로 저희를 채워주시기를 간구합니다. 저희의 기도를 들어 응답하시기를 간구합니다. 저희의 입술을 열어 마땅히 구해야 할 것들을 위해 간구하게 하시며, 저희가 기도할 때 성령님의 도우심을 간구하오니, 저희와 동행하여 주옵소서.

늘 주님 앞에 부끄러운 저희들을 고백하오니 오래 참으시는 주님께서 저희를 긍휼히 여기심으로 용서받게 하옵소서. 오늘의 예배 또한 주님의 임재하심으로 주님께서 받으시는 거룩한 예배가 될 수 있도록 축복하여 주옵소서. 저희에게 이 예배에 적극적으로 헌신하며 동참할 수 있게 하시고, 성령의 교통하심을 강하게 느끼는 승리하는 예배가 될 수 있도록 하여 주옵소서.

오늘도 지친 저희의 심령이 위로 받게 하시고, 상처받은 심령이 말씀을 통하여 치유함을 얻게 하옵소서. 이 시간 저희에게 주님의 주권을 고백하는 귀한 시간이 되게 하시고 담대한 복음의 전도자로 부름을 받을 수 있는 시간이 되게 하여 주옵소서.

저희가 주님을 찾기 전에, 먼저 저희들을 부르신 주님께서 오늘도 사랑의 손길로 어루만져 주실 줄 믿사옵고, 예수 그리스도의 이름으로 기도드리옵나이다. 아멘.

영광과 찬양을 받으실 저희의 하나님 아버지, 날마다 저희와 함께하심을 감사드립니다. 저희들을 하나님의 노래하는 제사장으로 삼으시어 천사도 부러워하는 직분을 주심을 감사드립니다. 저희에게 주신 이 직분을 온전히 감당하여 하나님께 영광을 드리며, 듣는 이와 부르는 저희들에게는 은혜가 되게 하옵소서.

독생하신 주님. "하늘로부터 소리가 있어 말씀하시되 이는 내 사랑하는 아들이요 내 기뻐하는 자라 하시니라(마태복음 3장17절)" 말씀하셨습니다.

선하심과 인자하심이 영원하신 하나님, 죄 많은 저희를 천국의 백성으로 삼아주신 것을 감사드립니다. 구원의 감격을 잊고 타성에 젖어 신앙생활해온 저희를 용서하여 주옵소서. 그리스도와 함께 죽었다가 다시 살아났으며 구원을 받은 하나님의 자녀가 된 사실을 드러내는 증인 된 삶을 살게 하옵소서.

또한 선교사들에게 지혜와 능력을 더하여 주셔서 하나님 앞과 사람들 앞에서 더욱더 빛나고 고귀하게 쓰여지게 하옵소서. 특히 성도들과 하나가 되어서 부르는 찬양이 믿음의 찬양, 은혜의 찬양, 능력의 찬양이 되게 하옵소서. 성도들의 마음과 뜻과 정성을 다하여 하나님께 찬양과 감사와 존귀와 영광을 영원토록 찬양하게 하옵소서. 성도들이 하나님 사랑하는 아름다운 모습에서 교회가 부흥되고 발전되기를 소원합니다.

항상 주님께서 함께하시며 열심주시고 성령 충만함을 받을 수 있게 하시며, 겸손과 온유함으로 예수 그리스도를 닮게 하옵소서.

세상을 살아가는 데 필요한 것 중에는 돈, 명예, 권력 같은 것도 매우 소중한 것입니다. 그러나 그리스도인으로서 바르게 살아가기 위해서 반드시 필요한 것은 말씀의 능력입니다. 주님의 가르침을 실천하고 이웃을 사랑하고 이웃을 잘못을 용서하는 것이야말로 세상에 어떤 것보다 소중한 것임을 가르쳐 주신 주님 감사합니다.

모든 것을 주님께 감사드리며 예수 그리스도의 이름으로 기도드리옵나이다. 아멘.

마음의 주체가 되시며, 성도를 온전케 하시는 하나님! 혼란 속에서도 주님을 의지할 수 있는 믿음을 주시니 감사합니다. 이 시간 저희의 심령을 주님께로 향하오니, 저희의 삶을 주관하시는 주님께서 날마다 기도하는 삶을 살게 하여 주옵소서.

주님 앞에 설 때마다 저희들의 연약함을 고백합니다. 입으로는 "부름 받아 나선 이 몸 어디든지 가오리다"라는 찬송을 부르면서도 아무데도 가지 않고 순종하지 않았던 거짓말쟁이였던 사실에 마음 깊이 회개하오니 용서하여 주옵소서.

주님의 뜻을 실천하기 위하여 힘쓰고 노력하기보다는 세상의 영광과 세속적인 영화를 유지하려고 힘쓰던 저희들의 모습을 용서하여 주옵소서. 세속적인 것을 버리지 못하는 나약한 믿음을 붙들어 주옵소서. 주님께서 진정한 일꾼을 찾으시는 이때에 주님의 음성을 들을 수 있는 영적인 귀를 열어 주옵소서.

주님 앞에 설 때마다 거룩함이 회복되게 하시고, 세속의 종으로서가 아닌 주님의 충성스러운 종으로 살기에 부족함이 없는 인생이 되게 하여 주옵소서.

저희들 자신만을 위하여 구원을 지켜가는 성도가 아니라, 주님의 몸 된 교회를 세우기 위하여 헌신하는 성도가 되게 하여 주옵소서. 교회의 빈자리의 주인들을 권면하고 기도하며 주님의 전에 같이 나올 수 있게 하여 주옵소서. 주님을 닮아 가기를 원합니다. 주님의 향기를 발하는 믿음의 사람이 되게 하옵소서.

저희에게서 그리스도의 냄새가 나게 하시고, 그것으로 세상에 주님의 살아 역사하심을 드러낼 수 있도록 믿음을 더하여 주옵소서. 주님과 같이 영혼 구원을 위하여 십자가를 지며, 주님을 따를 수 있는 성도가 되게 하여 주옵소서.

저희가 오늘도 말씀을 듣는 가운데 하나님의 섭리를 바로 깨달을 수 있는 영안이 열리게 하옵소서. 주님의 십자가의 아픔을 경험하는 시간이 되기를 원합니다. 지금도 여전히 사랑으로 인도하시는 주님의 사랑을 체험하기를 원합니다. 주님 이 시간도 주님의 능력의 말씀으로 저희를 변화시켜 주옵소서.

예수 그리스도의 이름으로 기도드리옵나이다. 아멘.

구원의 주님! 연약한 저희를 구원하시려고 십자가를 지신 주님을 생각할 때마다 주님의 한없는 사랑과 은혜에 감사합니다. 이 시간에도 주님의 고난을 기억하며 저희들의 허물과 죄를 고백하며 예배를 드리오니 받아주옵소서.

"구하라 그리하면 너희에게 주실 것이요 찾으라 그리하면 찾아낼 것이요 문을 두드리라 그리하면 너희에게 열릴 것이니(마태복음 7장 7절)"라고 하신 말씀을 의지하여 구하고 간구하는 기도의 사람들이 되게 하여 주옵소서. 저희에게 기도를 통해서 평화와 기쁨을 얻게 하시고, 기도로써 하나님의 은총의 풍성함 속에 있음을 알게 하시어 기도로 승리하는 삶이 되게 하옵소서.

말씀을 사모하여 하나님의 전에 나아오게 하심을 감사합니다. 하나님의 말씀이 저희의 삶의 지표가 되게 하시고, 말씀으로 하나님의 복을 받을 수 있도록 하여 주옵소서. 주님의 전으로 불러주신 하나님께서 저희에게 복을 주실 줄로 확신하오니, 복을 받을 만한 심령으로 변화되게 하여 주옵소서.

일용할 양식을 구하도록 허락하신 하나님 아버지! 하나님의 사랑을 실천할 수 있는 저희가 되게 하여 주시기를 원하오니, 주님 저희에게 새 힘을 허락하여 주옵소서. 고통에 몸부림치는 이웃들에게 고상한 지식을 앞세우기보다는 그들의 고통을 함께 나누게 하시고, 주님의 십자가의 사랑을 심령 깊숙이 깨닫게 하심으로 이웃을 사랑하게 하여 주옵소서.

주님을 증거하게 하심으로 그들의 심령에 주님의 사랑을 알게 하셔서, 그들로 다시금 주님의 증인이 될 수 있는 복을 허락하여 주옵소서. 그들의 영혼을 불쌍히 여기사 하나님의 사랑과 자비와 긍휼을 알게 하여 주옵소서.

오늘도 신령과 진리로 예배드리기 위하여 수고하는 손길들과, 십자가의 사랑을 증거하기 위하여 찬양의 직분을 온전히 감당케 하셔서 영광의 예배가 되게 하옵소서. 저희들의 정성을 담고 힘을 다하여 드리는 예배를 기쁘게 받아 주옵소서.

예수 그리스도의 이름으로 기도드리옵나이다. 아멘.

28일

교만한 자를 물리치시고, 겸손한 자에게 은혜를 주시는 자비로우신 하나님 아버지, 은혜와 사랑을 감사드립니다. 죄로 인하여 고통받던 저희들을 구원하시고 예배하는 사람이 되게 하심으로 하늘에서 주시는 은혜와 은사와 능력과 축복을 누리게 하심을 감사합니다.

주님 앞에 나올 때마다 영광 중에 하나님을 만나게 하시고, 들어가며 나가며 신령한 꼴을 얻도록 풍성함을 허락하여 주옵소서. 슬픔 중에 나온 성도들을 위로해 주시고 근심 중에 나온 성도들에게 새 힘을 주시며, 은혜를 사모하여 나온 성도들에게 영적 충만함을 허락하여 주옵소서.

아버지의 말씀을 그리워하며 모였습니다. 오늘 저희들에게 주시는 말씀이 복음이 되게 하시고, 생활을 움직이는 능력이 임하게 하여 주옵소서. 저희의 믿음이 환경으로 인하여 변질되지 않도록 인도하시고, 오히려 고난 중에 기뻐하며 하나님을 찬양할 수 있도록 복 내려 주옵소서.

다니엘은 기도할 수 없는 중에도 기도했사오며, 그의 친구들은 기뻐할 수 없는 중에도 여호와를 인하여 기뻐했사오니, 저희들의 믿음이 기도와 감사, 기쁨과 소망이 끊어지지 않는 은혜를 주옵소서.

저희들의 믿음이 전도의 삶으로 이어지기를 사모합니다. 복음을 증거하고, 하나님의 살아계심을 간증할 수 있는 은혜를 주시고, 저희의 선행이 하나님 아버지의 사랑을 증거할 수 있도록 하여 주옵소서.

정체되어 있는 저희의 믿음이 성장하게 하시고, 경직되어 있는 신앙이 역동적으로 변할 수 있는 부흥을 주옵소서. 가난과 어려운 중에 있는 성도들의 고통을 아시는 아버지! 가정의 문제와 사업과 직장의 문제들이 해결되게 하시고, 자녀들의 필요가 부모 된 저희들의 기도로 채워지게 하옵소서.

믿음의 본이 되게 하시고, 먼저는 믿는 자들의 본이 되게 하옵소서. 성령과 동행함으로 생활에 열매가 있게 하시고, 능력을 의지하여 살도록 하옵소서.

예수 그리스도의 이름으로 기도드리옵나이다. 아멘.

사랑의 주님! 죄를 지어 교도소에 수감되어 있는 재소자를 위해 기도합니다. 그들이 저지른 잘못으로 인하여 교도소에 와서 기도드리면서 십자가 대속의 은총을 다시 한 번 생각합니다. 영원히 죽을 수밖에 없는 저희를 살리시기 위해 십자가에서 돌아가신 주님의 그 사랑을 그들이 눈물로 찬양하나이다. 이제 그들이 담 안에서의 정해진 기간을 마치고 자유를 얻는 날까지 영육 간에 강건하게 지켜주소서.

주님! 나사렛 회당에서 주님이 선포하신 말씀을 기억합니다. 특별히 포로된 자에게 자유를 주시기 위해서 오셨다고 하신 주님이시여! 그들의 마음속에 들어오셔서 육신은 자유를 잃었으나 마음은 자유롭게 하사 하나님과 교제하는 영적 기쁨을 맛보게 하옵소서. 바울과 실라가 옥에 갇혀 있어도 찬송하고 기도하는 중에 옥문이 열린 것처럼 그들도 믿음 안에서 살면서 현재 처한 삶의 의미를 깨닫게 하옵소서.

만왕의 주님. "인자가 온 것은 섬김을 받으려 함이 아니라 도리어 섬기려 하고 자기 목숨을 많은 사람의 대속물로 주려 함이니라(마태복음 20장 28절)" 말씀하셨습니다.

은혜로우신 하나님 아버지, 아무것도 받을 자격이 없는 저희에게 절대적이고 무조건적인 은혜를 베풀어 주심을 감사드립니다. 저희 자신이 먼저 된 자로서 나중 된 자로 생각지 않게 하시고 나중 된 자로 먼저 된 은혜를 받고 있다고 여기며 살게 하옵소서.

영광의 부활을 바라보며 고난의 길을 가신 주님, 저희도 영원한 기쁨의 나라를 바라보며 광야와 같은 이 세상의 길을 갈 수 있기를 원합니다. 영광의 관을 꿈꾸기 전에 십자가의 쓴 잔을 달게 마실 수 있는 사람이 되게 하옵소서.

주님, 지금도 저 밖에는 큰 죄악과 불순종으로 실패한 자리에 있는 자들이 너무도 많습니다. 그들 모두가 다시 일어나 하나님의 품으로 돌아올 수 있는 은총을 베풀어 주옵소서. 종의 도를 친히 보여주신 주님, 성도들이 모이는 곳에는 언제나 천국의 질서 체계로서 서로 섬기기를 먼저 하고 서로 종이 되기를 힘쓰게 하옵소서. 사람 위에 군림하여 다스리려고 하는 귀족적 자세를 버리게 하옵소서.

예수 그리스도의 이름으로 기도드리옵나이다. 아멘.

거룩하신 주님, 하나님 앞에서는 저희가 아무것도 아님을 겸손히 고백합니다. 어린아이가 부모에게 전적으로 의지하듯 하나님을 의지합니다. 하나님 나라를 위해 저희의 것을 버리고 주님을 좇기를 원합니다. 겉으로만 가장 윤리적이고 종교적이며 스스로 의로운 체 하는 사람이 되지 않게 하여 주옵소서.

겸손의 모범이 되신 주님. "누구든지 자기를 높이는 자는 낮아지고 누구든지 자기를 낮추는 자는 높아지리라(마태복음 23장 12절)" 말씀하셨습니다.

영광과 권세를 한 몸에 지니신 하나님 아버지, 저희 죄인들이 지금까지 외면적인 것에만 치중하고 율법의 근본인 내면적인 의미와는 전혀 다른 어긋난 삶을 살 때가 많았음을 고백합니다. 사람을 의식하는 인본주의적 사고를 제하여 주옵소서. 이제는 율법의 외형적인 면보다 율법의 근본인 의(義)와 인(仁)과 신(信)을 중시하게 하옵소서. 그리하여 공평한 판단, 자비, 성실로 하나님을 섬기게 하옵소서.

최고의 겸손과 봉사를 실천해 보이신 주님, 저희가 저희 주님을 본받음으로써 저희 자신을 낮추는 자가 되기를 원합니다. 참된 겸손과 봉사의 모범을 많은 사람들에게 드러낼 수 있게 하옵소서. 교만한 자를 꺾으시고 겸손한 자를 높이시는 하나님의 방도를 기억하게 하옵소서.

저희가 주님의 은총 없이는 자족의 삶이란 없습니다. 세상에서 주님 없이 만족이란 거의 없습니다. 인간의 욕심이 한없기 때문에 주님의 말씀을 따라 살아야 자족함을 배워 세상에서 가장 만족한 삶을 살 수 있을 것입니다. 겸손한 주님의 모습을 본받기를 간구합니다. 주님 저희에게 겸손의 지혜를 주시옵소서.

암탉이 병아리를 모음같이 저희를 사랑하시고, 염려하시며, 보호하시는 주님, 오늘 이 위기의 상황에서 주님의 날개 그늘 아래 피하기를 원합니다. 밖으로의 유혹, 안으로의 갈등, 끊임없이 찾아드는 이 모든 위기를 슬기롭게 이기도록 하옵소서.

예수 그리스도의 이름으로 기도드리옵나이다. 아멘.

기적이 일어나는 365 매일기도문

12월
기도문

기도도 없이 그리스도인으로 산다는 것은
숨을 쉬지 않고 살려는 것이고
먹지 않고 살찌려 하는 것과 같다.

영광과 감사와 찬송을 받으시기에 합당하신 저희 아버지! 오늘 거룩한 성일을 허락하여 주시고 거룩하신 아버지 앞에 예배를 드릴 수 있도록 건강과 생명과 구원함을 주심을 감사드립니다.

한 주 동안도 말씀대로 살지 못하고 죄악 된 세상과 타협하며 헛된 것을 추구하며 방탕하며 신령한 것을 구하기보다는 썩어져 없어질 것을 구하여 찾으며 살아왔던 저희들의 부족한 모습을 아버지는 다 아시오니 용서하여 주시고, 저희들의 죄악 된 모습들도 용서하여 주시기를 간절히 기도합니다.

또한 이 시간 십자가의 흘린 피로써 저희 마음들을 깨끗하게 씻어 주셔서 정결한 마음으로 아버지 앞에 예배드릴 수 있도록 성령님의 도우심을 간절히 원하옵니다.

이 시간 모든 영광을 아버지께만 드릴 수 있도록 성령님의 도우심을 간절히 원하옵니다. 이제 올해도 얼마 남지 않는 이때에 저희들 어떤 열매를 드려야 될지 정말 주님 앞에 죄송스러운 것밖에 없습니다. 주님께서는 아름다운 열매를 맺기를 원하시지만 저희들은 아직까지도 그러지 못하고 있사오며 지금부터라도 좋은 나무로서 아름다운 성령의 열매를 맺기를 원하오니 성령님 도와주시옵소서. 하나님을 기쁘시게 할 수 있는 믿음을 허락하여 주시옵소서.

이 나라 이 인류를 사랑하시고 복을 주심을 감사드립니다. 모든 정치인들에게 하나님을 두려워함으로 이 나라를 잘 다스릴 수 있도록 성령께서 역사하여 주옵소서. 모든 교회를 붙들어 주시고 복음을 온 세계에 전할 수 있도록 신령한 복과 경제의 축복을 허락하여 주시고 영성을 더욱더 깊게 허락하여 주옵소서.

사랑하는 주님께서 "인자가 올 때에 믿음을 보겠느냐(누가복음 18장 8절)"라고 말씀하신 것처럼 오늘날 저희들의 믿음은 말세에 모이기를 폐하는 어떤 이들의 모습처럼 날마다 게으르고 나태해져 가고 있사오니 저희들에게 열심을 더하여 주셔서 성령 충만한 믿음생활이 되게 하여 주시옵기를 간절히 바라옵나이다. 특별히 하나님께서 세워주신 저희 교회가 주님의 축복으로 날마다 선교지가 확장되게 하시고 빛과 소금의 역할을 감당케 하여 주시옵소서.

무엇보다도 저희 교회가 성령 충만함으로 기적의 나날이 되게 하여 주시기를 기도드립니다.

이 모든 말씀을 주 예수 그리스도의 이름으로 기도드리옵나이다. 아멘.

2일

살아 계신 하나님 아버지! 오늘도 주님의 사랑하는 백성들에게 거룩한 성일을 허락하시어 예배드리게 하여 주시고 주님의 구원을 사모하는 백성들을 인도하사 경배와 찬양으로 예배하게 하심을 참으로 감사드립니다.

사랑하는 주님!

특별히 성도들 가운데 병 중으로 육신이 괴로워 외치는 자들의 소리를 들어주옵소서. 남들에게 말 못할 마음의 문제로 심히 갈등하며 메말라가는 영혼들의 아픔을 굽어 살펴 주옵소서. 믿음의 형제자매들의 공동체인 가정들이 이제 복음으로 무장되어 회복하는 은총을 베풀어 주시고 나라의 부름을 받고 가 있는 많은 군인청년들의 삶을 보살펴 주사 그들이 군에서 믿음이 떨어지지 않고 더욱더 기도와 간구로 무장되는 은총을 주시옵소서.

사랑의 주님!

특히 주님의 이름으로 전국 방방곡곡, 전 세계 각지로 나가있는 선교사들이 주님의 펴신 팔과 피 묻은 옷자락에 흐르는 능력을 부여잡고 일어서게 하여 주옵소서. 모든 성도들이 온 인류의 평화를 위하여 두

손을 모으게 하여 주시어서 주님의 나라가 주님의 날개 아래 온 인류에게 복음으로 우뚝 서게 하여 주시옵소서.

전능하신 하나님 아버지!

주님의 능력 의지하여, 주님의 성령 임재하시는 지금 이곳에 주님의 때에 거룩하게 이루어 주시길 소망하는 저희 성도들의 많은 외침이 있습니다. 이 영혼들의 간구를 들어주시고 말할 수 없는 갈급함들이 주님의 복음으로 새롭게 옷 입게 하여 주옵소서. 주님을 찬양하는 가운데, 주님의 살아 운동력 있는 말씀에 감동하여 하나님을 볼 수 있는 눈을 열게 하시며, 들을 수 있는 귀를 허락하여 주시어서 육신보다는 영혼의 참 자유를 주 안에서 누릴 수 있게 하여 주시옵소서.

거룩하신 하나님!

이 예배를 위하여 수고하시는 손길들이 있습니다. 주님의 마음을 주시어서 예배 가운데 주님의 능력이 나타나게 하여 주시고 주님의 은혜의 단비가 저희의 영혼을 촉촉이 적시게 하여 주시옵소서.

다시 오실 주님이시여, 온 세상 우릴 버려도 절대로 버리지 아니하시는 주님, 항상 믿고 감사드리오며 주님 오시는 그 날까지 변치 않고 손을 들어 주님을 찬송하게 하여 주시옵소서.

이 모든 말씀 저희를 구원하여 주신 예수 그리스도의 이름으로 기도드리옵나이다. 아멘.

3일

존귀와 찬양과 영광들 받으시기에 합당하신 하나님 아버지! 새해 첫 날 예배를 드렸던 기억이 엊그제 같은데 벌써 일 년이 되어 오늘 또 이렇게 건강한 모습으로 감사하는 마음으로 예배를 드리게 됨을 진심으로 감사를 드리며 예배를 드리오니 감사와 찬양과 영광을 받으시옵소서.

뒤돌아보니 지난 한 해도 참으로 다사다난했던 한 해였던 것 같습니다. 국가적으로도 많은 사건과 사고들이 있었고, 세계적으로는 경제 난국에 도래하였으며, 또한 전쟁과 사건 사고로 인하여 수많은 인명피해가 일어났었고 또한 교계와 교회적으로도 참으로 많은 일들이 있었습니다. 각 가정과 개인들도 무수한 사연 가운데 기도하며 지나온 한 해였습니다.

하지만 그 와중에서도 많은 성도들이 큰 요동없이 온전히 하나님을 의지하는 믿음으로 잘 이겨내고 변함없는 신앙인의 모습으로 이렇게 주님 앞에 예배드리는 기쁨을 주시니 진심으로 감사드립니다.

사랑의 하나님 아버지!

이 시간 뒤돌아보니 한 해 동안 살아오면서 주님 앞에 잘못 살아온 저희들의 부족한 모습들과 신년에 주님 앞에서 다짐했었던 많은 약속들을 다 이행치 못한 과오들을 용서를 빕니다. 때로는 힘겨운 고난 앞에서 감사보다 오히려 원망과 불평으로 주님의 마음을 아프게 해드린 어리석은 시간들도 있었습니다. 전능하신 하나님, 이 시간 다 내어놓고 용서를 바라오니 저희들의 허물을 용서하여 주시옵소서.

주님 앞에서 날마다 회개하고 돌이키면서도 또다시 넘어지고 흔들리고 눈물로 되돌아서는 저희들의 부끄러운 지난 일 년 동안의 모습을 되돌아보니 주님 앞에 용서를 구하기조차도 부끄럽지만 그래도 날마다 크신 사랑으로 함께하시고 일으켜 세워주시는 주님의 크신 능력의 손으로 저희들을 또다시 잡아주시기를 간구하옵니다.

또한 지난 한 해 동안도 저희들의 실수로 인하여 행여 상처 받은 자들이 있는지 돌아보게 하시고 무엇보다도 저희 자신 또한 저희에게 서운하게 대한 자들에게서 상처를 받지는 않았는지 이 시간 모두 철저하게 내려놓고 돌아보며 이제 예배를 드리면서 다 용서하고 회개하고 새롭게 주님 앞에 서길 원하오니 주님, 저희들의 마음을 받아주시옵소서.

남은 시간도 온전히 성삼위 하나님께서 영광 받아주실 줄 믿사옵고 귀하신 저희 주 예수 그리스도의 이름으로 기도드리옵나이다. 아멘.

은혜와 긍휼이 충만하신 하나님! 주님께서 저희들을 택하여 주시고, 주님의 뜰에 거하게 하시니 감사하고 감사합니다. 저희가 주님의 집, 곧 교회의 아름다움으로 만족케 하옵소서. 저희가 받은 복이 많음을 알면서도 주님을 찬양할 제목을 잃어버리고, 불평과 슬픔 속에서 살아가는 저희들에게 이 예배를 통하여 확신과 감사가 넘치며 찬양이 솟아나게 하옵소서.

주님께 찬양 드리기에 인색해 하며 교만하게 살아온 지난날을 고백합니다. 주님, 용서하여 주옵소서. 저희의 마음이 주님을 기뻐하기보다는 세상의 명예와 재물을 더 사랑했음을 고백합니다. 주님께서 임하시는 그날, 저희가 찬양하는 입과 기뻐하는 마음으로 맞이하게 하여 주옵소서.

은혜의 주 하나님! 연말연시를 맞아 여러 가지 모임들에 많이 참석을 합니다. 어떤 모임에서도 주님의 이름을 망각하지 말게 하시고, 주님의 이름을 더럽히는 일을 하지 않도록 저희에게 지혜를 허락하여 주옵소서. 주님의 자녀 된 본분을 지키게 하심으로 저희의 삶이 늘 주님께 드리는 귀한 예배가 되게 하여 주옵소서. 주님이 오신 성탄절을 하나의 절기로 지내게 하지 마시고, 주님이 저희를 위하여 고난 받으시고 죽으시기 위하여 오셨음을 깨닫게 하시고, 더욱 경건한 마음으로 주님의 뜻을 기리게 하여 주옵소서.

또한 이 세상의 주님을 모르는 영혼들도 향락에 휘청거리는 성탄절이 되지 않게 하시고, 왜 주님이 이 땅에 오셔야만 했는지 진정으로 깨닫게 하셔서 주님을 영접하여 새 삶을 찾을 수 있는 귀한 계기를 허락하여 주옵소서. 주님의 평화가 그들의 마음속에도 임하여 주시기를 원합니다. 그리하여 이 땅에 주님의 나라가 속히 임하도록 축복 내려주옵소서.

예수 그리스도의 이름으로 기도드리옵나이다. 아멘.

진정으로 잘 배운 자는 매일 쉬지 않고 주님께 감사 기도한 자요, 많이 기도한 자는 많이 운 자라는 것을 알고 있습니다. 주님 저희가 겸손한 삶을 살고 아는 것을 내세우지 않고 배운 것을 남에게 알려주는 이웃에게 이로운 삶이 되도록 이끌어 주옵소서. 인간의 지식이 많다고 한들 하나님의 지식에 비하면 바닷가에 모래알 같고 저희가 겸손한들 주님의 겸손에 비하면 샘물가에 조롱박 정도밖에 안 되기에 항상 겸손하고 감사하며 주님의 삶을 따르게 하여 주시옵소서.

"아들을 낳으리니 이름을 예수라 하라 이는 그가 자기 백성을 그들의 죄에서 구원할 자이심이라 하니라(마태복음 1장21절)" 말씀하셨습니다.

주권적인 섭리로 주님의 백성을 양육하시고 다스리시는 하나님. 저희의 대선지자시며 유일한 대제사장이신 영원하신 왕 예수 그리스도를 이 땅에 보내주셨음을 감사드립니다. 저희로 아브라함과 다윗의 자손 예수 그리스도를 내 인생의 왕으로 모시고 살게 하옵소서.

저희의 뒤에는 하나님의 영원한 섭리가 있음을 보는 안목을 갖고 살게 하시며, 저희 인생에 어려운 일, 풀 수 없는 난제에 봉착했을 때, 성급히 대하지 않고 심사숙고할 수 있기를 원합니다. 무엇보다 하나님 말씀에 적극 순종함으로써 모든 일을 지혜롭고 여유 있게 처리할 수 있는 사람이 되게 하옵소서.

저희의 중심을 보시는 하나님, 저희의 마음을 새롭게 하사 사랑과 용서로 관용을 베풀 수 있게 하시고, 하나님 보시기에 의로운 마음으로 간주되게 하옵소서.

사람의 평을 의식하기 전, 하나님이 뭐라고 말씀하실지 항상 먼저 생각하는 신앙적 의식구조를 갖게 하여 주옵소서.

하나님께서 늘 저희와 함께 하시는 이 놀라운 은혜를 감사드리오며, 예수 그리스도의 이름으로 기도드리옵나이다. 아멘.

살아 계신 하나님 아버지! 저희에게는 많은 기도의 제목들이 있사오니 들어 응답하여 주시옵소서. 복음 증거의 사명을 주시며 세우신 주님의 몸 된 교회를 모든 성도들의 피와 땀으로 먹이고 입혀 위대한 부흥을 맛보게 하여 주시길 원합니다.

부흥케 하시는 주님. "너희가 기도할 때에 무엇이든지 믿고 구하는 것은 다 받으리라 하시니라(마태복음 21장 22절)" 말씀하셨습니다.

싸움터에 나갈 때는 한 번 기도하라. 바다에 나갈 때는 두 번 기도하라. 그리고 결혼할 때는 3번 기도하라는 말이 있습니다. 결혼성사의 중요함을 일깨워 주는 말입니다. 하나님이 맺어주신 혼인성사는 성가정을 이루는 기초로 육감에 의존하는 결혼이 아닌 책임과 의무의 결혼이 되어야 하기에 신중하여야 함에도 저희는 감정에 휘둘리어 혼인의 파산을 좌초하는 어리석은 이웃도 있음을 잘 알고 있습니다. 주님. 그들의 기도도 긍휼이 받아주시어 주님과 함께 하는 성가정이 되도록 은혜 내려 주시옵소서.

저희 인생의 왕으로 찾아오신 주님, 겸손과 평화의 주님을 저희 마음 깊이 영접합니다. 세상의 모든 일들을 주관하시며 예지의 능력을 소유하신 주님께서 저희 죄인을 다스려 주옵소서. 위선과 이기심을 제하시고 진실과 사랑으로 하나님과 사람 앞에 서게 하옵소서.

주님, 이 땅에는 헐벗고 상처투성인 영혼이 너무 많이 있습니다. 저희가 비록 부족하지만 사랑과 위로로 그러한 인생을 구원의 길로 인도하길 원합니다. 저희에게 힘을 주사 말씀 선포와 증거로 큰 능력의 역사를 이룰 수 있게 하옵소서.

교회를 이처럼 부흥케 하신 주님, 언제부터인지 교회가 그 본질을 자꾸만 상실해 가고 있습니다. 저희들의 신앙과 교회의 모습이 모든 군더더기를 벗게 되고 본연의 모습으로 회복되기를 원합니다. 그저 종교 행위만 무성할 뿐 실질적인 신앙의 열매는 없는 교회가 되지 않게 하옵소서. 저희들의 열매는 개인적일 뿐 아니라 인류적이며 역사적이게 하옵소서. 이 국가의 장래를 짊어지고 나가는 살아 있는 교회, 빛을 발하는 교회가 되게 하옵소서.

예수 그리스도의 이름으로 기도드리옵나이다. 아멘.

365일 매일 기도를 하면서 놀라운 기적을 체험하게 하여 주셔서 감사합니다. 밥은 거를 수 있어도 기도는 걸러서는 안 된다고 봅니다. 매일 하는 기도의 놀라운 체험은 하나님의 은혜를 받는 지름길이란 것을 잊지 않고 있습니다. 성도들의 기도를 기쁘게 받아주시는 주님 감사합니다. 주님에 기도를 드릴 수 있게 평화를 주셔서 감사합니다.

저희를 택하여 주신 주님. "청함을 받은 자는 많되 택함을 입은 자는 적으니라(마태복음 22장 14절)" 말씀하셨습니다.

죄인을 부르신 하나님, 주님의 음성을 듣고 주님께 나가기는 하나 저희 자신의 편리한 대로 저희 방식대로 처신할 때가 너무 많습니다. 저희의 이 사고방식을 바꿔 주옵소서. 주님이 입혀 주시는 예복을 입고 주님 마음에 합당한 자세로 서게 하옵소서.

영원하신 주님, 저희에게 복된 미래를 약속하심을 감사드립니다. 이런 큰 은총을 받고도 현세에만 얽매여 하나님의 것을 하나님께 드리기를 기피할 때도 있사오니 저희의 이 못된 습성을 고쳐 주옵소서. 하나님께 마음과 온 영혼을 다하여 예배하고 또 나아가 하나님의 백성들을 잘 섬길 수 있기를 원합니다. 신앙생활과 현세의 삶 사이에서 서로 핑계치 않고 진리대로 살게 하옵소서.

저희들이 평안을 얻는 한 자기 방법은 오직 기도로 하나님의 약속을 탄원하고, 하나님께 그 필적을 보여드리는 것이라 믿습니다. 하나님은 모든 성인들의 말씀의 감독자이시니 하나님의 말씀이 아닌 것은 없나이다. 하나님께서 성인들을 통하여 저희에게 가르쳐 주심에 감사하옵니다.

아버지 하나님, 저희가 주님의 말씀을 들을 때마다 자신을 비우고 낮은 마음으로 성경의 계시를 편견 없이 받아들이게 하옵소서. 그리하여 먼저 하나님을 뜨겁게 사랑하게 하옵시며, 그 결과 저희 자신과 이웃을 바로 사랑함으로 대강령을 실천케 하옵소서.

사랑이 없음으로 인해 울리는 빈 깡통 같은 요란한 소리만의 행동은 하지 않게 하옵소서.

예수 그리스도의 이름으로 기도드리옵나이다. 아멘.

만민을 사랑하시는 하나님. 주님을 믿지 않는 사람들은 저희의 호소를 일축하고, 저희의 복음을 거절하고, 저희를 경멸할 수 있을지 모르지만, 하나님께 드리는 기도에 대해서는 그 사람들은 꼼짝하지 못할 것입니다. 주님 저희가 드리는 기도가 주님께는 감사가 되고 이웃에게는 사랑이 되게 하옵소서. 주님께 사랑받는 저희들의 축복이 그들에게도 전해지도록 저희에게 더 많은 은혜로 그들을 부러워하게 하소서. 주님을 믿는 자만이 축복의 은혜가 한량없다는 것을 보여 주시옵소서.

거역한 자를 받으시는 주님. "제구시에 예수께서 크게 소리 지르시되 엘리 엘리 라마 사박다니 하시니 이를 번역하면 나의 하나님, 나의 하나님 어찌하여 나를 버리셨나이까 하는 뜻이라(마가복음 15장 34절)" 말씀하셨습니다.

구원의 주 하나님, 주님의 극진하신 사랑에 감사와 영광을 돌립니다. 주님께서 당하신 고난은 자신의 죄로 인한 것이 아니라 바로 저희의 죄로 인한 것이라는 것을 생각할 때에 더욱 가슴이 메어지게 됩니다. 이제 주님께서 벌 받으심으로 저희는 용서되었고 주님께서 죽으심으로 저희는 영생을 얻게 된 것을 믿습니다. 주님, 저희는 죄악 된 세상에서 믿음으로 살다가 피곤하여 낙심하기 쉽습니다. 그러나 이때야말로 예수 그리스도의 고난에 동참하고 십자가의 은혜를 덧입을 수 있는 가장 좋은 기회인 것을 알게 하옵소서.

주님에게 거역한 자를 참으신 주님, 십자가에 못 박히시기까지 죄인을 참으신 주님의 크신 사랑에 감격하여 눈물이 납니다. 저희게도 죄인들을 향해 저희가 죽기까지 참을 수 있는 참 사랑을 허락하여 주옵소서.

사죄의 은혜를 덧입을 수 있도록 새롭고 산길이 열리게 하신 주님, 예수께서 묻히심으로 저희의 죄도 장사된 것을 믿습니다. 주님 안에서 다시 살게 된 저희는 이제 더 이상 죄의식에 시달릴 필요가 없음을 민사옵고, 예수 그리스도의 이름으로 기도드리옵나이다. 아멘.

영원히 저희와 함께 동행하시는 좋으신 하나님 아버지! 이 시간 특별히 세우신 귀한 저희 전도사의 건강을 붙들어 주시옵고 그 가정을 지켜주시며 또한 그 가족들이 어디에 있든지 항상 동행하여 주시옵소서.

전도사가 말씀을 외칠 때에 날마다 말씀을 능력으로 함께하여 주시옵고 듣는 많은 이들의 심령에 큰 변화가 일어나게 하여 주시옵소서. 말씀을 듣고 깨달은 심령들이 해이해진 믿음의 영혼들이 더 뜨겁게 열심을 내어 전도하고 봉사하고 기도하고 섬기는 모습으로 변화되게 하여 주시옵소서.

죄인의 친구가 되시는 주님. "내가 너희에게 뱀과 전갈을 밟으며 원수의 모든 능력을 제어할 권능을 주었으니 너희를 해칠 자가 결코 없으리라(누가복음 10장 19절)" 말씀하셨습니다.

하나님의 나라와 복음을 전파하도록 저희를 세워주신 주님의 크신 사랑을 감사드립니다. 복음이 널리 전파되기를 원하시는 하나님의 뜻과 그 일에 기꺼이 참여하려는 저희의 의지가 연합되기를 원합니다. 저희가 전도자로서 분명한 자세를 갖고 살겠습니다. 또한 일의 결과보다는 하늘나라의 생명책에 저희의 이름이 기록된 것을 기뻐하겠습니다. 저희의 생활 자체가 허례허식으로 시간을 허비하지 않고 누구에게나 적극적으로 복음을 전파할 수 있도록 하여 주시옵소서.

은혜로우신 주님, 비록 저희에게 은사의 체험이 없을지라도 저희가 말씀에 따라 경건한 생활에 힘쓰고 충성스럽게 봉사 잘하는 것을 더 큰 은사와 축복으로 여기기를 원합니다. 귀신이 저희에게 항복하는 것보다 저희의 이름이 하늘에 기록된 것을 더 기뻐하나이다.

죄인과 깊은 사귐을 갖길 원하시는 주님, 저희가 형식만 지키는 성도가 아니라 성령 충만을 통해서 기쁘고 즐거운 심정으로 충성스러운 봉사자의 사명을 다하는 사람이 되게 하여 주옵소서.

주님 저희는 열 사람에게 설교를 하기보다는 한 사람에게 제대로 하는 기도를 가르치고 싶습니다. 저희에게 말보다 실천하는 신앙생활을 하게 이끌어 주시옵소서. 입으로 하는 기도가 아닌 마음으로 정성을 다 바치는 기도로 주님의 사랑에 감사기도 자세를 잃지 않게 하옵소서.

예수 그리스도의 이름으로 기도드리옵나이다. 아멘.

오직 구속함을 받은 저희 심령의 만족함은 영원하신 아버지께 있는 것을 믿고 오늘도 아버지 앞에 나아왔습니다. 하나님은 누구든지 오기만 하면 저희의 심령을 시원하게 하고 만족케 하는 생수를 주신다고 하셨습니다. 그 말씀을 의지하고 기도하오니 오늘 저녁도 하나님께서 세우신 사자의 입을 통하여 저희 심령 깊은 곳에 폭포수같이 풍성하게 생명수를 부어주옵소서.

피와 땀을 흘리신 주님. "예수께서 힘쓰고 애써 더욱 간절히 기도하시니 땀이 땅에 떨어지는 핏방울 같이 되더라(누가복음 22장 44절)" 말씀하셨습니다.

구속의 은총과 영원한 하나님 나라의 소망과 기쁨을 주신 아버지 하나님께 영광과 찬양을 돌립니다. 저희가 항상 믿음을 통하여 하나님을 경배하고 찬양하는 일에 최선을 다하며 저희의 삶이 경건하게 유지되도록 지켜주옵소서. 세상적인 이익을 위해서 예수 그리스도를 따르다가 사단의 유혹에 넘어가는 어리석은 자가 되지 않게 하옵소서.

숨은 봉사자를 귀히 여기시는 주님, 저희가 주님의 일을 하다가 그 일이 정말 어려울 때 저희 욕심을 따라 행동하는 가룟 유다같이 되지 않게 은혜를 베풀어 주옵소서. 주님의 말씀대로 지켜 행함으로 인간적인 예상과 기대를 초월한 여러 가지 일들이 구속의 은총 속에서 기쁘게 성취되는 것을 맛보게 하옵소서.

몸과 피를 주신 사랑의 하나님, 죄인이 구원에 이르는 길은 주님의 대속의 피를 믿고 의지하는 길뿐임을 믿습니다. 저희에게 영적 통찰력을 갖게 하사 아버지의 뜻만을 찾고 그 뜻에 순복할 수 있게 하옵소서. 저희 욕심을 채우기 위한 기도를 함으로써 하나님 아버지의 영광을 가리는 경우가 없게 하옵소서.

예수 그리스도의 이름으로 기도드리옵나이다. 아멘.

> 기도에는 시간과 장소라는 것은 없습니다. 시기와 때라는 것도 없습니다. 기도는 우리의 호흡이기 때문에 길을 가다가도 어디에 있든지 하나님과 계속적으로 교제해야 합니다. 궁극적으로 기도는 우리를 위한 것이고 하나님의 사랑에 대한 우리의 의무입니다.

사랑하는 주님! 우매하고 미련한 저희에게 하나님께서 성령의 지혜를 채워 주시어 알게 하여 주시옵소서. 비록 지금은 저희가 세상에 속하여 살아가고 있으나 세상을 따라가지 아니하고, 몸은 죽일 수 있으나 영을 죽일 수 없는 나약한 사람의 힘을 의지하지 아니하고, 오로지 주님의 능력만을 구하는 저희 교회 성도들이 될 수 있도록 이끌어주시옵소서.

오늘도 살아서 각 사람의 마음속에 성령으로 역사하시는 전능하신 주님! 무엇보다도 저희 나라의 정치와 기독교 지도자들을 위하여 기도합니다. 많은 위정자들에게 성령의 인도하심으로 정치도 잘 이끌어 가도록 많은 지혜를 주옵시고, 오직 복음으로 평화로운 날을 주시기를 기도합니다.

선한 목자이신 주님. "내가 문이니 누구든지 나로 말미암아 들어가면 구원을 받고 또는 들어가며 나오며 꼴을 얻으리라(요한복음 10장 9절)" 말씀하셨습니다.

선한 목자이신 주님, 주님께서는 양인 저희를 아시고 푸른 풀밭으로 인도하시며 저희의 형편을 아시고 저희의 필요를 채우심을 믿습니다.

주님께서는 앞서 가시며 저희를 인도하시오니 주님의 인도하심을 따라 어디든지 가겠나이다. 저희가 항상 주님의 음성을 듣고 참 목자이신 주님을 전적으로 신뢰할 수 있게 하옵소서.

양의 문이신 주님, 예수 그리스도를 통해서만 하나님께 나아갈 수 있음을 믿습니다. 주님께서는 양인 저희에게 생명을 얻게 하셨을 뿐만 아니라 저희의 생명을 더욱 풍성케 하심을 믿습니다. 저희가 날마다 그 풍성한 은혜와 넘치는 기쁨과 자유를 누리는 풍성한 삶을 살게 하옵소서. 근심과 걱정, 초조와 불안을 다 내어버리게 하옵소서.

저희 구원의 보장이 되시는 주님, 주님의 손에서 그 누구도 저희를 빼앗을 수 없음을 믿습니다. 주님의 보호의 손이 곧 전능하신 아버지의 손임을 확신하며, 이 귀한 안정을 감사와 찬양하오며 요동치 않는 자세로 주님을 섬기기를 원합니다. 언제나 말씀의 약속과 권면에 귀 기울여 살게 하옵소서.

예수 그리스도의 이름으로 기도드리옵나이다. 아멘.

내가 세상 끝날 때까지 너희와 항상 함께 있으리라 말씀하신 주님! 저희들의 영혼의 전에 나타나시어 저희의 마음을 뜨겁게 하여 주옵소서. 갈릴리 해변에 나타나시어서 베드로의 손을 잡으시고 네가 나를 사랑하느냐고 말씀하신 주님! 이 시간 저희에게도 나타나시어 저희의 연약한 손을 잡아 일으켜 주옵시고 새롭게 하여 주옵소서.

그리하여 저희의 심령이 다시 한 번 더 하늘의 능력으로 견고하여져 주님 오시는 그날까지 주님의 일에 더욱 힘쓰는 복음의 증인들이 되게 하여 주옵소서.

모든 것을 아시는 주님. "예수께서 행하신 일이 이 외에도 많으니 만일 낱낱이 기록된다면 이 세상이라도 이 기록된 책을 두기에 부족할 줄 아노라(요한복음 21장 25절)" 말씀하셨습니다.

변함없는 사랑으로 저희를 지키시고 인도하시는 주님, 주님은 오늘도 저희의 불신앙을 책하지 아니하시고 거듭거듭 교훈하심을 감사드립니다. 저희가 부족하고 연약하여 예수 그리스도를 좇다가 실망이 되고 피곤해질 때가 있습니다. 그때에 사단의 올무에 빠지지 않도록 새 힘을 주셔서 저희가 주님을 의지하게 하옵소서.

진정으로 기도하는 자는 아무것도 원하지 않습니다. 어린아이가 노래하듯이 고뇌와 감사를 중얼거릴 뿐입니다. 주님께 무엇을 바라는 기도를 하지 않겠습니다. 오직 주님 뜻에 순명하는 기도를 하겠나이다. 저희가 드리는 기도는 오직 주님의 은혜에 찬양할 뿐입니다.

저희의 기도는 지칠 줄 모르는 힘과 거부될 수 없는 인내와 꺾이지 않는 용기로 강하게 구해야 합니다. 그래야 저희의 기도를 주님께서 기쁘게 받아들이는 것입니다.

사랑의 주님, 주님께서 이 시간 저희에게 물으시는 사랑의 요구를 듣습니다. 주님을 수없이 배반해 온 저희를 찾아와서 애절하게 부르시는 그 음성에 저희가 가슴을 조아립니다. 저희를 책망 않고 용서하시는 사랑을 믿고 주님을 뜨겁게 사랑하기를 원합니다. 주님을 향한 저희의 이 사랑이 다른 그 어떤 것을 사랑하는 것과 비교할 수 없는 진실한 사랑이게 하옵소서.

모든 것을 다 아시는 주님, 주님의 전지성을 마음 깊이 의지합니다. 주님께서 저희의 모든 것을 아시고 계심이 저희의 크나 큰 위로입니다. 저희가 주님을 따르기를 원하오니 저희의 평생의 길을 주님께서 인도하옵소서.

예수 그리스도의 이름으로 기도드리옵나이다. 아멘.

고마우신 하나님 아버지! 오늘도 이렇게 저희들을 사랑으로 불러주셔서 거룩하신 하나님 아버지의 앞에 나와 예배드리게 됨을 진심으로 감사드립니다.

지난 며칠 동안도 메마른 사막 같고 거친 광야와 같은 이 세상을 살아가는 저희들의 영혼이 지치고 곤하오나 다시금 사나 죽으나 주님만 의지하며 복음의 사명을 감당하길 원하오니 주님께서 새로운 능력을 주시길 간구합니다.

주님을 모시고 살아간다고, 매일 하나님의 자녀라고 말은 잘도 하면서 하나님의 자녀답게 살지 못한 것이 한두 가지가 아니오니 용서하여 주시옵소서. 사실 불신자들 앞에서 저희가 하나님이 저희 아버지라고 말하기조차 부끄러울 만큼 저희들의 삶은 실천이 적어서 너무도 죄송하고 송구스럽습니다. 그러나 주님, "허물의 사함을 받고 자신의 죄가 가려진 자는 복이 있도다(시편 32편 1절)" 하였사오니 저희의 허물을 사해 주시고, 세속에 더럽혀진 심령을 주님의 보혈로 깨끗하게 씻어 주옵소서.

이제부터라도 저희들의 삶 속에 하늘로부터 내리는 성령의 생수로 채워주옵소서. 주님께서 " 누구든지 목마르거든 내게로 와서 마시라 나를 믿는 자는 성경에 이름과 같이 그 배에서 생수의 강이 흘러나오리라(요한복음 7장 37~38절)"고 말씀하셨습니다. 이 시간 주님께서 주시는 그 영생의 생수를 마시기 원하옵니다.

살아계신 주님!

열심을 다하여 주님을 섬기고 복음을 전해야 하는데도 추운 겨울이라고 이 핑계 저 핑계 대면서 게으름을 부리고 있지나 않는지 저희들의 잘못을 용서하시고 세상을 따라 산 것을 용서하옵소서. 어리석게도 보이는 육신적인 것을 얻어 보기도 하고 누려보기도 했습니다. 그러나 거기에 참 만족이 없었고 얻으면 얻을수록, 누리면 누릴수록 저희 심령의 목은 더 마르고 부족하였음을 고백합니다.

사랑의 하나님 아버지!

또한 교회의 직책들의 각 가정들을 주님께서 붙들어 주시옵소서. 이 시간도 먼 이국에서 복음을 전하시는 많은 선교사들에게도 함께하여 주시옵기를 기도합니다. 특별히 게으르지 않고 부지런히 주님의 전에 찾아온 많은 성도들에게 가물어 메마른 땅에 단비를 내리듯이 은혜의 단비를 흠뻑 내려 주실 줄 믿습니다.

예수 그리스도의 이름으로 기도드리옵나이다. 아멘.

진리이신 아버지 하나님! 성서 말씀 가운데 하나님의 뜻을 계시하여 저희로 생명길을 따를 수 있도록 인도하여 주신 구원의 주님께 찬양과 경배를 드리나이다.

성경 말씀을 통해서 진리를 모르던 저희들에게 진리를 깨우쳐 주시고, 아버지가 누구이신지 모르던 저희들에게 아버지 하나님을 계시하여 주시며 목마른 심령들에게 영원히 목마르지 않는 생명수로 채워 주시는 주님의 은혜를 생각할 때마다 감사를 드리지 않을 수 없나이다.

주님! 저희는 마음이 완악하여 주님의 말씀을 묵상하여 그 뜻을 따르기보다는 저희의 뜻을 좇고 저희 마음대로 모든 일을 행하고 훈계의 말씀은 귓전으로 흘려버린 채 세상의 부귀영화를 얻으려고 달음질치며 살아왔나이다. 이런 잘못된 생각과 행동으로 살아온 저희들을 주님의 크신 사랑으로 용서하여 주시옵소서.

주님! 주님께서는 저희의 입 속에 꿀보다도 더 단 말씀을 넣어주셨건만 저희 심령이 더러워져서 이 달콤한 말씀을 삼킬 줄 모르고 내뱉곤 했으며, 저희 심령이 죄악 된 곳에 빠져 있어서 구원의 길을 밝혀주는 진리의 말씀을 멀리하려고 애썼사오니 주님께서 저희들의 심령을 정결케 하여 말씀의 달콤한 향내를 즐겁게 맡으며 진리의 길을 기꺼이 따르는 믿음의 권속들이 되게 하여 주시옵소서.

거룩하신 하나님 아버지!

저희 교회에 주님의 말씀이 늘 살아 움직이며 주님의 말씀이 놀랍게 역사하는 능력 있는 교회가 되게 하옵소서. 주님의 말씀을 증거하며 전파하는 데 수고하는 이들이 있사오니 그들의 수고를 주님께서 기억하시고 아직까지도 주님의 복음이 전파되지 못한 어두운 땅에 빛으로 임하시옵소서.

말씀으로 성육신하여 오신 거룩하신 예수 그리스도의 이름으로 기도드리옵나이다. 아멘.

주님 저희의 성실한 기도는 성공으로 이끄는 도구가 됨을 믿습니다. 성실의 결과의 열매는 기도로 나타나기 때문에 매일 성실한 기도를 하여야 함에도 그럼에도 저희는 성공을 자신의 노력으로 착각하고 살 때가 있습니다. 언제든지 저희를 패망하게도 하실 수 있는 전지전능한 주님을 저희가 잊지 않고 겸손하게 살게 이끌어 주시옵소서. 겸손은 주님이 저희에게 몸소 가르쳐 주신 지혜임을 깨달고 살아가게 하여 주시옵소서.

역사의 주관자이신 주님. "주의하라 깨어 있으라 그 때가 언제인지 알지 못함이라(마가복음 13장 33절)" 말씀하셨습니다.

저희의 중심을 보시는 전지하신 하나님, 저희가 외적인 화려한 조건들만 내세우다 책망을 받지 않도록 속사람을 가꿔가게 하옵소서. 오늘 이 불안한 세상에 소망을 두고 살다가 거짓 진리에 미혹되지 않도록 저희를 붙잡아 주옵소서. 그리하여 세상에 굴복하지 않고 나중까지 견딜 수 있게 하옵소서.

주님, 영적인 가치가 뒤바뀌고 세상이 극도로 악해졌습니다. 이러한 때일수록 저희가 세상에 대한 미련을 온전히 버릴 수 있게 하시고 하나님의 절대주권과 사랑을 믿고 환난의 날을 감해 주시도록 기도할 수 있게 하옵소서.

세상을 살면서 염려는 저희의 생각이 하나님의 생각보다 앞서는 어리석은 것입니다. 즉 그것은 저희들의 교만 때문에 오는 결과입니다. 오직 주님만을 의지하고 주님에 순명하면서 교만한 마음을 버리면 걱정과 근심은 사라질 것이라 믿습니다. 주님 저희의 근심과 염려를 없애주시는 주님께 감사드리옵니다.

역사를 주관하고 계시는 주님, 격동하는 역사의 흐름 속에서 하나님의 징조를 보는 눈을 갖기를 원합니다. 그날과 그때는 아무도 모른다고 하셨으니 영적 긴장을 풀지 않고 하나님께서 맡기신 일을 충성스럽게 감당할 수 있게 하옵소서. 저희가 환난의 시련을 당할 때에 주님께서 지키사 염려하며 좌절하는 일이 없게 하시고 온전한 믿음을 소유하게 하옵소서.

사랑의 주님, 주님께서 원하시는 사랑은 부모나 처자식에 대한 사랑보다 훨씬 더 우선적임을 기억하오며, 예수 그리스도의 이름으로 기도드리옵나이다. 아멘.

사랑과 은혜가 충만하신 하나님! 주님의 전으로 모여 귀한 예배를 드리게 하시니 감사합니다. 저희에게 날마다 감사의 귀한 열매가 맺혀지게 하여 주옵소서.

저희의 입술을 주장하사 주님의 거룩한 백성이 되게 하시며, 저희의 부족함과 저희의 교만과 저희의 믿음 없음을 고백하오니 채워 주옵소서. 저희의 교만을 주님의 거룩하심으로 낮아지게 하여 주옵소서. 또한 주님 저희의 믿음 없음을 용서하시고, 주님을 절대적으로 신뢰하고 의지하도록 은혜를 베풀어 주옵소서.

넓고 쉬운 죄악의 길을 버리고 주님의 뜻을 찾을 수 있는 저희가 되게 하여 주옵소서.

교만과 거짓, 부정과 부패가 횡횡하는 시대 속에서 의롭게 살게 하시고, 저희의 상한 마음을 주님의 사랑으로 고쳐 주옵소서. 저희와 함께 하시고 위로를 주옵소서. 저희의 문제는 오직 주님께 달렸사오니 하나님만 바라보게 하시고, 현재에 처한 환경이나 욕심 때문에 세상적인 삶에 연연하지 않도록 도와주옵소서.

주님이 세우신 교회에 뜨거운 성령의 역사가 강하게 임하시며, 부르짖는 기도마다 응답받는 축복의 현장이 되게 하옵소서. 영혼 구원의 사명 또한 잘 감당할 수 있는 교회가 되게 하여 주옵소서.

하나님은 교만한 자를 멀리하시고 겸손한 자를 가까이 하십니다. 주님께서는 세상에서도 높아지기를 원하는 사람은 겸손한 사람이 되는 것이 가장 높아지는 지름길이란 것을 몸소 가르쳐 주셨기에 저희도 주님의 가르침대로 겸손한 삶이 되도록 인도하여 주시옵소서.

또한 지금도 믿지 않는 영혼들을 위해서 기도하오니, 그들의 영혼을 긍휼히 여겨 주옵소서. 주님의 사랑 안에서의 충만함을 맛보게 하심으로 주님의 사랑이 얼마나 기쁜지 알게 하여 주옵소서. 주님의 사랑으로 삶의 척도가 바뀌게 하시고, 주님의 사랑으로 성품이 변화되게 하사 주님의 자녀가 될 수 있는 복을 허락하여 주옵소서.

거룩하신 하나님! 이 시간 예배를 위하여 봉사하는 손길들을 기억하시고, 은혜와 복을 내려 주옵소서. 말씀을 듣는 저희에게도 하나님의 귀한 은혜가 넘치게 하여 주시고, 상한 심령이 치유 받는 귀한 시간이 되게 하여 주옵소서.

예수 그리스도의 이름으로 기도드리옵나이다. 아멘.

17일

전지전능하신 하나님께 감사와 찬송을 돌립니다. 슬픔을 기쁨으로 바꾸시고 괴로움을 희락으로 바꾸시는 주님의 은혜를 사모하여 주님의 전으로 나아왔사오니, 저희에게 복 주사 주님의 거룩한 백성이 되게 하여 주옵소서.

사랑의 하나님! 주님을 믿고 사랑한다고 하면서도 주님의 영광을 위하여 살지 못했음을 고백합니다. 주님 앞에 엎드려 용서를 구합니다. 주님을 따르는 자들은 자기를 부인하고 제 십자가를 져야 한다는 말씀처럼 저희도 주님의 참 제자가 되게 하여 주옵소서.

예배를 드리는 귀한 이 시간, 성령으로 충만하게 하여 주옵소서. 주님의 새로운 은혜를 체험하는 귀한 시간이 되게 하여 주옵소서. 교회의 역할을 잘 감당할 수 있도록 복 주시고, 주님의 은혜로 날마다 세상에서 주님의 귀한 사명을 잘 감당하게 하여 주옵소서.

저희의 발길이 전도하는 발길이 되게 하시고, 저희의 손길이 봉사하는 손길이 되게 하여 주옵소서. 저희의 모든 것들이 주님의 도구로 쓰여지기를 원하오니 저희의 기도를 들어 응답해 주옵소서. 교회에 속한 여러 직책들마다 풍요로운 열매를 거두는 귀하고 복된 직책들이 되게 하여 주옵소서. 직책들에게도 크신 은총을 베풀어 주옵소서.

주님께서 저희에게 함께 하사 하늘의 신령한 비밀들을 알게 하시고 하늘의 축복으로 동행하여 주옵소서. 교회의 몸이 되신 주님, 교회를 다른 목적으로 사용하지 않도록 모든 교회를 지켜주시기를 원합니다. 모든 성도들이 힘을 모아 교회의 순결성을 끝까지 지켜가게 하옵소서. 저희들의 몸이 하나님의 영이 거하시는 교회임을 알고서 각자의 몸을 추악한 죄악으로 더럽히지 않게 하옵소서.

기도하는 음성에 귀를 기울이시는 주님, 주님의 응답은 항상 최선인 것을 믿습니다. 응답이 즉각적이든 오랜 후이든 때론 그 일이 이루어지지 않을지라도 감사함으로 주님을 신뢰케 하옵소서.

진심으로 기도하면 어느 때 어떻게 해서든지 어떤 형태로든지 응답을 받게 하여 주시는 주님 감사드립니다. 주님! 저희가 간구하는 기도를 기쁘게 받아주시고 저희의 삶을 주관하시어 늘 주님께 찬양할 수 있는 은혜 주셔서 감사하옵니다.

거룩하신 예수 그리스도의 이름으로 기도드리옵나이다. 아멘.

인간의 생사화복을 주관하시는 하나님 아버지! 저희 성도들을 사랑하셔서 이제껏 지켜주시고 필요한 것들을 아낌없이 허락해 주시니 감사합니다. 더욱 감사한 것은 삶의 보금자리인 새 집을 마련하도록 허락하시니 새집을 마련한 성도들을 위해 기도드립니다.

주님! 은혜 주셔서 마련한 새 집이 굳건한 믿음이 반석 위에 서는 집이 되게 하시고 모래 위에 세워져서 바람이 불고 비가 올 때 힘없이 쓰러지는 집이 되지 않도록 하옵소서. 특별히 이 세상의 장막에 만족하여 영원한 하늘의 장막을 망각하는 어리석음을 범하지 않도록 이끌어주옵소서.

새 집의 주인은 성도가 아니고 주님이오니 주님께서 늘 거주하셔서 항상 주님께로 향하는 찬송과 기도소리가 그치지 않으며 사랑과 평화가 가득 찬 주님의 가정으로 축복해 주시옵소서. 새 집을 폐쇄된 공간으로 두지 않고 주님의 선하신 뜻을 이루는 일에 개방시키오니, 주님, 새 집을 귀중한 선교센터로 이용해 주시고 성도의 영혼에 커다란 기쁨을 허락하옵소서.

주님 간절히 기도드리오니 이 땅에는 삶의 보금자리가 없어 애태우며 고통당하는 이웃들이 있사오니 그들에게 임하셔서 하루 속히 원하는 것들을 얻을 수 있도록 응답해 주옵소서.

살아계신 하나님 아버지! 새 집에 거주하면서 하나님을 섬겨 나갈 때에 날마다 물가에 심겨진 푸른 나무처럼 번성하는 복으로 채워주시옵시고 이웃과 교회에도 날마다 즐거운 소식이 오가는 복을 더하여 주시오며 형제의 우애가 날마다 돈독해지는 복을 주시옵소서.

평화의 왕이신 아버지, 저희 죄인의 삶이 마음의 악을 씻어버리고 깨끗한 행위로 구별되게 사는 정직한 삶이 되도록 인도하옵소서. 핍박하는 자에게 그리스도 안에서 더욱 적극적인 사랑을 베푸는 사람이 되게 하옵소서. 그리하여 날마다 주님의 온전하심에 가까워지길 원합니다.

능력의 하나님 아버지! 약속된 축복의 잔이 이 한 가정에 넘쳐 날로 번창하며 이웃 대접하기에 부족함 없는 사랑의 가정이 되게 하여 주시옵소서.

예수 그리스도의 이름으로 기도드리옵나이다. 아멘.

저희가 다른 사람을 전적으로 신뢰할 수 있다면 이 세상은 참으로 아름다울 것입니다. 그러나 다른 사람을 전적으로 신뢰하여 얻는 아름다움보다는 하나님을 전적으로 신뢰함으로 이룰 수 있는 것은 사람으로부터 얻는 아름다움보다 인간이 상상할 수 없는 아름다움을 체험하게 될 것이라 믿습니다. 저희가 이 세상에 살면서 알지도 못하고 보지도 못하고 듣지도 못한 아름다움을 체험하게 될 것이기에 감사드리옵니다.

만왕의 왕이신 주님. "유대인의 왕으로 나신 이가 어디 계시냐 우리가 동방에서 그의 별을 보고 그에게 경배하러 왔노라 하니(마태복음 2장 2절)" 말씀하셨습니다.

만왕의 왕이시며 만유의 주체가 되시는 하나님 아버지, 존귀와 영광을 주님께 돌립니다. 온 인류의 구세주이신 예수 그리스도의 발 앞에 경배하오니, 예수 그리스도 안에 있는 지혜와 지식의 보화, 그리고 신성의 모든 충만을 체험케 하여 주옵소서. 주님 주신 이 귀한 것들을 바로 사용하여 하나님의 영광을 높이 찬양할 수 있게 하여 주옵소서.

주님, 주님께서 언제나 저희 인생의 주인이요 인도자이시길 원합니다. 저희도 동방의 박사들처럼 진리에 대해서 가난한 마음, 준비하는 마음, 열심히 찾고 구하는 마음으로 살아갈 수 있는 힘을 주옵소서. 이 부족한 저희 죄인은 메시아의 오심을 머리로만 고대할 뿐, 가슴과 생활로는 아직 준비가 안 되었음을 회개하나이다. 저희의 삶이 주님께서 도래하실 때, 기쁨으로 맞이할 수 있을 정도로 순수하고 성실하게 하옵소서.

불꽃같은 눈으로 은밀한 곳까지 보시는 하나님, 하나님 앞에서 거룩하고 흠 없는 삶으로 영광을 돌리기 위해 고난까지도 기쁨으로 여길 줄 아는 성숙한 모습으로 저희를 키워주옵소서.

예수 그리스도의 이름으로 기도드리옵나이다. 아멘.

사랑의 하나님 아버지! 은혜를 감사드립니다. 죄와 허물로 인하여 영원히 죽었던 저희를 예수 그리스도 안에서 살려주시고 영원한 생명을 주신 주님을 찬양하며 영광과 존귀와 감사를 돌립니다.

십자가의 피로써 죄사함 받고 용서받아 종결케 된 주님의 자녀들이 청결한 마음으로 주님을 의지하며 주님 보좌 앞에 나아가오니 기쁨으로 받아주시옵소서. 찬양과 경배를 드리며 정성을 다하여 영으로 맘으로 영과 진리로 드리는 저희의 예배를 받아주옵소서.

기도실에서 하나님을 찾는 사람은 하나님 나라의 깊숙하고 고요한 새벽의 분위기를 맛보게 된다는 것을 알고 있습니다. 하나님께서 주시는 만나 중에 가장 맛있는 만나는 주님께 감사기도를 드리는 순간일 것입니다. 그러기 위해서는 늘 주님께 기도하는 일과를 잊어서는 않도록 하여 주시옵소서.

죄인인 저희가 지고 갈 십자가가 있지만 주님께서 저희를 위해 대신 십자가를 지고 저희 죄를 용서하시어 저희가 이렇게 살기 좋은 세상을 맞이하였기에 감사드리옵니다.

은혜로우신 하나님 아버지!

주님께서 "너의 행사를 여호와께 맡기라 그리하면 네가 경영하는 것이 이루어지리라(잠언 16장 3절)"고 하신 말씀을 기억합니다. 이제 그 말씀에 의지하여 기도하오니 새로 시작한 성도들의 사업이 하나님의 축복 없이는 성공할 수 없다는 엄연한 사실을 알도록 인도하옵소서.

그리하여 사람의 생각대로 계획하며 설계할 것이 아니라 먼저 여호와 하나님의 도우심과 말씀에 의지하여 경영하는 지혜를 허락하옵소서. 또한 세상의 경영전략을 무조건 따를 것이 아니라 그리스도인의 경영원리를 바로 알아 덕으로 경영하게 하옵소서.

주님. 성도들의 사업을 통하여 하나님의 영광을 드러내며 주님께 더욱 봉사하기 위한 기반이 되도록 하옵소서. 많은 것, 좋은 것, 번창만을 의지하지 않게 하시고 옳은 것, 부끄럼 없는 것을 취할 수 있게 하옵소사 적든지 많든지 간에 아버지께서 온전한 십일조 생활을 하는 데 거리낌 없는 신앙을 허락하옵소서.

새로 시작하는 성도들의 사업이오니 지켜주시고 주님을 향한 사랑도 새롭게 시작하게 하옵소서.

예수 그리스도의 이름으로 기도드리옵나이다. 아멘.

저희의 생사화복을 주장하시는 하나님! 이제 저희는 하나님 앞에서 저희의 마음을 엽니다. 들어오셔서 저희 마음의 중심에 좌정하시고 저희의 모든 생각을 주장하여 주옵소서. 여호와 하나님은 저희와 같은 미련한 인생을 친교의 대상으로 삼으시고 같이 의논하고자 하셨습니다.

저희에게 혼자서 어려운 문제를 가지고 스스로 고민하는 대신에 저희의 모든 비밀을 아시는 하나님께 가지고 와서 주님의 도움을 구하는 용기를 주옵소서. 성경에 정치가 없으면 백성이 망하되 모사가 많으면 평안함을 누린다고 하셨습니다.

때로 정치인들의 정치가 과열되어서 나라를 혼란케 하는 일도 가끔 있었습니다. 하나님께서 각 인간에게 주시는 권리를 최대한으로 행사하는 것이 국민의 특권인 줄 아오나 저희에게는 법도가 부족하였습니다. 지혜도 모자랐습니다. 그래서 때로는 데모로 유혈사태를 가져오는 실수도 저질렀습니다.

이제 저희는 몇 차례의 정치적 위기를 겪고 나서 조금씩 교훈을 얻고 있습니다. "사공이 많으면 배가 산 위에 오른다"라는 말처럼 저희는 자제를 모르는 백성으로서 굴레벗은 말처럼 살아왔습니다. 저희가 세운 정치인들이 국정을 제대로 논의하게 지혜를 모아 주시옵소서.

입법부에 속한 국회의원들이 여당이든 야당이든 자기 당만을 위하는 자들이 되지 않고, 온 국민과 함께하는 역사와 후손을 위한 사명자들이 되어 법을 기초하고 결의할 때마다 참으로 공의에 온전히 서도록 하시고, 하나님 앞에 오류를 범하지 않는 바른 입법을 하고 온 국민에게 공익이 되며 잘 살고 안전하게 사는 나라가 되도록 그 임무를 다하게 하시옵소서. 특정인을 위해서가 아니라 전체 국민을 위한 공정한 대변자가 되게 하옵소서.

특히 국회를 이끌어 가는 국회의원들에게 지혜를 주시고 명실공히 국민을 위한 입법부가 되게 하옵소서. 주님께서 친히 국회의원들을 주장하사 주님께서 영광이 되고, 교회와 국민에게는 안전과 영예와 복지를 누리게 하옵시고, 평화와 진리와 정의가 확립되어 영구히 축복받는 나라가 되게 하여 주시옵소서.

예수 그리스도의 이름으로 기도드리옵나이다. 아멘.

거룩하신 하나님! 풀은 마르고 꽃은 떨어진다고 말씀하신 것처럼 육신의 장막 집은 낡아갑니다. 그러나 존귀하신 주님 은혜를 감사합니다. 늙고 병들기 쉬운 육체 속에 성령으로 거하게 하셔서 존귀하신 창조의 법칙을 깨닫게 하시고 감사하게 하심을 찬송드리옵니다.

"인간 칠십 고래희"라는 옛말처럼 인간은 연륜을 기피하려고 합니다. 하나님! 그러니 육신의 장막보다 하늘의 영원한 집을 사모하고 있사오며 늙어가는 육체보다 늙어도 결실하며 진액이 풍부한 하나님의 자녀된 영원한 희열을 더욱 그리워하고 있사옵니다.

믿음으로 영원을 동경하도록 마음과 영의 눈을 뜨게 하여 주신 하나님!

주님이 강림하시는 그때까지 영육이 온전히 보존되게 해 주옵소서. 그리하여 비록 육신의 눈은 그 시력이 약해져도 하늘 보좌를 바라볼 수 있는 깨끗한 마음씨는 흐리지 않게 해 주시고 가난한 마음씨 속에 담겨진 천국의 이상을 세상이 어떻게 변하든지 변치 않게 해주옵소서.

시간은 물같이 흐르고 젊었던 육체도 덧없이 쇠약해지면 주님의 말씀을 묵상하던 사고력도 그 기력을 잃어가고 있사오나 젊은 독수리에게 주셨던 새 힘은 오늘도 내일도 동일하게 하소사 새 역사의 밑거름이 되게 하옵소서.

많은 공기를 마시면서 눈을 들어 산을 바라볼 때 희망차게 넘치는 꿈을 보게 하시고 걷고 뛸 때마다 관절 마디마디에 공급되는 새 힘을 깨닫게 하옵소서.

사랑하는 자녀들에게 단잠을 주시겠다고 약속하신 하나님의 위로와 건강의 회복이 레바논의 백향목 같게 하옵소서. 남은 여생이 하나님을 위한 줄기찬 전진의 생애가 될지언정 주님의 영광을 가리우는 나약한 존재가 되지 않게 하옵소서.

이 일을 위해 효성의 기도로 하나님께 아뢰는 자손들의 소원을 들어주옵소서.

예수 그리스도의 이름으로 기도드리옵나이다. 아멘.

사랑하는 주님! 교회 총회를 위해 기도드립니다. 주님께서 가르치시고 친히 본을 보이신 겸양의 덕을 봉사회 모두가 배우게 하소서. 예루살렘 성 총회에 함께하신 성령이시여 그리스도의 양성론을 결정할 때 함께하신 성령이여, 이 총회에 함께하소서.

주님! 이 총회가 의연한 모습으로 모든 문제를 극복하여 성도들에게 용기를 줄 수 있게 하소서. 과거에 분쟁과 분열의 역사가 많았음을 주님 앞에 참회하나이다. 임원 선거에만 관심을 갖는 총회가 되지 말게 하소서. 문제를 일으키는 총회가 되지 않고 문제를 해결하는 총회가 되게 하소서.

이 총회를 통해 저희 교단의 진로가 결정됨을 아나이다. 또한 교회가 가는 길을 따라 온 인류가 가는 것을 아나이다. 이 총회의 교회적인 사명과 함께 인류사적인 사명을 생각하며 회의에 임하게 하소서. 지난 한 해 저희 교단이 많은 사업을 하며 큰 발전을 이룩하게 하여 주신 것을 감사드리나이다.

지난 한 해의 보고를 접수할 때 감사함으로 받을 수 있게 하옵소서. 또한 부족한 부분들은 피차 겸손한 마음으로 지적하고 받아들이게 하

소서.

전능하신 하나님 감사드립니다. 지난 일 년 동안도 저희 교회를 지켜주시고 또한 부흥하며 성장하도록 역사하신 하나님의 은총을 진심으로 감사드립니다. 오늘 주님의 자녀들이 모여 금년 일 년 동안 교회의 사업을 위하여 공동의회로 모였습니다. 저희들의 마음과 생각을 주관하여 주시어 하나님이 기뻐하시는 사업, 하나님의 영광을 위한 사업, 교회 성장에 유익한 사업만을 상의하도록 도와주옵소서.

아버지 하나님!

마음의 경영은 사람에게 있어도 그 걸음을 인도하시는 분은 하나님이라고 하였사옵니다. 이처럼 지난 일 년 동안도 인도하시고 함께하신 하나님, 다음 일 년도 같이 하시고 인도하시사 부족함이 없도록 채워주옵소서.

"내 생각은 너희 생각과 다르다"라고 하였사오니, 저희들의 생각을 주관하여 주시어 아버지 하나님! 오늘 모인 이 회의에 하나님이 임재하시사 친히 의장이 되어 주셔서 처음부터 끝까지 은혜 속에 진행되고 마칠 수 있도록 도와주시옵소서.

오늘 의논되고 결정되는 모든 사항이 한 해 동안 시행될 때 재정에 부족함이 없게 하시고 맡은 자가 충성함으로써 저희들이 세운 목표보다 더 좋은 결과의 열매를 주님 앞에 바칠 수 있게 하시옵소서.

예수 그리스도의 이름으로 기도드리옵나이다. 아멘.

하늘에 계신 하나님 아버지! 저희 주님께서는 이 세상에 비천한 몸을 입으시고 오셨기에 누구도 주님을 영접치 아니했으나 영접하는 자에게는 하나님의 자녀가 되는 권세를 주신다고 말씀하셨사오니 저희가 이 시간에 겸허한 마음으로 이 땅에 오신 예수 그리스도를 영접하게 하옵소서.

주님께서 세상에 탄생하셨을 때 동방박사들이 주님을 찾아 경배했던 것과 같이 저희도 주님을 찾아 저희의 가장 귀한 예물인 황금과 유향과 몰약을 드리게 하옵소서.

주님께서 탄생하시던 밤에 양치던 목자들이 아기 예수께 경배함과 같이 저희도 예수 그리스도를 찾아 경배케 하고 하늘의 천군천사들과 함께 지극히 높은 곳에서는 하나님께 영광이요 땅에서는 기뻐하심을 입은 사람들 중에 평화가 있음을 찬양케 하옵소서.

사랑의 주님께서 이 땅에 다시 오셔서 전쟁 없는 평화, 미움 없는 사랑, 대립 없는 화해, 그리고 죽음 없는 영생의 축복을 내려주시옵소서.

사람이 살아가는 데는 모든 것이 순서가 있습니다. 순서가 뒤바뀌게 되면 인생이 힘들게 됩니다. 인생의 가장 우선순위에 하나님을 곁에 모시기 위해 매일 기도하는 것이라 생각합니다. 하루의 첫 번째 순서는 하나님께 드리는 기도라는 것을 잊지 않고 살게 하여 주시옵소서.

전능하시고 무한하신 하나님 아버지!

저희들의 삶의 터전 속에서 축복을 가로막고 있는 사악한 영들이 물러가게 하옵시고 이곳에 견고한 진을 친 악한 영들의 머리를 밟게 하옵소서. 그들의 상한 뼈가 부러지게 하옵소서. 그들의 전략과 궤계가 말씀과 성령으로 충만한 저희들로 인하여 무너지게 하옵소서.

특별히 하나님의 교회에서 큰 일을 맡아 수고하시는 당회와 제직회와 각 부의 모든 임원들을 기억하시옵소서. 맡겨주신 사명 감당하도록 힘을 주시옵소서. 성령을 주시옵소서. 오직 믿음으로 하나님을 기쁘시게 하는 자들 되어 살게 하옵소서. 쉬지 않고 주님의 교회를 위하여 눈물로 기도하는 직분자들이 되게 하옵소서. 주님의 교회를 위하여 충성하도록 가까이에서 섬길 수 있는 축복을 주시옵소서. 하나님 아버지! 저희의 가진 재물과 처음 소산물로 하나님을 영화롭게 하는 자들이 되게 하옵소서.

저희를 위해 몸을 입으시고 이 세상에 오신 예수 그리스도의 이름으로 기도드립니다. 아멘.

25일

저희를 위하여 이 땅에 오신 주님을 찬양합니다. 주님의 성 육신이 없었다면 저희가 사망의 그늘에서 벗어날 수 없었음을 고백합니다. 저희를 긍휼히 여기사 이 땅에 오신 주님을 찬양하고 경배합니다.

주님의 사랑하심과 희생에 감사할 줄을 모르고 죄인의 속성을 벗지 못함을 용서하여 주옵소서. 주님의 사랑을 늘 체험하면서도 주님을 욕되게 하는 삶을 살아온 저희를 용서하여 주옵소서. 이 시간 주님의 은혜를 저버린 것을 회개하오니 용서하여 주옵소서. 회개의 합당한 열매가 맺히게 하시고, 주님의 나라를 유업으로 받는 저희들이 되게 하여 주옵소서. 이제는 저희로 하여금 주님의 강권적인 간섭하심에 순종하게 하시기를 원합니다.

사랑의 열매, 봉사의 열매, 섬김의 열매도 가득히 맺히게 하시고 충성의 열매, 헌신의 열매도 가득히 맺히게 하셔서, 주님의 오심을 진정으로 축하할 수 있는 저희들이 되게 하여 주옵소서. 교회 안에서만 주님의 뜻을 본받아 산다고 외치고 다짐하는 주님의 백성들이 되지 않게 하시고, 선한 사마리아 사람처럼 고통당하는 이웃에게 진정한 이웃으로 다가갈 수 있는 주님의 귀한 성도가 되게 하여 주옵소서.

 이번 성탄절은 하늘의 영광 보좌를 버리시고 죄에 고통받는 인간들을 구원하시기 위하여 성육신 하신 주님의 사랑이 곳곳에 스며드는 기쁜 성탄절이 되게 하여 주옵소서. 이런 때일수록 사랑을 베푸는 교회가 많아지게 하시고 소망의 문을 열어 주시기를 원합니다. 천국의 소망을 가지고 살아가는 기쁨을 알게 하여 주옵소서. 오늘도 이 자리에 참석하지 못한 성도들이 있습니다. 어디서 무엇을 하든지 주님을 기억하게 하여 주옵소서.

 은혜로우신 주님, 죄 사함의 권세는 오직 주님께 있음을 믿사옵니다. 원하시면 저희의 추한 죄를 깨끗케 하실 수 있나이다. 십자가의 보혈로 정결케 해 주옵소서. 그리하여 저희의 무기력한 인생이 능력 있는 인생으로 바뀌지게 하옵소서.

 주님, 저희는 실상 주님을 위해 모든 것을 버리는 것이 아니라 오히려 주님의 이름을 빙자하여 물질과 명예를 얻으려고 합니다. 저희의 이 죄된 마음을 변화시켜 주옵소서. 모든 욕심을 버리고 구세주이신 예수 그리스도와 더불어 하나님 나라의 기쁜 삶을 살아가게 하옵소서.

 이 시간, 늘 주님의 은혜를 사모하는 저희에게 하늘의 신령한 은혜를 맛보게 하여 주실 것을 믿습니다.

 예수 그리스도의 이름으로 기도드리옵나이다. 아멘.

거룩하신 하나님 아버지! 이제 오늘 예배를 드리는 중에 저희들에게 귀한 말씀을 증거해주실 큰 권능을 입혀주시고 모든 성도들의 가정과 자녀들에게도 크신 축복을 베풀어주시옵소서.

이 시간 저희의 온 몸과 마음과 뜻과 정성을 다하여 드리는 예배가 되게 하시고, 사탄이 틈타지 못하도록 주님의 성령께서 보호하시며 성도들을 귀하게 사용하시옵소서. 성도들의 가정과 건강을 붙들어 주시고 강건케 하시고 능력 주시어 하나님을 알지 못하는 많은 영혼들이 성경 말씀을 듣고 전하는 증거를 통하여 구원받게 하시고 저희 교회가 저희 나라와 인류를 구원하는 구원의 방주가 되게 하옵소서.

이름 없이 빛도 없이 수고하는 교사들을 기억하시옵소서. 그들의 수고를 통하여 어린 새싹들이 귀한 천국 백성으로 아름답고 바르게 자라게 하옵소서.

교회를 위하여 수고하시는 교역자들과 동역자들을 위해 기도드립니다. 올해도 입술에 철장 권세를 들려주셔서 말씀이 선포될 때마다 하나님의 능력이 함께 하심으로, 하나님의 온전하시고 기뻐하시는 뜻이 전달되며, 그 말씀에 회개하고 결단하는 역사가 일어나게 하옵소서.

전능하신 하나님 아버지!

주님 앞에서 간절히 원하오니 저희들 무엇보다도 첫 은혜의 감격을 회복하길 원하오니 날마다 말씀 가운데 저희들 깨닫게 하시고 또 다시 뜨거운 믿음으로 새롭게 거듭나도록 역사하여 주시옵소서. 날마다 주님의 거룩하신 품성으로 닮아가게 함께하여 주옵소서.

세상에 나아가 빛과 소금의 역할을 감당하도록 새 힘을 허락하여 주옵소서. 주님의 말씀으로 저희들의 삶이 날마다 물이 포도주로 변하는 새로운 기적의 변화의 역사가 있게 하옵시며 온전히 순종의 삶이 되도록 축복하여 주시옵소서.

살아계신 하나님 아버지! 이 시간도 말씀을 들을 수 있는 축복을 주심을 감사드립니다.

예수 그리스도의 이름으로 기도드리옵나이다. 아멘.

하나님 아버지! 나라와 인류와 위정자들을 위해 기도합니다. 주님, 맞이하는 새해에도 이 나라와 온 인류를 불쌍히 여기시고 지켜주시며 이 나라와 온 인류가 속히 경제가 부흥되는 놀라운 역사를 허락하여 주시고, 온 인류를 위해 새해에는 더욱 큰 축복을 부어주시고 세계 복음화가 달성되도록 도와주시며 위정자들에게 올바른 통치력을 주시고 정직한 마음을 주옵소서. 그리고 재판관들에게는 공평한 판결을 내리게 하여 약한 자의 권리를 세워주옵소서.

풀밭에 내리는 단비처럼, 땅에 쏟아지는 소나기처럼 하나님의 은총을 백성들에게 내리시어 정의가 꽃피는 새해로 다가서는 첫 예배가 되게 하옵소서.

부활의 능력을 덧입기를 원하시는 하나님 아버지! 하나님은 마음이 깨끗한 사람을 축복하시오니 허황된 꿈을 꾸지 않게 하시고 시기와 분쟁과 옛 생각 모두 다 올려보내고 전쟁의 소리를 올려보내고 평화를 맞아들이게 하옵소서. 땅의 구석구석이 폭력의 도가니에서 풀려나와 용서와 화해의 일치를 이루는 이 백성이 되게 하옵소서. 가난하고 불행한 사람들 모두가 주님의 이름을 찬양하게 하옵소서.

하나님 아버지! 오늘의 이 예배를 기쁘게 받아주시고 주님 앞에 엎드린 저희 심령들을 굽어 살피사 상한 갈대도 꺾지 않으시는 귀한 사랑으로 감싸주시옵소서.

오늘도 주님의 말씀을 선포하사 성령의 권능으로 붙들어 주시고, 주님의 권세와 주권이 선포되는 귀한 시간이 될 수 있도록 성령님 저희를 붙들어 주옵소서.

주님을 찬송하는 저희들에게 기쁨이 충만하게 하시고 은혜의 단비를 체험하는 귀한 시간이 될 수 있도록 도와주옵소서. 저희의 심령을 기경하게 하시어 옥토가 되게 하사 귀한 결실을 맺는 귀한 시간이 되게 하옵소서.

예수 그리스도의 이름으로 기도드리옵나이다. 아멘.

오늘도 주님의 성령의 권능으로 붙들어주시고 주님의 역사가 펼쳐질 수 있는 귀한 은혜의 시간이 되게 하여 주옵소서. 예배를 위하여 수고하는 손길들을 기억하시고 그들의 손길을 통하여 구원받는 숫자가 날마다 더하여 질 수 있도록 은혜를 주옵소서.

주님의 말씀으로 인하여 저희의 믿음이 더욱 자라나게 하시고, 저희들의 메마른 심령을 말씀으로 살아나게 하옵소서. 오늘도 주님 앞에 헌신을 드리고자 열심을 다 하는 심령들이 있습니다. 그들의 수고를 주님께서 기억하시고, 심는 대로 거두는 축복이 항상 있게 하옵소서.

이 시간도 육신의 병으로 고통받는 자가 있습니다. 주님의 말씀을 듣는 순간 육신의 병이 치료되게 하시고, 상처받은 영혼이 위로와 쉼을 얻을 수 있도록 인도하여 주옵소서. 오늘도 성도들에게 영혼의 건강함과 육신의 건강함을 허락하시고 주님의 권세를 허락하셔서 저희의 심령이 회개하는 귀한 시간 되게 하옵소서.

저희가 선 위치를 잘 아시는 주님, 저희는 그리스도와 바라바 사이에서 바른 선택을 하며 살기를 원합니다. 양심에 들려오는 하나님의 음성과 책망을 무시해 버리고 대중이 가는 길을 따라가는 잘못을 범치 않게 하옵소서. 어둠이 아니라 빛을, 불의가 아니라 의를, 미움이 아니라 사랑을 선택할 수 있는 힘을 저희에게 주옵소서.

공의로 심판하시는 하나님, 욕을 받으시되 대신 욕하지 않으시고, 고난을 받으시되 위협하지 아니하신 주님을 바라봅니다.

전능하신 하나님 아버지!

본 교회의 성도들을 위하여 기도하오니 주님 능력의 손길로 함께하여 주시옵사오며 성경에서 말씀하신 주님의 말씀이 듣는 모든 성도들에게 능력의 말씀이 되게 하시옵소서.

이 시간도 하나님의 말씀을 통하여 모든 성도들이 다 함께 은혜 충만하게 하옵소서. 하나님의 말씀이 저희들의 길이 되게 하시고 저희의 생명이 되게 하시고 또한 저희들의 소망이 되게 하여 주시옵소서.

이 시간 이 거룩한 예배 가운데 사탄이 틈타지 못하게 성령 하나님 함께하시고 예배를 마치는 시간까지 오직 성삼위 하나님께서 영광을 받아주시옵소서.

저희 주 예수 그리스도의 이름으로 기도드리옵나이다. 아멘.

한 해의 마지막을 보내며 저희들이 주님의 뜰에 거하게 하심을 찬양합니다. 한 해를 복 주셔서 믿음으로 시작하여 믿음으로 마무리하게 하시니, 새해에 주시는 새로운 은혜를 충만히 받게 하여 주옵소서.

주님의 은사에 관을 씌우시고, 주님의 인도하시는 길에는 기름 같은 윤택함으로 복 주옵소서.

주님의 사랑하시는 성도들 가정을 기억하시고, 아직도 하나님을 알지 못하는 가족들에게 구원의 빛이 비추게 하옵소서. 온 가정이 임마누엘의 축복으로 하나님의 나라를 이루게 하여 주옵소서.

사업의 터전과 직장을 붙들어 주시고, 건강도 지켜주시고 가정들마다 안전의 은혜를 허락하여 주옵소서.

자녀들마다 감람나무 같게 하시고, 아내들에게 결실을 주옵소서. 가정마다 허락하신 기도 제목들이 이루어지게 하옵소서. 삶의 문제를 해결 받게 하옵소서. 올해에도 혹독한 경제난을 지나게 하심을 아오니, 회복의 은혜를 주셔서 꾸어줄 지라도 꾸지 않는 은혜를 주옵소서.

저희 교회를 사랑하시고 복 주시는 하나님! 주님의 목장에 양떼가 더하게 하시고, 초원에 푸른풀들로 덮이게 하여 주옵소서. 교회의 몸이 되시는 주님의 인도를 받게 하시고, 날마다 부흥되는 역사가 있게 하옵소서. 새해에는 더욱 분발하여 전도할 수 있도록 하시고, 주님의 복음으로 세상을 변화시키는 데 큰 역할을 감당하는 저희 교회와 성도들이 되게 하여 주옵소서.

경배로 시작하여 충성으로 열매 맺는 교회가 되기를 원합니다. 새해에는 인격과 믿음에 큰 성장을 주옵소서. 하나님의 가장 편리한 축복의 도구가 되게 하옵소서.

예수 그리스도의 이름으로 기도드리옵나이다. 아멘.

거룩하신 하나님 아버지! 한 해를 잘 마무리하게 하신 은혜에 감사합니다. 다사다난했던 한 해를 주님의 은혜 가운데 큰 어려움 없이 지나게 해 주셨음을 감사합니다. 지난 일 년 동안 하나님 앞에서나 사람들 앞에서 실수한 것이나 부끄러웠던 것이나 범죄한 모든 불의와 죄를 반성합니다.

사랑의 주님, 저희를 긍휼히 여겨 주옵소서. 저희 자신이 올해에는 좀 더 의롭고 신실하게 살기를 다짐하였으나 저희의 기도대로 살지 못하고 신실치 못한 연약한 삶을 살았던 자신을 고백합니다. 지난 일 년 동안 게으르고 불의했던 삶을 반성합니다.

열매를 구하시려고 찾아오시는 주님!

저희 자신이 열매 없는 한 해의 삶을 살았던 것도 반성합니다. 주님! 저희를 긍휼히 여겨주옵소서. 믿음을 실천하는 주님의 자녀가 되게 하여 주시옵소서.

주님! 다시 한 번 긍휼의 은총을 내려주시기를 기도하오며 무상한 인생의 삶을 살지 말게 하시고, 뜻 있게 살도록 저희를 붙들어 주옵소서. 하늘 아래 새 날, 새 것이 없음을 확실히 깨닫게 하시고 영원하신 하나님만 의지하게 하여 주옵소서.

모든 것이 헛된 것을 깨우쳐 지혜롭게 하여 주시옵소서. 이 세상에 영원한 것은 주님밖에 없음을 알면서도 세상 물질의 소유에 집착하여 이웃에게 상처를 주고 저희의 것만을 고집한 죄를 용서하여 주시옵소서.

주님은 이 땅에 평화를 건설하려고 오셨지만, 아직도 이 세계는 살상과 전쟁과 증오와 파탄으로 가득차 있고 강도와 살인무기가 인류를 위협하고 있나이다.

먼저 저희들이 정의와 평화를 사랑하고 평화를 만드는 데 앞장서서 평화의 건설자들이 되게 하여 주옵소서. 국제 간에 평화가 무너지는 것은 하나님과 원수되고 죄 때문인 것으로 압니다. 저희가 힘써 복음을 전하여 죄를 정복하고 세계 평화를 수립하게 하여 주옵소서.

주님! 평화를 위해 기도하게 하시고, 화평의 말을 하게 하시고, 평화의 분위기를 만들게 하옵소서.

하나님! 다가올 새 날을 향하여 저희가 떳떳한 희망을 안고 서기를 원합니다. 용기있는 눈빛으로 바라보기를 원합니다. 하나님의 종으로서 부끄럽지 않기를 간절히 바랍니다. 도와주시옵소서.

저희를 긍휼히 여기시는 예수 그리스도의 이름으로 기도드리옵나이다. 아멘.

자비하시고 은혜로우신 하나님 아버지! 지난 일 년이 순식간에 다 지나갔나이다. 묵은 해를 보내고 새해를 맞도록 주님께서 지난 한 해 저희 나라와 교회를 지키시고 저희들의 가정과 직장과 사업장을 지켜주시고 가정과 저희들을 보호하여 주셔서 이 시간 송구영신 예배로 주님께 찬송과 영광을 드리도록 허락하시니 감사하옵고 감사드리옵니다.

지난 한 해를 돌이켜 생각해 보면 너무도 많은 은혜와 축복을 받았으면서도 저희들은 주님께 서약한 대로 살지 못하고 허송했나이다. 저희들을 주님의 크신 사랑으로 용서하여 주시고 새해에는 두 번 다시 그런 잘못을 저지르지 않도록 믿음으로 무장할 수 있게 도와주시어 주님께 헌신 봉사할 수 있게 하옵소서.

이제 새해를 맞이하여 저희 나라를 다스려 주옵소서. 위정자를 잘 다스려 번영과 안정 그리고 풍년을 주셔서 온 국민이 주님의 복을 누리게 하옵소서. 폭력시위나 무질서 모든 사회악을 추방하여 보다 더 안정되고 질서가 확립되며 자유가 보장되어 행복하게 살 수 있게 평화를 주시옵소서.

주님! 새해에도 저희 교회가 이 땅에 많은 미자립 교회 보조 및 해외 선교 그리고 교인의 신앙의 내적 충실을 계획하였으며 이것을 위해 예산을 채택했사오니 이 모든 계획한 사업 위에 축복하여 주셔서 목표를 달성하게 하시옵소서. 주님의 몸 된 교회가 주님의 명령에 순종하여 세상에 복음을 증거하는 일에 앞장서며, 어두움에서 방황하는 세상 사람들을 빛으로 인도하는 빛의 인도자 역할을 잘 감당하게 하시고 주님께서 함께하셔서 저희 교회가 더욱 부흥 발전케 축복하여 주시옵소서.

    은혜가 풍성하신 하나님!

    새해를 맞아 성도의 온 가정이 신앙생활에 충실하며 평강과 감사의 제목이 많게 하시고, 사업을 주님의 말씀대로 잘 경영하여 큰 축복을 받아 주님의 사업과 구제하는 일에 풍족하게 하옵소서. 성도들의 자녀들에게 복을 내려주셔서 교회생활과 가정생활과 학교생활과 사회생활에 온전한 훈련을 받아서 가정과 교회와 국가에 유능한 자들이 되게 하시고 노령의 교우들에게도 구원과 내세의 소망이 확실하게 하시고 남은 삶 동안에 주님의 이름을 나타내며, 후대를 위해 기도하며 축복하는 자들이 되게 하옵소서.

    자비로우신 하나님! 새해를 맞으면서 저희들이 진정으로 드리는 이 예배를 주님께서 기쁘게 들어주시고 이제 저희들이 주님의 은혜 가운데 무사히 지낼 수 있게 보호하여 주시옵소서.

    이 송구영신 예배의 시종을 알파와 오메가 되시는 주님께서 인도하시고 주관하여 주셔서 은혜받는 시간이 되게 하여 주시길 거룩하신 예수 그리스도의 이름으로 기도드리옵나이다. 아멘.

기적이
일어나는
365
매일기도문

초판 1쇄 발행 2019년 9월 9일

지은이 차병희
펴낸이 방성열
펴낸곳 다산글방

출판등록 제313-2003-00328호
주소 서울특별시 마포구 동교로 36
전화 02) 338-3630 **팩스** 02) 338-3690
이메일 94youl@hanmail.net
홈페이지 www.iebook.co.kr

ⓒ 차병희, 2019, Printed in Korea

ISBN 979-11-6078-115-1 13230

이 도서의 국립중앙도서관 출판예정도서목록(CIP)은 서지정보유통지원시스템 홈페이지(http://seoji.nl.go.kr)와 국가자료종합목록 구축시스템(http://kolis-net.nl.go.kr)에서 이용하실 수 있습니다. (CIP제어번호 : CIP2019031839)

* 이 책은 저작권법에 의해 보호받는 저작물이며, 저자와 출판사의 서면 허락 없이 내용의 전부 또는 일부를 인용하거나 발췌하는 것을 금합니다.
* 제본, 인쇄가 잘못되거나 파손된 책은 구입하신 곳에서 교환해드립니다.
* 책값은 뒤표지에 있습니다.